Der zarte Flügelschlag der Freiheit

Norbert Otto

Der zarte Flügelschlag der Freiheit

Die Schriftstellerin Claire von Glümer und ihr Lebenskreis

Bibliografische Information der Deutschen Nationalbibliothek:
Die Deutsche Nationalbibliothek verzeichnet diese Publikation in der
Deutschen Nationalbibliografie; detaillierte bibliografische Daten
sind im Internet über dnb.dnb.de abrufbar.

Verlag: BoD · Books on Demand GmbH, In de Tarpen 42, 22848 Norderstedt
Druck: Libri Plureos GmbH, Friedensallee 273, 22763 Hamburg

ISBN: 978-3-7597-5691-6

Dem Freund und Ratgeber
Bernt Ture von zur Mühlen (1939-2021)
in Dankbarkeit gewidmet

Inhalt

Einleitung

Anlässlich des 200. Geburtstages der Schriftstellerin Claire von Glümer im Jahr 2025 wird die Deutsche Post sicherlich keine Gedenkbriefmarke herausgeben, denn Claire von Glümer gehört in die lange Reihe der vergessenen Autorinnen und Autoren des 19. Jahrhunderts. Hört oder liest man ihren Namen, wird sich im Gedächtnis kaum etwas regen. Werke von ihr... – wer könnte eines nennen? Andere Schriftstellernamen des vorletzten Jahrhunderts lösen bei einem interessierten Publikum vielleicht noch dunkle Erinnerungen aus: Berthold Auerbach, Paul Heyse, Wilhelm Raabe oder Gustav Freytag. Letzterer genoss in der zweiten Hälfte des vorvergangenen Jahrhunderts eine große Popularität. Und wohl nur wenige wissen, dass Paul Heyse ca. 180 Novellen, acht Romane und 68 Dramen verfasst hat, seit 1860 der meistgelesene deutsche Autor war – und zudem als erster deutschsprachiger Autor den Literatur-Nobelpreis (im Jahr 1910) erhielt.

Und Claire von Glümer? Wenn sie auch heute, ebenso wie ihre bekannteren Zeitgenossen, vergessen ist, gehörte sie doch zu dieser Welt der großen Literaten des 19. Jahrhunderts. Und das als Frau. Denn es war damals durchaus nicht selbstverständlich, dass Frauen schriftstellerisch tätig waren. Aufgrund des traditionellen Rollenverständnisses wurde ihnen kaum ein Selbstäußerungsrecht eingeräumt. Doch in der Mitte des 19. Jahrhunderts begann sich dies allmählich zu ändern. Claire von Glümer war existenziell involviert in die politischen, weltanschaulichen sowie literarischen Umbrüche und Verwerfungen dieser Zeit.

Das vorliegende Buch möchte eine Lücke schließen, denn eine umfassende Biographie, die Claire von Glümers Wirken beleuchtet oder sie zumindest als eine zu ihrer Zeit geschätzte Schriftstellerin würdigt, gibt es bis heute nicht.[1] Deshalb wird hier der Versuch unternommen, eine erste zusammenhängende Biographie Claire von Glümers vorzulegen,

welche ihren persönlichen Lebenskreis so weit als möglich erhellen sowie ihre Entwicklung als Mensch und Autorin nachzeichnen will. Mir ist
bewusst, dass es sich hierbei nur um einen ersten Entwurf handelt. Dennoch kann er eine Grundlage und Orientierung für weitere Studien zu
Leben und Werk Claire von Glümers bilden. Dokumente aus Claire von
Glümers Leben sind recht rar und zudem in verschiedenen Nachlässen
verstreut. Eine wichtige und bisher noch nicht in der Literatur berück-
sichtigte Quelle stellen ihre mehr als einhundert Briefe an den Literaturhistoriker Julian Schmidt dar, welche ich im Jahr 2015 im Kontext meiner Recherchen zur Biographie Schmidts in dessen Nachlass in Berlin
entdeckte.[2] Auch die literarischen Werke Claire von Glümers, heute teilweise schwer erhältlich oder unauffindbar, sind sprechende Dokumente
für das Verständnis ihrer Biographie, eröffnen sie dem Leser doch einen
wichtigen Zugang zu ihrer Gedanken- und Gefühlswelt. Daher wird die
Betrachtung einige ihrer bekanntesten Erzählungen, Novellen und Romane hier einen etwas breiteren Raum einnehmen.

Norbert Otto, im August 2024

Vorgeschichte

I. Die Glümers – eine Familie mit historischer Tradition

Claire von Glümer hat etwa um ihr 80. Lebensjahr ihre Kindheits- und Jugenderlebnisse von der Warte des Alters niedergeschrieben. Dabei nahm sie zu Beginn ihrer Aufzeichnungen zunächst Bezug auf ihre Familiengeschichte, deren Anfänge im Dunstkreis des Historischen liegen: »Einer Sage nach sollen die Vorfahren des braunschweigischen Patriziergeschlechts der Glümer aus Island stammen, von dort nach Dänemark übersiedelt, endlich durch drohenden Krieg nach Deutschland getrieben sein. Ob dafür noch Beweise gefunden werden können, ist fraglich, denn zu Anfang des 19. Jahrhunderts wurde durch eine Feuersbrunst ein Teil des Familienarchivs vernichtet.«[3] Krieg, Flucht und Feuer – drei elementare Gewalten, denen die Familie ausgesetzt war. Wie alt das Geschlecht der Glümers war, bezeugt die folgende Aussage der Verfasserin: »Die geretteten Dokumente, die bis 1390 / ... / zurückweisen, führen den Stammbaum ohne Unterbrechung / ... / bis in unsere Tage.«[4]

Die Glümers waren demnach ein altes braunschweigisches Patriziergeschlecht, das bereits im 14. Jahrhundert nachgewiesen ist. Im Jahr 1438 erscheinen Glümers im Rat der braunschweigischen Altstadt. »Ihr Stammhaus war das Grundstück an der Breiten Straße, das später der *Große Klub* besaß und an der Kaffeetwete lag, die Jahrhunderte lang (1490-1748) nach jener Familie die *Glümertwete* hieß.« Vertreter der Familie waren in Braunschweig als Bürgermeister, Ratsherren und Provisoren von geistlichen Stiftungen tätig. Mehrere Söhne der Familie zog es aber auch in die Ferne. Sie standen in Kriegsdiensten in Dänemark; der 1767 in Wolfenbüttel geborene Gotthelf August Weddo von Glümer stand sogar sechs Jahre lang in englischen Militärdiensten (60. Jägerregiment »The Kings Royal Rifle Corps) und war mit der Tochter eines englischen Generals verheiratet.[5] Das Familienwappen der Glümers sah dagegen eher »friedlich« aus: »Die Familie von Glümer führt im goldenen Schilde einen von der rechten obern zur linken untern Seite gezogenen, mit drei grünen Hopfenknospen belegten schwarzen Balken. Auf dem Helme, der mit einer neunperligen Krone bedeckt ist, wiederholen sich zwei Hopfenknospen an goldenen Stielen. Decken gold und schwarz.«[6]

In einem Zeitraum von mehr als hundert Jahren (1476 – 1599) waren vier Familienmitglieder Bürgermeister der Stadt Braunschweig. Durch Pachtgelder und Naturallieferungen lehnspflichtiger Bauern waren sie zu Reichtum gekommen. Zudem besaß die Familie im Kirchdorf Beierstedt einen Meierhof und in Braunschweig zudem noch auf der Breitenstraße ein repräsentatives Haus mit reichlich gefüllten Schränken und Truhen.[7] Im Jahr 1760 jedoch, zwei Generationen vor Claire von Glümers Geburt, gab es eine wichtige Veränderung: ihr Urgroßvater Friedrich Conrad, Vater von vier Söhnen und fünf Töchtern, siedelte von Braunschweig nach Wolfenbüttel über. Von den Söhnen blieb nur einer in der Heimat. Die übrigen zerstreuten sich, u.a. nach Berlin und Koblenz. Der Grund für diesen Bruch mit der braunschweigischen Heimat ist nicht bekannt. Claire von Glümers Urgroßvater schien jedoch die letzte verlässliche Säule der Familie gewesen zu sein, denn nach dessen Tod wurde der ererbte Wohlstand von den vier Söhnen in jugendlichem Übermut genossen und bedeutend verringert. Aber wie wohlhabend die Glümers dennoch waren, zeigt die Versorgungsverfügung für die fünf Töchter: »Jede von ihnen bekam, so lange sie ledig blieb, nach Lehns-Satzung und Brauch, eine jährliche Kompetenz von 60 Talern« und bei Verheiratung gab es für jede 500 Taler zur Aussteuer.

Claire von Glümers Großvater Weddo verbrachte einige Jahre im Dienst des braunschweigischen Regiments »Prinz Friedrich«. Im Grunde war Weddo von Glümers Leben eine Art Söldnerdasein, denn der braunschweigische Herzog vermietete sein Corps (wie es damals üblich war) des Öfteren im Sinne seiner politischen Interessen. So stand zum

Beispiel Weddo von Glümer einige Zeit in Holland und Westfalen in englischen Diensten und kämpfte gegen die französischen Revolutionstruppen (1795). Weddo von Glümer heiratete nach seinem Abschied aus dem braunschweigischen Kriegsdienst die Tochter eines englischen Obersten, Caroline Nesbitt, und lebte als Privatmann in Braunschweig. Als erstes Kind wurde dem Ehepaar am 11. Dezember 1798 ein Sohn geboren. Man taufte ihn auf den Namen Karl Weddo. Er wurde später Claire von Glümers Vater.[8]

I. 1 Die Eltern

Wenige Jahre vor ihrem Tod hat Claire von Glümer noch einmal die wesentlichen Ereignisse, die am Beginn ihres Lebens standen, an sich vorüber ziehen lassen. Bewusst hat sie aus der Fülle des Erlebten nur die für sie wesentlichen Wegmarken im Licht ihrer Erinnerung zu Papier gebracht. Die Kindheitserinnerungen enthalten auch zahlreiche Briefe, die Claire von Glümers Mutter Charlotte verfasst hat. Sie haben eine wesentliche Bedeutung für die Vollständigkeit der Kindheitsgeschichte, besonders für die ersten Lebensjahre. Am Anfang ihrer Aufzeichnungen zeigt Claire von Glümer, wie ihre Eltern zusammen fanden, bevor sie ihre eigene Lebensgeschichte beginnt.

Claire von Glümers Eltern, Karl Weddo und Charlotte von Glümer (geborene Spohr), kannten sich bereits von Kindesbeinen an. Karl Weddos Eltern verlegten ca. im Jahr 1803 ihren Wohnsitz in das »freundliche Landstädtchen Schöppenstedt«, wo sie in Verkehr mit der Familie des Superintendenten Spohr kamen. Die Spohrs hatten eine Tochter, Charlotte, damals vier Jahre alt, welche nun die Spielgefährtin des gleichaltrigen Karl Weddo wurde.

Charlotte Spohrs Vater war in zweiter Ehe verheiratet; so gab es noch eine Stiefschwester, Wilhelmine, im Hause Spohr, welche nach dem frühen Tod von Charlottes Mutter als Erzieherin der Halbwaisen fungierte. Daneben spielte die Nichte Amalie (»Mally«) Fricke, Tochter ihrer zweiten Stiefschwester, eine wichtige Rolle im Leben Charlottes. Amalie war zwei Jahre älter als Charlotte. Die beiden Mädchen liebten sich wie Schwestern und verbrachten viele glückliche Stunden miteinander. »Zu diesen beiden gesellte sich / ... / der kleine Karl Glümer. Die drei Kinder vertrugen sich auf's Beste, spielten bei gutem Wetter zwischen den Stachelbeerbüschen und Gemüsebeeten des Pfarrgartens; bei schlechtem Wetter, wenn Lottens Vater ihr Toben vor der Tür seines Studierzimmers nicht dulden wollten, im weiten Flur des Frickeschen Hauses, wo es hinter Schränken und Truhen so köstlich-unheimliche Winkel gab. Wurden sie durch Kälte oder Dunkelheit ins Zimmer gebannt, so war ihre liebste Unterhaltung, Geschichten oder Märchen erzählen zu hören, nachzuerzählen und – als sie größer wurden – selbst zu erfinden. Das taten freilich nur die kleinen Mädchen. Karl war dankbares Publikum.« Bald verlegten die Glümers ihren Wohnsitz auf das Gut Volkersheim. Wenn Charlotte (Lotte) und Amalie (Mally) dort ihren Karl besuchten, spürten sie einen Schatten, der auf der Familie lag. Karls Schwestern, Auguste und Agnes, saßen oft still nebeneinander auf Gartenbänken »oder gingen langsam Hand in Hand durch Wege, und erschraken, wenn sich plötzlich im Gebüsch fröhliches Geschrei erhob.« Der Grund für die Ernsthaftigkeit und Verschlossenheit rührte daher, dass Agnes in ihrem dritten Lebensjahr durch eine verunglückte Operation erblindet war; »und nun ging ihr die treue kleine Schwester nicht von der Seite.«[9] Diese Beziehungen seien hier erwähnt, weil Mali und Agnes in Claire von Glümers Leben noch eine wichtige Rolle spielen werden.

Nach dem Tod seiner zweiten Ehefrau schien es Charlotte Spohrs Vater geboten nochmals zu heiraten, um seiner Tochter eine Mutter und seinem Haushalt eine straffe Struktur zu geben: »Die Wahl fiel auf Friederieke Siems, eine Försterstochter in gesetzten Jahren« welche gern den ehrenvollen Heiratsantrag des »beliebten alten Herrn« annahm. Diese Verbindung hatte jedoch für Charlotte weit reichende Folgen. Friederieke erwies sich als »freundliche Gefährin und treue Pflegerin« ihres

Gatten, »aber die Eigenart des begabten, früh entwickelten Kindes verstand sie nicht. Das Zärtlichkeitsbedürfnis der Kleinen, ihre rege Fantasie, ihre Wissbegierde, ihre Lebhaftigkeit, ihr ganzes Wesen erschreckte die Stiefmutter, sollte eingedämmt, umgeformt werden. Solange der Vater lebte, blieben diese Erziehungsversuche in gewissen Grenzen; nach seinem Tode wurden sie erbarmungslos durchgeführt.« Die elfjährige Charlotte wurde aus der Schule genommen – eine Schulpflicht bestand damals noch nicht – und zur Hausarbeit erzogen – »erbarmungslos«: Küche, Nähnadel und Waschtrog waren von nun an die Wirkungsfelder des Mädchens. »Nur Tiere zu töten konnte und wollte sie nicht lernen; sie warf das Messer fort, womit sie ein Huhn schlachten, ließ die Taube fliegen, der sie den Kopf abreißen sollte, und brach in krampfhaftes Weinen aus, so oft sie gezwungen wurde, dabei zu bleiben, wenn Mutter oder Magd in Seelenruhe vollbrachten, was ihr so fürchterlich war.« Die seelischen Grausamkeiten gegen die junge Charlotte Spohr setzten sich in der Folge fort: »die Herzenseinsamkeit der nächsten Jahre« resultierte aus dem Verlust des geliebten Vaters und dem durch die Stiefmutter verhängten Kontaktverbot mit der ihr eng verbundenen Nichte Amalie (Mali). Auch Karl Weddo, ihren Spielkameraden aus Kindheitstagen, verlor sie aus den Augen, nachdem seine Eltern nach Hildesheim übergesiedelt waren. In ihrem 15. Lebensjahr erlitt die »arme Lotte« ein »neues Herzeleid«: ihre geliebte Mali, kaum 16 Jahre alt, verlobte sich mit dem sechs Jahre älteren Leutnant Fritz von Hagen und heiratete ihn kurze Zeit später. Doch die treue Mali konnte durchsetzen, dass sich Lotte in der Folge wiederholt auf ihrem neuen Wohnsitz, dem Gut Nienburg bei Halberstadt, aufhalten durfte. Während der ersten Besuche spielten die Mädchen, während der Leutnant mit seinen Gästen beim Wein saß, »hinter verschlossenen Türen mit Amaliens Puppen.« Später, als die dramatischen Zeitereignisse um das Jahr 1812 mit dem Russlandfeldzug Napoleons und der grauenvollen Vernichtung seiner Armee sowie den sich daran anschließenden Freiheitskämpfen gegen die Franzosen sie »umrauschten«, verlegten sich Mali und Lotte eifrig aufs Zeitunglesen. Doch auch das geschah heimlich, ebenso wie die Begeisterung, welche sie für die Schriften und Lieder Ernst Moritz Arndts und Theodor Körners teilten.[10] Diese seelisch erfüllenden Zeiten des Zusammenseins mit ihrer Herzensfreundin blieben jedoch begrenzt. Mali und ihr Ehemann hätten Charlotte gerne im Haus Nienburg gehalten, doch die Stiefmutter verweigerte die Einwilligung. »Lotte sollte sich nützlich machen.« Außerdem war sie die »Tochter des Superintendenten!« Und da waren das Wäschewaschen, Krankenpflege, Schneidern und die Erziehung der Kinder aus der näheren Verwandtschaft gerade die rechten Aufgaben. Zugleich zeigte Lotte – im Umgang mit jenen Kindern – »in seltener Weise« Geschick als Lehrerin und Märchenerzählerin. »Aber trotz der Herzlichkeit, womit sie überall von allen Familienmitgliedern aufgenommen wurde, fühlte sie sich heimatlos.« Allein in Nienburg fühlte sie sich »nie bedrückt.«[11] Nienburg war auch der Ort, an dem Lotte ihrem Spielkameraden Karl mehrfach wieder begegnete, bis in die Mitte der zwanziger Jahre des 19. Jahrhunderts, als Fritz von Hagen sich zum Verkauf des Gutes gezwungen sah. Missliche Vermögensverhältnisse und die Sorge um drei rasch aufeinander folgende Kinder führten zu dieser Entscheidung.

Karl Weddo von Glümers Mutter Caroline, die bereits erwähnte Tochter eines englischen Obristen, freundete sich um das Jahr 1820 mit Charlotte Spohr an. »Trotz der tiefen Verehrung, die Lottes Briefe erfüllt, nennt sie die ältere Frau ′Du′ und ′Caroline′«. Diese Freundschaft führte dazu, Lotte in der Folge wiederholt einzuladen, zuerst nach Holzminden, dann nach Wolfenbüttel – beides Orte, an die Karls Vater, nachdem er während der Freiheitskriege wieder in den braunschweigischen Militärdienst zurück gekehrt war, versetzt worden war. Im Glümerschen Haus hatte Charlotte jedenfalls wieder reichlich Gelegenheit Karl und seinen Schwestern zu begegnen und sich ihnen innig anzuschließen.

Karl Weddo studierte seit etwa 1818 Rechtswissenschaften in Göttingen und Jena. Aus jugendlicher Begeisterung schloss er sich der Burschenschaft und den durch die Freiheitskriege (1813-1815) geweckten Idealen an: Einheit, Freiheit und Ehre für das deutsche Vaterland und das Streben nach Wahrheit. Mit Charlotte konnte Karl seine Gedanken teilen, es kam sogar zu einem Briefwechsel zwischen beiden. Charlottes Herz war Karl wohl schon seit einiger Zeit zugetan, doch der »brüderliche Freund« machte erst nach bestandenem juristischen Examen Charlotte Spohr einen Heiratsantrag, »der ohne Zögern Erhörung fand.« Das war im Jahr 1824. »Nachdem sich Karl als Advokat und Notar in Blankenburg am Harz niedergelassen hatte, führte er die längst Geliebte als Gattin in sein Haus, und im Oktober 1825 wurde ich dem jungen Paare geboren.« Der Geburtsname Cläre von Glümers lautete vollständig Clara Wilhelmine Caroline Auguste Friederike[12].

Blicken wir kurz zurück auf die bisherigen Lebensläufe von Claire von Glümers Eltern, so sehen wir, dass Karl Weddo bis zu seiner Eheschließung einen behüteten und »störungsfreien« Weg gegangen war. Mit Eintritt ins Gymnasium wurde er sogar von den Spielkameraden seiner Kindheit abgeschirmt. Das Erreichen seiner Ausbildungsziele hatte Karl dann soweit verinnerlicht, dass er sich sogar das Geständnis Charlotte Spohr zu lieben bis zum Zeitpunkt der bestandenen juristischen Staatsprüfung untersagte. Charlottes Lebenslauf dagegen weist einige Brüche und Entbehrungen auf. Der Tod des Vaters, die fehlende Empathie der Stiefmutter und der Verlust lieb gewonnener Menschen führten dazu, dass sie jahrelang Leid zu erdulden hatte. Doch sie bewies seelische Stärke. Charlotte setzte ihre Fähigkeiten für andere ein (als Märchenerzählerin), bewahrte sich ihre Spielfreude (mit Amalie und den Puppen in Nienburg) und begeisterte sich ab ihrem vierzehnten Lebensjahr für die großen politischen Ideen ihrer Zeit.

1825 – 1830

II. Frühe Kindheit in Blankenburg

Blankenburg, am Nordrand des Harzes gelegen, umgeben von den Städten Quedlinburg, Halberstadt und Wernigerode, entstand um 1200 im Schutz des Blankensteins und war von einer Stadtmauer umgeben. Im 18. Jahrhundert wurden Parks und Gärten angelegt und repräsentative Gebäude im Barockstil errichtet. In diese Zeit fällt auch der Ausbau der Burg zum Schloss, welches heute nach Sanierungsarbeiten wieder zugänglich ist. Daneben bezeugen die ehemalige Zisterzienserabtei Kloster Michaelstein sowie die mittelalterliche Stadtmauer die lange Geschichte der Stadt. Das Schloss liegt rund 300 Meter über dem Meeresspiegel. Von dort hat man, nach einem steilen Aufstieg, einen weiten Blick über Blankenburg und den Harz. Auch historisch hat Blankenburg eine bewegte Geschichte. Der Ort war verwickelt in die großen Ereignisse zurückliegender Epochen (u.a. Verwüstung der Stadt durch Friedrich Barbarossa 1180/82 wegen ihrer Treue zu Heinrich dem Löwen, Verarmung durch die Folgen des Dreißigjährigen Krieges). In den Jahren 1796-1798 wohnte der spätere französische König Ludwig XVIII unter dem Decknamen »Graf von Lille« im Blankenburger Exil.

Claire von Glümer wurde am 18. Oktober 1825 geboren. »Blankenburg am Harz ist meine Vaterstadt. Als ich das Licht der Welt erblickte, hat der Brocken sein Wolkenkränzchen abgenommen. Unter seiner Aufsicht bin ich aufgewachsen«[13]. Claire von Glümers Taufname lautete *Clara Wilhelmine Caroline Auguste Friederike*. Aus »Clara« wurde »Clärchen«, dann »Clarrchen«, später »Claire«. »Aus meinen ersten Lebensjahren sind mir nur wenige, zusammenhanglose Erinnerungsbilder geblieben, die mir aber in allen Einzelheiten lebendig sind.« Zu diesen Erinnerungen gehört die freundliche Wohnstube mit dem Nähtisch am Fenster. Die Mutter erzählt der zu ihren Füßen spielenden Tochter Geschichten. Auch des Vaters Arbeitszimmer, vollgestopft mit Büchern und Akten, gehört dazu. Die kleine Claire rollt auf dem Fußboden eine Streusand-büchse hin und her, »um den Klang des Donners hervorzubringen.« Direkt zu Beginn von Claire von Glümers persönlicher Lebensgeschichte erscheinen Szenen von urbildhafter Einfachheit: Mutter und Vater, zu ihren Füßen das Kind. Ein Bild des jüngeren Bruders Bodo, der am 19. Mai 1827 geboren wurde, vervollständigt die ersten Eindrücke: »Auch meinen Bruder Bodo /.../ sehe ich als kleines, weißes Paket auf dem Schoße der Mutter, später im roten Kleide neben mir auf unserem Spiel-teppich.« Andere Menschen prägten sich dem Mädchen nicht ein; von den Verwandten und Freunden der Eltern, die oft wochenlang in Blankenburg zu Gast waren, sei ihr kein Bild geblieben. Das Dienstmädchen Jette allerdings und ihr Vetter sind Claire noch gegenwärtig; letzterer vor allem deshalb, weil sie »um seinetwillen schwer gesündigt und gebüßt« hat. Jettes Vetter war ein Leinenweber, der Claire mit seiner Tabaksdose spielen ließ und sie durch Lieder, die er ihr vorsang, erfreute. »Eines Tages, als ich großes Verlangen hatte, ihn zu sehen, war niemand bereit, mich zu ihm zu begleiten. So schlich ich denn unbemerkt die Treppe hinunter, fand die Haustüre offen und lief davon. Aber ich verirrte mich, wurde von Gassenjungen verfolgt, fiel in einen Graben voll Brennesseln, kam von einer mitleidigen Frau geführt glücklich nach Haus, wurde hier jedoch trotz meiner Reuetränen durch Vaters Rute bestraft.«[14]

Claire von Glümer hatte kastanienbraune Haare und sie war – nach eigener Aussage – »rund.«[15] Die Erziehung im Hause Glümer verlief streng: Claire sollte zum Musterkind geformt werden: Trotz und Eigensinn, Ungeschick und Unvorsichtigkeit sollten dem Mädchen durch »die raue Freundin«, wie sie die Rute nennt, »abgeraspelt« werden. »Das gelang nun freilich nicht; ich war ein wildes Kind. Beim Spielen, Laufen, Klettern gab es immer wieder zerrissene Kleidchen, zerbrochene Spielsachen, Beulen, Schrammen, blaue Flecke und zum Beschluss die Rute.«

Nach erfolgter Strafe war der Vater wieder »zärtlich«. Es gab auch von Claires Seite keinen Groll gegen ihn, denn er kümmerte sich immer, wenn er Zeit hatte, um die beiden Kinder und er stand der Mutter, wenn Claire und Bodo krank waren, Tag und Nacht zur Seite. »Ich habe mich auch nie vor ihm, nur vor der Rute gefürchtet.«

Das Jahr 1827 bildete einen Einschnitt im Glümerschen Familienleben. Neben der Geburt des Bruders Bodo fand eine Neuorientierung im Leben der Mutter statt. Durch einen Studienfreund des Vaters animiert, beteiligte sich Charlotte von Glümer an einem Schreibwettbewerb der belletristischen Zeitschrift *Mitternachtblatt für gebildete Stände*. Sie verfasste eine Erzählung und sandte diese nach Braunschweig. Zwar gewann sie nicht den ersten Preis, doch wurde ihre Arbeit abgedruckt und man forderte sie auf, weitere Beiträge zu liefern.[16] Da die wirtschaftlichen Verhältnisse der Familie aufgrund des Eintretens Karl Weddo von Glümers für burschenschaftliche und liberale Ideen zunehmend unsicherer wurden, erwiesen sich die Einkünfte der Mutter bald als Hauptstütze der Glümers. Anfangs publizierte Charlotte unter dem aus »Lotte G.« gebildeten Pseudonym »G. Telto«. Zunächst schrieb sie kurze Erzählungen, später mit Vorliebe historische Romane. Zudem veröffentlichte sie in der von Christoph Ernst Houwald herausgegebenen Zeitschrift »Bilder für die Jugend« (1829/30). »Damals waren schriftstellernde Frauen eine Seltenheit. Als meine Mutter zu schreiben anfing, dürfte sie in den Braunschweigschen Landen die Einzige gewesen sein, die sich solcher Ungehörigkeit schuldig machte. Was half es, dass sie sich bisher als tüchtige Hausfrau erwiesen hatte, die sogar die Seife zur großen Wäsche selber kochte, und dass sie fortfuhr wie bisher für Mann und Kinder zu sorgen! Ihre Mitschwestern fühlten sich berechtigt, sie zu verurteilen. Selbst im Kreise der Verwandten, deren Liebling sie bis dahin gewesen war, wurde ihr der ungewöhnliche Weg, den sie einschlug, erst nach und nach verziehen.«[17] Später wird sich zeigen, dass auch Claire von Glümer sich mit denselben Vorurteilen auseinandersetzen musste.

Zu Beginn des Jahres 1829 zeichnete sich immer deutlicher ab, dass die Zeit in Blankenburg sich ihrem Ende zuneigte: »Mein Vater, dessen

Interesse sich mehr und mehr der Politik zuwendete, legte seine advo-
katorische Praxis nieder und ging nach München, wo er durch seinen
Universitätsfreund Georg Fein, der die liberale *Tribüne* redigierte, als
Mitarbeiter für dieses Blatt Beschäftigung fand.«[18] Nach den Napoleonischen Kriegen hatte sich in Europa das »System Metternich« etabliert,
eine Allianz der konservativen Monarchien, die sich auf die Legitimität
des Königtums stützten. Dennoch waren die Errungenschaften der französischen Revolution von 1789 nicht mehr zu ignorieren. So legte der
»Deutsche Bund«, die Nachfolgeinstitution des »Heiligen römischen
Reiches deutscher Nation«, fest, dass in allen deutschen Staaten land-
ständische Verfassungen etabliert werden sollten. Damit kam man zwar
dem aufstrebenden liberalen Bürgertum entgegen, doch insgesamt wurde, besonders nach 1820, durch die Diplomatie Metternichs der »Deutsche Bund« auf die Erhaltung des monarchischen Prinzips verpflichtet,
freiheitliche Regungen des Volkes wurden durch die Repressionspolitik
der de facto stände-staatlichen parlamentarischen Vertretungen unter-
drückt.[19] In dieser politischen Situation kam liberalen und kritischen
Journalisten eine besondere Bedeutung zu, verteidigten sie doch die
Prinzipien der Volkssouveränität (wie Versammlungsfreiheit, allgemei-
nes Wahlrecht) und forderten die Einrichtung frei gewählter Parlamente.
Claire von Glümers Vater war einer dieser fortschrittlichen Journalisten.

Bevor die Familie den Harz Richtung Bayern verließ, kam es aber noch
zu einem einschneidenden Ereignis. Claire von Glümer begegnete – sie
war etwas älter als drei Jahre – zum ersten Mal dem Tod. »Ein letztes Bild
aus den Blankenburger Tagen«: eine kleine Schwester, »an die mir sonst
keine Erinnerung geblieben ist«, wurde »in einen schwarzen Kasten gelegt«. Daneben saßen die weinenden Eltern. Die Mutter hielt das Händ-
chen der Verstorbenen, die »nur wenige Monate gelebt und wochenlang
schwer gelitten hat. Aber in ihrem Sarg lag sie so still zwischen den Blumen, dass für mich dieser erste Anblick des Todes ohne Schrecken war.«[20]
Besonders für die Mutter begann nun eine schwere Zeit: die Trauer um
die kleine Anna und die wirtschaftlichen Sorgen belasteten sie sehr. Die
Schriftstellerei musste sie fortan fast berufsmäßig betreiben, um die Fami-

lie zu versorgen, die nun doch auseinander gerissen wurde, denn der Vater sollte zunächst allein nach München gehen, um sich dort zu etablieren. Die Mutter siedelte mit Claire und Bodo nach Wolfenbüttel über, wo die Großeltern lebten. Das war im Juni des Jahres 1829.

III. Im Paradies

Für Claire von Glümer hatte der Umzug nach Wolfenbüttel »einen erweckenden Einfluss«. Knapp vier Jahre alt, bemerkte sie einen Umschwung ihres Seelenlebens, bedingt durch den »Wechsel der Umgebung und Lebensweise«, denn »von nun an bilden meine Erinnerungen eine fortlaufende Kette.« Claires Ich-Bewusstsein wird stärker, sie begreift und überspannt Abläufe und Prozesse; das Erinnern bloß einzelner Bilder wird abgelöst von ersten eigenen Wahrnehmungen und gedanklichen Verknüpfungen.

Der neue Wohnort befand sich an der nach Braunschweig führenden Chaussee. Gärten, von grünen Hecken umschlossen, zogen sich zu beiden Seiten der Straße bis hin zum Jagdschlösschen Antoinettenruh. Diese einfachen Gärten, von den Anwohnern nur zum Obst- und Gemüseanbau für den braunschweiger Markt genutzt, waren so bestimmend für die neue Heimat der jungen Claire, dass sie in ihren Kindheitserinnerungen schrieb, dass sie »in einem der Gärten wohnte«. Und erst wenig später erfährt der Leser, dass sich auch in allen anderen Gärten Häuser befanden. »Bodo und ich waren glückselig«. Die Geschwister durften sich, während die Mutter in der Gartenlaube nähte und Erzählungen schrieb, »im ganzen Garten herumtreiben.« [21] Die Gartenlaube, die Chaussee, das Jagdschlösschen – drei Bezugspunkte im neuen Lebensumfeld Claires. Das Schloss Antoinettenruh hatte nur eine lokale Bedeutung. Dass sich Napoléon Bonapartes Bruder Jérome im Jahr 1807 dort für einige Stunden aufhielt, gehört daher zu den bedeutendsten Ereignissen, welche dieses 1733 errichtete Fachwerkschloss zu verzeichnen hatte.[22] Doch Antoinettenruh war umgeben von einem wundervollen Garten mit Gewächshäusern, Skulpturen, Buchenbeständen und einem Rundtempel – ob Claire dies wusste?

Im Gegensatz zu den frühkindlichen Blankenburger Jahren gehörten nun in Wolfenbüttel auch persönliche Beziehungen zu Menschen zum Erlebnis- und Erinnerungshorizont Claire von Glümers. Das Mädchen baute seelische Beziehungen zu ihnen auf. Zunächst sind es Menschen aus dem Verwandtenkreis, die Kontur gewannen. Von der »armen blinden Tante Agnes« wird berichtet, ebenso über »meine geliebte Tante Adolfine«, die wie aus einem Märchen entsprungen zu sein schien: »Tante Adolfine, Vaters jüngste Schwester. So schöne blonde Locken, so strahlende blaue Augen mussten Schneewittchen, Aschenbrödel, Dornröschen und alle guten Feen gehabt haben.« In der Erscheinung Adolphines flossen äußere Schönheit und seelische Harmonie in eins zusammen. Claire war verzaubert: »Ich bewunderte alles, was die schöne Tante tat: wie sie sich anzog, wie sie sprach, lachte, ging; selbst das Knarren ihrer neuen Schuhe fand ich entzückend.«[23] Adolphine war zu diesem Zeitpunkt 27 Jahre alt. Einen Kontrast zu Tante Adolfine bildete deren acht Jahre ältere Schwester, die früh erblindete Agnes[24], zu der das Mädchen allerdings »kein rechtes Verhältnis« finden konnte. »Das beständige Rücksicht nehmen müssen auf ihre Blindheit, sodass kein Stuhl vom Platze gerückt, kein Fußbänkchen an ungewohnter Stelle gelassen werden, kein Spielzeug umherliegen durfte, bedrückte mich, und ihr mochte meine Beweglichkeit und mein unablässiges Fragen unbehaglich sein.« Durch die letzte Aussage wird aber deutlich, dass sich Claire von Glümer bemühte, ein »rechtes Verhältnis« zu Agnes zu gewinnen. Dies scheint geglückt zu sein, denn Jahre später (1867) widmete Claire von Glümer ihre Geschichten und Bilder *Aus der Bretagne* ihrer »geliebten Tante Agnes von Glümer.«

Zu den Personen, die nun in Wolfenbüttel Claire von Glümers Welt bevölkerten, gehörten zudem die Großmutter mit den »sanften, blauen, traurigen Augen« und der Großvater, der regelmäßig auf seinen Marktfahrten mit Adolphine und Agnes am Glümerschen Gartenhaus vorbei kam. Claire bemerkte auch, dass die Lebenssituation ihrer getrennt lebenden Eltern die Großmutter bedrückte und der Tod ihrer Tochter Auguste, der treuen Begleiterin der blinden Agnes, im September 1829, wenige Wochen nach Claires Ankunft in Wolfenbüttel, der Hauptgrund für ihre Traurigkeit war. Bald weitete sich der Lebenskreis Claire von Glümers über die verwandtschaftlichen Beziehungen hinaus. Im September 1829 (»zu Michaeli«) zog die Familie in die Stadt auf die Neue Straße. Dadurch wurden auch über den Familienkreis hinaus erste Beziehungen geknüpft. Die Nachbarskinder sowie deren Spielkameraden wurden nun wichtige Bezugspersonen für Claire und Bodo und ergänzten die Tanten- und Großelternwelt der knapp Vierjährigen. Die vertrauten Verwandten (die Großeltern, Agnes und Adolphine) waren »liebevoll« und »gütig«. Im neuen Umfeld erfuhr bald die Beziehung zum Großvater Weddo eine gesteigerte Qualität: »Auch der Großvater war immer gütig gegen uns, aber in einer gemessenen Weise, die auch uns in gemessener Entfernung hielt.«[25] Hier wird trotz *Distanz* seelische *Nähe* erlebt. Die junge Claire begriff, was *Respekt* und *Achtung* bedeuten. Claire von Glümers nächste Bezugsperson, neben der Mutter, war weiterhin ihr Bruder Bodo. Er begleitete sie, wenn sie die Wolfenbütteler Chausseegärten durchstreifte, war ihr als »der gute Bruder und Spielkamerad unentbehrlich, aber dass wir als Muster geschwisterlicher Verträglichkeit galten, war nur sein Verdienst, denn gewöhnlich stimmte er allem zu, was Clärrchen verlangte. War er einmal anderer Meinung, oder gab es Streit, weil er meine Anordnungen ungeschickt ausführte, so kam er gewiss nach wenigen Minuten mit der Bitte: ʼClärrchen, wollen wir uns doch wieder versöhnen!ʼ« Die Mutter nutzte die Mußestunden, während Claire und Bodo sich bei den Großeltern aufhielten, für ihre literarische Tätigkeit. Die Kinder beglückte sie durch Tiererzählungen, Märchen, Kinderlieder und Fabeln.

Das erste paradiesisch-harmonische Sommerhalbjahr 1829 wurde von einem Winter abgelöst, der bedrohliche Ausmaße annahm. Der andauernden extremen Kälte mit Temperaturen unter 20 Grad zu trotzen waren die Wolfenbütteler Häuser nicht geeignet. »Doppelfenster gab es kaum, auch wir hatten keine. Die Öfen waren schlecht, die Schlafräume, die weder heizbar zu sein, noch mit heizbaren Gemächern in Verbindung zu stehen pflegten, hatten kalte Gipsfußböden. Ich erinnere mich, dass Mutter, um unsere Hände vor dem Erfrieren zu schützen, an die Ärmel unserer Nachtröckchen wollne Strümpfe genäht hatte und uns zum Schutz der Ohren wollne Tücher über die Nachtmützen band. Alle Vorsichtsmaßregeln waren jedoch nicht imstande, vor Erkältungen zu schützen. Wir Kinder wurden durch Husten ins Haus gebannt, die arme Mutter litt teils an häufigeren Migraine-Anfällen als bisher, teils an rheumatischem Kopfschmerz, der oft wochenlang anhielt.«

So harrten Claire, ihr Bruder und die Mutter aus – getrennt vom Vater, der im weit entfernten München durch fleißige journalistische Tätigkeiten versuchte, für sich und seine Familie eine verlässliche ökonomische Basis zu schaffen. Im folgenden Jahr wurde ernsthaft eine Übersiedlung von Wolfenbüttel nach München erwogen. Als Termin wurde der April des Jahres 1830 ins Auge gefasst. Doch stieß dieser Entschluss der Eltern auf Widerstände und Bedenken. Die Großeltern wollten Charlotte mit ihren Kindern in Wolfenbüttel halten. Amalie, die Herzensfreundin der Mutter, »beschwor« Charlotte mit Claire und Bodo »nach ihrem Gute Vollenborn zu kommen und die Wiedervereinigung mit dem Gatten zu vertagen, bis er festeren Boden unter den Füßen habe.« Amalie schätzte die finanzielle Situation der Glümers also anders ein als Claires Eltern. Und in der Tat: Karl von Glümers Pläne zerstoben. Zunächst wurde er aus München ausgewiesen. Er wandte sich nach Stuttgart, wohin er auch den erhofften Antwortbrief Charlottes umleiten ließ. Doch schon kurze Zeit später hatte es ihn nach Frankfurt verschlagen, von wo aus er brieflich mitteilte, dass er nach Koblenz zu gehen beabsichtige, um anschließend – zwischen dem 1. und 15. März 1830 – in Wolfenbüttel einzutreffen.[26] Nicht nur Claires Mutter, sondern auch Claire selbst und ihr Bruder Bodo waren durch diese Nachrichten in permanente Aufregung versetzt. Während die Kinder stets nachfragten, wann der Vater denn endlich einträfe (»Tag für Tag quälten wir die Mutter mit der Frage, ob er heute kommen werde oder morgen«), hatte die Mutter daneben noch die Sorge, über die wirklichen Pläne ihres Gatten nicht recht informiert zu sein: »Karls Briefe haben sich nicht deutlich genug über seine Verhältnisse, seine Pläne ausgesprochen. Es muss noch manches hell werden, was jetzt dunkel ist, ehe ich getrosten Muts der Fremde zuziehen kann.«[27] Hier zeigt sich eine Schwäche des Vaters, sich nicht dezidiert über seine Situation aussprechen zu können. Somit belastete er Claires Mutter, die in Wolfenbüttel immerhin den Rückhalt ihrer Schwiegereltern hatte und verstärkte den Druck auf ihr Gewissen, denn Charlotte von Glümer war sich stets bewusst, dass sie mit ihrem Eheversprechen gelobt hatte, »nicht nur die guten, sondern auch die bösen Tage mit ihm zu teilen; wenn er mich ruft, ist es meine Pflicht, zu ihm zu gehen.« Die unklaren Informationen des Vaters berührten auch Claire, welche bezweifelte, ob die Auskunft über seine Verhältnisse die Mutter beruhigte. Die unverhoffte nächtliche Ankunft des Vaters in Wolfenbüttel an einem Tag im März 1830, und seine herzliche Zuwendung, welche Claire sehr beglückte, ließ Charlotte von Glümer wieder hoffen. Im Mai, einige Wochen später, wollte sie mit Claire und Bodo nach München aufbrechen, um die Familie wieder dauerhaft zu vereinen. Dies schrieb sie auch ihrer Herzensfreundin Amalie. Aber: sie wusste zu diesem Zeitpunkt nicht, dass Karl von Glümer »seiner freisinnigen Artikel wegen aus Bayern verwiesen« worden war.[28] Seine komplizierte Lebenssituation hatte der Vater auch während seines Wolfenbütteler Aufenthalts im März bewusst nicht thematisiert. Er wollte unter allen Umständen die Trennung von Frau und Kindern beenden. Aber selbst Karl von Glümers Eltern stellten sich auf die Seite der Schwiegertochter und wollten verhindern, dass es unter den gegebenen unsicheren Umständen zu einer Wiedervereinigung der Familie kam. Offenbar hatte sich Charlotte von Glümer aber dennoch im Mai 1830 auf die Reise Richtung München begeben. »Die erste Etappe unserer Wanderschaft ins Ungewisse« war das nordthüringische Vollenborn, »das kleine, malerisch zwischen Goldener Aue und Eichsfeld gelegene Gut, das Onkel Hagen, der Ehemann von Charlotte von Glümers Herzensfreundin Amalie, nach dem Verlust der Nienburg gekauft hatte«, und welches nun den Kindern zum »Paradiese« wurde.

Claire von Glümer trat in bewusst in ein neues »Milieu« ein: »Haus und Umgegend, Menschen und Tiere, Einrichtung und Lebensweise« haben sich ihrem Gedächtnis »fest eingeprägt.« Vor allem die große Familie mit den vier Kindern von Onkel Hagen und Tante Amalie, ihren Eltern sowie der alte Bediente Büttner gehören nun zu Claires Lebenskreis. Claire spielte in einem »schattigen Grasgarten«, im Wald zwischen Felsen und Gestrüpp, besuchte Enten und einen Esel. Die mittwochs stattfindenden Fahrten auf ein nahe gelegenes Hochplateau waren Erlebnishöhepunkte für das Mädchen: »Unter den Bäumen am Waldessaum standen Tische und Bänke; auch ein Herd war da, auf dem Wasser kochte und Kaffee gebraut wurde, während die junge Welt – auch wir Kinder gehörten dazu – auf dem freien Platze, der sich bis zum Rand der Felsenwand erstreckt, Reifchen werfen und Federball spielten, oder zum Reihentanz das schöne Lied vom Gänsedieb sangen.« Claire erlebte in dieser Vollenborner Zeit die ganze Fülle des Lebens: zu den Menschen und der Natur tritt sie in seelisch erfüllende Beziehungen. Es war *ihr Leben*, das sie von dem der Eltern abgrenzte. Die Mutter saß täglich mehrere Stunden am Schreibtisch und der Vater »war für seine Zeitungen tätiger als je.« Claire führte ihr »Schlaraffenleben.«[29]

Doch schon bald sollte diese paradiesische Zeit für Claire zu Ende gehen. Nach einigem Hin und Her wurde die Abreise Charlotte von Glümers mit den Kindern für den August 1830 ins Auge gefasst. Das Reiseziel hatte sich aber wiederum geändert: Karl von Glümer hatte nun Aussicht auf eine Beschäftigung in Berlin. Zuvor sollte sich Claires Mutter aber noch im thüringischen Liebenstein auf Anordnung ihres Arztes einer Badekur unterziehen, um »gegen ihr hartnäckiges Kopfleiden« vorzugehen. So brach sie gemeinsam mit Claire und Bodo nach einem wehmütigen Abschied aus Vollenborn auf. Nach diesem Kuraufenthalt sollte dann endlich die lang ersehnte Wiedervereinigung der Familie in Berlin stattfinden. In Vollenborn musste Claire die Tochter Tante Amalies und Onkel Hagens zurücklassen. »Eine so liebe Spielgefährtin wie Mally hatten wir nie gehabt.«[30]

1830 – 1840

IV. Auf der Suche nach einer Heimat

Die folgenden Jahre waren für die Familie Glümer durch mehrere Wohnortwechsel und existenzielle Sorgen gekennzeichnet. Es war völlig unklar,
ob der Vater eine gesicherte berufliche Stellung finden würde. Sofort nach
Beendigung des Aufenthaltes in Liebenstein im September 1830 änderte
sich wiederum das Reiseziel. Claires Mutter erfuhr, dass sich die Aussicht
auf Beschäftigung in Berlin für Karl von Glümer zerschlagen hatte. Durch
Bernhard Erich Freund, den jungen Herzog von Meiningen, mit dem der
Vater seit dem Studium in Jena befreundet war, erhielt er eine Aufenthaltserlaubnis für Meiningen. Von dort aus konnte er nun seine publizis-
tische Tätigkeit für liberale süddeutsche Zeitungen fortsetzen. Bald zog
der Herzog Karl von Glümer an den Hof und zeichnete ihn mehrfach aus.
Charlotte von Glümer wurde weiterhin wegen ihrer Erzählungen nachge-
fragt, sodass sich das Leben der Familie konsolidierte. Die Eltern wurden
verschiedentlich zu den kleinen, vergnüglichen Teesoirées der Herzogin
eingeladen und auch Claire hatte am Hof bald eine besondere Gönnerin
gefunden. Es war ein Fräulein von Stein, Hofdame der Mutter der Herzogin. Ihr verdankte Claire den ersten Theaterbesuch ihres Lebens, der sie
tief beeindruckte: »Es waren *Die Wiener in Berlin*, zu denen sie mich mit-
nahm. Ich saß wie versteinert da: das Licht, die Musik, das Aufgehen des
Vorhangs, die sonderbaren Menschen, die das meiste, was sie sich sagen
wollten, sangen – es war wie ein Märchen, nur noch viel schöner, weil
man alles sah. Die Aufregung, in der ich nach Hause kam, war so groß,
dass die Eltern für meine Gesundheit fürchteten.« Auch fand die fünfjährige Claire bald neue Spielgefährten, meist Kinder einiger Beamten-
familien, mit denen die Eltern gesellschaftlich verkehrten.[31]

Doch die politischen Ereignisse des Jahres 1830 warfen erste Schatten auf das Familienleben. Im Juli war es in Frankreich zu einer überraschenden Revolution gekommen, nachdem die königlichen Ordonnanzen die Pressefreiheit abschaffen und den Wahlzensus weiter erhöhen wollten. Die Aufständischen erzwangen die Abdankung Karls X. und die Errichtung eines Bürgerkönigtums, in dem sich die politische Gewalt de facto vom Volk ableiten sollte. Wie bereits 1789, so hatte auch die Julirevolution für Europa eine Signalwirkung, war doch zum ersten Mal ein Eckpfeiler des restaurativen europäischen Systems weggebrochen. Es kam in der Folge in verschiedenen Staaten (Niederlande, Polen, Italien, Deutschland) zur Erosion der alten Gewalten.[32] Am 7. September hatte eine Revolte in Braunschweig zur Flucht des Herzogs geführt. Die Aufständischen hatten das Residenzschloss in Schutt und Asche gelegt. Diese Aktion erschütterte das öffentliche Vertrauen in die liberalen Kräfte und führte zu schärferen und härteren Parteibildungen. Und so geriet auch Claire von Glümers Vater aufgrund seiner politischen Gesinnung in den Fokus höfischer Kreise, welche »den unbequemen Eindringling aus der Nähe des Herzogs entfernen« wollten. »Schonend, ohne den geringsten Anschein von Gehässigkeit ging man dabei zu Werke. Man bedauerte, dass ein so feiner, liebenswürdiger Mann wie mein Vater auf diese unglückseligen politischen Abwege geraten sei.« Man untergrub schleichend das Vertrauenverhältnis zwischen dem Herzog und Karl von Glümer, und bald war eine Änderung im Verhalten Bernhard Erich Freunds zu bemerken. »In dieser Zeit wachsenden Unbehagens« erhielt Claires Vater das Angebot, in der Redaktion einer freisinnigen Zeitung in Dresden mitzuarbeiten. So siedelte die Familie Glümer im Februar 1831 nach Dresden über. Wieder mussten liebe Spielkameraden unter Tränen zurückgelassen werden. Die viertägige anstrengende Reise in einer hochbeladenen Kutsche mit zwei weiteren hinzu gestiegenen Fahrgästen endete schließlich im »Kleinen Rauchhaus«, einer historischen Gaststätte aus dem 17. Jahrhundert.[33]

Claire von Glümer hatte eine starke Sehnsucht nach sozialen Kontakten. In Dresden bedauerte sie, dass die Wohnungen der Nachbarn, anders als in Wolfenbüttel und Meiningen, abgeschlossen waren und man keinen spielenden Kindern auf den Haus- und Treppenfluren begegnete. Darunter litt sie anfangs sehr. Doch bald konnte sie engere Bekanntschaft mit Adolf Kämpfe, einem »hübschen, blondlockigen Jungen« und seinen Schwestern schließen. Auch den im Haus wohnenden Maler Lindau wollte Claire kennen lernen. »Als Besitzerin eines Malkastens fühlte ich mich dazu berechtigt.« Und »bald fühlten wir uns bei ´unserem Maler´ wie der Familie Kämpfe vollkommen heimisch.«[34] Auch mit der Stadt Dresden freundeten sich die Glümers bald an. Eine Schwester Onkel Hagens, Frau von Krosigk, die Mann und Kinder verlassen hatte, »um katholisch zu werden«, machte die Eltern mit den Kunstschätzen der Stadt bekannt, unternahm mit der Familie Wagenfahrten in die nähere

Ludwig Tieck, ca. 1840,
Kupferstich von Peter Busch

Umgebung »und hatte für Bodo und mich immer etwas Wohlschmeckendes in Tüten und Schachteln.« Eine Cousine Onkel Hagens und ihr Ehemann besaßen ein schönes Haus an der Elbe und wurden oft von den Glümers besucht. Einen Monat nach der Übersiedelung nach Dresden musste die Familie jedoch eine schwere Zeit durchmachen. Mit 33 Jahren »erkrankte mein Vater schwer an Geschwüren in der Lunge, die das Schlimmste befürchten ließen. Sieben Tage und Nächte wich meine Mutter, die binnen kurzem die Geburt eines Kindes zu erwarten hatte, nicht von seinem Bette.« Erst im Lauf des Sommers war der Vater wieder völlig genesen. In diese sorgenvolle Zeit fiel die Geburt von Claires Schwester Marie im Mai 1831, genau an Bruder Bodos Geburtstag. Dieser meinte daher, das »Blondköpfchen mit den großen dunkelblauen Augen« gehöre ihm. Doch Claire machte »ihre Altersrechte geltend« und schützte Marie vor der ungestümen Zuwendung des Bruders.

Claires Eltern machten in Dresden auch die Bekanntschaft mit dem bekannten romantischen Dichter Ludwig Tieck, der sie zu seinen stadtbekannten Leseabenden einlud. Die Gräfin Finkenstein, welche mit der Tieckschen Familie zusammen lebte, bereitete den Tee. Tiecks Töchter fungierten als Serviererinnen. Im kleinen Kreise saßen die Zuhörer um Tiecks Sessel versammelt, welcher in die Mitte des Zimmers geschoben wurde. Ein Tischchen wurde davor gerückt, auf dem vier Wachskerzen um ein Lesepult standen. Ludwig Tieck las mit verschiedenen Stimmen, die literarischen Personen charakterisierend, aus Shakespearschen Dramen oder auch gern aus seinen eigenen Dichtungen. Nach der Lesung wurden dann Gebäck und Wein herum gereicht und gegen 10 Uhr endete die meist vierstündige Abendveranstaltung.[35] Auch für Claire von Glümer wurde einer dieser Leseabende unvergesslich, blieb ihr aber in unheimlicher Erinnerung. Der Vater, der von seiner Ältesten immer Besseres erwartete, hatte die Erlaubnis erbeten, Claire zu einem Leseabend mitbringen zu dürfen. Schon die persönliche Begrüßung durch Ludwig Tieck hinterließ bei der sechsjährigen Claire einen beklemmenden Eindruck, denn dessen verkrümmte Gestalt sah sie mit großen, dunklen Augen durchdringend an. Die Kuchenspenden der Damen verscheuchten aber bald diesen Eindruck. Zudem durfte sich Claire auf ein Fußbänkchen direkt neben die Mutter setzen, wo sie sich geborgen fühlte. Doch bald schon machte das Mädchen eine verwirrende Erfahrung. »Wenn vorgelesen wurde, hörte man doch immer dieselbe Stimme; aber hier sprachen zwei, drei, noch mehr! – Vergebens sah ich mich danach um, woher sie klangen; endlich musste ich mich überzeugen, dass sie alle aus demselben Mund kamen. – Das konnte nicht mit rechten Dingen zugehen – der Mann mit den vielen Stimmen war gewiss ein Zauberer! – Mit einem Angstgefühl, das immer heftiger wurde, saß ich da. Das Schrecklichste war, wenn der Lesende mit den dunklen Augen, vor denen ich mich gleich gefürchtet hatte, vom Buche aufblickte, und mich – wie ich mir einbildete – unwillig ansah. Das war nicht auszuhalten! Leise, leise stand ich auf, trug mein Schemelchen unter eine Konsole zwischen den Fenstern, wo ich seinen Augen entrückt war, meinen Jammer durch Tränen erleichtern konnte, und endlich an die Wand gelehnt einschlief.« Während die Mutter vor Sorge, Claire könnte im Schlaf von ihrem Sitzchen fallen, während des Abends unruhig war, reagierte der Vater ungehalten auf Claires Rettungsaktion und rügte ihr albernes Benehmen. »Ich aber erklärte unter Tränen, dass ich den schrecklichen Mann mit den vielen Stimmen nie, nie wiedersehen wolle.« Es ist festzuhalten, dass der Vater Claires eine recht patriarchalische Haltung einnahm, im Gegensatz zur Mutter, die viel Verständnis für die Kinder hatte und sie durch vielerlei seelische Erlebnisse (z.B. durch ihr Vorlesen und Erzählen) und Natureindrücke (auf gemeinsamen Spaziergängen) förderte. Der Vater hingegen benutzte gegen Claire die Rute als Erziehungsmittel und es war ihm wohl auch wichtiger, dass seine Tochter beim Tieckschen Leseabend die Etikette gewahrt hätte anstatt auf ihrem Höckerchen, überwältigt durch die durch eigenes Begreifen nicht zu bändigende Eindrucksfülle, einzuschlafen.

Nach einiger Zeit wurde deutlich, dass es auch in Dresden mit einer verlässlichen, Einkünfte versprechenden Arbeit für den Vater nicht zu klappen schien, denn das Zustandekommen eines Vertragsverhältnisses mit der liberalen Zeitung verzögerte sich. Der Großvater mahnte, Karl von Glümer solle nach Braunschweig zurück kehren und sich eine sichere Stelle im Staatsdienst verschaffen. »Mein Vater schwankte; die Mutter riet entschieden ab. Sie kannte den Gatten besser als die Eltern den Sohn.« Charlotte von Glümer wusste, dass ihr Ehemann seine politischen Überzeugungen nicht würde verleugnen oder verschweigen können – und insofern wäre eine Beamtenstelle nur eine Lösung auf Zeit gewesen. Doch die Großmutter appellierte an das Herz ihrer Schwiegertochter, teilte ihr mit, dass Adolfine im kommenden Frühjahr (1832) heiraten und das Elternhaus verlassen werde. »Nur der Verkehr mit uns, versicherte sie, könne den Großvater und sie selbst über die Trennung von der geliebten Tochter trösten.« Diese Tatsache gab den Ausschlag. Bereits im August 1831, nach nur sechs Monaten, brach die mittlerweile fünf Personen umfassende Familie Glümer erneut auf, und zwar nach Wolfenbüttel.[36]

Die Fahrt dorthin erfolgte in einer gemieteten Kutsche. »Der Lohnkutscher, dem wir uns anvertraut hatten, geriet auf einen unbeschreiblich schlechten, von tagelangem, noch immer fortströmenden Regen völlig durchweichten Feldweg und fuhr bei Einbruch der Dunkelheit so nah an einen Graben, dass der Wagen umfiel.« Zum Glück rettete der Vater die Situation, indem er kurz vor dem Umkippen der Kutsche heraus sprang und anschließend die durcheinander liegenden Personen aus der Kutsche zog. Ein in der Ferne schimmerndes Licht machte Hoffnung auf Rettung. Und in der Tat: bald erschien der Vater mit einigen Bauern, welche die Kutsche wieder aufrichteten. Die Familie hatte währenddessen auf einem Steinhaufen, in Decken gehüllt, bei Wind und Regen ausgeharrt. Die Männer richteten die Kutsche mit vereinten Kräften wieder auf. Claire, die sich verlassen fühlte und leise vor sich hin weinte, wurde aber durch ein altes Lied getröstet, das ihre Mutter in dieser Nacht im Moor sang, um die Kinder zum Schlafen zu bringen. »Das alte Lied hatte ich schon oft von der Mutter gehört, aber es machte mir in dieser Umgebung einen neuen, unbeschreiblich tiefen Eindruck. So oft es mir später wieder einfiel, hatte ich das weite dunkle Moor, mit vereinzelten, von fern herüber schimmernden Lichtern vor Augen, hörte den Wind, das Regengeriesel, das Stampfen der Pferde, das Schelten des Kutschers, und dazwischen die liebe, sanfte Stimme der Mutter, die mit dem Kinde auch sich selbst zur Ruhe zu singen versuchte.«[37]

Was war das für ein Lied, das Claire so tief berührte? Es ist eine ins Bild gefasste Komposition über die Verschlingung von Verheißung und Leid – eigentlich ein urbildhafter Ausdruck für das menschliche Leben:

Eh´ die Ros´ am Busen blüht,
geißelt Regen sie im Tal;
eh´ das Gold in Kronen glüht,
schmilzt es in Tiegeln siebenmal.
Darum Herz, verzage nicht,
hast durch Trübsal du zu gehen;
jeder Nacht folgt Morgenlicht;
jedem Tode Auferstehn.

Claire von Glümer hatte sowohl beim Verlassen Wolfenbüttels wie schon zuvor einschneidende Verlust- bzw. Entwurzelungs-Erlebnisse zu verarbeiten. Erst betrübte sie die Trennung von den geliebten Spielkameraden, worüber sie Tränen vergoss, nun saß sie mitten in der Nacht auf einem Steinhaufen, Wind und Regen ausgesetzt. Wie eine Prophetie steht zudem dieses im unwirtlichen Moor gesungene Lied vor den Ereignissen, welche die Familie Glümer in der Folgezeit vom September 1831 bis zum März 1833 durchzustehen hatte. Claire von Glümers diesen Zeitraum umfassenden ausführlichen Aufzeichnungen handeln fast ausschließlich vom Schicksal der Eltern. Im Vordergrund steht die existenzielle Not der Familie. Über Erlebnisse Bodos und Claires erfährt man nur wenige Details.

Karl von Glümer fand in den folgenden 18 Monaten keine regelmäßige Arbeit. Weder in Wolfenbüttel noch in Braunschweig, Hannover, Kassel oder Hildburghausen. Auch der Aufbruch nach Hessen, und zwar nach Offenbach und Frankfurt, verschaffte der Familie keine dauerhafte Bleibe. Karl von Glümer verzehrte sich in juristischen Auseinandersetzungen mit etlichen Regionalbehörden und musste mehrere Hausdurchsuchungen über sich ergehen lassen. Mehrfach wurden der Familie behördlicherseits kurz befristete Ausweisungsordres übergeben, die innerhalb von einem oder zwei Tagen erfüllt werden mussten. Karl von Glümer hatte mehrere Audienzen bei Bernhard Erich Freund, dem Herzog von Meiningen, erwirkt, fand aber durch den halbherzig Handelnden auch keine Unterstützung.[38] Eine irrtümlich einem gleichnamigen

Nachbarn in Coburg zugestellte Postsendung führte zudem dazu, dass die bayrischen Behörden ihren langen Ermittlungsarm bis Meiningen ausstreckten und der Familie zusetzten, das heißt, dass auf den Vater ein Haftbefehl ausgestellt und dieser auch vollstreckt werden sollte. Claire von Glümer schildert in drastischer Weise anhand von langen Briefauszügen ihrer Mutter an ihre Kindheitsfreundin Amalie (Mally), welche Nöte und Entbehrungen Charlotte von Glümer durchzustehen hatte und wie sie diese aufreibende Zeit durch Selbstdisziplin, Liebe zu ihrem Mann und den Kindern, Pflichtgefühl, Glaubenszuversicht und Schicksalsvertrauen bewältigte. Dass die Familie diese auch wirtschaftlich sehr angespannte Zeit überstand, verdankte sie einem Netz liberaler Freunde, allen voran Karl von Glümers Münchener Weggefährten Georg Fein.[39]

Man erfährt kaum etwas darüber, wie Claire von Glümer die zahlreichen Standortwechsel sowie die Sorgen der Eltern während dieser rastlosen 18 Monate erlebte. Sicher bildete ihr noch kindliches Erleben eine Art Schutzhülle: »Für alle diese die Eltern so schwer bedrückenden Vorgänge hatten Bodo und ich noch kein Verständnis.«[40] Das galt auch für die Zerwürfnisse zwischen ihren Eltern und der Verwandtschaft. Tante Adolfine und die Großmutter standen Karl von Glümers Lebenshaltung kritisch gegenüber, bezogen Position gegen ihn, ohne es ihm direkt zu sagen, und wandten sich oft gegen Claires Mutter Charlotte, ebenso wie der Bräutigam Adolfines, der Vetter Weddo. Claire nahm an den innerfamiliären Zerwürfnissen empfindend teil. Sie spürte, dass etwas nicht stimmte, wenn sie zum Beispiel unter irgendeinem Vorwand den Raum verlassen musste, weil das Gespräch zwischen den Erwachsenen eine bestimmte Wendung nahm. Über ihre lebhaften Kinderspiele mit Nachbarskindern erfährt man ebenfalls nicht viel. Doch im Wesentlichen bewegten sich Claire und Bodo hier in einem geschützten Umfeld und genossen sowohl die sichere Atmosphäre des Wohnhauses und der nahen Wallanlage in Wolfenbüttel. Vielleicht hat Claire von Glümer auch einen Schutzmantel des Vergessens über diese Zeit gelegt?! Ihre Lebhaftigkeit jedenfalls hatte sich das Mädchen bewahrt: »Ich erinnere mich, dass ich eines Tages – als verfolgter Räuber mit glühendem Gesicht und fliegenden Haaren aus dem Gebüsch hervorstürzend – von Freundinnen der Tante Adolfine eingefangen und trotz meines Sträubens fortgeschleppt wurde, um der Großmutter vorgeführt zu werden.«[41]

In Kassel machte die herrliche Wilhelmshöhe mit der Herkulesstatue, den Wasserspielen und der Löwenburg einen starken Eindruck auf Claire. Auch eine liebenswürdige Madame Habich, Gattin eines Freundes des Vaters, hinterließ einen positiven Eindruck. Im Sommer oder Frühherbst 1832 wurden Claire und ihr Bruder Bodo eingeschult. Während Bodo zum Liebling des Lehrers avancierte, sträubte sich Claire nach Kräften gegen die Schule. Die freundliche Frage des Schuldirektors, ob sie sich denn nicht auf das Lernen freue, beantwortete sie selbstbewusst: »Nein, gar nicht! Ich will lieber zu Haus bleiben und mit den Geschwistern spielen.« Doch es dauerte nicht lange, bis Lerneifer und Ehrgeiz bei ihr erwachten.[42]

V. Unterwegs in Europa

Claires Odyssee begann 1833, als der Vater aus Deutschland ausgewiesen wurde. Die Irrfahrt sollte sechs Jahre dauern. Immer wieder musste das junge Mädchen sich in der Schweiz, im Elsass, in Burgund, später dann auch in Südfrankreich auf neue Wohnverhältnisse und Menschen einstellen. Die Welt der Pyrenäen wurde ihr überaus vertraut[43] und in der französischen Sprache erreichte Claire während dieser Jahre eine solche Sicherheit, dass sie später als Übersetzerin aus dem Französischen tätig sein konnte. Die Familie wuchs stetig an. Zunächst hatten die Glümers zwei Kinder, Claire und Bodo, später kamen drei weitere hinzu, was sowohl die Mobilität der Familie erschwerte als auch an den Kräften der Eltern, vornehmlich der Mutter, zehrte. Mit großer Geduld, Ausdauer und einer Achtung gebietenden Lebenszuversicht

gingen aber die Eltern ihren Weg. Der Vater ließ nicht nach, sich immer und immer wieder um Beschäftigung, zumeist als Journalist, zu
bemühen und zu diesem Zweck etliche Gesuche und Bittstellungen bei
Ämtern und Politikern zu initiieren. Die Mutter raffte sich, trotz an-
geschlagener Gesundheit, unermüdlich zur Arbeit auf und war schriftstellerisch tätig. Ihre Novellen und Romane verschafften der Familie
wiederholt im rechten Moment das dringend notwendige Geld. Neben
den politischen Überzeugungen des Vaters war auch der Protestantis-
mus der Glümers mancherorts ein Hindernis für eine freundliche Aufnahme in Frankreich.[44]

Frankreich war seit der Julirevolution des Jahres 1830 ein unruhiges Land. Die dortigen Ereignisse hatten auch Auswirkungen auf die
europäischen Nachbarländer. Im deutschsprachigen Raum etablierte
sich, beflügelt von den Ideen der Julirevolution, eine literarische Bewegung junger, liberal gesinnter Schriftsteller, das »Junge Deutschland«. Den Kern dieser lose miteinander verbundenen Autorengrup-
pe bildeten Ludolf Wienbarg, Heinrich Laube, Karl Gutzkow, Ludwig
Börne, Theodor Wundt und Heinrich Heine. Gemeinsam war diesen
Dichtern die Opposition gegen die reaktionäre Politik der Fürsten des
Deutschen Bundes, welcher unter der Führung des österreichischen
Fürsten Metternich stand. Die »jungdeutschen« Autoren leiteten ihren Namen von Ludolf Wienbarg ab, der seine *Ästhetischen Feldzüge*
1834 mit den Worten einleitete: »Dir, junges Deutschland, widme ich
diese Reden, nicht dem alten.« Die Jungdeutschen traten für demokratische Freiheitsrechte, soziale Gerechtigkeit, die Frauenemanzipation
und die Überwindung konservativer Moralvorstellungen ein. Literatur
sollte die Funktion haben, dem Leben zu dienen, das heißt, sie sollte
auf gesellschaftliche und politische Missstände aufmerksam machen.
Im Gegensatz zu späteren Autoren (wie z.B. Georg Herwegh oder
Ferdinand Freiligrath) traten die Jungdeutschen nicht für einen politischen Umsturz ein, sondern setzten auf die evolutionäre Kraft liberalen
Gedankenguts. Man datiert die jungdeutsche Bewegung auf die Zeit
von 1830 bis 1840.[45] Seit den jüngsten revolutionären Ereignissen in

Frankreich war die emanzipatorisch-politische Bewegung in verschiedenen Ländern zu einer europäischen Solidaritätsgemeinschaft zusammengewachsen. Neben den zahlreichen, bereits seit 1815 sich zunehmend etablierenden studentischen Burschenschaften bildeten sich in Deutschland lokale liberale Vereine, politische Debattierclubs und Vereinigungen von Schriftstellern. Die Autoren durchbrachen durch ihre Tätigkeit als »Dichter-Journalisten« die Exklusivität der »klassisch-romantischen Buchkultur« und modernisierten somit den damaligen Literaturbetrieb. In zahlreichen europäischen Ländern bildeten sich Ableger der jungdeutschen Bewegung. Die Emigrantenszene rückte zusammen, und zwar in Frankreich, England und der Schweiz. Doch trotz intensiven Austauschs und solidarischer Hilfestellung im Alltag fand man keinen rechten Konsens. »Befangen im kritischen Kleinkrieg untereinander und mit ihren Gegnern auf der Rechten, später auch auf der Linken, reduzierte sich die politische Qualität ihres anfänglich revolutionären Anspruchs rasch.«[46]

Claires Vater gehörte durch seine liberal orientierte journalistische Tätigkeit ebenfalls zu den »Modernen.« Die Familie Glümer begegnete in den folgenden Jahren etlichen Freunden und Bekannten mit liberaler Gesinnung, die im Exil von hier nach dort verschlagen worden waren. Verhaftungen lieber Menschen erschütterten oft die Eltern. Diese Emotionen blieben auch der kleinen Claire nicht verborgen. Die Spuren mancher Freunde verloren sich, andere reisten durch die halbe Welt, um Ruhe zu finden.[47] Der Entschluss der Eltern Deutschland zu verlassen war das Ergebnis eines langen Entscheidungsprozesses. Die Reise ins »Elend«[48], nach Frankreich, bedeutete in zweifacher Hinsicht eine echte *Grenzüberschreitung* für Claire von Glümer. Der geographische Schritt über den Rhein, auch wenn im Schatten der seelischen Empfindungen ihrer Mutter erlebt, blieb in ihrer Erinnerung plastisch haften. Die Fahrt über die Rheinbrücke bei Kehl am 4. März 1833 wurde als dauerhafte Trennung von allem Glück empfunden. Die Tränen auf der Mitte des Flusses vergossen Mutter und Tochter gemeinsam.[49] Daneben bedeutete der Sprung über den Rhein für Claire von Glümer, welche sich zum Zeitpunkt der Reise ins Exil nach Straßburg im achten Lebensjahr befand, auch eine seelische Grenzüberschreitung bzw. -erweiterung. Während der ersten Monate entwickelte sie ein intensives Interesse für die ebenfalls im französischen Exil lebenden deutschen Freunde des Vaters, insbesondere für Jacob Venedey.

Jakob Venedey

Die Verlagerung der Interessen Claires wurde wohl auch deswegen befördert, weil der Schulalltag in Straßburg wegen der Verständigungsprobleme mit den Kindern aus ihrer Klasse engere freundschaftliche Verbindungen verhinderte. Claire und Bodo mussten sich die Grundkenntnisse des Französischen erst aneignen, aber auch »beständig für unser Deutsch kämpfen.« Spöttereien der Schulkameraden gehörten zum Alltag. Einen Trost bot die Freundschaft mit der Familie des Straßburger Pfarrers Dürbach. Dessen Kinder wurden liebe Spielgefährten, der Pfarrer sympathisierte mit der politischen Einstellung von Claires Vater.[50] Doch ein unangenehmer Zwischenfall mit einem Nachbarn beendete das kleine Straßburger Idyll, wo die Familie Glümer mit Blick auf den in der Ferne gelegenen Prachtbau des Münsters und einige in der näheren Umgebung gelegene Felder und Gärten eine angenehme Wohnung bezogen hatte. »Eines Tages, als Bodo und ich in der Schule waren, die Mutter häuslichen Geschäften nachging, der Vater im Hinterzimmer arbeitete« und Mariechen auf einer Galerie spielte, »fiel in nächster Nähe ein Schuss. Das Kind schreit auf, die Eltern stürzen herbei, sehen wie unser alter Zimmernachbar eine tote Katze, die neben Mariechen liegt, vom Boden aufnimmt, während die Pistole, die er noch in der Hand hält, verrät, dass er das Tier erschossen hat.« Es kommt zum Streit zwischen dem Nachbarn und dem Vater, der Schütze fühlt sich beleidigt, droht mit Konsequenzen und verschwindet hohnlachend. Wenige Tage später »erhält mein Vater die Weisung, Straßburg binnen 48 Stunden zu verlassen.« Durch einen anonymen Brief war Karl von Glümer als politischer Flüchtling denunziert worden. Überstürzt wurde der erneute Aufbruch bewerkstelligt. Der Vater hatte Dijon als neuen Wohnort gewählt, weil sich in der Stadt mehrere der früher aus Straßburg verwiesenen deutschen Flüchtlinge aufhielten und das Leben dort als friedlich und angenehm empfanden. So endete die sechsmonatige Straßburger Zeit sehr abrupt und mit einem wehmütigen Abschied von den guten Dürbachs. Wieder musste Claire von Glümer einen Abschied verarbeiten. Kaum im neuen Lebensumfeld verwurzelt, hatte sie sich wieder auf neue Umstände einzulassen.[51]

Nach dreitägiger Reise war Dijon erreicht. Die Stadt machte einen freundlichen und lebendigen Eindruck, die Straßen waren reinlich, die öffentlichen Gebäude schön und die Bewohner heiteren Sinnes. Doch Claires Mutter konnte diese angenehme Atmosphäre, wie Claire schreibt, nicht teilen: »Jeder Gang durch die Stadt zeigt meinem deutschen Auge ein Bild der Fremde, heiter und anziehend für den sorgenfreien Beobachter, aber nicht wohltuend für ein heimwehkrankes Herz.« Dennoch lebte sich die Familie in Dijon ein, weil die Bewohner die Flüchtlinge, anders als im Elsass, als gern gesehene Gäste behandelten. Auch Claire von Glümers soziales Umfeld veränderte sich. Sie lernte polnische und deutsche Flüchtlinge verschiedenster Couleur kennen, einen Philosophen (Johannes Müller und dessen stetigen Begleiter, einen Sachsen mit Namen Redlich), einen Dichter (J.C. Blumenfeld, den Verfasser von

Polonias Seufzer), aber auch den braun-weiß gefleckten Jagdhund »Mummel«, den Begleiter der beiden Flüchtlingsfreunde.[52] Durch Johannes Müller eröffnete sich für Claire von Glümer, auch wenn natürlich nur unkonturiert und weitgehend unverstanden, eine neue Ideenwelt. Sie hörte die Erwachsenen von einer »Universal-Republik« reden und davon, dass »alle Völker der Erde umschlossen und beglückt« werden sollten.[53] Die Aufmerksamkeit des Mädchens war geweckt, in Claire regte sich ein ahnendes Verstehen.

Kaum in Dijon, Anfang November 1833, wurde dem Ehepaar Glümer ein drittes Töchterchen, Minna, geboren, das von den Geschwistern mit Jubel begrüßt wurde. Die bange Erwartung nach dem Verlauf des Weihnachtsfestes beunruhigte Claire von Gümer am Ende jenes bewegten Jahres, »getrübt durch die Frage, ob für uns der deutsche Weihnachtsmann den Weg in dieses unglückliche Land finden werde, wo es keine Christbäume mit Lichterglanz, Zuckerwerk, goldnen Äpfeln und Nüssen geben sollte.« Doch die Eltern ermöglichten den Kindern das geliebte gewohnte Weihnachtsfest mit Baum und Kerzenlicht. Der Höhepunkt der Bescherung war aber ein von den Freunden Müller und Redlich selbst gebautes einfaches Puppentheater, welches in den folgenden Tagen zum Mittelpunkt von Claires Beschäftigung wurde. Denn nun konnte sie ihre Lieblingsmärchen, aber auch Balladen Schillers (*Der Handschuh*) oder alttestamentliche Geschichten (David und Goliath) zur Aufführung bringen und fand außerdem viel Freude beim Basteln neuer Figuren und Kulissen. Diese kreative Idylle endete abrupt wenige Tage nach Neujahr wegen einer ernsthaften Erkrankung des Schwesterchens Minna.[54]

Komplizierte Umstände führten dazu, dass nach vielem Hin und Her zwischen verschiedenen französischen Behörden die Glümers wieder aufbrechen mussten – und zwar zurück ins Elsass. Am 10. Mai 1834 traf die Familie in Colmar ein.[55] Zuvor mussten Claire und Bodo wiederum schmerzlich Abschied nehmen, »von unserm Philosophen, seinem Freunde und dem Hunde Mummel.« Hinzu kam, kaum in Colmar angekommen, eine weitere unangenehme Erkenntnis: das Deutsch, das in Colmar und Umgebung gesprochen wurde, war weitaus unverständlicher als der Straßburger Dialekt. Und selbst die Grundkenntnisse im Französischen, die Claire sich erworben hatte, halfen nicht entscheidend weiter. Wie die Sprache für Claire und Bodo, so wurde für den Vater die Haltung der Menschen im Elsass zum unüberwindlichen Hindernis. Stets begegnete er einer stummen Abwehr, welche es ihm letztlich unmöglich machte, als Lehrer für Deutsch, juristischer Hilfsarbeiter bei einem Advokaten oder als Korrespondent in einem Handelshaus eine Beschäftigung zu finden. So musste Karl von Glümer wieder politisch-literarisch tätig werden. Da das Klima in Colmar ihm aber verleidet war, beschloss er auf dringenden Rat deutscher Freunde, welche in der Schweiz lebten, nach Zürich überzusiedeln. Bevor dieser Entschluss aber ausgeführt werden konnte, erkrankte die kleine Schwester Minna erneut und starb bald darauf. Danach dauerte es noch Wochen, bis die nötigen Papiere für die Schweiz bereit gestellt waren. Am 10. Juli 1834 verließ die Familie Glümer schließlich Colmar.

Trotz aller Entbehrungen und Schicksalsschläge während der letzten Zeit schaffte es die Familie Glümer aber, sich wiederum mit neuen Lebensumständen, diesmal in der Schweiz, anzufreunden. Schon auf der Reise wurden die zuletzt belastenden Erlebnisse in Frankreich durch die Schönheit der Landschaft verdrängt: »Unser Weg führte über Mülhausen, durch einen Teil des oberen Rheintals nach Basel; dann nach kurzer Rast durch malerische, von Aar und Reuß durchströmte Täler; vorüber an zahlreichen Ruinen, am alten Kloster Königsfelden, an der Habsburg. Es war die schönste Reise, die wir bisher gemacht hatten; und wie wurde jedes Landschaftsbild während der langsamen Fahrt in der Mietkutsche genossen! – Die Krone von allem war der erste Anblick der Berner Alpenkette im Morgensonnenglanz des letzten Reisetages.«

Die Sonne blieb auch direkt am Ankunftstag den Glümers treu. Nach einem Weg durch die beengten und überfüllten Straßen Zürichs und der Ankunft in einem düsteren Haus mit einem dämmrigen Zimmer öffnete der Wirt die Fensterläden: »Sonnenlicht drang herein; die Mutter eilte mit einem Freudenruf ans Fenster, wir alle ihr nach. Da lag der schimmernde See, hinter ihm in weiter Ferne die Glarner Alpenkette mit ihren

Schneehäuptern.« Auch die erste Wohnung der Glümers im am Ufer des Zürichsees gelegenen Dorf Wollishofen war die schönste, die sie seit ihrer Flüchtlingszeit je hatten. Ein Wohn- und zwei Schlafzimmer, Küche, Vorratsraum und Speisekammer, allesamt sauber und mit weißen Gardinen ausgestattet, gehörten zu dieser angenehmen Atmosphäre. Für Claire und ihre Geschwister war zudem »freie Bewegung im Garten und auf den angrenzenden Wiesen« sehr »angenehm«.[56]

Vielleicht hatte die sonnenreiche Empfangskulisse bei der Ankunft in Zürich eine signalhafte Bedeutung für Claire von Glümer. Auf jeden Fall veränderte sich im Sommer 1834 die Sichtweise des Mädchens auf ihr Lebensumfeld. Claire entwickelte neue Interessen. Sie entdeckte in ihrem zehnten Lebensjahr die Welt der Bücher und der Menschen. Zu ihrem Bruder Bodo lockerte sich die bisher so innige Beziehung. Die kleine Schwester Marie band den Bruder zunehmend an sich, indem sie ihn zum Steckenpferdchenreiten und anderen gemeinsamen Spielen animierte. Doch auch Claire hatte sich verändert: »Mir war der einst so treue Kamerad um Mariechens willen untreu geworden – wohl durch meine Schuld. Die Lesesucht der Backfischjahre war bei mir verfrüht zum Ausbruch gekommen und hatte mich den Kinderspielen entfremdet.«[57] Um an Lesestoff zu kommen, unternahm Claire etliche Anstrengungen. Während Bodo und Mariechen von der Hauswirtin der Züricher Stadtwohnung, welche die Glümers zum Winter 1834 wegen der beruflichen Situation des Vaters bezogen hatten, mit Spielzeug und Bilderbüchern ihrer erwachsenen Söhne versorgt wurden, öffnete sie für Claire »einen an Jugendschriften reichen Bücherschrank.« Doch die gute Frau beschränkte die Ausleihe der Bücher, sodass Claire sich »von geistiger Hungersnot bedroht« sah. Um diese zu verhindern, begab sich das Mädchen in eine Leihbibliothek, aus der es zuvor schon für die Mutter Bücher beschafft hatte: »Dahin lenkte ich meine Schritte, trat klopfenden Herzens in den höhlenartigen Laden, der mir mit seinen Bücherregalen wie ein Paradies erschien, und befragte den Beherrscher dieser Wunderwelt, ein altes, freundliches Männchen in Kniehosen und Schnallenschuhen, mit einem steifen Zöpfchen, das wie ein Pfannenstiel vom Kopfe abstand.« Diesem

»Männchen«, dem Herrn Kind, bot Claire nun ihr Geburtstagsgeld an und erreichte, dass er ihr dafür drei Monate lang alle Bücher leihen würde, die sie lesen wollte. Glücklich verließ Claire die Bücherhöhle, musste sich aber von der Mutter Vorwürfe anhören, weil sie unbeaufsichtigt und eigenmächtig gehandelt hatte. Und eine weitere Enttäuschung kam hinzu: Claire kannte die meisten Bücher, die das Zopfmännchen in seinem Bestand hatte! Zum Glück aber war die Mutter eine verständige Frau und erlaubte der Tochter von nun an, auch Bücher aus ihrem Bestand zu lesen. Und so machte Claire schon früh Bekanntschaft mit einer Reihe von Werken Walter Scotts, J.F. Coopers und E.T.A. Hoffmanns. Doch »noch lieber als das Selbstlesen war mir aber das Zuhören, wenn die Mutter ein eben vollendetes Kapitel ihrer eignen Arbeiten dem Vater vorlas. Dabei durfte ich strickend auf einer Fußbank neben ihr sitzen.« Doch trotz ihrer neu entdeckten Liebe für die Welt der Literatur war dies kein Anlass für Claire von Glümer, sich selbst mit der Schriftstellerei anzufreunden: »Dereinst selbst Schriftstellerin werden zu können, kam mir nicht in den Sinn; mein Ehrgeiz verstieg sich damals nicht höher als zu dem Verlangen, gleich Herrn Kinds junger, blasser Gehilfin, in einer Leihbibliothek zu hausen, um den Platz jedes Buches Bescheid zu wissen und – wie ich mir einbildete – jedes derselben lesen zu können.«[58]

Neben dem Bedürfnis nach Literatur kennzeichnete das Interesse für die Gäste und Freunde der Familie einen weiteren seelischen Entwicklungsschritt Claire von Glümers. Dieser wird sehr deutlich von ihr beschrieben. War der Freundeskreis im Glümerschen Haus bei einem Glas Landwein im lebhaften Gespräch um den Sofatisch versammelt, waren Bodo und Marie in der Regel mit Bilderbüchern oder Spielsachen beschäftigt. Doch Claire wurde »nur zu oft durch die Unterhaltung am Sofa in Anspruch genommen.« Auch wenn sie nicht viel von dem verstand, was die Erwachsenen redeten, waren doch ihr Gedankensinn und Interesse geweckt: »Es liegt ein eigener Zauber im Anhören des Gedankenaustausches kluger, charaktervoller Männer.« Was war es, was den langsam erwachenden Intellekt Claires berührte? »Dass auch ich Neunjährige, wenn über politische Fragen, Literatur und Kunst, Gott und Unsterblichkeit debattiert wurde, am Zuhören Freude hatte, sagte ich schon. So wenig ich verstand, um was es sich handelte, nahm ich doch, je nach persönlicher Zuneigung, für oder wider Partei.«[59]

Neben den politischen Freunden war auch die Gräfin von Bentzel-Sternau, welche mit dem Schriftsteller und Politiker Graf Christian Ernst von Bentzel-Sternau verheiratet war[60], eng mit den Glümers verbunden und ermöglichte Claire und Bodo schöne Stunden auf ihrem schönen Besitz Mariahalden am Ufer des Zürichsees. Claire erzählt in ihren Kindheitserinnerungen auch vom schweren Schicksal des Ehepaars Bentzel-Sternau. Die Gräfin »war immer ganz schwarz gekleidet, und sah, selbst wenn sie freundliche Worte sagte, so unglücklich aus, dass wir in ihrer Gegenwart kaum zu lachen wagten. Von Onkel Fein erfuhren wir, dass sie um ihre einzige Tochter trauerte, die im nun ausgefüllten Gartenteiche ertrunken war. Seitdem lebte ihr Gatte, der damals hochgeschätzte Schriftsteller Graf Christian Ernst von Bentzel-Sternau, von ihr getrennt; er hielt es an der Unglücksstelle nicht aus, sie konnte sich nicht davon trennen. In seinen letzten Lebensjahren ist er jedoch nach Mariahalden zurück gekehrt und dort gestorben.«[61] Die Gräfin Bentzel-Sternau hinterließ in Claire von Glümers Seele einen tiefen Eindruck, von dem sie 30 Jahre später noch anschaulich berichtete: »Ihre sanfte Freundlichkeit, ihr anmutiger, stiller Reiz nahm mein Kinderherz völlig gefangen. Wie eine Fee erschien sie mir.«[62]

In die Züricher Zeit fiel die Geburt einer weiteren Schwester, Emma, am 1. März 1835: »Uns war, als hätten wir unsere liebe, kleine Minna wieder.« So gestaltete sich das Leben in der Schweiz recht angenehm und eine harmonische, glückliche Zukunft zeichnete sich am Horizont ab. Der Gesundheitszustand der Mutter verbesserte sich, die kleine Emma entwickelte sich prächtig, der Vater fand das Leben in der Schweiz so angenehm, dass er erwog, die schweizerische Staatsbürgerschaft zu erwerben. Und Claire und Bodo wurden an zahlreichen Abenden, wenn der Vater wieder daheim war, von ihm auf Spaziergänge mitgenommen, die unauslöschliche Natureindrücke hinterließen (»und noch heute stehen mir unsere Wanderungen lebhaft vor Augen«). Von der eigenen Wohnung im Dorf Wollishofen »ging es unten am Seeufer entlang, bald auf der höher gelegenen Landstraße, zwischen den stattlichen, von Wiesen, Obst- und und Weingärten umgebenen Bauernhöfen des Dorfes Bentli-kon nach Thalwyl.« Bald kamen die »schimmernden Schneekronen der Glarner Alpen« ins Blickfeld, dann »in weiter nebliger Ferne die Riesen des Berner Oberlandes«, wie z.B. Finsterahorn, Eiger, Mönch und Jung-frau. »Dazu rings umher Einsamkeit, Waldesrauschen und Vogelstim-men, denn noch stand kein Hotel auf dem Uetli, und keine Eisenbahn erleichterte den Aufstieg.«[63]

Unterrichtet wurde Claire weiterhin von ihrer Mutter, welche ihr und ihrem Bruder Bodo lebhaft und anschaulich die Grundzüge der Ge-schichte und Literatur, aber auch Kenntnisse in anderen Fächern vermit-telte. »Ob unsere Mutter ein heutiges Lehrerinnen-Examen bestanden hätte, weiß ich nicht, aber ihr angeborenes Lehrertalent war groß. Wie früher für ihre Märchen wusste sie uns jetzt für alte und neue Geschich-te, Erd- und Völkerkunde, besonders für alles was Deutschland betraf, zu interessieren. An Schillersche Gedichte anknüpfend, machte sie uns mit den Göttern Griechenlands bekannt, und über die Vorgänge in der Natur: Tier- und Pflanzenleben, Wechsel der Jahreszeiten, Mondphasen usw. wurden wir, wie seit frühester Kindheit, während unserer Spazier-gänge unterrichtet.«[64]

V.1 Exilantenfreunde und Spitzel

In ihren Kindheitserinnerungen entfaltet Claire von Glümer, beginnend mit der Ankunft in Zürich, ein wahres Kaleidoskop von mit den Eltern befreundeten deutschen Emigranten. Dazu gehörten Politiker, bürger-liche und adlige Schriftsteller, Dichter und Maler. All diese Menschen eine ihre meist an die jungdeutsche Bewegung angelehnte liberale Ge-sinnung sowie die Bemühung gerechtere soziale und politische Verhältnisse im zersplitterten Deutschland herbei zu führen. Besonders stechen bei den von Claire von Glümer erwähnten Freunden die beiden bereits aus Dijon bekannten Johannes Müller und sein Begleiter Redlich hervor, daneben Georg Fein (»der gute Onkel Fein«), Jacob Venedey sowie der Chirurg Joseph Conrad Giesker. Auch der Politiker Gustav Kombst und der Dichter, Maler und Revolutionär Harro Harring gehörten zum engeren Freundeskreis der Familie.[65] Obwohl Claire von Glümer die Gespräche der erwachsenen Männer nur beobachtend und erlebend wahrnahm, prägten sie doch die seelische Entwicklung des Mädchens. Denn mehr als von Kinderspielen berichtet Claire von Glümer aus der Züricher Zeit vom Charakter, Aussehen und Schicksal der elterlichen Freunde. Die deutschen Emigranten in der Schweiz hatten sich, in Anlehnung an die Bewegung der »Jungdeutschen« in Deutschland, organisiert. Während in Deutschland hauptsächlich Schriftsteller zum »Jungen Deutschland« gehörten, war die Exilantenszene in der Schweiz eher heterogen. Neben den bereits Erwähnten gehörten auch der Baron Karl-August von Eyb mit seiner Gattin sowie der Student Ludwig Lessing dazu. Besonders ans Herz gewachsen waren Claire von Glümer »die beiden Verlassenen« Johannes Müller und Redlich, von deren »Irrfahrten« und Problemen eine Arbeit zu finden sie mitfühlend berichtet.[66] Johannes Müller,

Georg Fein (um 1840)

47

der sich als »Naturphilosoph« bezeichnete, war der Familie bereits seit der Exilzeit in Frankreich bekannt. Beim Wiedersehen in der Schweiz fiel er Claire unangenehm durch seinen »Zustand höchster Vernachlässigung« auf, der durch ungepflegte Haare und Kleidung gekennzeichnet war. Oft wurde Müller im Freundeskreis geneckt und verspottet, bis sich schließlich Claires Vater seiner annahm und er auch Trost suchend zu Claire und Bodo an den Kindertisch kam.[67] Daneben war Claire Georg Fein, welcher zeitweise unter dem Decknamen »Maurer« in der Schweiz lebte[68], der liebste unter den Emigranten. »Er konnte zwar sehr heftig werden, /... / aber er hatte das Talent, Hiebe auszuteilen, ohne persönlich zu verletzen, und verstand es, bedrohlich werdenden Streit durch eine humorvolle Wendung in andere Bahnen zu lenken.« Das war wohl besonders notwendig, wenn Fein und Harro Harring aufeinander trafen. »Mit Harro Harring, dem Heißsporn des Kreises, vor dem sogar meine liebenswürdige, kluge Mutter zitterte, wusste Fein vortrefflich fertig zu werden.«[69] Beide Männer, Fein und Harring, hatten ihr Leben den Ideen der Demokratie und dem Liberalismus verschrieben und dafür große Einschränkungen auf sich genommen. Oft von Verhaftung bedroht, zerrieben sie sich bei politischen Aktionen, und lebten letztlich als Heimatlose in Europa und Übersee. Als Harro Harring bei den Glümers verkehrte, war er etwa 37 Jahre alt und hatte bereits ein ruheloses Leben, u.a. mit Stationen in Frankreich, Polen, Italien und Griechenland hinter sich. Später verschlug es ihn noch nach Belgien, Norwegen, Brasilien und auf die unter englischer Herrschaft stehende Nordseeinsel Helgoland. Seine atemberaubende Lebensgeschichte endete im Jahr 1870 auf der Insel Jersey, wo er einsam in Gesellschaft eines Kanarienvogels lebte, »mit meinem Gefährten, der meine Tränen sieht«. Harring fühlte sich von einem russischen Spion bedroht, der ihm nach dem Leben trachtete. Am 15. Mai 1870 fand man den alten Mann mit einem Dolch in der linken Brust in seinem Blut liegend in seiner verwüsteten Wohnung. Seine Rechte hielt den Dolch umklammert. Das Obduktionsergebnis ergab, dass sich Harring in jener Nacht selbst getötet hatte. Der Einstich hatte seinen Herzbeutel verletzt.[70]

Harro Harring

Georg Fein stand oft im Widerspruch zu Harro Harring. Es kam immer wieder zu Eifersüchteleien zwischen beiden Männern, selbst im Londoner Exil, wo sie mit dem italienischen Revolutionär Giuseppe Mazzini einen Verein gründen wollten, um die demokratischen Kräfte in Europa zu koordinieren. Harring, der »den Kultus der Freiheit« bis zum Fanatismus trieb und der stets zu Wortkämpfen geneigte Fein harmonierten einfach nicht zusammen, wenngleich sie sich stets als Freunde bezeichneten.[71] Seit 1833, er war 35 Jahre alt, verbrachte Georg Fein sein Leben im Exil. In der Schweiz leitete er eine zeitlang die Redaktion der *Neuen Züricher Zeitung* und trat später dem Geheimbund »Junges Deutschland« bei. Durch eine Erbschaft finanziell unabhängig, führte er seit seiner Ausweisung aus der Schweiz ein unstetes Wanderleben unter mehreren Decknamen in Frankreich, England, Norwegen und wiederum in der Schweiz. Nach seiner Verhaftung wurde Fein im Jahr 1846 auf Weisung des Fürsten von Metternich in die USA deportiert. Dort hielt er u.a. in Philadelphia öffentliche Vorträge über die deutschen Freiheitsbestrebungen. Mit seiner späten Heirat im Jahr 1849 zog sich Fein aus der Politik zurück. Seitdem lebte er bis zu seinem Tod im Jahr 1869 in der Schweiz, wo er einer langjährigen Herzkrankheit erlag.[72]

Wie heterogen die Emigrantenszene war, zeigte sich auch an den Gegensätzen zwischen Fein und Gustav Kombst. Kombst, der sein »von« im Namen aus Verachtung für alles Adlige abgelegt hatte, war etwa 25 Jahre alt, als er im Haus der Glümers verkehrte, »ein schöner Mann von mittlerer Größe und südlicher Gesichtsfarbe, lebhaft, liebenswürdig, enthusiastisch.« Seine liberalen Ideen sprach er so deutlich aus, dass er seine Redaktionskollegen in Basel in Todesschrecken versetzte, aber sicher auch deshalb, weil er später stets eine geladene Pistole auf seinem Schreibtisch liegen hatte. Kombst löste seinen Arbeitsvertrag schließlich auf und wurde in Zürich Nachfolger des weitaus gemäßigteren Georg Fein. Aber ähnlich wie beim Verhältnis zwischen Fein und Harring, so schlossen auch Kombst und Fein trotz deutlicher Differenzen in der politischen Auffassung Freundschaft.[73]

Zum Glümerschen Freundeskreis gehörte auch der aus Freienwalde bei Berlin stammende Student Ludwig Lessing, den die Eltern sehr schätzten, für den Claire aber nur wenige Sympathien übrig hatte, weil er Kinder ignorierte. »Auch am Gespräch beteiligte er sich kaum, sah nur lächelnd von einem der Sprechenden zum andern. Vielleicht war er dumm – jedenfalls ganz uninteressant.« Doch dann geschah etwas Dramatisches: »Aber wie grausig interessant wurde er mir, als der Vater eines Tages mit der Nachricht nach Hause kam, dass der arme junge Mann ermordet sei«. Claires Eltern waren geschockt.[74] Ludwig Lessing wurde am 4. November 1835, an seinem 23. Geburtstag, durch zwei Dutzend Messerstiche im Züricher Spitalhölzli getötet. Die polizeilichen Ermittlungen ergaben, dass Lessing ein Lockspitzel der preußischen Geheimpolizei gewesen war und die republikanisch gesinnten Flüchtlinge in der Schweiz ausspionieren sollte.[75] Die Mörder wurden nie gefasst.

Ein weiteres belastendes Ereignis für die Eltern war die Geschichte eines anderen Freundes der Familie, des 29-jährigen Barons von Eyb: zunächst hieß es, er sei als Führer des »Jungen Deutschland«, eines politischen Geheimbundes der in der Schweiz lebenden Deutschen, verhaftet worden. Wer von den Freunden konnte ihn verraten haben? Doch dann kam heraus, dass die württembergische Familie von Eyb die Verhaftung des Barons beantragt hatte, weil er in Wahrheit ein »Schwindler von niedriger Herkunft« war. Es handelte sich um den Optiker Zacharias Aldinger, der sich den Adelsnamen widerrechtlich angeeignet hatte. Letztlich wurde der Baron von Eyb als österreichischer Spion identifiziert, der darauf hinwirken sollte, die politischen Flüchtlinge aus ihrem Schweizer Asyl zu vertreiben.[76] Später wurde auch Frau von Eyb wegen krimineller Machenschaften verhaftet. Claires Mutter schrieb in einem Brief an eine vertraute Freundin über den Baron von Eyb: »Und er selbst! Scheinbar so gutmütig, so liebenswürdig, so hilfreich – und soll nun entlarvt sein als Agent eines europäischen Spioniersystems / ... /? Wenn das wahr ist, verliere ich allen Mut, alles Vertrauen, mich jemals wieder fremden Menschen arglos anzuschließen.«[77] In der Folge wurden auch fast alle Freunde und Bekannten der Glümers im Zuge der polizeilichen Ermittlungen als politisch Verdächtige verhaftet bzw. des Landes verwiesen. Nur Georg Fein und Dr. Giesker blieben verschont.

V.2 »Zugvogel«

Doch das Jahr 1836 sollte den Glümers noch weitere Schicksalsschläge bescheren. Zunächst musste der Vater seine Redakteurstellung in Zürich aufgeben, weil er sich bei einem Streit um die Verlegung der Züricher Kantonsschule nach Winterthur für die Seite der Züricher aussprach. Karl von Glümers Stellung zwischen den sich aufs bitterste bekämpfenden Parteien wurde unhaltbar. So gab er seine Position auf und übernahm die Redaktion der *Aargauer Volkszeitung*. Durch den Verlust der Freunde war den Glümers ihr soziales Umfeld am Züricher See weggebrochen, was – zumindest für die Eltern – den Abschied aus Wollishofen (Juni 1836) erleichterte. Doch für Claire war mit dem Aufbruch wieder einmal seelisches Leid verbunden. Sie bezeichnet sich als »heimatloses Kind«, welches umsonst gegen sein Heimweh nach dem Züricher See kämpfte. »Wie oft hat mich damals die Mutter aus irgendeinem Winkel hervor geholt, wo ich meine bittern Tränen weinte.« Der Abschied aus Zürich traf die fast 11-jährige also hart: der Verlust der »seelischen Heimat« und der interessanten Freunde der Familie hinterließ bei Claire ein Vakuum. So klammerte sie sich an einen der letzten Verbliebenen der Züricher Zeit, den Chirurgen Dr. Joseph Conrad Giesker. Dieser hatte Monate zuvor Zürich verlassen, um in Braunschweig zu heiraten. Daraufhin kehrte er aber in die Schweiz zurück und brachte seine Frau, eine hübsche, freundliche Braunschweigerin, mit, als er die Glümers Ende Juli 1836 in ihrem neuen Heim in Baden/Aargau besuchte, um für den soeben geborenen Bruder Edmund – er war das fünfte Kind der Glümers – als Pate zu fungieren. Das freundliche Ehepaar Giesker besuchte mit Claire die Habsburg, den Stammsitz des österreichischen Kaiserhauses, was Claire herrlich und entzückend fand. Doch war dies nur ein letztes Aufflackern von heiler Welt. Zu massiv war der politische Druck der großen Nachbarn der Schweiz: Frankreich, Deutschland, Österreich und Italien drohten mit einer Isolierung des kleinen Landes, sollte es weiterhin die Aufnahme von ausländischen Bürgern, die irgendwie revolutionärer Gesinnungen verdächtig waren, praktizieren. »Damit war jedem Fremden der Boden unter den Füßen genommen; revolutionärer Gesinnung kann jeder verdächtig sein, oder verdächtig gemacht werden.«[78] Was das für die Glümers bedeutete, war klar. Es würde in der Schweiz keine Zukunft geben. Von einer Einschulung Claires und Bodos wurde Abstand genommen. Der Sommer des Jahres 1836 war überschattet von gesundheitlichen Problemen der Mutter und beruflichen Schwierigkeiten des Vaters, dessen gemäßigt-liberale Gesinnung bei seinen Redaktionskollegen auf wenig Verständnis stieß. Zudem war das Leben des soeben geborenen Bruders Edmund »monatelang dem Erlöschen nahe.« Der Kontakt zu den ehemaligen Züricher Freunden brach ab und dann kam im September, »gleichsam als Vorbote des meinem Vater bevorstehenden Geschicks, die Kunde, dass auch Georg Fein ausgewiesen sei. Er hatte weder zum *Jungen Deutschland* gehört, noch an der Polemik liberaler Blätter teilgenommen – aber seine Tätigkeit für das Wohl der Arbeiter hatte ihn dem Auslande verdächtig gemacht.«[79]

Anfang November geschah dann das Unvermeidliche. Der Familie Glümer wurde der Befehl zugestellt, die Schweiz zu verlassen – innerhalb von acht Tagen! Obwohl darauf innerlich vorbereitet, traf der Schlag die Eltern in einer ratlosen Situation. »Eine Auswanderung nach Amerika, so sehr sie vor Jahren der Mutter Wunsch gewesen war, wurde jetzt durch die Vergrößerung der Familie, die raue Jahreszeit, vor allem durch den Gesundheitszustand der Mutter und der beiden jüngsten Kinder, zur Unmöglichkeit. Ebenso der bleibende Aufenthalt in dem teuren England, dessen Sprache meine Eltern nicht beherrschten. – Da mein Vater mit einem französischen Pass in die Schweiz gekommen war, wurde ihm vielleicht auf Grund desselben die Rückkehr nach dem Elsass gestattet; aber auf die Gefahr hin, an der Grenze zurückgewiesen zu werden, mochte er die beschwerliche Reise mit den kranken Kindern nicht wagen. So blieb denn nichts übrig, als den Umweg über Bern einzuschlagen, um dort womöglich von dem französischen Gesandten einen neuen Pass zu erlangen.« Der erneute Aufbruch brachte die Mutter an die Grenze ihrer Kräfte. Die Kranke brach »vollends zusammen, als wir den Reisewagen bestiegen, um aufs Neue aussichtslos, schutzlos, freundlos in die Weite zu ziehen.« Man sieht, dass auch bei Claire von Glümer die stetigen Standortwechsel zu seelischen Belastungen führten. Sie empfand intensiv die Perspektivlosigkeit ihrer Lebenssituation. Dennoch gab es Hoffnung: Der Arzt Hermann Askan Demme (1802-1867), ein Jugendfreund des Vaters, der in Bern praktizierte, setzte sich sowohl bei den schweizerischen als auch französischen Behörden für die Glümers ein, übernahm zudem selbst die Behandlung der Mutter und der beiden jüngsten Geschwister Emma und Edmund. Als Ursache für den Schwächezustand der Mutter konstatierte Demme die permanenten seelischen Erschütterungen und Sorgen der letzten Zeit, den Geschwistern empfahl er als bestes Heilmittel einen längeren Aufenthalt im milden Klima Südfrankreichs. Schließlich gelangte Claires Vater in den Besitz eines Passes nach Marseille. Über Lausanne und Genf führte die winterliche Reise schließlich bei kaltem Nordostwind zur französischen Grenze. Am 21. Dezember erreichte die Familie das von Professor Demme empfohlene

»Hotel du Nord« in Lyon.[80] Nach einer überraschenden Weihnachts-
freude am 24. Dezember mit einem kleinen Tannenbaum begannen
jedoch sofort wieder die Existenzsorgen, denn der Pass des Vaters galt
nur für eine einmalige Einreise nach Frankreich, nicht aber für einen
dauerhaften Aufenthalt! So zog die Familie aus dem behaglichen Hotel
in eine billige Privatwohnung, um den Bescheid des Innenministeriums
aus Paris abzuwarten, ob man in Frankreich bleiben könne oder gar nach
England abgeschoben werden würde. Durch persönliche Beziehungen
des Vaters gelangten die Glümers nach Toulouse, dessen Klima als wohltuend gepriesen wurde. Dort sprach es sich innerhalb weniger Stunden
herum, dass eine deutsche Flüchtlingsfamilie eingetroffen sei. Neben
einem befreundeten Hannoveraner, Eugen von Hammerstein, kam die
Familie auch schnell mit einem württembergischen Schuhmachermeis-
ter und einem französischen Arzt in Kontakt.[81]

Am Jahresende 1836 erkrankte die gesamte Familie (mit Ausnahme
des Vaters) an Gehirnhautentzündung, zunächst Claire und ihre Geschwister Bodo, Emma, Edmund und Marie. Lange lagen sie darnieder,
von den Eltern bis zur Erschöpfung gepflegt. Kaum war Claire als erstes
der Kinder genesen, musste sich die Mutter mit heftigem Fieber zu Bett
legen. Claire erinnert sich nur an eine qualvolle, endlos scheinende Zeit
im Bewusstseinsdämmer während dieser Tage »häuslichen Elends«, welche dem Vater als Pfleger seiner Lieben alle Kraft abverlangte. Die Mutter
lag auf Leben und Tod, bis endlich ein anderer französischer Arzt, Dr.
Biguérie, auf die Idee kam, ihr statt heißer Umschläge das Verschlucken
kleiner Eisstückchen zu verordnen, was ihren Zustand schnell verbesserte. Als würden die elementaren Bedrohungen für die Familie sich ein
weiteres Betätigungsfeld suchen, brach bald darauf ein Feuer im Kamin
zwischen den Schlafstuben aus. Der »erstickende Rauch, das Knistern
der Flammen, die weinenden Kinder«[82] – all das erscheint wie ein elem-
tares Gegenbild zum zuvor als lindernd empfundenen Verschlucken der
Eisstücke. So zog sich der Genesungsprozess der Mutter noch lange hin
und die kleine Claire hatte eine schwere Last zu tragen. In einem Brief
der Mutter aus diesen Tagen heißt es: »Wie vieles muss ich Clärchen

aufbürden, was eigentlich ihre Kräfte übersteigt. Ehe ich aufstehen durfte, war sie sechs Tage lang unsere Köchin und weinte ihre bittern Tränen, als ihr nicht alles geriet. Sie geht morgens mit der Magd auf den Markt, um einzukaufen, damit das einfältige Ding sich nicht betrügen lässt. Und mein kleiner Edmund verleugnet mich ganz, denn Clärchen ist noch immer seine Pflegemutter: sie kocht für ihn, badet, kleidet, füttert und wartet ihn. Auch zu den notwendigen Nähereien fehlt mir oft die Kraft.« Charlotte von Glümer fühlte sich zutiefst unglücklich, »abgetrennt von jeder Lebensfreude« und auch gegenüber der Familie entfremdet. Über ihren Ehemann schrieb sie in jenen Tagen an ihre vertraute Lebensfreundin Amalie: »Kennst Du denn die Männer so wenig? – gehören sie uns denn noch nach längerer Ehe? / ... / Karl gehört tändelnd, schäkernd den beiden kleinsten Kindern; sein Ernst den Studien und der Politik. Selbst an der Ausbildung unserer älteren Kinder nimmt er, meiner Ansicht nach, zu wenig teil.« Charlotte von Glümer sieht, dass ihr Ehemann »abtrünnig« wird, dass ihre Familie sich zersplittert.[83]

Bilanziert man die Situation der Glümers am Ende jenes Krisenjahres 1836, bleibt als Essenz eine Familiengemeinschaft, die sich zu entfremden droht sowie eine bisher fröhliche und sich in die Gegebenheiten des Flüchtlingslebens hinein schickende Tochter Claire, welche aber in jenen Monaten die tiefen Erfahrungen von Trauer, Einsamkeit, Verzweiflung und Entbehrung in ihrer Seele verspürte, bedingt durch die Vertreibung aus der Schweiz und die durch die Erkrankung aller Familienmitglieder ihr aufgebürdete Verantwortung. Erst eine für die kindliche Seele gefühlte Ewigkeit später, im Herbst 1837 – die Glümers hatten Toulouse mittlerweile verlassen – findet sich in Claires Bericht wieder ein Ausdruck von glücklicher Lebensstimmung: »Aber auch den Geschwistern und mir gab der Wechsel der Umgebung neues Leben. Ich wurde wieder zum fröhlichen Kinde.«[84]

Welche neue Umgebung hatte diesen Wechsel der Lebensstimmung hervorgerufen? Es waren die Pyrenäen, die Gegend um Pau, wohin die Familie weiterzog, nachdem sie in Toulouse Diskriminierungen und religiöser Intoleranz ausgesetzt war. Ausgerechnet Claires Verhalten bot den Anlass, dass die Situation in Toulouse unhaltbar wurde. Voraus geschickt werden muss, dass die Nachbarn in Toulouse besonders stark im traditionellen Katholizismus verwurzelt waren. Die protestantischen Glümers hatten somit kaum eine Gelegenheit ihre Ältesten (Claire und Bodo) an einer öffentlichen Schule unterzubringen, zumal Karl von Glümer darauf bestanden hatte, dass seine Kinder im Religionsunterricht von einem protestantischen Geistlichen unterrichtet werden sollten. Ein Schulleiter gab darauf hin zur Antwort, dass »Ketzerkinder« nur zugelassen werden könnten, wenn sie sich zum rechten (katholischen) Glauben wenden würden. Als sich bald darauf die Gelegenheit bot, Claire und Bodo privat zu unterrichten, gab es ein weiteres, unerwartetes Hindernis. Die Privatlehrerin weigerte sich Claire und Bodo gemeinsam Stunden zu erteilen, da sie sonst gegen die Landessitte verstoßen hätte, wonach Mädchen und Knaben streng getrennt unterrichtet werden müssten. Sogar eine mögliche Begegnung des 10-jährigen Bodo mit einer der Privatschülerinnen jener Madame Dérisset im Vorzimmer des Unterrichtsraums war unbedingt zu vermeiden. Somit wurden zunächst nur Claire zwei Stunden im Französischen erteilt.[85] Dennoch konnte sie es nicht vermeiden, durch ihr »Ketzertum« ein öffentliches »Ärgernis« hervorzurufen: »Eines Tages, als ich mich eben anschickte, zur französischen Stunde zu Madame Dérisset zu gehen, erschien sie bei uns, um mit verlegener Miene und mit wiederholten Versicherungen, wie leid es ihr tue, meiner Mutter mitzuteilen, dass sie mich nicht weiter unterrichten könne; ein unglücklicher Zufall sei schuld daran. Wie sie erzählte, waren mir Tags zuvor ihre frommen Wirtsleute begegnet, hatten voll Entrüstung bemerkt, dass ich an einem Priester, der mit dem Allerheiligsten des Weges kam, ohne Kniebeugen und Kreuzschlagen vorbei gegangen war, und hatten vom Vater des kleinen Abbé, der den Skandal mit angesehen, erfahren müssen, dass ich einer protestantischen Familie angehöre. Ein Protestantenkind in ihrem Hause ein und aus gehend – das war zu viel für die frommen Leute! Mit bittern Vorwürfen hatten sie das Ehepaar Dérisset überhäuft und ihm nur die Wahl gelassen, entweder der ketzerischen Schülerin sofort den Laufpass zu geben oder am nächsten

Termin eine Wohnungskündigung zu erhalten.« Das war das Ende des Privatunterrichts. Claire begriff es unter einer »Flut von Tränen«, denn Madame Dérissets Unterricht war ihr »lieb geworden.« Doch das Ereignis hatte noch gravierendere Folgen: »Die Nachbarschaft, die sich bisher um unser Glaubenbekenntnis nicht gekümmert hatte, wollte fortan nicht weniger ´gut katholisch´ sein als die Wirte der Dérissets. Den Kindern, mit denen Bodo und Mariechen hin und wieder auf dem St. Serninplatze gespielt hatten, wurde der Verkehr mit ihnen verboten.« Wenn Claire mit ihren Geschwistern allein auf die Straße ging, wurden sie von den Nachbarskindern mit Liedversen bedacht, in denen sie als Protestanten und Häretiker beschimpft wurden. »In dieser Umgebung auszuhalten, war unmöglich.« So zogen die Glümers wieder einmal weiter, zunächst in die Vorstadt St. Cyprien, am Ufer der Garonne gelegen, wo die Bevölkerung sich um die religiöse Orientierung der Familie nicht weiter kümmerte. Das lag u.a. auch daran, dass die Frauen in St. Cyprien, anders als in Toulouse, stärker ins Erwerbsleben eingebunden waren, also ein höheres Maß an Emanzipation genossen: »In St. Cyprien dagegen, wo für das tägliche Brot gearbeitet wurde, und Frauen nicht nur in Laden und Werkstatt, sondern nach französischer Sitte schon damals im Comptoir und Bureau des Mannes Gehilfinnen waren, hatte man nicht Zeit, sich neben der Sorge für das eigenen Seelenheil auch um das des lieben Nächsten zu kümmern. So blieben wir denn von außen unbehelligt, und wenige Wochen nach dem Umzuge wurde dem häuslichen Leben lang entbehrtes Behagen zuteil.« Auch außerhalb des Hauses war die Welt angenehm: Ulmenanpflanzungen und der Blick von der alten Garonne-Brücke stromabwärts auf Schlösser und Haine sowie die am nicht weit entfernten Canal du Midi gelegenen einsamen Spazierwege waren Balsam für die Familie Glümer.[86]

Doch das Klima machte den Bewohnern St. Cypriens in jenem Sommer 1837 schwer zu schaffen: der aus Afrika herüber streichende Scirocco brachte »eine Schwüle, die Tag und Nacht, im Freien wie im Hause unverändert blieb und uns Nordländer im vollen Sinne des Wortes lahm legte. Auch den Eingeborenen nahm sie Schlaf, Appetit und Arbeitskraft.

Wer irgend imstande war, verließ die dumpfige Stadt mit ihren glutdurch-tränkten Mauern.« Man aß meist nur kalte Speisen, um das Kochen zu vermeiden; selbst am Abend waren die heißen Pflastersteine nicht barfuß zu betreten. Die Glümers litten unter Kopfschmerzen, die beiden jüngs-ten Kinder unter Fieberanfällen. Selbst als nach drei Wochen die Dauer-hitze vorüber war, dauerten die Beschwerden noch eine Zeit lang an.[87]

Der schlechte Gesundheitszustand der Mutter und jüngeren Ge-schwister machten es notwendig, dass die Glümers auf Anraten von Dr. Biguérie, welcher der Mutter durch seine Eisstückchenbehandlung zuvor bereits das Leben gerettet hatte, zu einem Aufenthalt im Badeort Encausse aufbrachen. Anschließend sollten auf ärztliche Empfehlung die Quellen von Bagnères de Luchon aufgesucht werden. Beide Orte lagen in Südfrankreich, nahe der spanischen Grenze.

Claire fühlte sich wie ein »Zugvogel«, aber wie einer, der nicht wuss-te, wo er sein kommendes Winterquartier aufschlagen würde.[88] Obwohl die Stadt Toulouse für die Glümers eher ein Unglücksort war, den zu verlassen die Vernunft gebot, so war es für Claire dennoch nicht leicht, sich zu trennen. Durch den polnischen Freund der Familie, Krupski, hat-te Claire viel von den »Plejaden von Toulouse« erfahren, einer Gruppe von »sieben jungen schönen Dichterinnen«, welche zu Beginn des 16. Jahrhunderts berühmt geworden waren. Über diese Damen hätte Claire gern mehr erfahren. Auch die »sieben Troubadours«, Stifter der Tou-louser Blumenspiele, und die Dichterin Clémence Isaure[89] erweckten in Claires Seele ein idealisiertes Menschenbild.

Poesie und Sprache durchzogen bis dahin Claire von Glümers Kind-heit wie ein roter Faden. Durch die Mutter und andere Menschen aus dem elterlichen Freundeskreis wurde sie vertraut mit den literarischen Produktionen ihrer Zeit sowie den Klassikern der deutschen und franzö-sischen Literatur. Natürlich hat Claire die Inhalte der Werke nicht intel-lektuell erfasst, aber sie hat sie erlebt und somit emotional und bildhaft in sich aufgenommen und angeeignet. In Bezug auf die Sprache entwi-ckelte Claire während der Exiljahre ein Gespür und lebendiges Interes-se für die Eigenart der regionalen Besonderheiten der Dialekte. Jetzt, in ihrem 12. Lebensjahr, richtete Claire bereits eine gesteigerte Aufmerksamkeit auf ihr Sprachumfeld: »Fast noch mehr als diese alten Geschichten[90] interessierte mich der wohlklingende, der alten *Langue Moundine* entstammende Dialekt der Landleute und Kleinbürger. Seine Aussprache, der die französischen Nasenlaute fehlten, hatte ich mir schnell zu Eigen gemacht.« Claire lernte durch einen Nachbarn moundinische Weihnachtslieder zu übersetzen und sie konnte bald die Unterhaltungen der Einheimischen verstehen und war in der Lage, in Kaufläden und bei Marktgängen alles Notwendige zu besorgen.[91]

Encausse lag in einem stillen Gebirgstal der Pyrenäen in »schönheitsvoller Ruhe«. Die Mutter genas. Ein »Frohgefühl« ergriff sie. Dem schrecklichen Toulouse entronnen zu sein, machte ihr Encausse zum Paradies. Und Claire war wieder ein glückliches Kind.[92]

V.3 Friedliche Tage in den Pyrenäen

Die unberührte Natur und »schönheitsvolle Ruhe« um die Stadt Pau sowie die Badeorte Encausse und Bagnères de Luchon waren Balsam für die Seelen der gehetzten Familie Glümer. Wieder war ein neuer Hoffnungsort erreicht, wie schon so oft in den letzten Jahren. Und wiederum zeigte Claire von Glümer, dass sie fähig war, schnell Wurzeln zu schlagen, die sie umgebende neue Welt mit Herzensfreude zu begrüßen und detailliert aufzufassen. Naturbeschreibungen, Beobachtungen zur Sprache des pyrenäischen Berglandes und Schilderungen der dort lebenden Menschen bestimmen in der Folge ihre autobiographischen Aufzeichnungen. Claire konnte stundenlang mit Bodo und Mariechen in Feld und Wald umherstreifen, in den Bergen klettern, im Gras liegen oder im Freien spielen. »Unser liebster, leider schwer zu erreichender Spielplatz, der schönste, den wir je gehabt hatten, waren die verfallenen Terrassen an der Schlossruine mit ihren wildaufgeschossenen Hecken und fast undurchdringlichem Brombeergestrüpp, dessen Überfluss von süßen, aromatischen Früchten uns allein zu gut kam.«[93] Das Tal von Luchon zeichnete sich durch zahlreiche in die Garonne mündende Bachläufe und eine vielfältige Vegetation aus: Weidenbäume, Schlehdorngebüsch, Ulmen und Linden beschatteten die Wege, die zu den Dörfern und Landhäusern beidseitig des Tals oder hinauf in die Berge führten. »Im Talgrunde hat auch unsre Mutter einige dieser Wege mitgehen können, auf die beschwerlicheren wurden hin und wieder Bodo und ich vom Vater mitgenommen: in den Eichenwald mit hundertjährigen Baumriesen und prächtigem Farn; zu hochgelegenen Sennhütten, zu Wasserfällen mit kleinen Bergseen; in Felsschluchten, wo alles Leben erstorben schien, auf Berghalden, die von blauem Enzian und einer Fülle uns unbekannter, farbenprächtiger Alpenblumen überblüht, einen märchenhaften Eindruck machten.« Es war ein milder Spätherbst, als die Kur der Mutter zu Ende ging. »Das Wetter war immer noch schön, die Luft tagsüber mild durchsonnt, aber die Morgen- und Abendnebel, die der November mitbrachte, mahnten zum Aufbruch.« Die geschichtsträchtige Stadt Pau, ehemalige Residenz der Grafen von Béarn und der Könige von Navarra, hatten die Eltern als künftigen Wohnort für den Winter 1837/38 ausgewählt. Wenn sich auch Pau als Ort von kleinstädtischer Nüchternheit präsentierte, so übte doch die Umgegend, das Tal des Flusses Gave, einen harmonischen Zauber auf Claire von Glümer aus. »Dies Tal, in das auch wir am Morgen nach unserer Ankunft von der *Place Royale* hinunter blickten, steht mir noch jetzt in allen Einzelheiten vor Augen, wie ich es damals im hellen Novembersonnenschein zum erstenmale sah: im Vordergrunde, den der Gave vom Gebirge kommend durchströmt, liegen zwischen Rebhügeln, Feldern, grünen Wiesen, Wäldchen und Baumgruppen zahllose, von Gärten umgebene Dörfer, Landhäuser und Schlösschen. Auch an den Abhängen der sanft gerundeten Berge, die das Tal umschließen, schimmern Ortschaften, Gehöfte, Klöster und Kapellen; und über diese Vorberge steigen neben- und hintereinander im blauen Dunst der Ferne waldige Gipfel, zerklüftete Felswände empor, zum Teil schon vom ersten Winterschnee bedeckt und weit überragt von der zweizackigen Eiskrone des *Pic de Pau*.«[94] Claire von Glümers Erinnerung liest sich wie eine romantische Landschaftsschilderung. Die menschlichen Wohnorte fügen sich, wie einer mythischen Zwischenwelt angehörend, in die kultivierte Landschaft ein und bilden die Vorstufe für einen weiteren, gesteigerten Übergang – hier ausgedrückt durch den »blauen Dunst der Ferne« -, der in der Klarheit der majestätischen Eiskronengipfel seinen himmelsnahen Abschluss findet.[95]

Zu der Schönheit der Umgebung trat für Claire von Glümer auch bald eine neue menschliche Beziehung: die zehnjährige Alexandrine, Tochter der im selben Haus wie die Eltern wohnenden deutschen Arztfamile Wiel, wurde ihr bald eine liebe Gefährtin. Dr. Wiel hatte ebenfalls aus politischen Gründen Deutschland verlassen und hatte, nachdem er einige Jahre als Leibarzt eines Fürsten in Weißrussland tätig gewesen war, in Pau seine neue Heimat gefunden, weil seine zweite Ehefrau, eine Spanierin, das Heimweh nicht mehr ertragen hatte. Dieser Doktor lieh den Glümers deutsche Bücher, rauchte mit dem Vater abends die Pfeife und plauderte und politisierte mit ihm. Claire von Glümers Leben gestaltete sich in Pau so behaglich, wie es lange nicht gewesen war. Durch die Familie Wiel kam Claire von Glümer auch zum ersten Mal in Kontakt mit der russischen Kultur, einerseits durch die wenigen Sprachbrocken der Kinder des Arztes, dann durch die während der Vorweihnachtszeit erzählten russischen Märchen in gemeinsam mit den neuen Nachbarn verbrachten Stunden.[96] »Aber wie einst in Dijon folgte auch diesmal auf die fröhliche Weihnachtszeit ein trauriger Jahresabschluss. Ein in Bayonne lebender, mit Dr. Wiel befreundeter französischer Arzt, ein alter Herr, der sich den Aufgaben seiner großen Praxis nicht mehr gewachsen fühlte, wünschte unseren Freund als Partner zu gewinnen. / … / Ende Januar zogen Wiels fort. Bodo und Mariechen weinten bitterlich beim Abschied der Spielgefährten; ich nahm mir vor, keine Bekanntschaften wieder anzuknüpfen, da sie immer mit Herzeleid endeten.« Nachfolger der Wiels über der Glümerschen Wohnung im ersten Stock wurde eine englische Familie, deren sieben Kinder sich den ganzen Tag wild herumbalgten bzw. ein Klavier stundenlang mit unermüdlicher Energie maltraitierten. So war es Claires Eltern nicht mehr möglich in Ruhe zu arbeiten. Man musste sich neu orientieren. Schließlich fanden die Glümers eine neue Bleibe: Jurançon, ein hübsches Dorf, am linken Gave-Ufer gelegen.

Der kleine Ort Jurançon war zu jener Zeit (1838) noch unberührt vom Fremdenverkehr. Lebensmittelpunkt war der von einigen wenigen Häusern umstandene und von alten Eichen beschattete Dorfplatz. Es waren einfache Häuschen, sogenannte Cases. »Diese bestehen nur aus Erdgeschoss und Boden und enthalten außer ein paar Dachkammern nur einen Raum, der zugleich Küche, Wohnraum und Familienschlafzimmer ist.« Neben diesen einfachen gab es noch sechs bis sieben Landhäuser, die aber von städtischer Bauart waren. Eines dieser Landhäuser mieteten die Glümers nun in Jurançon an und die Familie erfreute sich an einer Küche und zwei Kammern im Erdgeschoss, zwei Wohnzimmern und einer weiteren Kammer im ersten Stock sowie einem Dachboden. Die Fußböden bestanden aus Backstein, einige Wände waren tapeziert, die meisten weiß getüncht. Es war eine schlichte, aber saubere Unterkunft. »An Familien mit Kindern zu vermieten, verstieß eigentlich gegen die Grundsätze des Hausbesitzers; aber da mein Vater sein Wort gab, dass wir weder Wände zerkratzen, noch Türen bemalen, noch Feigenbäume plündern dürften, entschloss sich der gute Mann, uns die Wohnung anzuvertrauen.«[97] Die Glümers waren im Béarn angekommen.

Dieser Exilstation kommt in Claire von Glümers Lebenslauf eine besondere Bedeutung zu. Sie veröffentlichte 1854 mit *Aus den Pyrenäen* und 1879 mit *Aus dem Béarn* zwei umfangreiche Erzählwerke, welche zeigen, wie diese Zeit auch in späteren Jahren noch das seelische Empfinden der Autorin bestimmte. Claire von Glümer war zum Zeitpunkt der Veröffentlichung der Erzählungen 29 bzw. 54 Jahre alt. Hinzu kommen die Schilderungen in ihrer Kindheitsbiographie *Aus einem Flüchtlingsleben*, die Claire von Glümer an ihrem Lebensende verfasst hat.

Den Erzählungen *Aus dem Béarn* hat Claire von Glümer eine Einleitung voran geschickt. Hierin zeichnet die Autorin auf einem Dutzend Seiten ein anschauliches und liebevolles Bild der abwechslungsreichen Landschaft des Béarn und ihrer Bewohner. Vor dem Leser entsteht das

Bild einer paradiesischen Provinz mit glücklichen und zufriedenen Menschen, welche ihren Lebensunterhalt in diesem schönen Land, in dem es von Februar bis November blüht, scheinbar mühelos verdienen. Am Schluss der Einleitung erfährt der Leser, dass Claire von Glümer selbst für eine Zeit lang, während der Flüchtlingsjahre der Familie, in dieser idyllischen Welt gelebt hat, nämlich im bereits genannten Ort Jurançon. »Nach vieljährigem, unstetem Flüchtlingsleben fanden wir hier für längere Zeit ein Daheim.«[98] Im Rückblick ist Claire von Glümer besonders der Dorfplatz von Jurançon in lebendiger Erinnerung geblieben: »Noch immer sehe ich ihn vor mir, den stillen, schattigen Dorfplatz / ... /. Auch ich habe unter seinen Bäumen manche fröhliche Stunde genossen, manches Lied im Landesdialekt, einem Gemisch von Französisch, Spanisch und Langue d´Oc, mitgesungen, manches heitere Fest mitgefeiert und die Geschichten, die dies Bändchen enthält, zum Teil miterlebt, zum Teil mit angehört.«[99] Somit bilden die Béarner Novellen eine autobiographische Reminiszenz und sind zugleich ein Dank der Autorin an ein Stück Heimat während ihres rastlosen Zugvogeldaseins.

Im Béarn schien die Sonne des Glücks über den Glümers. Dem Vater wurde vom Innenministerium ab März 1838 die Flüchtlingsunterstützung gewährt, was der Mutter, die seit fünf Jahren unter den Unsicherheiten des Flüchtlingslebens stark gelitten hatte, wieder festen Boden unter den Füßen gab. Ihre Geistesfrische kehrte zurück und sie unterrichtete wieder ihre Kinder (Claire, Bodo und das kleine Mariechen). »Und wie herrlich waren nach vollbrachtem Tagewerk unsere Spaziergänge durch die leuchtende, blühende Frühlingspracht, bald aufwärts am Gave, dem Gebirge zu; bald zwischen Wiesen und Weinbergen in den nahen Wald.«[100] Diese Weite und Schönheit der Landschaft, die Claires Kinderseele beglückte, hatte ihr Pendant in dem kleinen Kosmos der Geborgenheit in Jurançon, dem Haus der »Mutter Sylvaine«. In den Novellen *Aus dem Béarn* heißt es etwa 40 Jahre später: »Unter den kleinen weißen Häusern, die den Platz von Jurançon umschließen, ist das der Mutter Sylvaine eines der kleinsten und ältesten. Es ist eine echt béarnische *Case*, deren einziges Gemach im Erdgeschosse zugleich als Küche,

Schlafstube, Esssaal und Besuchzimmer dient. Sein Fußboden besteht nur aus festgestampftem Lehm, sein Fenster hat kein Glas, seine Tür von rohem Eichenholz kein Schloss und der hohe Kaminmantel ist aus kaum behauenen Marmorblöcken schwerfällig zusammengefügt. Aber trotzdem ist das Häuschen der Inbegriff der Behaglichkeit. Die Wände sind blendend weiß, Tisch und Bänke rein gescheuert; das große Bett ist mit Sergevorhängen verhüllt, neben dem Kamin prangt eine Doppelreihe glitzernder Kupferkasserolen, an der Decke hängen Speckseiten und schön geflochtene Zwiebelschnüre, und da sich für jeden Gast ein Glas Wein und ein paar geröstete Kastanien finden, da Mutter Sylvaine jederzeit für die klugen Gespräche der Alten ein offenes Ohr hat und für die Freuden der Jugend einen freundlichen Blick, ist's kein Wunder, dass sich den ganzen Winter hindurch zum Feierabend ein großer Kreis bei ihr versammelt.« Die Geborgenheit dieses Ortes wird noch durch die unwirtlichen Wetterverhältnisse draußen unterstrichen. »Auch heute sind die Nachbarn und Freunde gekommen, obwohl der Regen in Strömen niederschießt und der Nordwind die Eichen auf dem Platze zerzaust, dass sie ächzend die knorrigen Arme zusammenschlagen.«[101] Hier wird ein Ort der Sicherheit und des sozialen Miteinanders beschrieben, der zwar nur eine bescheidene Größe, aber die für ein zufriedenes Leben notwendige »Fülle« aufweist. Unruhe von außen (wie ein kalter Nordwind und strömender Regen) kann diesem Ort nichts anhaben. Diese Idylle bietet den Rahmen für die Lieblingsbeschäftigung der Béarner, das Erzählen und Hören von Geschichten. Auch Claire von Glümer lebte wieder auf: »So fühlte ich mich denn auch von Tag zu Tag glücklicher in der neuen Umgebung. Noch heute liegt über meinen Erinnerungen an jene Zeit ein Sonnenschein, der mir das Herz erwärmt; und so vielseitig waren die Eindrücke, die mir von Land und Leuten geblieben sind, dass ich mir jahrelang einbilden konnte, viel länger im Béarn gelebt zu haben.« Die junge Claire festigte sich, gewann einen ersten eigenen Blick für ihre Lebensstationen. Zwar sonderte sie sich zum Bedauern der Mutter zu sehr von ihren Altersgenossinnen ab, doch Claire vermisste diese nicht. »Meine Freude am Beobachten, die in Toulouse erwacht war, wurde hier gleichsam zum fröhlichen Miterleben des Geschauten und gab mir gewissermaßen eine Art Heimatgefühl, weil ich mancherlei wiederfand, was ich teils im Languedoc, teils im Hochgebirge kennen gelernt hatte.« [102]

Doch sollte auch diese schöne Zeit in Jurançon bald ihr Ende finden. Der Vermieter des Landhauses musste den Glümers zum Jahresende 1838 mit großem Bedauern kündigen, da er wegen seiner Wiederverheiratung das Haus für sich selbst beanspruchte. Die Familie musste sich also im umliegenden Land nach einer neuen Bleibe umsehen. Fast zeitgleich traf aus der deutschen Heimat die Nachricht ein, dass Tante Adolfine, die jüngste Schwester des Vaters, verstorben war. Da Adolfine im Fall des Todes der Eltern ihre blinde Schwester Agnes bei sich hatte aufnehmen wollen, stellte sich nun die Frage, wer sich der armen Blinden künftig annehmen sollte. Claires Eltern entschlossen sich, Karl von Glümers Eltern und Agnes für einen längeren Aufenthalt nach Frankreich einzuladen. Als kurz darauf der Vater ein herrlich gelegenes leer stehendes Haus unweit von Jurançon entdeckte, das sich stolz *Château d'Aressi* nannte, warben Claires Eltern sogar für eine Übersiedlung der Angehörigen nach Frankreich. Doch war diesen all das zuviel: die beschwerliche Reise, der Verlust der Bekannten sowie ihrer Kirchengemeinde. Eine Übersiedlung wurde abgelehnt. Claire litt in Aressi unter dem Verlust des Landhauses in Jurançon. »Ich vermisste die Abendunterhaltungen auf dem Dorfplatze« und selbst »das Rauschen in den Eichenkronen, das mich wie ein Wiegenlied eingeschläfert hatte, während ich hier in die unheimliche Nacht hinaushorchte und weinte.« Claire litt unter Heimweh. Doch bald fasste sie sich wieder und freundete sich mit der neuen Umgebung und dem Garten des *Châteaus* an. Im Geäst eines Feigenbaums fand sie ihren eigenen Ort, »um ungestört vom Geplapper der Kleinen meine Aufgaben zu lernen oder mir das noch immer verhasste Stricken zu erleichtern, indem ich leise singend die Eidechsen aus den Mauerspalten hervorlockte, oder im Wechsel der Beleuchtung bald hier bald da eine mächtige Felswand auftauchen, ein Schloss, ein Kapellchen am Bergabhange schimmern sah.« [103] Bald gelang es Claires Vater, das *Château d'Aressi* für einen günstigen Preis zu erwerben. Freude, Stolz und ein bisher unbekanntes Gefühl der Sicherheit stimmten die gesamte Familie glücklich, denn man wohnte künftig in einem *eigenen* Haus! »Das ganze Leben schien in ein köstliches Märchen verwandelt zu sein.« Doch wieder war das Glück nicht von Dauer: »Zwei bis drei Wochen mochten wir uns daran erfreut haben, dann kam ein Brief aus Wolfenbüttel und machte der Herrlichkeit ein Ende.« Claires Großmutter war an einer lebensgefährlichen Venenentzündung erkrankt. »Der Brief schloss mit den bitteren Worten: wenn unser Vater wirklich ein Herz für seine Mutter habe, wirklich etwas für sie tun wolle, so möge er statt unausführbare Pläne zu schmieden, mit den Seinigen nach dem Elsass zurückkehren und dadurch der Sterbenden wenigstens die Hoffnung geben, vor ihrem Ende Schwiegertochter und Enkel noch einmal umarmen zu können.« Claire musste mit ansehen, wie das kurze Glück versank: »Unsere Mutter brach immer wieder in Tränen aus; der Vater war niedergeschlagen, wie ich ihn noch nie gesehen hatte. – Das Gefühl, der geliebten Kranken den vom Großvater geforderten Trost gewähren zu können, vernichtete alle bisherigen Zukunftspläne. Sobald es dem Vater gelungen sein würde, sich von dem kaum erworbenen Besitze zu befreien, sollte die Rückreise nach dem Elsass angetreten werden.«[104]

V.4 »Der Gruß des Todes«

Die Reise in Richtung Elsass war für den Dezember 1838 geplant. Doch der Gesundheitszustand der Mutter, die schon länger unter Magenkrämpfen litt, ließ es nicht zu, den langen Weg vom Béarn nach Osten anzutreten. Es musste ein Winterquartier gefunden werden. Claires Mutter wollte Aressi ungern verlassen, weil sie ihren homöopathischen Arzt, einen gewissen Dr. Jahr, gern in ihrer Nähe haben wollte. Doch letztlich mussten die Glümers sich auf den Weg machen. Man wählte den nicht allzu weit entfernten Küstenbadeort Bayonne als Ziel; dort hatte sich der den Glümers bereits bekannte Dr. Wiel niedergelassen. Diesem wollte sich Charlotte von Glümer anvertrauen, um dann so bald wie möglich die Weiterreise ins Elsass anzutreten. Auf dem Weg sollte dann in Paris Zwischenstation gemacht werden. Der Vater würde dort einige Wochen zu tun haben.[105] In Bayonne wurden die Glümers von der Familie Wiel herzlich empfangen. Ein Wiedersehen zu erleben, war ein seltenes Glück für die Glümers. Doch die neue Lebenssituation des Doktors und seiner Familie – der Arzt hatte viele Patienten zu betreuen, zudem gesellschaftliche Termine, die Zeit der Kinder war wegen anderer Verpflichtungen begrenzt – ließ es nicht zu, dass die alte Vertrautheit zwischen den Familien, die noch in Pau bestanden hatte, wieder auflebte. Dennoch nahm sich Dr. Wiel täglich Zeit für Claires Mutter, besuchte sie am Morgen vor Beginn seiner Praxissprechstunde und überwachte die Behandlung. Diese zeigte bald eine positive Wirkung und Charlotte von Glümer ging es immer besser. Spaziergänge durch Bayonne, kleinere Ausflüge entlang der Küste bis ins nahe gelegene Biarritz und besonders die Claire an das Straßburger Münster erinnernden gotischen Portale und Spitzbogenfenster der Bayonner Kathedrale bereicherten die Seele des Mädchens. Da der Gesundheitszustand der Mutter sich weiterhin stabilisierte, wurde die Weiterreise nach Paris bald nach dem Weihnachtsfest ins Auge gefasst. »Am 10. Januar 1839 sagten wir Wiels Lebewohl, aller Wahrscheinlichkeit nach auf nimmer Wiedersehen. Dennoch wurde mir der Abschied leichter als das erste Mal; ging es doch der deutschen Grenze zu und an unserem Wege lag die Wunderstadt Paris, wo der Vater einige Zeit zu tun hatte. Schon vorher sollte in Bordeaux ein paar Tage gerastet werden.«[106] Trübes und neblig-feuchtes Winterwetter bestimmte den Aufenthalt in Bordeaux. So brach man bereits am dritten Tag wieder auf, in einer rumpelnden Kutsche. Claire verlor in Kälte, Regen und schlafarmen Nächten viel Kraft, und als sie schließlich in Paris in einem miserablen Hotel erwachte, sah sie keine Wunder, sondern nur »eine schmutzige, enge Gasse mit altersgrauen, turmhohen Häusern. Der Regen hatte aufgehört, aber das bisschen Himmel, das über den Dächern sichtbar wurde, war trübe.« Hinzu kamen der Straßenlärm und das Geschrei von Obst- und Fischverkäuferinnen. »Ich war tief, tief niedergeschlagen.« Doch schon bald sollte sich die Stimmung heben. Mit dem Vater durchstreifte Claire die Stadt, besuchte alle damals bekannten Sehenswürdigkeiten: den Louvre, die Champs Elysées, die Tulerien. Die Glümers mieteten eine möblierte Wohnung. Das Essen wurde zumeist in Restaurants eingenommen oder aus einer Garküche geliefert. In der Folge gewann Claire ein plastisches Bild des damaligen Paris, welches sie bis in zahlreiche Einzelheiten beschrieben hat.[107] Auch das *Café de Foy* war Ziel der Spaziergänge der Glümers. Dort verkehrten bekannte Pariser Berühmtheiten, die der Vater Claire zeigte. »Mir ist von allen, auf die er uns im Vorübergehen aufmerksam machte, nur ein blasser, müde aussehender Mann im Gedächtnis geblieben; seinen Namen, Heinrich Heine, hatte ich schon in Wollishofen gehört, wenn seine *Reisebilder* und sein *Buch der Lieder* in unserem Freundeskreise lebhaft umstritten wurden.«[108]

Der Pariser Aufenthalt neigte sich seinem Ende zu. Der mit dem Vater befreundete Pfarrer Dürbach lud die Glümers für die Osterzeit 1839 nach Straßburg ein. Kurz vor dem Aufbruch ins Elsass kam es aber noch in Paris zu einer freudigen Begegnung mit Jacob Venedey, dem vertrauten Freund der Familie. Sechs Jahre hatten die Glümers ihn nicht gesehen. »Er war herzlich und mitteilsam wie ehmals, aber sehr ernst geworden. Auch er hatte die Pein des wurzellosen Flüchtlingslebens erfahren.« Der Abschied von Paris fiel Claire nicht schwer, die Ankunft in Straßburg war für sie überstrahlt von der Freude, der deutschen Heimat wieder nahe zu sein. Das Sprechen der deutschen Sprache, das Anhören der deutschen Predigt und das Mitsingen der Choräle in der Thomaskirche, der Ausblick auf den Schwarzwald beim Nachmittagsspaziergang vor den Toren der Stadt – das alles war für die 13-jährige Claire wie »eine beständige Wiedersehensfeier, bei der mir zumut wurde, als wären wir schon im Vaterlande.«[109]

Doch während sich in Claires Seele mit dem Blick auf die fernen Gebirgszüge des Schwarzwaldes eine Zukunftshoffnung regte, mischte sich bei der Mutter unter die Lebensfreude, die durch die Wiederbegegnung mit deutschen Lebensgewohnheiten verbunden war, ein leiser Schmerz. Die Mutter schrieb, dass sie »ein Gefühl durchströmt, das ich einen Gruß des Todes nennen möchte.«[110] Im nicht weit von Straßburg entfernten Weißenburg war es nicht leicht für die siebenköpfige Familie, eine Mietwohnung zu finden. Die Hoffnung der Mutter auf eine Bleibe mit freier Aussicht auf die Umgebung und Blick ins Grüne wurde nicht erfüllt. Letztlich mieteten sich die Glümers in einer Wohnung ein, die in einer kleinen zu einem Kasernenhof führenden Gasse lag. Die Ältesten, Claire und Bodo, sollten die Schule besuchen, Bodo das Weißenburger Collège, Claire das Mädchenpensionat Mansuy-Duvernois als Tagesschülerin. Dieses hatte einen guten Ruf und wurde von den Schwestern Mansuy und Duvernois geleitet. Das Vorstellungsgespräch bei Madame Duvernois versetzte Claire in Besorgnis. Die kalten Augen von Madame, ihr gleichförmiges Lächeln und die Claire sofort mit auf den Weg gegebene Aufgabe, die ersten Seiten von Fénélons *Télémaque* auswendig zu lernen, weckten nicht Claires Begeisterung.[111] Mehr als 10 Jahre später bezeichnete Claire von Glümer die Ankunft in Weißenburg in Verbindung mit dem Besuch des Collèges als das Ende ihrer Kindheit. »Bis dahin hatten wir frei und wild gelebt.« Verbunden war dieser Abschied mit der Geschichte eines kleinen Hundes, Fidèle, von dem sich Claire ebenfalls vor der Umsiedlung ins Elsass trennen musste. »Am letzten Abend stand Fidèle winselnd am Tor und wir nahmen traurigen Abschied.«[112]

Neben den Schwestern Mansuy und Duvernois unterrichtete noch Mademoiselle Schaaf die insgesamt 38 Schülerinnen, welche auf fünf Klassen verteilt waren. Nach einer Prüfung wurde Claire der vierten Klasse zugewiesen. Und dort traf sie auf die dritte der Schwestern, Mademoiselle Victorine: »Leider war unsere Klassenlehrerin, Mlle. Victorine, eine ältere, krank aussehende, beständig hustende Schwester der beiden Vorsteherinnen, nicht imstande uns für ihren Unterricht zu erwärmen. Die Last ihrer Aufgaben erdrückte sie; sie hatte französische Grammatik, Geographie, Geschichte des Altertums – in der fünften Klasse biblische Geschichte – zu lehren, beschränkte sich aber darauf, alles wörtlich nach den Schulbüchern hersagen zu lassen, und fand an den stümperhaftesten

Aufsätzen ihrer Schülerinnen nie das Geringste zu tadeln. Ich hatte Anderes von der Schule erwartet, verlor alle Arbeitslust und sehnte mich von Tag zu Tag mehr nach dem Unterricht der Mutter zurück.« Doch sollte diese fragile Lehrerin Claire von Glümer »aus dichtem Nebel ins Sonnenlicht« befördern: Mlle. Victorine brach eines Tages zusammen, auf ärztliches Anraten musste sie das Unterrichten aufgeben. Madame Mansuy übernahm vertretungsweise den größten Teil der Stunden und stufte Claire bereits nach wenigen Tagen eine Klasse höher ein. Und Claires Glück wuchs noch, als sie Mlle. Duvernois´ Lehrweise erlebte, welche an Lebendigkeit und Anschaulichkeit der ihrer Mutter glich. Besonders die Stunden über Geschichte, Literatur und Landeskunde begeisterten die nun fast 14-jährige Claire.[113] Doch im Hintergund, von Claire unbemerkt, bereitete sich Unheilvolles vor: »Da mir die Schularbeiten für unser Familienleben wenig Zeit ließen, und die Mutter wie immer bemüht war, ihre körperlichen Leiden zu verbergen, habe ich erst aus ihren nachgelassenen Briefen erfahren, wie bedenklich ihr Zustand damals war. Der *Gruß des Todes*, von dem sie im ersten Weißenburger Briefe schrieb, machte sich wiederholt durch Lungenblutungen und Herzschwäche bemerkbar.«

Obwohl sie nicht weit entfernt von der deutschen Grenze lebten, war es den Glümers aus finanziellen Gründen nicht möglich, im Sommer 1839 die Verwandten in Wolfenbüttel zu besuchen. Man musste sich mit kleinen Sehnsuchtserlebnissen zufrieden geben. So begab sich die Familie wiederholt in den bayrischen Ort Schweigen und trank aus dem Dorfbrunnen »deutsches Wasser.« Allerdings durfte der Vater die Grenze nicht überschreiten und musste auf der französischen Seite warten.[114]

Am 22. August, kurz vor den Sommerferien, standen für Claire und Bodo öffentliche Prüfungen auf dem Programm, denen sie mit einiger Angst entgegen sahen. Kurz vor diesem Termin trat in Claires Schulverhältnis eine neue Wendung ein. Mademoiselle Victorine, die ehemalige Lehrerin, war ihrem Leiden erlegen und kurz vor der Ankunft ihrer Nachfolgerin wurde Claire in das Zimmer Madame Mansuys gerufen, »ein von allen Schülerinnen gefürchtetes Untersuchungs- und Gerichtslokal.

Was konnte ich begangen haben? Mir fiel nichts ein, und Mme. Mansuy empfing mich mit beruhigendem Lächeln. Ich musste mich setzen; sie nannte mich *ma bonne*, erteilte mir einige Lobsprüche und schloss mit der Frage: ob ich mich nicht entschließen könne, und die Erlaubnis der Eltern erbitten wolle, in der 5. Klasse – zur Entlastung der neuen Lehrerin – biblische Geschichte und Deutschlesen zu übernehmen?« Dafür sollten die Eltern für Claire kein Schulgeld mehr zahlen. »Wie es mich beglückte, den Eltern, deren Sorgen ich seit Jahren kannte, wenigstens mein Schulgeld zu ersparen, ist nicht zu sagen.« Welch ein Karrieresprung für Claire! Welch eine Aufgabe, mit knapp vierzehn Jahren plötzlich vor einer Klasse zu stehen: »Es war natürlich, dass die *Kleinen*, deren Gefährtin ich bis vor kurzem gewesen war, der noch nicht vierzehnjährigen Lehrerin den Respekt versagten, mich durch Widersetzlichkeit zu ärgern, oder durch Unsinn zum Lachen zu bringen suchten. Glücklicherweise gelang es mir, ruhig und ernsthaft zu bleiben; wir kamen nach und nach ins rechte Gleis miteinander, und bis ich Weißenburg verließ, habe ich mein bescheidenes Lehramt versehen.«[115] Als Claire und Bodo bald darauf ihre Schuljahresabschlussprüfungen bestanden hatten, endete der erste Sommer in Weißenburg in glücklicher Stimmung. Auch die Mutter war zufrieden, und als am letzten Oktobertag der erste Schnee fiel, bemerkte sie, dass »der böse Oktober gleich zu Ende sei, ohne uns, wie seit so vielen Jahren, besondere Unannehmlichkeiten bereitet zu haben.« Claire dachte: »Was sie damit meinte, wusste ich nicht; mir war, als hätten wir Jahr aus Jahr ein in jedem Monat zu leiden gehabt.« Mit vierzehn Jahren, auf fast ihr halbes Leben zurück blickend, wurde Claire deutlich, dass das Leiden ihr ein steter Begleiter gewesen war. Und nur eine kurze Zeit später – es ist derselbe Abend – stirbt die Mutter. Die Kinder sind bereits im Bett. Die Eltern sitzen im Wohnzimmer, der Vater spricht von der geplanten Reise nach Wolfenbüttel: »Plötzlich fasst sie seine Hand mit der hastigen Frage: *wirst Du, wenn ich dort sterbe, die Kinder bei den Verwandten lassen?* springt auf ehe er antworten kann, eilt in ihr offenes Schlafzimmer und sinkt mit dem Ausruf *Wasser* auf ihr Bett.« Der Vater holt das Wasser und findet – seine verstorbene Frau. Er weckt Claire, »ruft mich herbei – die starren Augen, der offene Mund, dem kein Hauch mehr entsteigt, das ist der Tod! Aber die Hände sind noch warm, erkalten erst in meiner Umklammerung.«[116] In dieser für die Familie einschneidenden Situation zeigte sich Claires ganze charakterliche Größe: »Von allen herzzerreißenden Vorgängen, die dieser Schreckensnacht folgten, steht mir als das Qualvollste Bodos Verzweiflung vor Augen. Weder er noch die kleinen Geschwister hatten den Aufschrei des Vaters, das Jammern der alten Magd, das Kommen und Gehen des Arztes gehört. Auch am nächsten Morgen konnte sich der Vater nicht entschließen ihn zu wecken; so fiel mir denn die Aufgabe zu, dem Bruder zu sagen, was geschehen war. Anfangs schien er es nicht zu begreifen, dann riss sich der sonst so Gelassene von mir los, stürzte ins Sterbezimmer, warf sich über die Tote, als ihm der Vater das verwies, auf den Fußboden; schluchzte, stöhnte, schrie; wollte ohne die Mutter, deren Liebling er gewesen war, nicht weiter leben. Auch Mariechen und die beiden Kleinen jammerten und weinten; ich war wie betäubt von dem Schlage, der uns so unerwartet getroffen hatte; erst als der Sarg hinaus getragen wurde, fand ich erleichternde Tränen.« Claire von Glümer hatte wenige Tage nach ihrem 14. Geburtstag einen schweren Schicksalsschlag zu verkraften; doch sie meisterte diese Situation und zeigte ein großes Maß an Selbstbeherrschung und Handlungskompetenz, indem sie ihren Geschwistern den Tod der Mutter vermittelte und ihren Tränen erst freien Lauf ließ, als der Sarg aus dem Haus getragen wurde.

Wenige Tage nach dem Tod der Mutter kam die Kunde aus Wolfenbüttel, dass auch die Großmutter gestorben sei. Nun war der Großvater mit der blinden Tante Agnes auf sich allein gestellt. Die Ereignisse am Ende des Jahres 1839 bildeten eine Zäsur in Claire von Glümers Leben. Und sie musste noch einen weiteren schmerzlichen Verlust hinnehmen, denn ihr Bruder Bodo wurde beim Großvater in Wolfenbüttel untergebracht. Die Familie war zersplittert. Nach dem Tod der geliebten Mutter lebte Claire noch bis zum Sommer des Jahres 1841 in Weißenburg. Was sie seit November 1839 dort machte, ist nicht überliefert. Doch es ist naheliegend, dass sie weiterhin die Schule besucht hat und sich zudem um ihre jüngeren Geschwister, den 1837 geborenen Edmund und die siebenjährige Marie gekümmert hat. Im Sommer 1841 konnte Claire dann ihrem Bruder Bodo nach Wolfenbüttel ins großväterliche Haus folgen. Der Vater blieb mit den übrigen Geschwistern in Frankreich zurück. Erst achtzehn Monate nach dem Tod der Mutter traf Claire von Glümer also in Wolfenbüttel ein. Über ihr Schicksal während der zurück liegenden Monate gibt es keine Aufzeichnungen. *Die Geschichte meiner Kindheit* wurde nicht mehr fortgeführt.[117] Für Claire von Glümer endete ihre Kindheit am 31. Oktober 1839.

1841 – 1848

VI. Trübe Tage in Wolfenbüttel

Claires neue Heimat, das großväterliche Haus in Wolfenbüttel, machte einen traurigen Eindruck: »meine gute, liebe Großmutter war tot, und schon vor ihr war meine schöne Tante Adolfine, Vaters jüngste Schwester – für meine Kinderaugen die Verkörperung aller blondlockigen, blauäugigen Mädchenheldinnen – nach kurzer Ehe gestorben. Dem Großvater war nur seine blinde Tochter Agnes geblieben. Kein Wunder, dass ich den einst so stattlichen Mann, gebeugt von Gram, Krankheit und Alter, mit schneeweißem Haar wiederfand, und dass die frühere Heiterkeit im Gesicht der blinden Tante dem Ausdruck tiefen Kummers gewichen war«. Nur Claires Bruder Bodo sah sie mit lachenden Augen an. Auch seine »Necklust« hatte er nicht verloren. Claire, knapp 16 Jahre alt, musste einsehen, dass manches in Wolfenbüttel den Zauber der Kinderjahre verloren hatte. Die Überreste des alten städtischen Festungswalls, ein abenteuerliches Spielgelände für die Kinder, waren gepflegten Spazierwegen und Anpflanzungen gewichen.

Das alte Schloss machte nicht mehr den Eindruck überwältigender Größe. Das Grauen, welches Claire angesichts des Schicksals einer angeblich im Erdgeschoss verbrannten Hexe (»Schlüter-Lieschen«) wieder nachempfand, versuchte Bodo ihr auszureden. »So war denn das Schloss nur noch ein plumpes, schmuckloses, langweiliges Gebäude, das mir nichts zu erzählen hatte.« Zusammen mit ihrem Bruder besuchte sie auch am Harztor den Wolfenbütteler Bahnhof, betrachtete die abenteuerlichen Dampflokomotiven, die dort einliefen, und verfolgte die Gespräche der Erwachsenen über Schaden und Nutzen der neuen Technik.[118] Die ehemals vertrauten und bekannten Nachbarn nahmen Claire

74

von Glümer zwar freundlich auf, doch fühlte sie sich »für längere Zeit von einer spöttischen Beobachtung umgeben, zu der ich durch allerhand Verstöße gegen Wolfenbütteler Anstandsregeln Veranlassung gab.« So hatte Claire beim Besuch einer Prokuratorsgattin diese mit »Madame« angeredet und nicht mit »Frau Pokuratorin«. Das widersprach den strengen Wolfenbütteler Gepflogenheiten!

Claires Aufgabe in Wolfenbüttel war es, den großväterlichen Haushalt zu führen. »Das meiste, was mir an häuslichen Arbeiten zufiel: Staub wischen, Tassen und Gläser spülen, Zucker schlagen, Bohnen schneiden, Linsen verlesen, Lampen in Ordnung halten und dergleichen mehr, hatte ich, bis mich in Weißenburg meine Schulaufgaben in Anspruch nahmen, von Kindheit an unter Aufsicht der Mutter geübt. In dem, was mir fremd war: zum Kochen herausgeben, bei Tisch vorlegen, Besuch empfangen, den Teetisch decken, wurde ich von Mamsell Jettchen, die bisher Gesellschafterin und Stütze der blinden Tante Agnes gewesen war, freundlich unterwiesen. Auch mit dem komplizierten Münzwesen der Heimat machte sie mich bekannt, denn als sie uns nach einigen Wochen verließ, hatte ich das Ausgabebuch zu führen.«[119] Claire war zudem Gesellschafterin für ihren Großvater und Tante Agnes. Auch das waren Pflichten, die sie nicht gewohnt war und die ihr schwer fielen. Doch tapfer übte sie ihre Aufgabe aus: sie las dem Großvater und der Tante täglich aus Zeitungen und Zeitschriften vor, dazu gehörten u.a. der *Komet*, die *Europa* und die *Zeitung für die elegante Welt*. Doch Claire von Glümer vermisste schmerzhaft eine Bibliothek. Erst als sie später Zugang zur örtlichen Leihbibliothek bekam, begann sie wieder intensiv zu lesen. Vorzugsweise interessierten sie Romane jungdeutscher Autoren sowie französische Werke von George Sand, Victor Hugo und Eugène Sue.[120] Die Lebensstimmung Claires war aber gedrückt: im Kreis der Verwandten wurden die politischen Ansichten und Bestrebungen des Vaters einstimmig verurteilt. Im großväterlichen Haus wurde zudem die wirtschaftliche Situation Karl von Glümers oft thematisiert, denn sie lastete schwer auf der Seele des alten Mannes. Und auch wenn dieser seine Sorgen und seinem Missmut über die noch immer nicht gesicherte finanzielle Situation des Sohnes

Claire gegenüber nicht Ausdruck verlieh, so gab es doch genügend Verwandte und Bekannte, die ihr schonungslos zu verstehen gaben, dass sie und ihre Geschwister später, nach dem Tod des Großvaters, für die Familie zu einer finanziellen Belastung werden würden. Diese Äußerungen und Vorwürfe beschäftigten Claire von Glümer sehr und sie beschloss, sich ernsthaft zu bemühen einmal auf eigenen Füßen zu stehen, um anderen Menschen nicht zur Last zu fallen oder auf deren Gnade angewiesen zu sein. Diese existenziellen Überlegungen sowie die alltäglichen Bedrückungen durch die Pflichten im Haushalt trugen nicht zu einer entspannten Gefühlslage bei. Als dann noch Claires Bruder Bodo im Jahr 1844 Wolfenbüttel verließ, um in Magdeburg in den preußischen Militärdienst einzutreten, fühlte sie sich noch mehr vereinsamt. Kurze Zeit später traf zwar ihre Schwester Marie in Wolfenbüttel ein und nahm Claire etliche Arbeiten im Haushalt ab, doch Claire fühlte sich zunehmend überflüssig in ihrer Lebenslage und entwickelte den Drang, sich außerhalb des großväterlichen Hauses eine Stellung zu suchen. Das Glück war ihr hold: sie fand als Erzieherin und Gesellschafterin Aufnahme im Haus des Drosten von Hake zu Grohnde in der Nähe von Hameln[121]. Claire von Glümer war 21 Jahre alt, als sie dort eintraf. Zum ersten Mal in ihrem Leben war sie allein, ohne ein Familienmitglied in ihrer Nähe zu haben.

VI.1 Von Hameln in die große Welt

In den folgenden zwei Jahren war Claire von Glümer bei der Familie des Drosten Georg Ernst Adolf von Hake und dessen Gattin Louise von Reden offenbar als Erzieherin beschäftigt. Die Zeit im Haus des Drosten darf man durchaus als glücklich bezeichnen. Adolf von Hake war 60 Jahre alt, als Claire in seinen Haushalt eintrat. Als Sohn eines hannoverschen Generals und der Tochter eines Freiherrn gehörte er zur wohlhabenden Gesellschaftsschicht. Er war seit 1809 als Verwaltungsjurist in verschiedenen gehobenen Positionen tätig. Im unweit von Hameln gelegenen Grohnde war Adolf von Hake seit 1832 erster Amtmann. Claire von Glümer kam in einen großen, lebendigen Haushalt, denn von Hake und seine Gattin hatten vier Söhne und vier Töchter. Im Jahr 1846 waren fünf der Kinder des Ehepaars Hake jünger als Claire. »Claires liebenswürdige und geistig lebhafte Persönlichkeit, ihre anmutige Erscheinung und ihre gewandten Umgangsformen gewannen ihr bald in ihrem Wirkungskreise alle Herzen; sie wurde nicht als Angestellte, sondern wie zur Familie gehörig betrachtet und behandelt. Mit den besten Kreisen des hannöverschen Adels kam sie so in stete Berührung, und mit offenen Augen lebte sie in dieser Welt, von der manche ihrer späteren Romane ein getreues Abbild uns geben.« Doch sollte diese glückliche und sorgenfreie Lage nicht ungetrübt bleiben: zum einen machte sie sich Sorgen um ihren Vater und die beiden jüngsten Geschwister Edmund und Emma (zu diesem Zeitpunkt 9 und 13 Jahre alt), die immer noch unter wirtschaftlich ungesicherten Verhältnissen in Frankreich lebten. Andererseits litt ihr geliebter Bruder Bodo psychisch und finanziell unter den Bedingungen des preußischen Militärdienstes. Da auch Claire selbst mitunter kränkelte, wurde ihr das Leben in Hameln immer mehr zur Qual.

Ein neuer Lebensabschnitt zeichnete sich für Claire von Glümer im Jahr 1848 ab: dem Vater wurde endlich die Rückkehr nach Deutschland gestattet und er übernahm beim nach der Revolution entstandenen Frankfurter Parlament die Berichterstattung für die *Magdeburgische Zeitung*. Als der Vater anfragte, ob Claire ihn bei seiner Tätigkeit unterstützen wolle, musste sie sich entscheiden. Claire wählte den Weg der Verantwortung: der »lebhafte Wunsch, persönlich das Geschick ihres Vaters und der kleinen Geschwister auf eine bessere Bahn leiten zu können«, gab den Ausschlag, dass sie ihre Stellung in Hameln aufgab.[122] Dabei mögen Zweifel, ob sie sich als Erzieherin und Gesellschafterin geeignet fühlte, eine nicht unwesentliche Rolle gespielt haben.[123]

1848 — 1853

VII. Biographische Turbulenzen

Den folgenden fünf Jahren kommt in vielerlei Hinsicht eine besondere Bedeutung im Kontext von Claire von Glümers Biographie zu. Der jungen Frau erschlossen sich völlig neue Lebensbereiche, damit verbundene Erfahrungen führten zur weiteren Ausprägung ihrer Persönlichkeit. Der tiefgreifende politische Umschwung des Jahres 1848 schlug Wellen bis in die individuelle Schicksalssignatur Claire von Glümers. Voraus geschickt sei, dass Claire von Glümer im Jahr 1848 ihren 23. Geburtstag beging. Um das 23. Lebensjahr herum geschieht in der seelischen Entwicklung des Menschen meist etwas Wesentliches: das eigene freie Urteilen entfaltet sich, die individuelle Liebe, Lebensideale und -entwürfe formen sich aus.[124] Es wird sich zeigen, dass sich um das Jahr 1848 diese seelischen Lebensfelder bei Claire von Glümer in teilweise dramatischer Weise geltend machten.

Claire von Glümer um 1848 (Porträtpostkarte)

VII.1 Zwischen Schein und Sein

Die Revolutionsjahre 1848/49 waren gekennzeichnet durch politische Bewegungen, Aufstände und strukturelle Umwälzungen, die nicht nur demokratische Grundrechte, sondern auch moralische, philosophische und patriotische Ideale in eine neue Staatsordnung einmünden lassen wollten. Über die revolutionären Ereignisse in Europa sind zahlreiche Bücher geschrieben worden: Erinnerungen von Zeitzeugen, Biographien über Mitwirkende im politischen Geschehen, historische Analysen, usw. Im Rahmen dieser Darstellung soll einerseits kurz auf den ideellen Hintergrund der 48-er-Bewegung eingegangen werden. Zudem wird zu zeigen sein, in welcher Weise die turbulenten Ereignisse dieser Zeit den Lebenslauf Claire von Glümers bestimmten.

»Alle Spannungen und alle Hoffnungen des politischen und sozialen Lebens der Deutschen bündeln sich in dem Aus- und Aufbruch der großen deutschen Revolution von 1848/49.«

Auslöser der seit März 1848 in Deutschland um sich greifenden sozialen und politischen Unruhen waren die im Monat zuvor sich in Frankreich abspielenden Ereignisse, welche in der Verbrennung des Thrones des Königs Louis Philippe auf dem Bastille-Platz in Paris gipfelten. Dies war der Funke, der auf das Gebiet des Deutschen Bundes übergriff – und zwar zunächst auf die »Bollwerke des alten Systems«, Wien und Berlin. Die radikalen Kräfte, Arbeiter und Studenten, waren in den Wiener Ereignissen besonders dominant. Um den fundamentalen politischen Forderungen (den sog. »Märzforderungen«) Nachdruck zu verleihen, kam es wiederholt zu Tumulten, Plünderungen und zur Erstürmung von Steuerämtern und Fabriken.[125] Die so genannten »Märzforderungen« entsprangen einem gemeinsamen Grundgefühl: dem Unwillen gegenüber der bestehenden Herrschaftsordnung: »Das war der Obrigkeitsstaat, der Staat der bürokratischen Bevormundung, der Ämter und der umständlichen Prozeduren, der Staat der Soldaten, der Zöllner, der Gendarmen, der sich auf Befehl und Gehorsam, auf Verbot und Erlaubnis gründete, Pflichten setzte und wenig Rechte gewährte, der Staat, der Jugend und Studenten, Handwerker, Arbeiter, kleine Leute dauernd kontrollierte, maßregelte, schikanierte, der Staat, der das freie Reden hinderte und die kritischen Wortführer der Volksstimmung mit Zensur, mit Prozess, mit Emigration bedrohte.«[126] Den ideellen Hintergrund der Revolutionsbewegung beschrieb der 1830 geborene österreichische Schriftsteller Robert Hamerling, von Frühjahr bis Herbst 1848 selbst in die revolutionären Ereignisse an der Universität Wien eingebunden, in einem Artikel mit dem Titel »Die Aufgabe des Reichstags« im *Österreichischen Courier* vom Juli 1848 wie folgt: »Wir stehen an der Schwelle einer neuen Ära, die uns eine ganz neue, auf Vernunftprinzipien, nicht auf Knechtschaft, Aberglauben und rohe Gewalt gebaute Verhältnisse bringen wird. Die höchsten und heiligsten Ideen, die vor kurzem noch verpönt waren, oder allzu abstrakt und unpraktisch erschienen, dürfen sich frei ans Licht hervorwagen und auf Anklang in den durch die Freiheit gehobenen und geläuterten Gemütern rechnen. / ... / So wird die Politik, früher ein System von Klugheitsregeln zur Förderung des Wohles der Throne, sich künftig gewissermaßen zur Philosophie erweitern und vergeistigen, d.h., die politischen Verfassungen werden sich nach Maßgabe der philosophischen Bildung der Völker gestalten. Das Staatsleben wird sodann nicht mehr ein toter, hölzerner Mechanismus sein, dessen Räderwerk die Bürokraten, gleich Pferden in der Mühle fortwährend in gleichem Gleise trabend, in Bewegung erhalten, sondern ein warmer, lebendiger Organismus, dessen Prinzip der vernünftige Gedanke und der Schlag des Herzens ist.« Diese ideelle Kraft, welche die Bürger durch Selbsterziehung in sich lebendig erhalten und vervollkommnen, solle das gesamte Staatsleben gestalten – die Industrie, die Arbeitswelt und das Erziehungswesen: »Den demokratischen Staat hält nur die den egoistischen und tierischen Trieben gewachsene geistige Selbstbeherrschungskraft und Durchbildung seiner Bürger aufrecht; daher müssen die Sprösslinge solcher freier Staaten künftig mit den höchsten und heiligsten Ideen von Freiheit, Wahrheit, Recht und Uneigennützigkeit großgezogen werden.«[127]

Auch in Berlin kam es zu Auseinandersetzungen zwischen protestierenden Bürgern und dem Militär: »Die ganze Bevölkerung Berlins war in Aufruhr, von Hausbesitzern bis zu Arbeitern. Hunderte von Barrikaden wurden errichtet und es kam zu erbitterten Straßen- und Häuserkämpfen; es gab mehr als 230 Tote. Die Truppen drangen, zum Teil mit dem Einsatz von Artillerie, vor.«[128] Die Revolutionsaktionen, in zahlreichen deutschen Einzelstaaten durchgeführt, zielten im Prinzip auf zwei Leitwerte: einen *deutschen Nationalstaat* sowie eine *Verfassung nebst Parlament* zu schaffen. Es ging den Revolutionären nicht um einen »Totalumsturz der Machtverhältnisse«, aber um eine Reform und einen »Systemwechsel«. Ein Parlament sollte Ausdruck des Erfolgs der liberalen und demokratischen revolutionären Bewegungen sein. Schon seit März 1848 gab es etliche Bemühungen ein solches Parlament zu begründen, wobei die Gegensätze zwischen Liberalen (wie Heinrich von Gagern) und Demokraten (wie Friedrich Hecker und Gustav Struve) sich in unterschiedlichen Auffassungen über eine künftige Staatsform gegenüber standen: sollte ein geeintes Deutschland eine konstitutionelle Monarchie oder eine Republik sein? In sich über Wochen hinziehenden Verhandlungen, Beratungen und Abstimmungen der bis zu 547 Abgeordneten im sog. »Frankfurter Vorparlament« konnte wenig Einigkeit erzielt werden. In diesem Vorparlament saßen zumeist moralisch und politisch anerkannte Revolutionsvertreter, eine Abgrenzung politischer Lager und Parteien gab es nur in Ansätzen. Nach im April und Mai 1848 durchgeführten Wahlen etablierte sich schließlich in Frankfurt am Main die erste deutsche Volksvertretung, das »Paulskirchen-Parlament«. Es umfasste 830 Abgeordnete. Die Paulskirchenversammlung war ein »Bildungsparlament«: 75% der Vertreter verfügten über einen Universitätsabschluss und waren u.a. als Juristen, Lehrer, Advokaten oder Staatsbeamte tätig. Die Zahl der Professoren, Adligen, Handwerker und Bauern war nur sehr gering. Dennoch repräsentierten die Abgeordneten das Spektrum der Bevölkerung, mehrere hundert Männer, die im Leben bereits etabliert waren. Weibliche Abgeordnete gab es damals noch nicht.[129]

Im Jahr 1848 begann ein neues Kapitel in Claire von Glümers Leben, das ihre seelischen Kräfte bis aufs Äußerste beanspruchen sollte. Die treue Tochter folgte der Aufforderung des an seinen Idealen über

Jahre beharrlich festhaltenden Vaters, dem sich nach der Rückkehr aus dem Exil als Parlamentsberichterstatter in Frankfurt wieder einmal eine verheißungsvolle Chance bot, sich im Leben zu verankern. Die Anfrage des Vaters, ihn bei seiner journalistischen Arbeit zu unterstützen, bedeutete für Claire von Glümer die Übernahme einer Bürde. Denn neben der inneren Verpflichtung ihrem Vater zu helfen, der sich während der ruhelosen Jahre im Exil für die Familie eingesetzt hatte, lastete das Schicksal ihrer jüngeren Geschwister Edmund und Marie auf Claires Seele. Und so folgte sie dem väterlichen Ruf, verließ Westfalen und siedelte nach Frankfurt über. Damit trat Claire von Glümer in eine völlig neue Welt ein, für deren Regeln und Rituale sie keinerlei Erfahrungen mitbrachte.

Zunächst assistierte die junge Claire ihrem Vater bei der Berichterstattung für die *Magdeburger Zeitung*, doch bereits nach kurzer Zeit löste sie ihn in der journalistischen Berichterstattung ab. Der Grund: Karl Weddo von Glümer war wenig zuverlässig bei der termingerechten Ablieferung seiner Berichte. Nach den Worten einer engen Freundin Claire von Glümers soll er sogar ein »Taugenichts« und zu faul zum Schreiben gewesen sein. Und so kam es, dass statt ihres Vaters Claire den Verhandlungen der Frankfurter Nationalversammlung als »Journalistin« beiwohnte. Und das über Monate – und zwar in der Zeit vom November 1848 bis März 1849. Claire von Glümer war die einzige Frau, die als Berichterstatterin in der Paulskirche zugelassen war.[130] Fünf Monate lang saß sie täglich auf der harten Journalistenbank. Politisch sympathisierte Claire von Glümer mit der Linken: »Die Kämpfe der Parteien wurden mein Lebenselement – ich dachte nichts anderes – von einer Abstimmung zur andern – das war meine Welt.«[131] Doch zehrte diese neue Welt an den Seelenkräften der jungen Frau. Meist war sie von älteren, lebenserfahrenen Männern und Frauen (Abgeordneten, Journalistenkollegen und Besucher*innen der Parlamentssitzungen) umgeben. Dies ersieht man aus Claire von Glümers *Stammbuch aus der Paulskirchenzeit*, einem Erinnerungsalbum, in dem sich zahlreiche Abgeordnete mit einem Leitspruch oder einer Widmung verewigten. Die Widmungen stammten aus den Monaten Februar/März 1849, verfasst unter anderem von Bernhard Eisenstuck, Julius Fröbel und Jacob Venedey, alle rund 20 Jahre älter als die junge Claire. Auch Wilhelmine Schröder-Devrient (geb. 1804) und Louise Dittmar (geb. 1807), zu denen Claire von Glümer in nähere freundschaftliche Beziehungen trat, waren Frauen mit Lebenserfahrung und Schicksalshintergrund.[132] Die junge Claire erregte auf der Pressetribüne besonders bei ihren mehrheitlich männlichen Kollegen viele Sympathien. Neben einer Reihe jüngerer politischer Kämpfer, wie z.B. Moritz Hartmann, gab es auch etliche ältere Abgeordnete, die sich für Claire von Glümer interessierten.[133] Der vier Jahre ältere Moritz Hartmann, ein österreichischer Journalist und Schriftsteller, hatte bereits ein bewegtes politisches Leben hinter sich, bevor er von 1848 bis 1849 über 13 Monate der Paulskirchenversammlung angehörte. Wie die meisten Bekannten Claire von Glümers gehörte auch er zur politischen Linken. Hartmann war aktiver Teilnehmer an den revolutionären Erhebungen in Wien (Oktober 1849) und Baden (Mai/Juni 1849), was ihm einen Hochverratsprozess einbrachte und ihn nötigte ins französische Exil zu gehen. Bis 1867 lebte er hauptsächlich in Paris, bevor er in seine österreichische Heimat zurück kehren konnte. Auch einem alten Freund der Eltern, Jacob Venedey, den die achtjährige Claire bereits 1833 kennen gelernt hatte, begegnete sie nun wieder. Venedey, Jurist und Publizist, war wegen seiner Mitgliedschaft in einer studentischen Burschenschaft und seiner Teilnahme am Hambacher Fest 1832 verhaftet worden. Es gelang ihm aber die Flucht und er ließ sich in Paris nieder, wo er als Korrespondent und Redakteur bei verschiedenen französischen Zeitungen tätig war. Im Kontext der revolutionären Ereignisse in Deutschland kehrte er im März 1848 nach Köln zurück, engagierte sich politisch und gehörte bis 1849 verschiedenen linken Fraktionen der Frankfurter Nationalversammlung an.[134]

Die bereits erwähnten Einträge in Claire von Glümers Erinnerungsbuch spiegeln die politische und emotionale Dimension jener Tage im Februar und März 1849 wider. Die Widmungen stammen – bis auf wenige Ausnahmen – aus den letzten vier Wochen von Claire von Glümers Anwesenheit in Frankfurt. Waren es »Abschiedsworte«, welche die politischen Freunde an die junge Claire richteten? Darauf wird im Folgenden eingegangen. Die Abgeordneten und Journalistenkollegen aus den verschiedensten Regionen Deutschlands und Österreichs vermischten bei ihren Stammbucheintragungen oft ihre politische Haltung mit Lebensmaximen und Äußerungen persönlicher Betroffenheit über die damalige Situation im Frankfurter Parlament. Besonders die soziale Frage und die politischen Entscheidungen, welche die Einflüsse des Volkes und der bisherigen dynastischen Herrschaften regeln sollten, nehmen einen breiten Raum in Claire von Glümers Stammbucheintragungen ein. Es kann nicht verwundern, dass die junge Journalistin in dieses politische Ringen und emotionale Wechselspiel der ihr nahe stehenden Menschen mit einbezogen wurde und selbst nach Orientierung suchte. Einige unkommentierte Beispiele aus dem Stammbuch mögen die Bewegtheit dieser Tage zu Beginn des Jahres 1849 in Claire von Glümers Leben veranschaulichen.

»Die Freiheit bricht nicht mit Gewalt herein,
sie muss durchaus gewachsen sein
und gleicht der langsam knospenden Rose,
die sanft der Sonne warmer Kuss
zu voller Kraft erschließen muss.«
(*Wilhelm Jordan*[135])

»Zur Erinnerung an die Tage, in denen meine schönsten Hoffnungen gescheitert, meine eifrigsten Bemühungen fruchtlos geblieben sind.«
(*Alfred Arneth*)

»Unsere Zeit lässt sich mit keiner anderen als mit der des Verfalls der alten Welt und der Entstehung des Christentums vergleichen. Wie damals, sind es auch jetzt ganz neue sittliche Momente, welche sich in das Leben der Gesellschaft eindrängen.«
(*Julius Fröbel*)

»Links oder rechts, das ist die Frage:
Wo ist die Wahrheit, wo das Recht?
Im heißen Kampfe unserer Tage
Versteht man oft sich selber schlecht.
Zur Rechten zieht mich kaltes Denken,
zur Linken das erwärmte Herz.
Ganz kann ich keinem Folge schenken,
und Fehler sah ich allerwärts.«
(*Carl Theodor Gravenhorst*)

Bemerkenswert sind zudem zwei recht ausführliche Einträge. Zunächst derjenige Karl Mayers, Professor an der Königlichen Ritterarkademie zu Liegnitz. Erst spricht Mayer sein politisches Bekenntnis aus: »Das höchste Streben der edleren Menschheit ist: <u>aller</u> Menschen Wohl herbeizuführen, ihre geistige und sittliche Veredlung, die Entfernung des materiellen Elends. Zur Realisierung dieser menschenwürdigen Idee bedarf es einer Form der Gesellschaft, und diese ist keine andere als die demokratische. Daher der Urquell der Demokratie: echte Menschenliebe, ihr Grundsatz: alles für das Volk und alles durch das Volk.« Am linken Rand des Erinnerungsblattes steht der Satz: »Rot ist die Farbe der Liebe, rot die Farbe der Demokratie.« Dann geht Mayer auf seine persönliche Beziehung zu Claire von Glümer ein: «Obgleich, mein hochgeehrtes Fräulein, ich nur ein einziges Mal das Vergnügen hatte, mich mit Ihnen zu unterreden, wobei sie liebevoll meiner guten Schwester gedachten, so werden diese Gespräche doch immer zu den freundlichsten Erinnerungen meines Lebens gehören.« Zum Schluss betont Mayer, dass es für ihn zu den wichtigsten sozialen Zukunftsaufgaben gehöre, dass die politische Bildung der Frauen gefördert werde: »Darum mein Glaubensbekenntnis, dass das Weib allerdings klare und feste politische Begriffe und Grundsätze haben muss«, um die Entwicklung des »deutschen Vaterlandes« zu fördern. Gerade die Frauen haben einen »mächtigen Einfluss auf auf das Herz des Jünglings und Mannes« und die Erziehung der Kinder.[136]

Der andere ausführliche Eintrag stammt von W. Auerbach (19. Februar 1849) und umfasst zwei eng beschriebene Seiten in Claire von Glümers Stammbuch. Auerbach vertritt eine idealistische Denkweise. Er verweist, indem er die majestätische Erscheinung der Engel schildert, auf die Differenz zwischen geistiger und wirklicher Welt, wobei er letztere als »unvollkommen« bezeichnet. Auerbach schreibt aber dem menschlichen Geist – und hier besonders dem »weiblichen Gemüt« – die Fähigkeit zu, »den Mangel in der Natur« durch Anmut und Poesie zu ersetzen und das »in der Idee Anschaubare« zur physischen Erscheinung zu bringen. Auerbach verweist auf einen Staat der Zukunft, der darin bestehe, dass die Individuen auf Grundlage der Sittengesetze in freier Selbstbestimmung nebeneinander leben und wirken und ihre Talente und Neigungen zur Entfaltung bringen können. Auch in diesem Staat fiele den Frauen eine zentrale Rolle zu, indem sie »den Sturm und Drang männlicher Kraft in die friedliche Bahn der regelmäßigen Entwicklung« lenken. Für Auerbach würde in diesem Kontext der positiven sozial-politischen Zukunftsentwicklung »Cläre als Prophetin« eine wichtige Rolle spielen.[137] Welch eine Perspektive (und Bürde!) für die junge Claire! Betrachtet man die zitierten Eintragungen im Stammbuch Claire von Glümers, so erweisen sie sich als ein sprechendes Initial für die Gestaltung ihres weiteren Lebensweges. Zunächst einmal waren ihr die Menschen, denen sie begegnete, wichtig. Die Gedanken, die sie äußerten, prüfte die junge Frau in den folgenden Jahren auf dem von ihr eingeschlagenen Lebensweg ab. Dazu gehörte zum einen eine Palette politischer Ideen. Durch Julius Fröbel und Friedrich Ludwig Jahn angeregt, beschäftigte sich Claire von Glümer auch mit Konzepten zur Frauenemanzipation und Pädagogik. Hinzu kamen die wichtigen Begegnungen mit Wilhelmine Schröder-Devrient und Louise Dittmar. Es wird sich zeigen, dass es diese älteren Persönlichkeiten waren, denen Claire von Glümer nach 1849 wesentliche Lebensimpulse verdankte.

Doch zunächst hatte die junge Journalistin eine andere Probe zu bestehen. Persönliche Annäherungsversuche ihrer männlichen Kollegen blieben nicht aus. Die in Beziehungsangelegenheiten unerfahrene Claire sah sich bald einer »ernsteren Neigung« ausgesetzt: »Mochte der Verstand ihr auch sagen, dass die Huldigungen des älteren Mannes zu einem festeren Ziele nicht führen konnten: schwere Aufregungen und seelische Kämpfe blieben ihr nicht erspart.«[138] Einer treuen Freundin in Wolfenbüttel berichtete Claire von ihren Sorgen und diese erkannte die Gefahr, dass die junge Frau im Frankfurter Milieu seelisch zerrieben zu werden drohte. Um wen es sich bei diesem älteren Mann, der Claire hofierte, handelte, ist nicht sicher verbürgt. Doch nach Aussagen der Freundin Anna Gravenhorst soll es sich um den Juristen und Schriftsteller Ludwig Karl Christian von Starklof gehandelt haben. Starklof war zum Zeitpunkt der Werbung um die junge Claire bereits 60 Jahre alt und somit fast zehn Jahre älter als ihr eigener Vater. Claire von Glümer bezeichnete Starklof einmal als »mein alter Freund«.[139] Starklof hatte bereits ein bewegtes Leben hinter sich. Er war seit 1834 Geheimer Hofrat und Mitbegründer sowie Leiter des herzoglichen Hoftheaters in Oldenburg. Wegen seines Anstoß erregenden Romans »Armin Galoor« wurde er 1846 seines Amtes enthoben und wandte sich seitdem der Schriftstellerei und Politik zu. In Frankfurt war er ebenfalls als Parlamentsberichterstatter tätig, und zwar für die *Bremer Zeitung*. Seine Ehefrau war »unheilbar krank« in einer »Irrenanstalt« untergebracht.[140] Starklof war auch der erste, welcher eine Widmung in Claires Stammbuch schrieb. Nach dem Scheitern der Revolution kehrte er nach Oldenburg zurück, konnte dort aber beruflich nicht wieder Fuß fassen. Am 11.Oktober 1850 nahm er sich im Fluss Hunte das Leben.[141] Folgt man anderen Quellen, soll Claire von Glümer ein Verhältnis mit dem Journalisten Nathan Adler gehabt haben. So steht es jedenfalls in einem Vermerk der Polizeiakten des sächsischen Innenministeriums.[142] Von Adler findet sich ebenfalls ein Eintrag in Claire von Glümers Stammbuch.

Eine beeindruckende Begegnung hatte die junge Claire in den letzten Märztagen des Jahres 1849, als sie sich auf der Pressetribüne des Paulskirchenparlaments plötzlich als Sitznachbarin der berühmten Sängerin Wilhelmine Schröder-Devrient wiederfand. Ludwig von Starklof machte Claire mit der 21 Jahre älteren Dame bekannt. »Inzwischen war ihre

Anwesenheit auch unter den Abgeordneten bekannt geworden; eine Menge ihrer Freunde und Bewunderer aus allen Teilen Deutschlands kamen herbei, sie zu begrüßen. Sie war von der liebenswürdigsten Heiterkeit, witzig, zuweilen sogar etwas boshaft. Aber dann kam wieder ein so ernstes, tiefgefühltes Wort, dass man sie lieb haben musste. Ich fand alles bestätigt, was ich von dem Zauber dieser wunderbaren Frau gehört hatte.« Wilhelmine Schröder-Devrient, am 6. Dezember 1804 in Hamburg geboren, verlebte eine unruhige Kindheit. Daheim herrschte aufgrund der beruflichen Beanspruchung der Eltern selten Harmonie. Vom Auftritt einer berühmten Tänzergesellschaft fasziniert, bestimmte die Mutter, dass die erst vierjährige Wilhelme Tänzerin werden sollte. Den brutalen Übungsmethoden eines afrikanischen Tanzlehrers ausgesetzt, wurde das Mädchen für reif befunden mit fünf Jahren zum ersten Mal öffentlich (in einem englischen Matrosentanz, geschmückt mit Filzhütchen und blauen Bändern) aufzutreten. Die Erinnerung Wilhelmines an dieses Ereignis trägt traumatische Züge: »Von diesem ersten Auftreten ist mir nur noch erinnerlich, dass das Publikum dem kleinen gewandten Äffchen zujauchzte, dass mein Lehrer sehr beglückt war, und dass mich mein Vater auf seinem Arme nach Hause trug. Meine Mutter hatte mir vor Beginn des Tanzes, je nachdem ich meine Sache machen würde, eine hübsche Puppe oder Prügel in Aussicht gestellt – und gewiss war es die Angst, die meine kleinen Glieder leicht und gelenkig machte, denn die Schläge meiner Mutter taten weh.« Wilhelmine verbrachte die nächsten sieben Jahre damit das Tanzen zu studieren. Etliche Kinderrollen wurden ihr zugewiesen. Ihre Schulbildung dagegen wurde arg vernachlässigt.[143]

Als Claire von Glümer der europaweit bekannten Künstlerin in Frankfurt begegnete, hatte diese gerade eine sie seelisch zerschmetternde persönliche Erfahrung hinter sich: »Seit einer Reihe von Jahren schon kettete sie ein unseliges Liebesverhältnis an einen sächsischen Officier, einen Herrn v. Döring, einen von allen missachteten ehr- und schamlosen Gesellen, an dem sie wie im Fieberrausch des Wahnsinns hing und der solche Gewalt über sie gewann, dass sie, von Leidenschaft verzehrt, jedes klaren Urtheils unfähig, ihm in blindestem Selbstbewusstsein alles opferte, Vermögen, Gesundheit, Stellung, künstlerischen Ruf und der nun, zum Skandal Deutschlands, ihr steter Begleiter und Ausbeuter auf ihren Kunstreisen war / ... /,der nur darauf ausging, sie auszunützen.« Am 29. August 1847 hatte Wilhelmine zum Entsetzen ihrer Freunde und Vertrauten jenen Döring geheiratet. Nachdem sie den von demselben entworfenen Ehekontrakt ohne ihn durchgelesen und geprüft zu haben unterschrieben und ihm so unvorsichtiger Weise alles, was sie besaß, ausgeliefert hatte, warf er plötzlich die Maske ab, ihr sich nun *als vollkommener Teufel* darstellend. Noch begleitete sie derselbe nach Kopenhagen und Riga. Hier trat sie am 29. Dezember als *Romeo* zum letzten Male auf. Im Februar 1848 erfolgte ihr vollständiger Bruch mit dem infolge seines Benehmens gegen sie ewig an den Pranger gestellten Herrn von Döring. Sie war vernichtet, zertreten, eine Bettlerin, an Leib und Seele todkrank. Er eilte schnellstens nach Dresden zurück, sich ihres Vermögens versichernd. Den Gnadenstoß versetzte ihr in diesem Zustande beginnender Auflösung der Tod ihrer einzigen Tochter Sophie, die am 22. Mai in Hannover in ihren Armen starb.« Zuvor schon war Wilhelmines Ehe mit dem bekannten Schauspieler Karl August Devrient gescheitert, weil die Sängerin »dämonisch, leidenschaftlich und zügellos« war und somit ihr Liebes- und Eheglück leichtfertig geopfert hatte. Dies sind hier in Kürze wiedergegebene Sachverhalte, auf die später noch einmal eingegangen wird.[144]

Neben der berühmten Künstlerin sitzend, folgte Claire nun den Parlamentsverhandlungen. »Wilhelmine Schröder-Devrient verfolgte dieselben in leidenschaftlicher Erregung. Sie war begeistert für die französische Republik und unglücklich über die Wendung der Dinge in Deutschland. Bald warf sie mir, bald Starklof ein paar Worte zu, und wenn sie schwieg, war es ein köstliches Schauspiel zu sehen, wie sich jede Empfindung, Zorn, Schmerz, Begeisterung, Ungeduld in den ausdrucksvollen Zügen spiegelte.« Am folgenden Tag wollte Claire von Glümer Frankfurt verlassen. »Ich hatte mein Album mitgebracht und empfing von mehreren Freunden Beiträge zu meiner Autographensammlung. ´Haben Sie noch ein leeres Blatt´? fragte mich Frau Schröder-Devrient. ´Sie sollen auch von mir ein Andenken haben´. Ich hätte nicht gewagt, sie darum zu bitten, aber wie gern gab ich ihr das Buch! Sie nahm eine der abgeschriebenen Journalisten-Federn und schrieb mit zolllangen Buchstaben, in der kühnsten, festesten Handschrift, die ich je gesehen habe: ´Alles für´s Volk, Nichts für den Kaiser! Wilhelmine Schröder-Devrient´.«[145] Einige Jahre später sollte es noch einmal zu einer schicksalhaften Begegnung zwischen beiden Frauen kommen.

Blättert man einige Seiten weiter in Claire von Glümers Stammbuch, so findet man die interessante Eintragung der Frauenrechtlerin, Sozialistin und Publizistin Louise Dittmar. Dittmar, geboren 1807, war drei Jahre jünger als die Claire sofort vertraute Wilhelmine Schröder-Devrient. Louise Dittmar hatte bis zum Jahr 1849 bereits ein bewegtes Leben hinter sich: autodidaktisch hatte sie sich u.a. mit Literatur, Philosophie, Staatstheorie und Religionskritik beschäftigt, mit dem Philosophen Ludwig Feuerbach stand sie in brieflichem Austausch. Mitte der 1840-er Jahre publizierte Louise Dittmar (anonym) ihren ersten Essay, der sich mit Fragen der Religionsfreiheit befasste. Ihre religionskritische Schrift *Der Mensch und sein Gott in und außer dem Christentum* (1846) und das Buch *Lessing und Feuerbach* (1847), in welchem sie sich für einen kirchenlosen, an der Anthropologie ausgerichteten Glauben aussprach, gingen ihrem wohl wichtigsten, im Jahr 1849 erschienen Werk (*Das Wesen der Ehe. Nebst einigen Aufsätzen über die soziale Reform der Frauen*) voraus.[146] Louise Dittmar hat Claire einen längeren, fast vermächtnishaften Eintrag in ihr Stammbuch geschrieben, der mit folgenden Worten beginnt: »Das Leben ist kein Leben, solange wir nur sind, um zu sein und nicht sein dürfen, was wir sind. Solange man uns eine Eigentümlichkeit oktroyiert, bleiben wir Marionetten.« Eine Erneuerung des Lebens, eine freie Eigenbewegung, werde aber nur durch eine »herkulische Kraftanstrengung oder eine sehr geschmeidige Natur« zu erreichen sein.[147] Die persönliche Beziehung zu Louise Dittmar war es, welche Claire von Glümer die Möglichkeit eröffnete bei der von Dittmar 1849 herausgegebenen Zeitschrift *Die sociale Reform*, in welcher bekannte Persönlichkeiten wie Louise Otto, Malwida von

Meysenburg oder der Verleger Karl Wigand publizierten, mitzuarbeiten.[148] Unter dem Kürzel »C.v.G.« veröffentlichte Claire von Glümer (mit Datum vom 20. März 1849) »Briefe aus Frankfurt«, in denen es um die umstrittenen Fragen der künftigen politischen Neuordnung Deutschlands ging: sollte ein deutscher Nationalstaat die Gebiete der Habsburgermonarchie mit einschließen (großdeutsche Lösung) oder unter Ausschluss Österreichs unter der Leitung Preußens gebildet werden (kleindeutsche Lösung)? Schon diese Frage hatte die Parlamentarier in Aufregung versetzt. Zudem stand die sogenannte »Kaiserfrage« damit im Zusammenhang: sollte ein künftiger deutscher Nationalstaat einen Kaiser als Oberhaupt haben und welche Befugnisse sollten ihm gegeben werden? Diese zweite Frage schlug »wie eine Bombe in die feindlichen Heerlager der Nationalversammlung« ein und erregte zudem ein breites öffentliches Interesse. Wenige Tage später entschied sich die Mehrheit der Frankfurter Nationalversammlung für die kleindeutsche Lösung und votierte am 27. März 1849 knapp mit nur 267 gegen 263 Stimmen für das Erbkaisertum. Am 28. März wurde die Reichsverfassung verabschiedet und noch am gleichen Tag Friedrich Wilhelm IV. zum Reichsoberhaupt gewählt. Doch der preußische König lehnte die ihm angetragene Kaiserwürde am 3. April 1849 ab. Wenig später veröffentlichte Claire von Glümer in der *Socialen Reform* auch ihren kurzen Essay über den französischen Frühsozialisten Charles Fourier. In ihrer Abhandlung stimmte Claire von Glümer den Gedanken Fouriers im Wesentlichen zu. Vor allem seine schonungslose Analyse der Gegenwart und die Nennung der Übel und Mängel der Epoche, fanden den Beifall der jungen Autorin. Doch Fouriers Ansatz, eine Gesellschaftsreform fast ausschließlich durch die materielle Befreiung der Menschen (durch »Organisation der Arbeit«) anzustreben, greife zu kurz. Hier vertrat Claire von Glümer, ganz im Sinne Louise Dittmars, die Auffassung, dass die »Befreiung des Geistes« Vorrang habe. In Fouriers »Uhrwerk« werde die Persönlichkeit untergehen, werde sie doch in ein System eingezwängt, welches auf Grundlage des Materialismus aufgebaut sei. Auch Fouriers Auffassung von der Ehe fand nicht

Claire von Glümers Zustimmung. Sie plädierte für eine »Heirat aus freier Wahl«, weil die Ehe in der Verbindung zweier Individualitäten bestehe, in welcher der Frau keine feste konventionelle Rolle zugeteilt sei. »Das geistig befreite Weib«, das durch eine verbesserte Erziehung und Bildung seine Existenz selbst begründen könne, wird in Claire von Glümers Beitrag als Ideal propagiert.[149]

Durch die Begegnung mit Louise Dittmar eröffnete sich für Claire von Glümer ein neuer Menschenkreis. In der von Louise Otto herausgegebenen *Frauen-Zeitung*, einem »Organ für die höheren weiblichen Interessen«, wurden in den folgenden drei Jahren Claire von Glümers Publikationen durch die Vermittlung Louise Dittmars angezeigt. Zu diesem neuen Menschenkreis gehörte auch der Schriftsteller und Politiker Julius Fröbel[150], der ebenfalls eine Widmung in Claire von Glümers Stammbuch geschrieben hatte. Im Jahr 1805 geboren, gehörte Julius Fröbel zur selben Generation wie Louise Dittmar und Wilhelmine Schröder-Devrient. Fröbel beschäftigte sich mit der zu Beginn des 19. Jahrhunderts neu aufkommenden Wissenschaft der Geographie sowie zunehmend mit politischen Themen. Er entwickelte seine sozialistisch-humanistische Weltanschauung seit Ende der Dreißiger Jahre systematisch weiter, was sich in verschiedenen Publikationen niederschlug. Im Jahr 1848 war er als Pressevertreter der *Deutschen Volkszeitung* in Frankfurt tätig, bald darauf wurde Fröbel in die Frankfurter Nationalversammlung gewählt.[151] Der Beginn seines Eintrags in Claire von Glümers Stammbuch betont die wichtige historische Bedeutung der damaligen politischen Ereignisse: »Unsere Zeit lässt sich mit keiner anderen als mit der des Verfalls der alten Welt und der Entstehung des Christentums vergleichen. Wie damals, sind es auch jetzt ganz neue sittliche Momente, welche sich in das Leben der Gesellschaft eindrängen.«[152]

Claire von Glümer befand sich, als all die aufgeführten Stammbuchwidmungen geschrieben wurden, wie bereits erwähnt, in einer sie seelisch belastenden Lebenslage. Diese wurde noch verstärkt durch private Probleme: am 3. Dezember 1848 hatte Claire von Tod ihres Großvaters in Wolfenbüttel Kenntnis bekommen. Das bedeutete, dass die letzte fa-

miliäre Zuflucht für Claire nun nicht mehr existierte und ein »freundliches Obdach« für sie in Wolfenbüttel nicht mehr in Frage kam. Belastet war zudem das Verhältnis zu ihrem Vater. Durch die monatelange
auf sich selbst gestellte Tätigkeit hatte sich Claire von diesem mehr und
mehr entfremdet. Karl Weddo von Glümer soll ein »vaut-rien« (ein
Taugenichts) gewesen sein[153], laut den Polizeiakten des Sächsischen
Ministeriums des Innern habe er sogar den durch »außerordentliche
Anstrengung« erworbenen »erheblichen Verdienst« der Tochter
»leichtsinnig durchgebracht.«[154] Wie tief die Entfremdung zwischen
Vater und Tochter innerhalb weniger Monate in Claire von Glümers
Seele Platz gegriffen hatte, zeigen ihre Briefzeilen an eine Freundin:
»Ich fand in ihm denselben unbeugsamen Willen, dasselbe Festhalten
an Idealen, das jedoch dem Boden der Politik durchaus fremd gewor-
den ist, dasselbe Nichtachten der Verhältnisse, aber leider auch eine
Intoleranz, die neben seiner Ansicht keiner anderen eine Berechtigung
zugesteht. Er hatte mich als Kind von sich gegeben und fand mich
als scharf ausgeprägte Persönlichkeit wieder – er wollte in manchem
meine Richtung geändert sehen – aber statt zu überzeugen, befahl er.
Schlag und Gegenschlag erfolgte – wir mussten uns trennen.«[155] Der
Idealismus des Vaters hatte sich in Intoleranz verwandelt. Die Tochter
konnte und wollte ihre seelische Freiheit nicht verlieren. Sie kämpfte.
Und sie entschied sich: »*Wir mussten uns trennen.*«

Hier wird der eingangs dieses Kapitels erwähnte seelische Entwicklungsschritt um das 23. Lebensjahr herum evident: die junge Frau
grenzte sich ab von den zu Prinzipien erstarrten Idealen ihres Vaters.
Claire von Glümer hatte sich ein eigenes gedankliches Fundament erworben. Sie trat dem Vater als selbstbewusste Persönlichkeit entgegen,
während er in ihr noch das »Kind« sah. Claire von Glümer hatte an
eigener Stärke und Kraft gewonnen. Um ihre Freiheit zu behaupten,
musste sie sich trennen. Somit waren für sie sowohl die »alte« Welt
(des Großvaters) als auch die »aktuelle« Welt (des Vaters), mit der
sie Zukunftshoffnungen verbunden hatte, innerhalb kurzer Zeit pul-
verisiert worden. Doch neue Gedanken und Ideen, vielleicht auch Le-

bensperspektiven, hatte Claire von Glümer kennen gelernt. Für sie, wie auch andere ihrer Zeitgenossinnen, wie z.B. Fanny Lewald und Marie Norden, war signifikant, dass sich bei ihnen politische, private und emanzipatorische Themen biographisch vernetzten. Zudem hatte Claire von Glümer auch ihr Verhältnis zur Religion hinterfragt. In dieser »Gemengelage« musste sie eine Orientierung finden, als sie im Frühjahr 1849 Frankfurt verließ.

Doch wohin konnte sie sich nun wenden? Eine Freundin kam ihr zu Hilfe: die Gattin des damaligen Oberzollinspektors und späteren Geheimen Finanzrats August Wilhelm Gravenhorst.[156] Als Claire von Glümer während ihrer Frankfurter Zeit den Galanterien der Journalistenkollegen ausgesetzt war und die Werbung Ludwig von Starklofs sie in schwere Aufregungen und seelische Kämpfe versetzte, stand ihr Frau Gravenhorst zur Seite. Die Freundin überzeugte ihren Gatten, Claire von Frankfurt weg zu holen und in ihrem Haus in Groß-Stöckheim (nahe Wolfenbüttel) aufzunehmen. Claire verließ Frankfurt am 29. März 1849, allerdings unter einigen Mühen, denn Starklof hatte irgendwie von Claires Abreise erfahren und war erschienen, um dies zu verhindern. Doch es gelang Gravenhorsts letztlich Claire loszueisen. Bei dem Elternfunktion für sie übernehmenden Ehepaar, das auch eine Tochter mit Namen Anna hatte, kam Claire von Glümer durch liebe- und verständnisvolle Pflege allmählich wieder zu Kräften.[157] Doch nur wenige Wochen nach ihrer Ankunft in Groß-Stöckheim traf Claire von Glümer erneut ein Schicksalsschlag, der sie wieder hinaus in die Turbulenzen des Lebens riss. Es ging um ihren geliebten Bruder Bodo, dessen schweres Geschick ihr Leben völlig umgestalten sollte. Claires Bruder hatte während seiner Dienstzeit beim preußischen Militär schwere innere Kämpfe durchgemacht, war hin und her gerissen zwischen soldatischem Pflichtbewusstsein und seiner liberalen Gesinnung. Die Freiheitsbestrebungen des Jahres 1848 hatten Bodo von Glümer bewogen zu überlegen, ob er seinen Abschied vom Heer nehmen sollte und sich fortan publizistisch zu betätigen. Als er vom Maiaufstand 1849 in Dresden Kunde bekam, begab er sich von Magdeburg aus dorthin. »Bodo ging als Offizier in Uniform in Dresden zu dem Volke über und kämpfte auf den Barrikaden gegen die Regierung.«[158] Der Maiaufstand war der letzte Versuch revolutionärer Kräfte, die Errungenschaften der Märzrevolution des Vorjahres zu retten, nachdem der preußische König Friedrich Wilhelm IV. die Kaiserwürde abgelehnt und somit das Zustandekommen einer konstitutionellen Monarchie verhindert hatte. Die Aufständischen besetzten öffentliche Gebäude in Dresden, der sächsische König Friedrich August II., seine Gemahlin und etliche Minister flohen in die Festung Königstein, sodass Sachsen am 4. Mai 1849 de facto ohne Regierung war. Es wurden Bürgerwehren gegründet, auch der russische Revolutionär Michail Bakunin stieß zu den Revolutionären. Doch preußische und sächsische Truppen warfen den Aufstand in den nächsten Tagen nieder. Bakunin und andere Revolutionäre flohen.[159] Claires Bruder Bodo hatte sich der während der Unruhen gebildeten provisorischen Regierung zur Verfügung gestellt und war nach dem Scheitern des Aufstandes am 9. Mai in Gefangenschaft genommen worden. Claire teilte die liberalen Ideen ihres Bruders, auch wenn sie an eine Durchsetzung derselben durch eine Revolution nicht glaubte. Ihre Sympathien während ihrer Frankfurter Zeit galten ja ohnehin der politischen Linken und sie nahm auch rege an den Auseinandersetzungen der Parteien teil. Doch nun, in der Mitte des Jahres 1849, in höchster Not, als dem Bruder wegen umstürzlerischer Tätigkeit vielleicht sogar die Todesstrafe drohte, nahm sie alle ihre Kräfte zusammen, um ihr ganzes Denken und Handeln seinem Schicksal zu widmen.[160] Doch in den nächsten Monaten, bis zum Ende des Jahres 1849, durfte Claire zu ihrem Bruder keinen Kontakt aufnehmen. Die gerichtlichen Untersuchungen gestatteten dies nicht.

Claire von Glümer hat während dieser Wochen der Sorge und Ungewissheit noch einmal auf ihre Frankfurter Zeit zurück geblickt. »In dieser bösen Zeit wurde die literarische Beschäftigung mein bester Trost.« Sie übersetzte zuerst, auf Veranlassung ihres Freundes, des Buchhändlers Otto Wigand, eine Erzählung von George Sand (Francois le champi, dt. »Der Findling«).[161] In diesen Monaten entstand zudem Claire von Glümers erstes umfangreiches Werk mit dem Titel *Fata Morgana*.

Ein Roman aus dem Jahre 1848, dessen Hintergrund bezeichnender Weise die Zeit des Frankfurter Parlaments bildet. Claire von Glümer thematisierte hierin die politischen Ereignisse in Frankfurt vom Mai bis September 1848, wobei sie die Vielfalt der politisch aktuellen Strömungen aufzeigte und ein Geflecht von Intrigen in Aristokratie und Kirche anhand von verschiedenen Haupt- und Nebenfiguren entfaltete. Zudem wurden unterschiedliche politische Positionen innerhalb des Adels ausführlich thematisiert. Bei Claire von Glümers Roman »ist es nicht möglich, den Erzählsträngen im einzelnen zu folgen, was jedoch nicht allein an der Vielschichtigkeit des Textes, sondern auch an einer gebrochenen Handlungsführung liegt. Denn nicht immer weist das fiktive Geschehen eine lineare Entwicklung auf, dessen Fäden sind im Gegenteil oft nur lose miteinander verbunden und verlaufen gelegentlich sogar ins Leere. Durch die Dominanz dialogisch-diskursiver Sentenzen tragen viele Kapitel und Abschnitte, in denen das Figurenarsenal wie ein Thaterensemble auf der Bühne agiert, einen szenischen und in Bezug auf die Romangestalten einen ebenso funktionalen wie fragmentarischen Charakter. Dadurch lässt sich Claire von Glümers *Fata Morgana* analytisch teilweise nur schwer bzw. lediglich punktuell erfassen.«[162] Das Werk stellt einen politischen Diskurs dar, einen fließenden Prozess politischen und weltanschaulichen Ringens zwischen konservativen, liberalen, christlichen und sozialistischen Ansichten. Es ist evident, dass die in Frankfurt auf die junge Claire einstürmenden vielfältigen neuen Eindrücke hier verschriftlicht wurden. Eine Ordnung oder Struktur oder auch einen eigenen festen Standpunkt konnte Claire von Glümer, als sie diesen »Roman« verfasste, allerdings nicht vermitteln. Zu nah und noch in der Schwebe sich befindend war vieles von dem, was sie erlebt hatte. Festgehalten sei, dass die junge Autorin sich intensiv mit der Rolle der Frau im Kontext der Frankfurter Nationalversammlung auseinandersetzte. »Über die männlich dominierte Gesprächsrunde im Umfeld der Paulskirche spiegelt die Verfasserin anhand kontroverser Standpunkte der wechselnden Dialogpartner eindrücklich die heterogenen politischen Strömungen ihrer Zeit wider und entwirft zugleich ein polyperspektivisches, zum Teil recht zynisches Bild von der Frankfurter Nationalversammlung.« In *Fata Morgana* sind die Repräsentanten der Kontroverse um die Geschlechterrolle die Romanfiguren Werner und Gertrud von Ringen. Gertrud repräsentiert das fortschrittliche Weiblichkeitsideal. Sie ist geistig selbstständig, verfügt über eine souveräne politische Urteilskraft und bildet somit eine Kontrastfigur zur aristokratischen Lebenswelt ihrer Verwandten. Doch diese rational-emanzipatorische Haltung Gertrud von Ringens hat keinen emotionalen Rückhalt; zu sehr ist die Protagonistin befangen in den traditionellen christlichen Moral- und Verhaltensregeln, sodass sie sich letztlich nur partiell aus ihren sozialen Gebundenheiten befreien kann. Selbst Gertruds Liebe zu dem Grafen Wolf von Laun bringt keine Wende in ihr Leben.[163]

Mit *Fata Morgana* scheint sich Claire von Glümer alles, was sich während der Frankfurter Zeit ereignete, von der Seele geschrieben zu haben. Allen ihr wichtigen Fragen hat sie sich gestellt. Das erklärt die sprunghafte und strukturlose Darstellung. Lange hat sich Claire von Glümer in ihren späteren Werken über die Zeit um 1848 ausgeschwiegen. Erst nach vielen Jahren, um 1880, finden sich wieder einige Spuren in ihrem schrifstellerischen Werk: auf drei Seiten äußerte sie sich in ihrer Novelle »Gesühnt«.[164] Auch in der Erzählung »Alteneichen« (1879) wird das »grässliche Jahr 48« mit seinen Folgen erwähnt.[165] Der Ahnherr auf Schloss Dönninghausen bezieht sich ebenfalls auf das Jahr 1848, als er die Prinzipien seiner Lebenshaltung bekräftigt, welche er trotz der Opfer, die das Revolutionsjahr gefordert hatte, beibehalten und in die Gegenwart des Jahres 1873 gerettet habe. Der Unterschied der Stände sei gottgewollt. »Seit wann soll das denn anders geworden sein?«[166]

VII.2 Sorge und Suche

Zu Jahresbeginn 1850 verließ Claire von Glümer das Ehepaar Gravenhorst und reiste zunächst nach Magdeburg. Suchte sie nach Spuren
ihres Bruders Bodo? Jedenfalls verbrachte Claire von Glümer einige
Wochen im Umfeld des freireligiösen Predigers Leberecht Uhlich. Wie
genau Claire von Glümers Kontakt zu Uhlich zustande kam, ist nicht
klar, doch in dieser Phase ihres Lebens, in der sie nach Neuorientierung suchte, wird sie sicher auch von den *Lichtfreunden*[167] gehört haben,
einer rationalistisch geprägten protestantischen Gruppierung, die sich
für ein praktisches Christentum einsetzte, und deren Hauptvertreter
Leberecht Uhlich war. Ein wesentlicher Aspekt der Weltsicht der *Lichtfreunde* war, welchen Stellenwert die Bibel, und hier besonders auch die
Auffassung über Jesus als Sohn Gottes, künftig im Licht einer kritischen
Betrachtungsweise einnehmen solle. Im Prinzip ging es Uhlich darum,
den »freien Vernunftgebrauch« auf die Natur, die Geschichte und das
Wesen des Menschen zu richten und sich an den Idealen Wahrhaftigkeit,
Gerechtigkeit und Liebe auszurichten. In seinen Lebenserinnerungen
schreibt Uhlich: »Man sieht leicht, dass in diesen Sätzen nichts anderes
ausgesprochen ist als die Religion des Menschentums. Da ist nichts von
der alten Zwiespältigkeit zwischen Gott und Welt, Diesseits und Jenseits,
Glaube und Wissen, und kein Satz bindet mehr an irgendeine geschicht-
liche Erscheinung, wie etwa das Christentum.«[168]

Uhlich hatte im Juni 1841 fünfzehn Pfarrkollegen eingeladen, die
sich als innerkirchliche Oppositionsgruppe verstanden, und zusammen
mit ihnen den *Verein der protestantischen Freunde* gegründet. Seit 1842
fanden in Uhlichs Heimatstadt Köthen Hauptversammlungen der *Lichtfreunde* statt.[169] Die Bewegung wuchs in den nächsten Jahren an und vertrat auch immer stärker ihre politischen Ansichten, was in Preußen bald
zu ihrem Verbot führte (1845). Die *Lichtfreunde* fanden jedoch weiterhin
Zulauf und im Revolutionsjahr 1848 zählte die Bewegung etwa 150.000
Mitglieder. Uhlich hatte sich einige Zeit vor den Revolutionsereignissen

des Jahres 1848 mit Unterstützung der Magdeburger Bürgerschaft eine Pfarrstelle in der Sankt-Katharinen-Kirche erstritten. Seine anschauliche und volksnahe Sprache verschafften ihm in den nächsten Jahren einen großen Zuspruch. Seine Predigten, die sich zunehmend gegen das preußische Kirchen- und Staatssystem richteten, waren zumeist überfüllt. Uhlich hatte um diese Zeit auch einen eigenen Katechismus, »Das Büchlein vom Reiche Gottes«, verfasst, der seinem Religionsunterricht zugrunde lag.[170] Als Uhlich ab 1846 in seinen Privaträumen die sogenannten »Abendversammlungen« durchführte, schritt der preußische Staat ein und verbot diese Treffen. Im Jahr darauf wurde Uhlich seines Amtes enthoben, als er sich gerade außerhalb Magdeburgs aufhielt. Als er in die Stadt zurück kehrte, wurde er von 10.000 Menschen auf dem Bahnhof empfangen und zu seiner Wohnung geleitet. Man beantragte sogar, ihm die Ehrenbürgerschaft zu verleihen. Doch der Antrag scheiterte, weil, wie sich herausstellte, der preußische König Friedrich Wilhelm IV. selbst zuvor die Entlassung Uhlichs im Hintergrund mit betrieben hatte. Im Jahr 1848 wurde Uhlich in die Preußische Nationalversammlung gewählt, die Städte Magdeburg und Haldensleben verliehen ihm nun die Ehrenbürgerschaft. In Magdeburg entstand mit 8.000 Mitgliedern die größte freie Kirchengemeinde auf deutschem Boden, mit Uhlich als Pfarrer. Im Kontext der Revolution vertrat »Vater Uhlich« eine gemäßigte politische Position und setzte sich für eine demokratische konstitutionelle Monarchie ein. Zu dieser Zeit konnten die *Lichtfreunde* etwa 40 Gemeinden in Deutschland verzeichnen, von Königsberg bis Bayreuth. Da die Bewegung national-liberal und ökumenisch ausgerichtet war, bestand von Beginn ein enger Kontakt zur freireligiösen Bewegung innerhalb der katholischen Kirche, den *Deutsch-Katholiken*. Nach der gescheiterten Revolution war Uhlich starken behördlichen Repressionen ausgesetzt. Mehr als ein Dutzend Gerichtsverfahren musste er über sich ergehen lassen und Uhlich wurde mehrfach zu Geld- und geringen Haftstrafen verurteilt. Schließlich erfolgte im Jahr 1856 nach langwierigen Gerichtsprozessen das Verbot der *Lichtfreunde*. Sie wurden als »politischer Umsturzverein« eingestuft.

Leberecht Uhlich

Claire von Glümer hielt sich im Jahr 1850 etwa sechs Wochen lang in Magdeburg auf. Es war die intensivste Zeit der neuen religiösen Bewegung um Leberecht Uhlich. In den Jahren 1849/50 wuchs die freireligiöse Gemeinde nicht nur in Magdeburg, sondern zeitgleich in vielen anderen deutschen Städten. In Magdeburg plante Uhlich den Bau eines Gemeindehauses, neu begründete Männer- und Frauenchöre, die auf Veranstaltungen religiöse Lieder sangen, gehörten ebenfalls zu Uhlichs Initiativen. Auch obrigkeitliche Anfechtungen gegen Uhlich, die teilweise gerichtlich ausgetragen wurden, fielen in diese Zeit. Für das Jahr 1851 musste Uhlich bereits einen Rückgang von Mitgliedern in den freien religiösen Gemeinden konstatieren. Er wies darauf hin, dass viele Gemeindemitglieder, welche jetzt nach kurzer Zeit ihren Rücktritt erklärten, sich wohl nicht des moralischen Ernstes der Übertrittsentscheidung bewusst gewesen seien.[171] Claire von Glümers Magdeburgaufenthalt war aber nur eine Station auf dem Weg zu ihrem eigentlichen Ziel: Dresden. Dort, in der Nähe ihres Bruders, wollte sie sich eine Existenz gründen, wollte dem Inhaftierten nahe sein und ihm Hilfe leisten. Denn Bodo war mittlerweile verurteilt worden. Zunächst hatte man die Todesstrafe über ihn verhängt, welche dann aber in eine lebenslange Haftstrafe abgewandelt wurde. Hatte Claire von Glümer bei Uhlich Mut und Kraft gesammelt für ihre künftige Aufgabe? Es scheint so. Denn wieder wagte sie sich auf ein neues Lebensfeld.

In Dresden angekommen, nahm Claire von Glümer eine Tätigkeit in einem Kindergarten auf. Wahrscheinlich handelte es sich um eine Einrichtung, die nach den Erziehungsprinzipien Friedrich Fröbels arbeitete. Die *Lichtfreunde* standen in Beziehung zur Kindergartenbewegung, welche damals ihren Anfang nahm. Es darf als sicher gelten, dass Claire von Glümer auch im Haus des Frankfurter Parlamentsabgeordneten Franz Wiegard den Ideen der Kindergartenbewegung begegnete. Wiegard war Gründer und Leiter des Königlichen Stenografischen Instituts in Dresden; hier erschienen auch die Berichte zu den Verhandlungen in der Paulskirche. Zudem war Wiegard eine führende Persönlichkeit der deutschkatholischen Bewegung.[172] Die *Deutschkatholiken* waren, wie die *Lichtfreunde*, eine religiöse Oppositionsbewegung, welche sich zu Beginn der 1840-er Jahre begründet hatte und sich gegen den religiösen Dogmatismus der katholischen Kirche wandte. Zudem vertraten die *Deutschkatholiken* liberale politische Grundsätze und setzen sich für soziale Reformen sowie einen deutschen Nationalstaat auf demokratischer Grundlage ein. Zwischen den *Lichtfreunden* und den *Deutschkatholiken* bestanden enge Verbindungen. Im Haus des Abgeordneten Franz Wiegard begegnete Claire von Glümer auch Auguste Scheibe, mit deren politischer Gesinnung sie schnell übereinstimmte. Aber was bewog Claire von Glümer gewissermaßen »aus dem Nichts« plötzlich als Kindergärtnerin zu arbeiten? Sie hatte noch nach ihrem Aufenthalt im Haus des Drosten von Hake selbst erklärt, als »Erzieherin« nicht geeignet zu sein. Wahrscheinlich hing Claire von Glümers neue Lebensorientierung mit der Beziehung zu Auguste Scheibe zusammen, die sie in dieser Zeit, um die Jahreswende 1850, kennen gelernt[173] und in ihr eine treue Freundin gewonnen hatte. Die etwa gleichaltrige Auguste (geboren am 24.1. 1824) hatte einige »revolutionäre Erfahrungen« vorzuweisen. Einige Zeit zuvor (1847-1849) noch als Gouvernante eine englische Familie auf Reisen begleitend, organisierte sie, wieder in Dresden angekommen, für den österreichischen Demokraten Ferdinand Kürnberger, der nach der Niederschlagung der Wiener Revolution nach Dresden gekommen war und sich angeblich am dortigen Maiaufstand beteiligt hatte, nach seiner

Entlassung aus dem Gefängnis die Flucht. Claire von Glümer hatte sich während ihrer Frankfurter Zeit als Korrespondentin eine politisch-weltanschauliche Position erarbeitet. Nun, durch die Freundschaft mit Auguste Scheibe, erkannte sie, dass die Friedrich Fröbel einige Jahre zuvor ins Leben gerufene Kindergartenbewegung nicht nur eine pädagogische, sondern auch eine politische Dimension hatte. Die später mit Claire von Glümer befreundete Schriftstellerin Fanny Lewald notierte 1852 in ihr Tagebuch: »Will man aber Menschen für die Freiheit, d.h. zur Unterordnung unter die Gesetze und zur Fügsamkeit in den Gesamtwillen erziehen, so muss man sie für eine Zeit lang aus der Familie entfernen, sie öffentlichen Erziehungsanstalten übergeben. Die Familie erzieht sie zum aristokratischen Partikularismus und muss sie zur Unterordnung unter den Willen eines einzelnen Machthabers erziehen. Das öffentliche Institut gewöhnt sie an Untergehen in der Gemeinschaft, an Fügsamkeit in das allgemeine Gesetz – und darin liegt auch der Nutzen der Kindergärten. Denn in der Familie wird jedes Kind der Tyrann seiner ganzen Umgebung.«[174]

Claire von Glümer hatte einen »Ausbildungskursus in der Kindergartenpflege« absolviert[175], Auguste Scheibe war in Dresden federführend bei der Gründung eines Frauenvereins tätig gewesen, dessen Aufgabe darin bestand, Familien, welche durch den Maiaufstand aufgrund von Verhaftungen ihren Ernährer verloren hatten, zu unterstützen.[176] Parallel begann Claire von Glümer auf Anregung des mit ihr befreundeten Buchhändlers und Verlegers Otto Wigand um 1850 Übersetzungen aus dem Französischen anzufertigen. Ein Jahr später erschien George Sands »Claudia«, später, 1854/56, deren fünfbändige »Geschichte meines Lebens«.

Neben der Freundschaft mit Auguste Scheibe spielte für Claire von Glümer auch ein kurzes Beziehungsintermezzo eine wichtige Rolle. Denn bereits Ende des Jahres 1850 zog sie wiederum nach Braunschweig (wo sie am Augusttor bei einer Frau Böttcher eine Wohnung mietete) und verlobte sich dort im Sommer des folgenden Jahres mit dem zehn Jahre älteren Gustav Hermann Leberecht Breusing, einem aus Osnabrück stammenden Schriftsteller und Justizbeamten. Mit noch nicht einmal dreißig Jahren war dieser auf eigenes Ersuchen aus dem Dienst entlassen worden. In den folgenden Jahren (1843-1846) unternahm Breusing mehrere Reisen und lebte anschließend als Privatmann in Westfalen.[177] Anna Gravenhorsts Vater hatte Claire dringend von einer Beziehung mit Breusing abgeraten, da er ein Trinker und unzuverlässiger Charakter gewesen sein soll. Im Juni 1851 mietete Claire von Glümer eine Wohnung in Groß-Stöckheim, dort, wo sie einige Monate zuvor sich bei Gravenhorsts von ihrer schweren Frankfurter Zeit erholt hatte. Die Freundin Anna Gravenhorst besuchte dort Claire von Glümer und wohnte einige Tage bei ihr.[178] Doch bereits im September desselben Jahres kehrte Claire von Glümer, nachdem sie die Verlobung mit Breusing aufgelöst hatte, wieder nach Dresden zurück, um seinen Nachstellungen zu entgehen.[179] Aber nicht nur die gelöste Verlobung, auch die Sorge um den Bruder, hatte Claire aus Groß-Stöckheim vertrieben. Immer wieder reichte sie Gnadengesuche für den Verurteilten ein, engagierte sich für Hafterleichterungen und organisierte größere Spendenaktionen. Der Hartnäckigkeit seiner Schwester hat es Bodo von Glümer wohl zu verdanken, dass das Todesurteil in eine lebenslange Zuchthausstrafe umgewandelt wurde. In diese Zeit fällt auch ein vergeblicher Versuch Claire von Glümers, ihren Bruder, während dieser im Dresdener Stadtkrankenhaus lag, zu befreien. Offenbar waren die Aktionen Claires im Zusammenhang mit der Haft Bodos der Grund, dass sie sich im Herbst des Jahres 1851 gemeinsam mit Auguste Scheibe nach Braunschweig begab, wo die Frauen einen Kindergarten gründen wollten. Doch Claires Hoffnung, dass ihre Kontakte zu den höheren Kreisen der Stadt dem pädagogischen Unternehmen förderlich sein könnten, wurde enttäuscht. Am Ende des unruhigen Jahres 1851 finden wir Claire von Glümer wieder in Dresden, wo sie sich gemeinsam mit ihrer Freundin Auguste Scheibe eine Existenzgrundlage schaffen wollte. Die jungen Frauen beabsichtigten wiederum, wie zuvor in Braunschweig, einen Kindergarten zu betreiben. Dies wurde aber dadurch verhindert, dass Claire als »Schwester eines Rebellen« der dortigen Polizei verdächtig war. Zwar besaß Claire von Glümer eine

Aufenthaltsgenehmigung für Sachsen, doch durch ihre alltäglichen kleinen Dienste für ihren in der Festung Waldheim inhaftierten Bruder Bodo (sie beschaffte ihm Bücher und vermittelte ihm literarische Aufträge), stand sie natürlich unter behördlicher Beobachtung. Laut Polizeiakten gehörte Claire von Glümer zu den »fanatisierten weiblichen Anhängern der Umsturzpartei«. Im Zuge behördlicher Ermittlungen wurde auch ihr ehemaliger Verlobter Breusing mehrfach verhört. Er wurde in den Dresdener Polizeiakten aber als »politische Null« und charakterloser Trinker bezeichnet. Zudem verhaftete und bestrafte man ihn mehrfach nur wegen des eher harmlosen Tatbestands des »Herumtreibens«. Das Interesse der sächsischen Behörden galt also nicht Breusing, sondern seiner politisch aktiven Partnerin Claire von Glümer. Bald geriet aber auch Auguste Scheibe, die zunächst allein einen Kindergarten in Dresden leitete, ins Visier der staatlichen Behörden.[180] Laut anderen Quellen soll auch Claire von Glümer in einem von der Frauenrechtlerin Auguste Herz gegründeten Kindergarten tätig gewesen sein. Auguste Herz hielt nicht nur Vorträge über Erziehung, sondern bot auch Seminare für Frauen an, die Kindergärtnerinnen werden wollten. Ihr Kindergarten orientierte sich an den Ideen des Reformpädagogen Friedrich Fröbel. Dieser war vom Menschenbild Johann Heinrich Pestalozzis beeinflusst und hatte in den 1840er Jahren die »Kindergartenbewegung« in Deutschland initiiert, welche bald eine breite öffentliche Aufmerksamkeit erregte, als sie sich mit der breiten religiösen Oppositionsbewegung der *Lichtfreunde* und *Deutschkatholiken* zusammenschloss. Die politisch-religiös-pädagogischen Reformkreise vertraten vehement die Forderung nach Frauenbildung. Besonders die Berufsfelder der Erzieherin und Lehrerin sollten Frauen zugänglich gemacht werden.[181] Ins Visier der Polizei geriet Claire von Glümer in dieser Zeit hauptsächlich durch ihre Verbindung mit Auguste Scheibe, welche aus ihrer demokratischen Gesinnung keinen Hehl machte und unter Beobachtung der Behörden stand. Auguste Scheibe war in vielerlei Hinsicht ins Blickfeld der Polizei geraten: als Mitbegründerin und Vorsteherin eines demokratischen Frauenvereins, als Sympathisantin der religiösen Oppositionsbewegung der *Deutschkatholiken* und als Publizistin, welche unter dem Pseudonym *Georgine* zahlreiche Artikel in der von Louise Otto herausgegebenen »Frauenzeitung« veröffentlicht hatte.[182]

Insbesondere die Beziehung Auguste Scheibes zu Louise Otto eröffnete Claire von Glümer für ihre Publikationen eine breitere öffentliche Plattform. Auguste Scheibe und Louise Otto, welche ebenfalls mit den *Deutschkatholiken* sympathisierte, waren eng befreundet.[183] Auch die Übereinstimmung mit dem Konzept von Fröbels Kindergartenbewegung verband die beiden Frauen und Claire von Glümer in ihrer weltanschaulichen Orientierung. Louise Otto, 1819 geboren, war fünf bzw. sechs Jahre älter als Auguste Scheibe und Claire von Glümer. Dadurch hatte sie einen gewissen »Vorsprung« hinsichtlich ihrer Kontakte in der politisch-alternativen Szene im Vorfeld der Revolutionsereignisse von 1848. Louise Otto verkehrte in dieser Zeit vor allem in Journalisten- und Literatenkreisen. Besonders engen Kontakt pflegte sie, abgesehen von ihrem Mentor Ernst Keil und seiner Familie, zu Franz Brendel sowie zu Robert Blum, mit dem und dessen Gattin sie eine enge Freundschaft verband.[184] Im Jahr 1849 begründete Louise Otto eine eigene Zeitschrift, die *Frauen-Zeitung*, welche vom April 1849 bis in den Herbst 1853 erschien und eine weite Verbreitung (nach Frankreich, in die Schweiz und bis in amerikanische Emigrantenkreise) fand. Die politische Ausrichtung dieser Zeitschrift sei hier kurz umrissen, weil Claire von Glümer und Auguste Scheibe in jenen Jahren mit Louise Ottos »Programm« übereinstimmten. Die *Frauen-Zeitung* verkündete als ihr Motto: »Dem Reich der Freiheit werb´ ich Bürgerinnen.« Damit war die Zielsetzung ausgesprochen, die demokratische Freiheitsbewegung mit dem Kampf um weibliche Rechte zu verbinden. Mündigkeit, Selbstständigkeit, Gedankenfreiheit und freie menschliche Entwicklung, das waren die Prinzipien der Zeitschrift, welche sich, bezogen auf zahlreiche Lebensbereiche, in den Artikeln widerspiegelten. Eine breite Palette von renommierten Mitarbeiterinnen und Mitarbeitern fand sich zusammen, um die wöchentlich am Sonnabend erscheinenden acht Seiten umfassenden Ausgaben zu füllen, so z. B. Marie Norden, Louise Dittmar, Emil Ottokar Welker und Ludwig Wittig. In den ersten nachrevolutionären Jahren bildeten sich auch in vielen Regionen Deutschlands Bildungsvereine für Frauen, welche sich mit der Pädagogik und der Kindergartenbewegung Friedrich Fröbels verbanden. Über Neugründungen von Kindergärten und ihre Lehrpläne wurde ausführlich berichtet, Reflexionen über die soziale Bedeutung von Kindergärten wurde in der *Frauen-Zeitung* genügend Raum gegeben. Die staatlichen Überwachungsapparate beobachteten mit Misstrauen diese neuen Aktivitäten. In Bildungsvereinen und Kindergärten tätige Frauen wurden zunehmend verfolgt und durch polizeiliche Kontrollen und Hausdurchsuchungen schikaniert. Auguste Herz, die in Dresden 1849 einen Kindergarten eröffnet hatte, geriet ins Visier der sächsischen Behörden, weil sie Frauen kontaktiert hatte, die der »revolutionären Umsturzpartei« nahestanden. Zu diesen Frauen gehörte auch Auguste Scheibe in ihrer Funktion als Begründerin des demokratischen Frauenvereins. Auguste Herz hatte zwischenzeitlich ihrer Freundin Auguste Scheibe die Leitung des Dresdener Kindergartens übertragen, was zur Folge hatte, dass die Einrichtung 1851 auf behördliche Anordnung geschlossen wurde, denn Auguste Scheibe wurde als »staatsgefährdende Person« eingeschätzt. Auch Auguste Scheibes bereits erwähnter *Frauen-Verein zur Unterstützung hilfsbedürftiger Familien*, dessen Gründung Louise Otto in ihrer *Frauen-Zeitung* angezeigt hatte, wurde als staatsgefährdend eingestuft. In ihrer Funktion als Initiatorin dieser Vereinsgründung suchte Auguste Scheibe den persönlichen Kontakt zu Louise Otto und bat sie um Unterstützung für ihre Unternehmung. Louise Otto erklärte sich bereit, dem neu gegründeten Verein zu helfen. Aus dieser Begegnung ergab sich eine enge Freundschaft zwischen beiden Frauen. Sie unterstützten in der Folge politische Gefangene mit Geld- und Sachspenden. Dies geht sowohl aus den Akten der staatlichen Behörden sowie Tagebuchaufzeichnungen Louise Ottos aus dem Jahr 1850 hervor. Durch diese gemeinsamen Aktionen geriet nun wiederum die *Frauen-Zeitung* unter Druck. Die Polizeibehörden veranlassten Untersuchungen der Redaktionsräume, Exemplare mehrerer Ausgaben wurden beschlagnahmt, Dokumente und Unterlagen konfisziert.[185]

Die um die Jahreswende 1850 entstandene Freundschaft zwischen Claire von Glümer und Auguste Scheibe führte bei beiden Frauen zu dem Entschluss, möglichst bald eine gemeinsame Wohnung zu nehmen.[186] Als Louise Otto von Auguste Scheibes freundschaftlicher Beziehung zu Claire von Glümer erfuhr, fühlte sie sich verletzt und war enttäuscht über Augustes neue Verbindung. Louise Otto war eifersüchtig, weil Claire von Glümer nun offenbar den ersten Platz in Auguste Scheibes Herz eingenommen hatte.[187] Claire von Glümer litt mit Auguste Scheibe: die Schließung des Kindergartens bereitete ihr auch mehr als zwei Jahre später noch einen tiefen seelischen Schmerz. Die Freundinnen hatten sich intensiv mit den pädagogischen Ideen Friedrich Fröbels beschäftigt. Bereits 1826 hatte dieser sein Werk *Die Menschenerziehung, die Unterrichts- und Lehrkunst* veröffent-

licht. Darin legte er die Grundlagen seines Welt- und Menschenbildes dar, woraus er dann später seine konkreten Erziehungs- und Unterrichtspläne entwickelte. Diese wurden in verschiedenen Bildungsprojekten verwirklicht, gefördert von privaten Befürwortern, aber oft angefeindet von traditionell konservativen und katholischen Gegenkräften. Fröbel, aus protestantischem Elternhaus stammend, hatte in seiner »Menschenerziehung« einen auf der Identität von

Friedrich Wilhelm August Fröbel

Gott und Welt basierenden, an den Naturwissenschaften orientierten dialektischen Pantheismus entwickelt, welcher damals in den Kreisen des aufsteigenden Bürgertums weit verbreitet war. Bereits Fröbel prägte den Begriff der »ganzheitlichen« Bildung des Menschen, welche zum Ziel hatte, das Individuum zur Entwicklung all seiner Anlagen zu führen. Dabei hatte er bereits eine vorschulische Erziehung vor Augen.[188] Diese Idee verfolgte Fröbel in den folgenden Jahren sehr konsequent weiter. In Claire von Glümers Geburtsstadt Blankenburg begründete er 1839 eine »Spiel- und Beschäftigungsanstalt«: »Hier, wo sich nahezu täglich etwa 50 Kinder aus allen Ständen für ein paar Stunden versammelten, erhielten die Kursteilnehmer Gelegenheit, Spielmittel zu erproben und Fähigkeiten im Lenken von Kinderspielen zu erwerben. / ... / Solche Institutionen für Vorschulkinder / ... / waren um die Jahrhundertwende in mehreren Ländern Europas entstanden, vor allem in England, Frankreich und Holland. Nach 1830 stieg ihre Zahl auch auf deutschem Gebiet erheblich an. Zugleich wurden sie mehr und mehr zum Gegenstand der öffentlichen Aufmerksamkeit. / ... / Das alles geschah nicht zufällig. Die industrielle Revolution, die sich trotz mancher Hindernisse jetzt auch in Deutschland durchsetzte, führte zur Produktionsarbeit großer Massen proletarischer Frauen und damit zur Verwahrlosung kleiner Kinder in einem bisher ungekannten Ausmaß. Bei 10 bis 12 Stunden Fabrikarbeit für niedrigen Lohn fehlte es den Müttern zur Pflege ihrer Kleinsten an Zeit und Geld.« Dies war die Situation, in der Friedrich Fröbel sein Anliegen, »Frauenleben und Kindheitspflege wieder zu vereinen« in der Bezeichnung »*Kindergarten*« bzw. »*Allgemeiner deutscher Kindergarten*« fokussierte und damit eine breite sozialpädagogische Bewegung initiierte.[189]

Bevor es zu einer gemeinsamen Wohnungssuche mit Auguste Scheibe kommen sollte, musste Claire von Glümer unbedingt eine andere Sache durchführen. Sie wollte mehr für ihren Bruder Bodo tun und ihn aus dem Gefängnis in Waldheim befreien. Im September 1851 sollte dies geschehen. »Der Plan dazu war von einem der Gefangenen ausgegangen; er hatte verschiedene in das Komplott gezogen; die Schildwachen waren bestochen; Freunde befanden sich in der Nähe; das Werk schien zu gelingen: da verriet eine Schildwache den Anschlag und brachte ihn dadurch völlig zum Scheitern.« Die Gefangenen mussten schwere Disziplinarstrafen hinnehmen, die Schildwachen wurden vor ein Kriegsgericht gestellt und gegen die Mitwisser außerhalb – dazu gehörte auch Claire von Glümer – leiteten die Behörden Untersuchungen ein. Über mehrere Monate zogen sich die Ermittlungen hin. Während dieser Zeit blieb Claire von Glümer zwar auf freiem Fuß, doch es fanden mehrere unangekündigte Hausdurchsuchungen und Verhöre statt. Claire von Glümer bestritt ihre Teilnahme am Befreiungsversuch, behauptete, die verdächtigen demokratischen Personen, die an der Aktion beteiligt waren, nur flüchtig zu kennen. Die Urteilsverkündung zog sich aufgrund innerbehördlicher Differenzen in die Länge, denn während das sächsische Justizministerium das Untersuchungsverfahren in Ruhe zum Abschluss bringen wollte, bestanden die Dresdener Polizeibehörden auf einer sofortigen Ausweisung der Verdächtigen. Ein entsprechender Befehl lag bereits seit August 1852 vor.

Etwa in diese Zeit fällt auch der Beginn der Freundschaft zwischen Claire von Glümer und dem sieben Jahre älteren Literaturhistoriker Julian Schmidt, welcher seit 1847 gemeinsam mit Gustav Freytag die Zeitschrift *Die Grenzboten* herausgab. Es gibt zahlreiche Briefe Claire von Glümers an Schmidt aus den Jahren 1852-1882. Anlass für die Freundschaft war offenbar eine Hilfeleistung Julian Schmidts für Claires Bruder Bodo. Es ist anzunehmen, dass Claire von Glümer Julian Schmidt ersucht hatte, ihrem Bruder Schreibaufträge für die *Grenzboten* zu besorgen.

Claire von Glümers Freundschaft mit Julian Schmidt erstreckte sich über viele Jahre bis zu dessen Tod (1886). Ihre Beziehung zum später bedeutendsten deutschen Literaturkritiker und -historiker war eine recht intime und herzliche, aber auch von verschiedenen Unstimmigkeiten belastete. Besonders bei der Beurteilung zeitgenössischer Autoren gab es wiederholt Differenzen, die offen im Briefverkehr ausgetauscht wurden. Seine mehrbändige Deutsche Literaturgeschichte, in welcher er die Autoren seiner Zeit oft mit scharfer Kritik bedachte, sandte Julian Schmidt stets zeitnah an Claire von Glümer, um ihr Urteil einzuholen. Daneben kam es auch zu Beginn der Fünfziger Jahre zu mindestens zwei persönlichen Begegnungen zwischen Schmidt und Claire von Glümer. Offenbar erzeugten diese Treffen eine besondere Nähe, was sogar dazu führte, dass Julian Schmidts spätere Gattin Elise Fehsenfeld vor der Heirat die feste Überzeugung hatte, dass eigentlich Claire von Glümer Julian Schmidts »Auserwählte« sei.[190]

Die zweite Hälfte des Jahres 1852 stand für Claire von Glümer ganz im Zeichen polizeilicher Ermittlungen, die sich gegen sie und ihren Bruder richteten. Claire wurde im Oktober zu vier Monaten Haft verurteilt, blieb aber, nachdem sie Berufung gegen das Urteil eingelegt hatte, vorerst auf freiem Fuß und lebte in Dresden unter verschiedenen Adressen.[191]

Das Gerichtsurteil trug Claire von Glümer mit Fassung: »Übrigens irren Sie, wenn Sie glauben, dass mich die Entscheidung des Gerichts verstört oder gebeugt hätte«, schreibt Sie am 4.9.1852 an Julian Schmidt. Sie werde sich nicht von »petits misères« verunsichern lassen. Gerade wenn ihr Ungemach drohe, käme ihre alte Kraft wieder. Sie werde aus diesem Unglück Nutzen und sogar Glück ziehen. In der Haft werde sie sich auf sich selbst besinnen.

Claire von Glümer glaubt, dass im Gefängnis ihre Arbeitswünsche nicht beschränkt werden, doch zuweilen werde sie sich erschrecken, dass sie sich an diesem Ort befinde. Aber sie werde sich mit dem Bewusstsein trösten, dass sie dem besten Menschen, ihrem Bruder, diesen Ort ersparen wollte. Später ging Claire von Glümer nochmals auf ihr Gerichtsurteil ein. Die bevorstehende Haft wolle sie zur »Selbstschau« nutzen. Darüber würde sie gerne eine Stunde mit Julian Schmidt sprechen. Claire von Glümer bezeichnete ihren älteren Freund als eine »glückliche, klare Natur. Sie haben Frieden mit sich selbst – und sind wirklich in mancher Hinsicht jünger an Erfahrung als ich. Wenn ich Sie einmal wiedersehe – vielleicht besuchen Sie mich einmal in der Gefangenschaft – erzähle ich Ihnen mal einiges über meine grauen Haare.« Sie vergleicht Julian Schmidt mit einem »unbesorgten Kind«, das sich von ihr abwenden würde, wüsste es, welche schweren Erfahrungen sie bereits durchgemacht habe. Die Sorgen um ihren Bruder Bodo nahmen in dieser Zeit zu; er werde immer »trotziger und rücksichtsloser«, wodurch es schwerer werde für seine Begnadigung einzutreten. Immer häufiger suchte Claire von Glümer in dieser Zeit Trost im christlichen Glauben. Neben religiösen Inhalten hat Claire von Glümer in dieser dramatischen Zeit der Bedrohung ihrer bürgerlichen Existenz durch die Behörden (die unangekündigten Durchsuchungen ihrer Wohnung wurden bereits erwähnt) offenbar auch Zuflucht und Erkenntnissicherheit in der Welt der Mythen und Sagen gesucht, um seelische Stabilität zu finden. Um ihre Lebenssituation verständlich zu machen, würde sie, anstatt zu reden und »geschwätzig« zu sein, ihrem Freund Julian Schmidt, den sie an ihrem Ofen postieren würde, lieber etwas erzählen, und zwar Märchen und Geschichten von all ihren »Freunden«, das heißt, von »Kobolden und Nixen, Alraune und Elfen.«[192] Wie sehr Claire von Glümer in der Welt der Sagen lebte, zeigen auch die folgenden Äußerungen: »Ich bin Vorstand des Blocksbergklubs, Professor der Astrologie, der Chiromantie, Hexe ersten Grades, Seherin des bösen Blicks… Wenn Sie nun erklären, Sie begriffen meine Größe wieder nicht, … werde ich Ihnen dermaleinst einen ´Kyff´ halten«.[193]

In dieser Zeit hat sich Claire von Glümer zudem intensiv mit ethischen Fragen beschäftigt, veranlasst durch die charakterliche Veränderung ihres Bruders, welche ihr Sorgen machte. Die Freundschaft mit Julian Schmidt, der sie in vielem an ihren Bruder erinnerte, befeuerte ihre Gedanken immer wieder. Sie sah große Ähnlichkeiten zwischen Schmidt und Bodo, wagte aber kaum diese »Sphäre« zu berühren. So hatte sie ihrem Bruder lange nicht erzählt, dass sie Julian Schmidt kenne. Für Bodo sei, ebenso wie für Schmidt, Toleranz eine gewisse Schwäche, da sie das Böse bestätige. Claire von Glümers Lebensstimmung wurde immer wieder von der Sorge um ihren zu lebenslanger Haft begnadigten Bruder getrübt, welcher, »ein reich begabtes Wesen«, in der Atmosphäre des Gefängnisses zu verrohen drohe. Trost versuchte Claire von Glümer auch in der Musik zu finden. Neben den Kompositionen Johann Sebastian Bachs bereiteten ihr besonders die Ouvertüren Richard Wagners ein Gefühl von Frieden und einen hohen Kunstgenuss, auch wenn sie die moderne Musik nicht mehr so empfand, als könne sie »einen Regenbogen zwischen Himmel und Erde spannen«. Ein friedliches Leben war Claire von Glümer aber in Dresden nicht vergönnt: »Eben war ein Polizeimensch hier, um mit großem Geschrei meine Aufenthaltskarte zu verlangen. Ich habe keine – dann dürfen Sie auch nicht hier bleiben. Aber ich bin in Untersuchung. So gehts im Kreise herum, dass man ganz schwindelig dabei wird.« Zudem war Claire von Glümer immer noch den Avancen und Drohungen durch Hermann Breusing (er wollte sie »gewaltsam« zurückholen) ausgesetzt, was sie belastete und daran hinderte den Repressalien in Sachsen durch einen Wohnortwechsel in ihre niedersächsische Heimat zu entgehen.[194] Im Dezember hatte Claire von Glümer immer noch nichts Neues über ihre Rechtsangelegenheit gehört und hoffte, dass sie sich erst wieder im neuen Jahr damit befassen müsse. Oft fühle sie sich einsam und angefeindet, doch ihr nahestehende Menschen, besonders Auguste Scheibe, würden ihr in dieser schweren Zeit helfen. Das Weihnachtsfest 1852 und den Jahreswechsel verbrachte Claire von Glümer »im lieben Haus ihrer Wahlverwandten«, dem »braven Vater Jordan« und seiner Frau.[195] Bei dem Ehepaar Jordan handelt es sich um die Eltern des Kunsthistorikers Max Jordan.

VII.3 Das Jahr der »Selbstschau«

Im Jahr 1853 spitzte sich in Sachsen die politische Lage wieder zu: infolge der jüngsten revolutionären Vorgänge in Österreich – so hieß es in den Dresdener Gerichtsakten – sah sich die Polizei zu verschärfter Überwachung verdächtiger Personen veranlasst. Claire von Glümer wurde der revolutionären Propagandatätigkeit verdächtigt; erneut kam es zu Hausdurchsuchungen und zur Beschlagnahmung persönlicher Gegenstände und Aufzeichnungen. Es konnten aber keine stichhaltigen Beweise gegen sie gefunden werden. Dennoch wurde sie, ohne Angabe von Gründen, am 4. April 1853 verhaftet und zunächst ins Gefängnis nach Waldheim, wo auch ihr Bruder einsaß, gebracht. Dort erklärte sie sich zum Antritt ihrer Haftstrafe bereit und wurde umgehend zu deren Verbüßung nach Hubertusburg überführt.[196] Claire von Glümer war 27 Jahre alt.

Das Schloss Hubertusburg, ein ehemaliges kurfürstliches Jagdschloss, lag in Wermsdorf zwischen Leipzig und Dresden. Während der Freiheitskriege (1813-1815) war es ein großes Lazarett gewesen. Seit Mai 1840 fungierten Teile des Schlosses als Landesgefängnis für vorwiegend weibliche Straftäter. Die Insassen mussten Einheitskleidung tragen und wurden zum Arbeiten gezwungen. Im Durchschnitt waren bis zum Jahr 1854 auf Hubertusburg 170 Gefangene inhaftiert, davon waren 70 Prozent weiblich.[197] Claire von Glümer hatte bereits im Jahr 1852 im Vorblick auf ihre drohende Haftzeit von einer »Selbstschau« gesprochen, einer inneren Einkehr und kritischen Selbstanalyse, der sie sich stellen wolle. Dokumente über Claire von Glümer aus dem Jahr 1853 sind rar und beschränken sich auf eine Reihe von 14 Briefen an den Literaturhistoriker Julian Schmidt. Claire von Glümers Gefängnisaufenthalt erstreckte sich vom 4. April bis zum 2. Juli 1853. Aus dieser Zeit existiert aber kein einziger Brief an ihren Freund, sodass wir nicht genau wissen, wie es Claire von Glümer erging. Der letzte Brief vor der Haft an Julian Schmidt datiert vom 22. März, dann schrieb sie ihm wahrscheinlich erst wieder am 22. Juli 1853. Es ist denkbar, dass ein Kontaktverbot bestand und Claire von Glümer keine Briefe aus dem Gefängnis versenden durfte. Ihr Großneffe, der Bildhauer Hans Weddo von Glümer, berichtete später, dass Claire von Glümer während der Haftzeit unter verschiedenen körperlichen Beschwerden zu leiden hatte. Das freundliche Entgegenkommen des Festungskommandanten und die aufopfernde Fürsorge ihrer Freundin Auguste Scheibe hätten ihr jedoch über diese schwere Zeit hinweg geholfen.[198] Im Vorfeld der Gefängniszeit und nach ihrer Haftentlassung gibt es in den Briefen an Julian Schmidt jedoch eine Reihe von Äußerungen, welche ein differenziertes Bild von Claire von Glümers damaliger Lebenssituation und Seelenverfassung zeichnen.

Zu Jahresbeginn 1853 hatte Claire von Glümer zwei Wochen lang mit einer wechselfieberartigen Erkrankung und mit starken Zahnschmerzen zu kämpfen. Zwei Zähne mussten entfernt werden, um Linderung zu finden. Kaum war dies überstanden, schreckten die Abgesandten der Polizei sie aus ihrer Ruhe. Man durchstöberte wiederholt ihre Briefe und persönlichen Gegenstände. Claire von Glümer kannte den Grund für diese Maßnahmen nicht, doch das Ganze habe sie sehr verletzt und verstört. »Alle Behaglichkeit ist fort.« Immer wieder drängen sich die »lästigen Gesellen« in ihr Herz und ihre Gedanken, sie sehnte sich sogar zeitweise danach ihr geliebtes Dresden verlassen zu können. Vielleicht drohte ihr auch eine Ausweisung aus Sachsen von Seiten der Polizeibehörde. Das alles belastete sie sehr. Claire von Glümer hätte sich durch ein Gnadengesuch wohl das Leben erleichtern können. Ein gewisser Herr sei sogar bei ihr gewesen, um sie davon zu überzeugen. Doch Claire von Glümer war der Auffassung, dass ein Gnadengesuch ihren Bruder Bodo verletzen würde und auch für sie selbst hätte es etwas Demütigendes gehabt, um Gnade zu bitten. Außerdem würde sie, wenn sich die Gelegenheit böte, wiederum versuchen ihren Bruder zu befreien.[199]

Auch das vorösterliche hartnäckige Winterwetter mit Schnee und Schlittenfahrten rundum setze ihr zu und sie hoffte, dass sich im Sommer verschiedene »köstliche Reisepläne« realisieren ließen. Doch es stehe immer ein »Wenn und Aber« im Raum. Claire von Glümers Reisepläne bezogen sich auf den Sehnsuchtsort ihrer Kindheit, das Gut Vollenborn in der Goldenen Aue, wo sie als fast Fünfjährige ein paradiesisches, friedliches Leben geführt hatte, geborgen im seelischen Radius ihrer geliebten Tante Adolfine, ihres Onkels Hagen und deren Tochter Mally. Sie schrieb Julian Schmidt am 22. März 1853: »Kennen Sie die Goldene Aue, die so lieblich und fruchtbar, und das Eichsfeld, das so arm und wild ist?« An der Grenze dieser beiden Landstriche liege das »Gut Vollenborn«, das einer meiner Tanten gehört. Man kann es nur auf halsbrechenden Wegen erreichen. Die Gebäude sind klein und ziemlich verfallen, die Gärten verwildert und im Teich wuchern Schilf und Schlamm.« Dennoch liege ein »wunderbarer Zauber« über diesem Ort. Auch an die »liebe Mally« erinnert sich Claire von Glümer. Doch das alles sei vergangen – aber jeder werde »vom Gefühl des Himmlischen angeweht, der Vollenborn auch nur flüchtig besucht. Und dahin will ich nun einmal wieder gehen und ausruhen, sobald ich hier freigelassen werde.«[200] Eine weitere Hinwendung zu glücklichen Kindheitstagen in dieser Zeit dokumentierte sich in Claire von Glümers Erzählband »Aus den Pyrenäen«, welcher im Jahr 1854 erschien.

Während der winterlichen Isolation zu Beginn des Jahres 1853 machte sich Claire von Glümer Gedanken und Sorgen um ihr nahe stehende Menschen, vor allem um ihren Bruder Bodo und die Freundin Auguste Scheibe. Zudem beschäftigte sie sich mit Biographien von Frauen, die in ihrem Leben Stärke und Engagement gezeigt hatten: Rahel Varnhagen von Ense und Elizabeth Fry.[201] Von Julian Schmidt erbat Claire von Glümer Übersetzungsaufträge für ihren Bruder und Auguste Scheibe. Gerade »für meine liebe arme Auguste«, die sichere Kenntnisse des Englischen und Französischen habe, sei die intellektuelle Untätigkeit eine Belastung. Sie habe außer Näharbeiten und gelegentlichem Unterricht für »ungezogene Kinder« nichts zu tun. Claire von Glümer verheimlichte ihrer Freundin die Anfrage bei Julian Schmidt, um sie nicht zu kränken.[202] Zudem wollte Claire von Glümer einen jungen, hoffnungsvollen und begabten Knaben bei Julian Schmidt in Leipzig vorbei schicken, damit dieser ihn protegiere. Der Name des Jungen wird zwar nicht genannt, doch es handelt sich um Max Jordan, den Sohn des Dresdener Schokoladenfabrikanten Gottfried Jordan. Max wurde am 19. Juni 1837 in Dresden geboren, war also zur Zeit der Anfrage Claire von Glümers bei Julian Schmidt 15 Jahre alt. Bei ihren »Wahlverwandten«, dem Ehepaar Gottfried und Emilie Concordia Jordan, hatte Claire von Glümer das Weihnachtsfest 1852 verbracht und sie nannte Gottfried Jordan ihren »braven Vater.« Die Jordans waren eine große Familie, welche in Dresden hohes Ansehen genoss. Gottfried Jordan hatte zusammen mit seinem Freund Friedrich August Timaeus eine Schokoladenfabrik gegründet, welche in Claire von Glümers Geburtsjahr mit 200 Angestellten zum größten Unternehmen der Elbestadt angewachsen war. Jordan leitete noch bis 1860 die Fabrik und machte Dresden zur »Schokoladenhauptstadt« Deutschlands.[203] Mit Max Jordan, dem späteren Direktor der Nationalgalerie Berlin, verband Claire von Glümer eine enge Freundschaft, was sich in einer jahrzehntelangen Korrespondenz (1855-1905) dokumentierte.

Über ihre Beschäftigung mit der Biographie Rahel Varnhagens äußerte sich Claire von Glümer bereits am 22. März 1853 in einem Brief an Julian Schmidt: »Ich lese jetzt Rahels Briefe einmal wieder. Es ist merkwürdig, wie man in verschiedenen Zeiten verschieden liest. Früher habe ich in Rahel nur den sprühenden, koboldartigen, witzigen Geist gesehen.« Doch jetzt erkenne sie in Rahel ihr Herz und Gemüt und es sei ihr alles sehr vertraut, was sie schreibe. Claire von Glümer fand Ähnlichkeiten zwischen einer früh verstorbenen Freundin Maria und Rahel. Zu beiden Frauen empfand sie eine enge freundschaftliche Nähe. Das sei vielleicht paradox – denn beide Frauen seien bereits verstorben. Doch Claire von Glümer war überzeugt, Julian Schmidt werde verstehen, was sie meine. Abschließend bat Claire von Glümer ihren älteren Freund um eine »lange und gedankenvolle Antwort«, was er von Rahel Varnhagen halte.[204]

Neben der Lektüre der Briefe Rahels beschäftigte sich Claire von Glümer während dieser Zeit auch mit der Biographie der Engländerin Elizabeth Fry, dem »Engel der Gefängnisse«. Elizabeth Fry, 1780 in Norwich geboren, war das fünfte von elf Kindern des wohlhabenden Bankiers und Kaufmanns Joseph John Gurney. Mit zwanzig Jahren heiratete sie den Londoner Bankier und Geschäftsmann Joseph Fry. Seit ihrem 33. Lebensjahr engagierte sich Elizabeth Fry, um die Haftbedingungen in den Gefängnissen in England und Schottland zu verbessern, was ihr in der Folgezeit auch gelang. Auf ihrem Familienlandsitz Plashet House stiftete sie eine »Freischule« für verwaiste Mädchen, später gründete Elizabeth Fry in London für Gefangenenkinder eine Schule sowie 1819 eine Lehr- und Arbeitsschule für verurteilte weibliche Gefangene. Später weitete Elizabeth Fry ihre Tätigkeit auf Europa aus; sie erhielt Zutritt zu Gefängnissen in Frankreich, den Niederlanden, Belgien und Preußen. Neben ihrer Gefängnisarbeit engagierte sie sich auch in der Krankenpflege und gründete in London das *Institute of Nursing Sisters*. Dort wurden wohlhabende, dem christlichen Glauben verpflichtete Frauen in praktischer häuslicher Krankenpflege unterrichtet. 1845 starb Elizabeth Fry in ihrer

Geburtsstadt Norwich.[205] Sicher wird Claire von Glümers Interesse am Lebenslauf Elizabeth Frys durch ihre eigene Lebenssituation angeregt worden sein.

Die Haftentlassung Claire von Glümers erfolgte am 2. Juli 1853, einen Monat früher als erwartet. Sie musste das Königreich Sachsen umgehend verlassen und es wurde gegen sie zudem ein ausdrückliches Rückkehrverbot ausgesprochen. Claire von Glümer sagt, sie hätte durch ihren längeren Aufenthalt in Dresden daselbst Wohnungsrecht erworben, doch um ihr dies nicht zu geben, hätte man sie von dort entfernt. Über eine polizeilich festgelegte Reiseroute musste sie, gemeinsam mit Auguste Scheibe, Sachsen verlassen. Nachdem über Claire von Glümers Heimatrecht in Braunschweig entschieden worden war, zog sie zusammen mit ihrer treuen Freundin Anfang August 1853 (nun zum mittlerweile vierten Mal) nach Wolfenbüttel. Die gemeinsame Wohnung lag in der Neuen Straße 37.[206] »Die Freundschaft mit Auguste Scheibe, die eine sehr kluge und tüchtige Person war, war damals schon geschlossen, jedenfalls kamen beide zusammen nach Wolfenbüttel. Es machte damals einigen Eindruck auf mich, dass sie, um ihren inneren Zusammenhang auch äußerlich zu dokumentieren, sich immer ganz gleich kleideten.«[207] Für die nächsten sechs Jahre sollte Wolfenbüttel Claire von Glümers Heimat werden.

Im nicht weit entfernten Braunschweig besuchte Claire von Glümer in der Folge Literaturlesungen des bekannten Altphilologen und Pädagogen Karl Theodor Gravenhorst (1810-1886) im »Braunschweiger Kunstklub«. Besonders freue sie sich, wenn Gravenhorst, »der echte liebe Freund«, demnächst aus seiner Bearbeitung von Sophokles´ »Ödipus in Kolonos« vorlesen werde.[208] Claire kannte den 15 Jahre älteren Gravenhorst bereits seit ihrer Frankfurter Zeit. Er gehörte von September 1848 bis Mai 1849 der linksliberalen Fraktion des Paulskirchenparlaments an und hatte ebenfalls eine Widmung in Claires Erinnerungsbuch geschrieben.

Im Juli und August 1853 wohnte Claire von Glümer in Wolfenbüttel mehrmals den Gerichtsverhandlungen gegen einen Mörder bei. Der Mann wurde zum Tode verurteilt, weil er seine Frau langsam vergiftet hatte, »und ich finde zu diesem Verbrechen durchaus kein Motiv als die Eitelkeit des Verurteilten, der sich seiner hässlichen, ungebildeten Gattin schämte. Eine solche Frechheit, wie dieser Unglückliche während der gesamten Prozedur bewiesen hat, ist mir nie vorgekommen. Gestanden hat er nicht, sondern mit feierlichem Ernst Gott zum Zeugen seiner Unschuld angerufen. Nun ist es doch fürchterlich zu denken, dass solche Verstocktheit möglich ist, und fast ebenso schrecklich ihn für unschuldig verurteilt zu halten.« Obwohl die Verhandlung »peinigend« war, ging Claire von Glümer doch immer wieder hin. Sie verlor jegliches Mitleid, ihre Entrüstung wuchs. »Kurz – ich fühle mich ganz zerhackt.« [209] Claire von Glümer tauschte sich mit Julian Schmidt auch stets über literarische Fragen aus, zum Beispiel über dessen Artikel in den *Grenzboten*. Besonders begleitete sie die Entstehung von Schmidts Literaturgeschichte, wovon er ihr unmittelbar vor ihrem Erscheinen ein Exemplar zusandte und um ihre Stellungnahme bat. Diese fiel auch zumeist recht deutlich aus. Nachdem sie den ersten Teil

weitestgehend gelobt und als »Geschenk für das Vaterland« bezeichnet hatte, urteilte sie über den Folgeband kritisch (»überladen und etwas verwirrend«). Auch auf die zu harte Beurteilung einzelner Autoren (Gutzkow, Laube) ging sie tadelnd ein.

Karl Theodor
Gravenhorst
(um 1848)

Claire von Glümer blickte zuversichtlich in die Zukunft, hoffte, dass der Sommer Julian Schmidt vielleicht doch noch in die Gegend von Wolfenbüttel führen werde (»und dann kommen Sie hübsch nach Stöckheim.«). Der Ort sei »unangenehm ländlich schändlich«; man habe mitunter außer Milch nichts zu essen – dafür würden aber die Leute, die Kinder, das Vieh und Geflügel einen erfreuen. »Stöckheim ist weder Schloss noch Lager, sondern ein Dorf. In diesem Dorf war früher ein Gut mit schönem Graben, bequemem Wohnhause. Seit etwa 15 Jahren ist es aber in Bauernhände gefallen, der Park ist in Rüben- und Kartoffelfelder verwandelt.« Eine Lindenbaumgruppe sei das letzte Zeugnis der früheren Schönheit. Auch das Wohnhaus des Gutes sei in einem nicht guten Zustand. Claire von Glümer, ihrer blinden Tante Agnes und Auguste seien ein Saal und eine Stube zugeteilt worden. Der Saal diene als Arbeits- und Wohnzimmer, die Stube teile man mit den Mäusen. Claire von Glümer würde gern mit Julian Schmidt persönlich über sein Buch sprechen – es gäbe viel zu fragen. Schriftlich darüber sich auszutauschen hielt sie für ungut, weil sie nicht wisse, »wie empfindlich« Schmidt sei.[210]

Gemeinsam mit Auguste Scheibe wurden auch Reisepläne geschmiedet. Für den September und Oktober war ein Aufenthalt im Harz geplant. Diese Reise fand auch statt. Gemeinsam mit Auguste Scheibe verbrachte Claire von Glümer neun schöne Tage mit einer gewissen Amélie, einer Verwandten der Dresdener Familie Jordan. Mit Amélie besuchte man noch eine andere Familie Jordan im Harz. Auch den Burgberg, das Rübenland und die Baumannshöhle habe man gesehen. Lediglich der Brocken präsentierte sich in »schlechter Laune«: Nebel und Regenstürme vertrieben die Lust, den Berg zu besuchen. »Wenn ich *wir* sage, ist immer Auguste mit gemeint.« Diese lese Julian Schmidts Buch mit solcher Freude, dass sie darüber die häuslichen Geschäfte vergesse. Er solle sich das Fräulein auf einem Sofa sitzend vorstellen, daneben eine englische Kaffeemühle »und vor sich Julians Literaturgeschichte, in der sie mit glühendem Gesichtchen liest.«[211]

Große Freude bereitete Claire von Glümer die Enthüllung des Lessing-Denkmals in Braunschweig am 29. September 1853. Sie fand, dass

»der Lessing mutig und lebensfroh« aussehe. Nur leider habe man die Statue am Ägidien-Platz aufgestellt, einem Ort, wo der Lärm der Stadt seine Weisheitssprüche übertöne.[212] Doch das Jahr 1853 sollte für Claire von Glümer nicht glücklich ausklingen. Die Wohnsituation in Wolfenbüttel war nicht gut. Die Zimmer waren alle zu kalt, Auguste Scheibe hätte zuweilen sogar ein blaues, rotes und sogar violettes Gesicht. Insgesamt sei ihr »Palais« eine »Ruine«. Zudem stellte Hermann Breusing, von dem sie sich im Spätsommer 1851 getrennt hatte, Claire von Glümer weiterhin nach. Bereits im Herbst 1852 und auch jetzt, im Dezember 1853, sorgten Breusings Nachstellungen und Beleidigungen dafür, dass bei Claire von Glümer Verzweiflung, Traurigkeit und Unsicherheit um sich griffen. Breusing drohte weiterhin sie zu sich zu holen. Obwohl sie bereits seit Jahren keinen Brief mehr von ihm angenommen hatte, schaffte er es immer wieder »mit bewunderungswürdiger Geschicklichkeit seine Beleidigungen an mich gelangen zu lassen.« Als Dolmetscher oder Advokat getarnt, gelangen Breusing immer wieder Annäherungen. Claire von Glümer fürchtete sogar, dass Breusing »plötzlich erscheint.« Diese Sorgen führten dazu, dass sie ihre Arbeit an den Geschichten aus den Pyrenäen nach Beendigung des ersten Teils vorerst einstellen und sich nur aufs Sticken und Stricken beschränken musste: »ich war vor Angst und Sorgen auch körperlich krank und konnte trotz aller Anstrengung nichts denken als wie schwer das Leben ist. Ob ich nun trotz dieser Störung bis Neujahr den zweiten Teil fertig habe, weiß ich nicht.« Wieder plagten Claire von Glümer Fluchtgedanken, wie bereits zwei Jahre zuvor, als sie sich nach Dresden begab, um Breusing zu entkommen. Sie hätte gerne eine Reise unternommen, um sich körperlich zu stärken und zu innerer Ruhe zu finden. Gewisse Leute, so hoffte sie, verlören dann wohl ihre Spur.

Neben Breusings Nachstellungen waren auch Nachrichten über ihren Bruder Bodo aus dem Gefängnis besorgniserregend und untergruben am Jahresende Claire von Glümers Seelenfrieden. Freunde hatten berichtet, »er hätte aufs neue gegen die Hausordnung gesündigt und wäre schwer bestraft – seine Briefe blieben aus, ich sah im

Geist die kaum errungenen Erleichterungen wieder verloren und vielleicht auf immer verscherzt.«[213] Dass all das nicht spurlos an Claire von Glümer vorüber ging, geht aus ihren Briefen hervor, in denen sie sich als alt, grauhaarig (»kummergebleichtes Haupt«) und von ersten »Altersschwächen« geplagt beschreibt. Zudem waren sie und Auguste Scheibe während der Weihnachtstage durch einen Katarrh ans Zimmer gefesselt. Erst am Neujahrstag seien sie wieder an der frischen Luft gewesen.[214]

Blickt man zurück auf das Jahr 1853, dem angekündigten »Jahr der Selbstschau«, so wird deutlich, dass es in dieser Zeit gar nicht zu einer seelischen *Einkehr* kam, sondern dass Claire von Glümer trotz ihrer Inhaftierung eigentlich am Leben weitgehend teilgenommen hat, sich neuen Themen zuwandte und man so doch eher von einem Jahr des *Ausblicks* sprechen sollte. Seelische Anspannungen, verursacht durch die Nachstellungen ihres Ex-Verlobten Breusing, belasteten sie das ganze Jahr 1853 hindurch. Doch durch ihre Freundin Auguste Scheibe fand sie Halt und gewann Zuversicht. Claire von Glümer hat sich zudem aus eigenem Antrieb neue Aufgaben gestellt. Einerseits wandte sie sich ihrer eigenen Vergangenheit zu und verarbeitete ihre Kindheitserlebnisse aus den Pyrenäen schriftstellerisch. Zudem hat sie durch ihr Studium der Biographien mutiger und selbstbewusster Frauen (Rahel Varnhagen und Elizabeth Fry) den Faden zur zeitgenössischen Frauenemanzipationsbewegung nicht abreißen lassen. Diese Studien und autobiographischen Rückbesinnungen mündeten bald nach ihrer Haftzeit in Buchveröffentlichungen.[215]

VII. 4 Julian Schmidt – »Der älteste und drolligste meiner Freunde«

Zwischen Claire von Glümer und dem Literaturhistoriker Julian Schmidt bestand eine jahrzehntelange Freundschaft, welche seit 1852 in den Briefen beider Personen dokumentiert ist. Eine weitere wichtige Quelle zur Erschließung der Beziehung Claire von Glümers zu Julian Schmidt sind die Briefe Elise Fehsenfelds, der Verlobten und (seit 1856) Ehefrau Julian Schmidts.[216]

Seit wann sich Claire von Glümer und Julian Schmidt kannten, kann nicht genau bestimmt werden. Doch es wird um 1849 gewesen sein, zu der Zeit, als Claire von Glümer den Bruch mit ihrem Vater vollzogen hatte. In einem Brief Elise Fehsenfelds findet sich die Äußerung, dass Julian Schmidt die »Freundin« als Mensch nicht enttäuscht habe, denn er habe »ihre Hand gehalten«, als sie eine schwere Zeit hatte und andere Menschen sie demütigten. Dadurch habe sie stolz ihr Haupt erheben können. Nach dem Verlust ihrer Eltern habe Julian Schmidt sie gestützt. Da Claire von Glümers Vater Karl Weddo erst im Jahr 1876 verstarb, muss sich der »Verlust der Eltern« auf den Bruch mit dem Vater (1849) beziehen. Claires Mutter war bereits 1841 verstorben.

Julian Schmidt

Claire von Glümer war aber wohl auch schon zuvor mit Schriften Julian Schmidts vertraut gewesen, wahrscheinlich seit dieser im Jahr 1848 die *Grenzboten* mit Gustav Freytag übernommen und dort zahlreiche Artikel publiziert hatte, welche Claire von Glümer mit Interesse las. Elise Fehsenfeld betont, dass Claire von Glümer Julian Schmidt sogar mit seinem Vornamen angeredet habe, was auf eine enge Beziehung schließen ließe.[217] In den Briefen Claire von Glümers an Julian Schmidt gibt es zwei interessante Aspekte. Obwohl einige Jahre jünger, scheint die größere Lebenserfahrung Claire von Glümers ein Faktum gewesen zu sein, welches sie zumindest auf eine Stufe mit Julian Schmidt stellte. Es ist zudem naheliegend, dass das Schicksal von Claires Bruder Bodo eine wichtige Rolle für den Briefwechsel zwischen Claire von Glümer und Julian Schmidt spielte. In der frühen Korrespondenz der beiden hat sich eine Art Rollenspiel entwickelt, in dem der jüngeren, lebenserfahreneren Claire gegenüber ihrem älteren Freund die Funktion der Mutter-Rolle und Julian Schmidt die des Sohnes zukam. Dies lässt sich durchaus aus der Biographie beider Personen zu diesem Zeitpunkt (um 1849) erklären. Julian Schmidts Lebensweg war bis dahin bruchlos und geradlinig verlaufen[218], während dies bei Claire von Glümer nicht der Fall war. Es interessant zu beobachten, wie selbstbewusst die erst 27-jährige Claire von Glümer ihre »Mutter-Rolle« gegenüber Julian Schmidt ausspielte. In den Briefen aus den fünfziger Jahren tituliert Claire von Glümer Julian Schmidt als »mein Sohn« und bezeichnet sich als »Mama« und »Mütterchen Cläre«. Es ist offensichtlich, dass es durch dieses Maskenspiel möglich war, einige persönliche Dinge preiszugeben und zu formulieren. So erfuhr Claire von Glümer, dass Julian Schmidt während seiner Königsberger Studentenzeit »Kobold« genannt wurde und bezog sich darauf in ihrer Funktion als »Mama«: »Sie haben wirklich Anlage, ein guter Sohn zu sein! Um mein Lob aber in jeder Hinsicht zu verdienen, könnten Sie mir aber auch einmal von Ihrer Vergangenheit erzählen – mir sagen, wie Sie die ersten Prügel erhielten; wie Sie die Koboldnatur walten ließen.« Es ist offensichtlich, dass dieses Rollen- oder Maskenspiel Julian Schmidt entgegenkam, denn er tat sich schwer, persönliche Informationen über sich preiszugeben. So erfuhr Claire von Glümer erst nach dreijährigem Briefwechsel beiläufig, dass Julian Schmidt eine Schwester hatte. Zuvor war diese nicht einmal erwähnt worden. Das fand Claire von Glümer doch recht »seltsam« und sie hoffte, dass sie nun mehr von Julian Schmidts Lebensgeschichte erfahren werde, wenn sie sich demnächst wieder persönlich begegnen würden (Brief vom 22.4.1855). Zwei Monate später – ein Treffen hatte zuvor stattgefunden – äußerte Claire von Glümer nochmals den Wunsch, mehr über Schmidts Leben zu erfahren: sie möchte ihn besser kennen lernen und fragt sich, ob er wenig Wert darauf lege, seine Erinnerungen mit anderen zu teilen. Zudem habe sie als seine Freundin ein Recht, mehr von ihm zu erfahren. Sollte er von sich aus nichts berichten, werde sie sich eben aufs Fragen verlegen müssen. Da Julian Schmidt im Juni 1855 gerade auf Reisen war, werde sie warten, bis er wieder Ruhe habe – doch dann solle er sich einen »großen Bogen Papier« und eine »solide Feder« zur Hand nehmen und dann anfangen: »ich bin geboren dann und dann, usw.« Auch Claire von Glümers Wunsch, Schmidt solle ihr ein Foto von sich schicken, wurde nicht erfüllt. Im März 1862 wiederholte Claire von Glümer ihre Bitte: sie werde »keine Ruhe geben, bis Sie mir Ihr Bildchen geben. Da habe ich eine ganze Galerie lieber und berühmter Menschen und einer meiner ältesten Freunde: Julian der Einzige – fehlt. Es ist nicht länger zu ertragen! Überdies hat sich Friederike mit Leib und Leben dafür verpfändet, dass ich's haben soll – also, wenn Ihnen das Leben Ihrer Schwester lieb ist, so lassen Sie sich fotografieren.« [219] Für Claire von Glümer gehörten unbedingte Offenheit und Ehrlichkeit zu den Grundpfeilern einer Freundschaft. Sah sie diese untergraben oder trübten Misstöne das Verhältnis zu Julian Schmidt, gab sie ihren Unmut darüber kund: »Ich habe Ihnen lange nicht schreiben können, denn kaum waren wir nach Wolfenbüttel zurück gekehrt, als ich von einer solchen Menge von Sorgen und Widerwärtigkeiten überfallen wurde, dass ich zu einer höflich-spöttischen Beantwortung Ihres Briefes nicht Lust hatte, und um Ihnen ernsthaft darauf zu antworten war ich nicht ruhig genug – die Ausbrüche meines Schmerzes und Zornes hätten auch gewiss nicht zu unserer Versöhnung beigetragen. Endlich habe ich Ihren Brief bei Seite gelegt und mir Mühe gegeben, in der Erinnerung den alten Freund wiederzufinden. Wenn ich Ihnen das leidige Blatt mal zeige, werden Sie sich wundern, dass Sie in solcher Weise an eine Freundin, ja nur überhaupt an eine Dame schreiben konnten. Über das, was Sie sagen, mache ich Ihnen keinen Vorwurf, jeder muss seine Meinung sagen können, aber der Ton brauchte nicht so rücksichtslos zu sein. Auf die Einzelheiten Ihres Briefes einzugehen, erlassen Sie mir, nur über eins möchte ich Ihnen meine Ansicht sagen: Sie wollen nicht, dass der Freund im Freunde Fehler entdeckt und tadelt – mir kommt es dagegen vor, als wäre das nicht allein ein Recht, sondern eine Pflicht der Freundschaft. Mit gleichgültigen Menschen kann ich verkehren, ohne jemals zu zeigen, dass ich etwas an ihnen zu tadeln finde und wenn mir ihre Schwächen und Eigenheiten zu unbequem werden, ziehe ich mich zurück. Aber an den Menschen, die ich verehre und liebe, ist mir jeder Flecken doppelt auffallend und schmerzlich, und weil ich weiß, dass jeder Mensch sich von dem frei machen kann, was er als Unrecht erkennt, sage ich, was mich verletzt. Es wäre ja viel bequemer darüber zu schweigen, und wenn man sich dem Verlangen des Herzens überließe, würde man auch dahin kommen, alles am Freunde vortrefflich und gut zu finden. Aber das darf nicht sein, denn wir gehen gewiss nicht nebeneinander durchs Leben, um uns Plattheiten zu sagen.« Im Grunde sei es wesentlich, dass wir von einem Menschen uns etwas sagen lassen, der »unser ganzes Wesen erkennt. Ach, Julian, es taugt eigentlich gar nicht über Freundschaft zu reden – man muss sie so fest und stark in sich fühlen, dass man nicht bei jeder Meinungsverschiedenheit alles in Frage stellt wie Sie das getan haben. Für Ihr Buch meinen besten Dank – ich habe es noch nicht gelesen, es stand etwas zwischen mir und Ihnen, das mir alle Freude daran nahm. Vielleicht wird es besser, wenn ich wieder mit Ihnen gesprochen habe.«[220]

Wie äußerte sich Julian Schmidt über Claire von Glümer? Bereits in einem seiner ersten Schreiben an seine künftige Gattin Elise Fehsenfeld aus dem Jahr 1855 erwähnte er sie. Elise hatte gefragt, wie Claire von Glümer denn Julian Schmidt anrede. Die Antwort lautete: »Wenn sie einmal zutraulich ist«, nenne sie ihn »Julian«, sonst »Herr Grenzbote«, immer aber »lieber Freund.« Julian Schmidt meint auch, dass sich Elise und Claire anfreunden könnten, obwohl Elise jünger sei. Der Altersunterschied zwischen beiden Frauen betrug 10 Jahre.

Auch nach Claire von Glümers Aussehen hatte Elise gefragt. Julian Schmidt charakterisierte Claire von Glümer daraufhin so: »Groß und schlank ist sie nicht, sie wird höchstens zwei Zoll größer sein als Sie, große blaue Augen hat sie und zuckende Augenlider. Sie hat schwere Schicksale erlebt und bestanden. Übrigens habe ich sie weniger gesehen als Sie, aber wir sind doch wirkliche Freunde.« Besonders angesprochen fühlte sich Julian Schmidt von dem »hellen Verstand« Claire von Glümers. Er betont, er habe sie nie für eine »Schwärmerin« gehalten. In ihrer Gegenwart aber ziehe »noch ein zweites Leben träumerisch hinauf – die Vergangenheit.« Claire von Glümer lebe nicht ganz dort, wo sie lebe. Und in einem späteren Brief heißt es, dass sie nicht »launenhaft« sei, aber ihr Leben sei nicht ganz in der Gegenwart verankert, sie setze sich ihr Leben aus Träumen zusammen, welche die Wirklichkeit nicht wiedergäben. Auch auf eine mögliche Ehe mit Claire von Glümer geht Julian Schmidt ein: er habe Claire von Glümer Glümer nicht heiraten wollen, aber er und sie hätten ein »gemeinsames Leben gehabt«, das durch eine Übereinstimmung des Geistes und ein vertrauensvolles Zusammensein entstanden sei. Und dies sei Julian Schmidt wichtig gewesen. Er könne sich nicht mit einer Frau glücklich fühlen, die für die wichtigsten Interessen seines Lebens keinen Sinn habe und kein Verständnis dafür aufbringe. Mit Claire von Glümer sei er »von Anfang an« in »völligster Vertraulichkeit« gewesen, »es hatte gleich etwas Brüderliches.« Hätte Claire von Glümer ihm die Verbindung zu einem Mann kundgetan, so hätte Julian Schmidt ihr »mit ganz unbefangener Freude« seinen Glückwunsch zukommen lassen und in ihrem Verhältnis zueinander hätte sich nichts geändert. Er habe sich gescheut, Elise Fehsenfeld von Claire zu erzählen, weil fürchtete, das hätte seines und Elises frühes Glück zerstört. »Ja, Lischen, ich habe nun einmal Claire nicht geliebt, ... es ist mir nicht einmal eingefallen.«

Elise habe ihm besser gefallen – »nimm es mir nicht übel, ich konnte einmal nicht anders.«[221]

Es sollen, dieses Kapitel abschließend, noch einige Bemerkungen zu den Wurzeln der Freundschaft Claire von Glümers und Julian Schmidts folgen. Schmidt hatte seine enge Bindung zu Claire von Glümer als »brüderlich« bezeichnet und seiner Verlobten Elise Fehsenfeld geschrieben, er und Claire von Glümer hätten »ein gemeinsames Leben *gehabt*«. Was immer man aus diesen Äußerungen interpretieren will: es existierte auf jeden Fall eine enge Vertrautheit zwischen beiden. Dieser seelischen Nähe versuchte auch Claire von Glümer auf den Grund zu gehen. Sie sah in Schmidt einen *alten Freund* – wobei die Betonung auf »alt« lag: mehrfach schrieb sie, dass sie Julian Schmidt »seit Jahrhunderten« kenne und daher »wissen wir ja auch, wie wir miteinander dran sind.« (Brief vom 20.6.1855). Später (16.7.1857) präzisierte Claire von Glümer ihre Zeitvorstellung und sagte, dass sie Julian Schmidt schon seit 300 Jahren kenne und dass sie mit ihm mal wieder »von den dreihundert Jahren plaudern« wolle. Claire von Glümer war von einer Prä- und Postexistenz des Menschen überzeugt, was aus der folgenden Briefpassage vom 15.10.1853 hervorgeht: »Zum Abschied sollen Sie nun noch Schelte haben, lieber, böser Freund, wegen der törichten Redensart, ´dass Sie mich bei Laune halten müssen, damit ich den Briefwechsel nicht abbreche´. Wenn Sie nicht ein so kurzes Gedächtnis hätten, würde ich Sie daran erinnern, wie oft wir uns gezankt und wieder versöhnt haben, als wir auf anderen Planeten als gute Nachbarn miteinander lebten … Und wenn wir uns auf irgendeiner Welteninsel jenseits des Grabes wieder begegnen, haben Sie´s gewiss auch vergessen, dass ich *hier* Ihre *gute Wahl-Mama oder Tochter* gewesen bin. Es ist freilich möglich, dass wir dann nicht mehr wissen, wer wir gewesen sind und welche Bücher wir geschrieben haben – aber wiederfinden werden wir uns doch, trotz Ihres Unglaubens, und ich werde Ihnen wieder gut sein, wie ich´s jetzt bin.«[222] Es handelte sich bei der Verbindung zwischen Claire von Glümer und Julian Schmidt um eine (im Bewusstsein beider Personen) *alte* Freundschaft, deren Spannweite Claire von Glümer aber umfassender interpretierte als Schmidt.

1854 – 1861

VIII. Im Blick zurück nach vorn – Reflexionen über das Schreiben

Fünf schwere und erlebnisreiche Jahre, verbunden mit einschneidenden biographischen Veränderungen, lagen hinter Claire von Glümer. Am Ende des Jahres 1848, nur wenige Wochen nach ihrem 23. Geburtstag, hatte sie im Grunde die volle berufliche Verantwortung für ihren Vater übernehmen müssen. Ihr Fleiß sowie ihre intellektuelle Wachheit und Beweglichkeit verschafften der jungen Frau Respekt unter ihren Journalistenkollegen, aber sie war auch Avancen verschiedener männlicher Kollegen ausgesetzt, welche sie in schwere seelische Krisen stürzten. Die Verlobung mit Hermann Breusing, welche zeitnah mit dem Beginn der Freundschaft zu Auguste Scheibe stattfand, war vielleicht die Reaktion einer aufgewühlten jungen Seele sich im Leben durch eine traditionelle Ehe fest zu verankern. Doch schließlich war die freundschaftliche Verbindung mit Auguste Scheibe für Claire von Glümer wertvoller als alle anderen Begegnungen und Beziehungen während dieser Jahre. Die geistigen Impulse und intellektuellen Bestrebungen der sich in ihrem Lebensumfeld emanzipierenden Frauen (Louise Peters, Louise Dittmar, Auguste Scheibe u.a.) trugen dazu bei, dass sich die Weltsicht der jungen Frau zu differenzieren begann. Auch die Begegnung mit der evangelischen Oppositionsbewegung des Pfarrers Uhlich und ihre Nähe zur katholischen Bewegung, der auch Auguste Scheibe folgte, förderten die Ausbildung ihrer Weltanschauung. Zwischen traditioneller und emanzipatorischer Frauenrolle stehend, musste sich Claire von Glümer ihren eigenen Weg suchen. Hinzu kamen Schicksalsspannungen und schmerzliche Erfahrungen: der Tod des Großvaters, die Trennung vom Vater,

128

die unglückliche Verlobung. All diese Ereignisse trugen ebenso zu einer verinnerlichten Seelenhaltung Claire von Glümers bei wie die sich in ihrem Lebensumkreis ergebenden zukunftsoffenen Perspektiven durch verschiedene freundschaftliche Beziehungen.

Das Jahr 1853 war bedeutsam in Claire von Glümers Lebensgang. Auch wenn die 28-jährige junge Frau nicht zur erhofften inneren Besinnung und Ruhe finden konnte, hatten sich doch ihre Lebensumstände vorerst konsolidiert. Es hatte Einschnitte gegeben, herbe Einschnitte: das geliebte Dresden (inzwischen für sie zu einer »Rabenstadt« geworden) war ihr als Aufenthaltsort auf unabsehbare Zeit verwehrt. Ihren Bruder Bodo musste sie nach ihrer Ausweisung aus Sachsen in Waldheim zurücklassen, zu zahlreichen Bekannten und Freunden war der Kontakt abgebrochen. Doch in Auguste Scheibe hatte sie einen Menschen an ihrer Seite, auf den sie sich verlassen konnte. Und in Wolfenbüttel hatte sie einen festen Wohnort gefunden, der trotz erheblicher äußerer Mängel für sie, Auguste Scheibe und ihre blinde Tante Agnes eine gewisse Sicherheit bot. In den folgenden Jahren sollte Claire von Glümers Leben eine andere Wendung nehmen. Dies war ein längerer Prozess, der nun nachgezeichnet werden soll.

Zu Beginn des Jahres 1854 untergruben wiederum Sorgen um ihren inhaftierten Bruder Bodo Claire von Glümers Seelenfrieden. Man hatte ihn mit Dunkelarrest bestraft und somit seine Haftsituation verschlechtert. »Die unglücklichen Gefangenen durch tausend kleine Quälereien zur Wut und zum Wahnsinn zu treiben, um sie dann im Namen der Hausordnung mit den härtesten Strafen zu bedrücken, das ist des Direktors ernste Lieblingsbeschäftigung. Wenn ich nur irgendein Mittel wüsste, um diese Armen diesem Wüterich zu entreißen, aber alles Grübeln hilft nicht.«[223] Außerdem setzten Claire von Glümer ein ausklingender Katarrh und das wechselhafte Wetter zu: «Ich glaube, die neuen Schneemassen drücken mir die Gedanken tot, jedenfalls haben sie auf Stimmung und Befinden den nachteiligsten Einfluss. Gestern gab ich mich schon einer voreiligen Frühlingsfreude hin; der Himmel war blau, die Luft war mild und alle Gartenhäuser waren offen, alle Kinder rot und ver-

gnügt. Ich hoffte schon auf Veilchen.« Gesunde Menschen fänden es töricht, sich vom Wetter beeinflussen zu lassen, bei ihr sei dies ganz anders.
Seit Tagen sei »eine stille Wut« ihre hauptsächlichste Lebensstimmung:
»Leute, Zustände, Wetter, alles ärgert, kränkt, beengt und quält mich.«
Daneben habe sie das Gefühl, dass sich eine Krankheit heran schleiche.
Neben den meteorologischen Einflüssen spielten auch Seelenstimmun-
gen anderer eine wichtige Rolle für Claire von Glümer. Sie fühle genau,
wenn jemand »in Sehnsucht oder Angst, in Liebe oder Hass recht lebhaft an mich denkt.« Dies empfinde sie als »abscheulichen Zustand.«
Zugleich trübten zudem Differenzen mit Julian Schmidt Claire von Glümers Stimmung. Anlass war die Zusendung des vorläufigen Manuskripts
der Pyrenäen-Erzählungen an Schmidt. Claire von Glümer beklagte sich
über Schmidts Haltung: »Sogar Ihr Lob war fatal: warum sieht man meinem Buche nicht an, dass es eine Frau geschrieben hat? Ich hoffe sehr,
dass man es sieht und fühlt. Mir ist nichts widerwärtiger als solch ein
Zwitterding, das sich schämt Weib zu sein und ein Mann doch nicht sein
kann. Und wenn ich mich in Gefahr sähe so zu werden, würfe ich lieber
Papier und Feder ins Feuer und würde Gänsehirtin. / ... / Auguste hat
sehr gelacht, als ich so zornig war. Sie behauptet, das wäre nun mal Ihr
Standpunkt. Sie teilten die Menschen in drei Klassen: Gelehrte, Männer,
Frauen. Darüber habe ich mich noch mehr geärgert. Ich hoffe sie hat Unrecht und Sie sind mit mir überzeugt, dass eine gute Frau ebenso gut ist
wie ein guter Mann und viel besser als ein mittelmäßiger.«[224] Aber Claire
von Glümer ließ sich durch die Haltung des Freundes nicht beirren und
widmete sich zügig der Fertigstellung ihrer Reiseberichte aus den Pyrenäen. Zudem las sie aufmerksam Julian Schmidts Literaturgeschichte
und schickte ihm dazu ausführliche Kommentare.

Die kurzen Erzählungen *Aus den Pyrenäen* erschienen noch im selben
Jahr 1854. Ende September konnte Claire von Glümer Julian Schmidt
ein gedrucktes Exemplar ihres Buches zukommen lassen : »Indem ich
Ihnen mein Buch übersende, möchte ich Sie bitten, dass sie es nicht mit
den Augen eines Kritikers läsen, sondern wie einen Brief von mir, wie ein
Blatt aus meinem Jugendleben.«[225] Es handelte sich also bei diesen Er-

zählungen um ein autobiographisches Dokument, einen Rückblick auf
ihre Kindheitsjahre. Im Nachwort der Autorin wird dies deutlich: »Wenn
wir Orte verlassen, wo wir glückliche Zeiten verlebten, sagen wir uns zum
Trost, dass wir die Erinnerung mit uns forttragen und für immer festhalten können. Aber der Wechsel der Umgebung, die Anforderungen, die
jeder Tag an uns macht, verdrängen die lieben Bilder. Je weiter wir ziehen,
umso dichter werden die Nebel und Wolken, die uns von der einstigen
Heimat unseres Herzens scheiden; nach und nach sind wir selbst so umgewandelt, dass uns die Wünsche, Freuden und Schmerzen jener Zeit so
fern liegen wie der Schauplatz, auf dem sie sich bewegten. Und doch bedarf es oft nur eines Tones, eines Duftes, eines Lichtstrahls, um die Nebel
zu zerreißen, die Entfernung zu vernichten. Unser Wesen von damals tritt
uns als ein fremdes und doch innig befreundetes entgegen; es gewährt
uns einen wehmütigen Genuss, unsere heutige Stimmung mit dem ruhi-
gern oder erwartungsvollern Sinne jener Tage zu vergleichen; wir treten
gleichsam Hand in Hand mit ihm die Wanderung der Vergangenheit noch
einmal an – und endlich geht das Heute im Gestern vollständig unter. Aus
solchem Wieder-Sehen sind diese Blätter entstanden.«[226] Obwohl mit
ganzem Herzen an ihrer deutschen Heimat hängend, verspürte Claire von
Glümer stets ein »Heimweh« nach dem »Paradies« ihrer Kindheit.[227] In
Form einer Reiseerzählung entführt Claire von Glümer ihre Leser in die
Bergwelt der Pyrenäen. Plastisch und anschaulich werden der Alltag der
Menschen, typische Charaktere, welche den Reisenden begegneten, und
vor allem die regionalen Gebräuche und die imposante Landschaft darge-
stellt: zahlreiche Beschreibungen – plastische Bilder, die Nähe und Weite,
Höhe und Tiefe der Pyrenäenwelt veranschaulichen – könnten hier zitiert
werden. Exemplarisch sei Claire von Glümers Darstellung der Umgebung
Montaubans hier wiedergegeben: »Nach einer Viertelstunde war die
Höhe erreicht. Noch einmal übersahen wir das herrliche Tal von Luchon
und schauten es an, wie wir beim Scheiden ein geliebtes Antlitz betrachten, um uns sein Bild für alle Zeiten einzuprägen. – Von dem zitternden
Glanze des schönsten Sommernachmittags übergossen lagen die grünen
Maisfelder, die Wiesen, die Obstgärten mit der reifenden Last der Früch-

te zu unsern Füßen; in ihrer Mitte die schönen Dörfer Montauban und Juzet; zur Linken die Stadt im Kranze alter Bäume; zur Rechten das Castel-Viel, an dessen Felsengrund die Pique aufschäumt. Jenseits des Flusses öffnet sich der Eingang zum schattenreichen Tale der Burbe – weiterhin erheben sich die bewaldeten Kuppen der Vallée du Lys, an deren Wasserfällen wir manchen Morgen und manchen Abend verträumten – gegenüber schimmern die Wiesen und Ortschaften des westlichen Talrandes und weit über uns, weit über den Wassern, Wäldern und Matten, von blauen Düften umwogt, von langsam ziehenden, weißglänzenden Wolken halb verschleiert, prangen die Felsenzacken, Eiskronen und Schneefelder des Hochgebirges – und aus allen Schluchten und von allen Höhen grüßt uns die Erinnerung froh verlebter Stunden.«[228]

In den von Julian Schmidt und Gustav Freytag herausgegebenen *Grenzboten* wurde Claire von Glümers Werk positiv bewertet: »Das kleine Buch hat einen sehr wohltuenden Eindruck auf uns gemacht. Einerseits die Treue und Korrektheit der Beobachtung, die sich jeder vorgefassten Meinung enthält und mit klaren, gesunden Augen die Dinge anschaut; andererseits die Wärme und Innigkeit der Empfindung, die man in vielen Fällen poetisch nennen kann, verleihen diesen Bildern einen Reiz, den wir in ähnlichen Versuchen selten antreffen würden.«[229] Claire von Glümer plante zeitnah auch Erzählungen über das Baskenland folgen zu lassen. Dieses Vorhaben verzögerte sich aber wegen der Probleme mit Breusing und ihrem Bruder.[230]

Neben den autobiographischen Erinnerungscharakter tragenden Pyrenäen-Erzählungen widmete sich Claire von Glümer auch intensiv zeitgenössischen Themen. Weibliche Persönlichkeiten, welche durch ihr selbstbewusstes Auftreten in der Öffentlichkeit Aufmerksamkeit und Anerkennung erworben hatten, waren ebenso Gegenstand ihrer Studien wie eine Vertiefung der Erziehungsgedanken Fröbels, denen Claire von Glümer einige Jahre zuvor im Zusammenhang mit der Kindergartenbewegugn begegnet war. 1856 sollte dies in zwei Buchpublikationen münden. Während der Jahre 1854/56 übersetzte Claire von Glümer zudem George Sands Lebensgeschichte aus dem Französischen.

Claire von Glümers Vater war im Jahr 1854 nach Amerika ausgewandert.[231] Das Weihnachtsfest desselben Jahres hatte viel Freude gebracht: Claire bekam Besuch von ihrer Schwester Marie aus Frankreich und ihrem Bruder Edmund, der mittlerweile in Westfalen als Kaufmann tätig war. Edmund sei eigentlich ihr »Pflegekind, denn ich habe ihn während einer schweren Krankheit meiner Mutter großgefüttert und getragen.« Daher erkläre sich seine große Anhänglichkeit. Claire von Glümer verlebte ein erfülltes Weihnachtsfest mit ihren »Geschwisterkindern«.[232]

Zu Jahresbeginn 1855 quälten Claire von Glümer wiederum gesundheitliche Probleme. Meist handelte es sich um allgemeine Schwächezustände, Antriebslosigkeit, Erkältungen. Ein Augenleiden, insbesondere aber Zahnschmerzen, welche sie über Jahre immer wieder vornehmlich in den Abendstunden quälten, waren unangenehme Begleiter ihres Alltags. Auch in den folgenden Monaten war Claire von Glümer gesundheitlich und stimmungsmäßig nicht im Gleichgewicht. Die Beziehung zu Julian Schmidt spielte dabei eine nicht unwesentliche Rolle. Dieser hatte versprochen sie im Mai in Wolfenbüttel zu besuchen, was aber nicht geschah: »Monsignore, gleich nach Ostern habe ich Ihnen geschrieben und Sie haben noch nicht einmal geantwortet. Tun Sie mir doch den Gefallen und sagen Sie nie mehr, dass Sie kommen wollen.« Claire von Glümer sei von ihren braunschweigischen Freunden sogar wegen Julian Schmidt »verhöhnt« worden. Schon im letzten Jahr habe er kommen wollen und sei nicht erschienen und nun hätten sie gerufen, »dieser Julian Schmidt sei wohl eine gedachte Person.« Darauf habe sie geschwiegen und nahm sich vor, ihrem Freund nie mehr zu glauben.« Das waren bittere Worte, die sie an ihren geschätzten Freund sandte, Ausdruck einer schweren menschlichen Enttäuschung. War Julian Schmidts Verhalten entschuldbar? 1855, das Jahr, in dem Schmidt intensiv mit Elise Fehsenfeld, seiner späteren Ehefrau, in Kontakt stand, war auch für einige andere Menschen in Schmidts Umkreis schwierig. Seine Unzuverlässigkeit bereitete Enttäuschungen, aber seine guten Freunde standen letztlich wieder zu ihm. So auch Claire von Glümer, als sie erfuhr, dass Julian Schmidt sich im »Ausnahmezustand des Verliebtseins« befand. Trotz aller Widrigkeiten kam es 1855 doch noch zu einer Begegnung in Wolfenbüttel. Julian Schmidt hielt sich – nur wenige Tage nach Claire von Glümers Klagebrief – in Wernigerode auf und hatte auf dem Weg dahin Station bei seiner Freundin gemacht.[233]

Doch auch andere Umstände belasteten Claire von Glümer. Die Einsamkeit in Wolfenbüttel sei für sie nur durch die Anwesenheit Auguste Scheibes zu ertragen. Zwar gebe es »auch hier liebenswürdige und brave Menschen, die ich von Herzen lieb habe; aber sie können an vielem, was mich interessiert, nicht so recht teilhaben.« Das Einsamkeitsmotiv stand wie ein großer Schatten über Claire von Glümers 30. Lebensjahr. Ihre Schwester Marie werde zwar den Sommer in Wolfenbüttel verbringen, doch anschließend wolle sie sich in Amerika verheiraten. Dies würde wohl ein »Abschied fürs Leben« werden. Auch ihr geliebter Bruder Bodo plane irgendwann nach seiner Haftentlassung nach Amerika auszuwandern. Damit nicht genug, habe nun auch Auguste Scheibe »eine unglückliche Leidenschaft für Amerika« entdeckt. Claire von Glümer war dagegen überzeugt, dass man in Amerika nicht glücklich werden könne – dies sei nur im »Vaterland« möglich – und sie befürchtete, dass es immer einsamer und leerer um sie herum werden könnte. Im Juni 1855 schrieb sie: »Mir geht es immer schlecht: ich habe fast täglich Zahnschmerzen und der Doktor weiß gar nicht mehr, was er mit mir machen soll / … / Die Nachtigallen singen fortwährend, aber das wonnige Gefühl von Sommerwärme ganz durchdrungen zu sein, habe ich noch gar nicht gehabt und vom Harz herüber, der noch immer mit Schneekränzchen bedeckt ist, weht raue Luft.«[234]

Aufgebracht reagierte Claire von Glümer zur selben Zeit auf Julian Schmidts Äußerungen über schriftstellernde Frauen im Anschluss eines spontanen Besuchs Schmidts Ende Mai in Wolfenbüttel. Diese wurden dann Gegenstand des Briefwechsels. Schmidt hatte sich über eine gewisse »L.O.« geäußert – und zwar in einer Weise, die Claire von Glümer missfiel. Man darf davon ausgehen, dass es sich bei »L.O.« um die mit Claire von Gümer befreundete Schriftstellerin Louise Otto handelte.[235] Julian Schmidt hatte offenbar Auguste Scheibe »Bemerkungen« über Louise Otto (worum es genau ging, ist zunächst nicht klar) in schriftlicher Form zukommen lassen. Das würde sich nicht gehören: »Wenn Sie das im mündlichen Verkehr getan hätten, würde niemand etwas dagegen haben.« Claire von Glümer war überzeugt, dass Julian Schmidt »L.O.« nur benutzt habe, um eine Bemerkung über die Schriftstellerei der Frauen im Allgemeinen anzubringen. Sie betont, dass sie es gut gefunden hätte, mit Julian Schmidt mündlich über dieses Thema zu sprechen, doch habe sie es nicht gewagt, weil sie fürchtete seinen Spott zu ertragen. Nun geht es in Claire von Glümers Antwortbrief *grundsätzlich* um die Qualifikation von Frauen in schriftstellerischer Hinsicht. Aus den folgenden Sätzen kann man schließen, dass die Äußerung Schmidts über schreibende Frauen wohl in die Richtung ging, dass er meinte, dass »glückliche Frauen« nicht zu schreiben brauchten: »Sogar eine Schriftstellerin behauptet, dass glückliche Frauen nicht schreiben. Ob das wahr ist weiß ich nicht, aber ich weiß, dass es viele Frauen gibt, die schreiben, um sich eine geistige Heimat, eine Ruhestätte des Herzens zu schaffen, oder sich von dem frei zu machen, was sie ängstigt oder drückt. Das Schreiben würden Sie den Frauen vielleicht noch verzeihen, aber das drucken lassen finden Sie, wie die meisten Männer, töricht, lächerlich, vielleicht sogar Unrecht. In dieser Beziehung sind wir ganz verschiedener Meinung und werden es immer sein.« Claire von Glümer fährt fort, dass es keinem Mann gelingen könne, das Leben einer Frau ganz zu verstehen und zu schildern. Dichter fassen die Frauen zumeist nur in ihrem Verhältnis zum Mann auf, doch die Frauen haben (neben diesem großen Feld) auch andere »Kämpfe, Leiden und Pflichten«. Frauen seien durchaus in der Lage, über ihre Irrtümer und die Suche nach dem Sinn des Lebens zu schreiben und auch Wege zu zeigen, die sie gegangen sind. Dass Frauen in dieser Beziehung bisher nicht viel geleistet haben, sei nur natürlich, denn »wir werden so sehr für den Schein erzogen, dass es uns schwer fällt, das Wesen zu erkennen. Unser Geschmack wird mehr verbildet als gebildet; wir sind so sehr in der Furcht der Herrn erzogen, dass wir selten wagen zu sprechen wie uns ums Herz ist.« Claire von Glümer fährt fort, dass etliche Schriftstellerinnen erfolgreich gewesen seien. Wenn Julian Schmidt nun einwende, dass dies vielleicht an einem schlechten literarischen Geschmack liege, so könne das ja sein, aber Claire von Glümer gibt zu bedenken, dass vielleicht nicht jeder alle Feinheiten der Sprache erfassen oder »Goethe oder Julian Schmidt goutieren« könne. Man solle den Frauen nur erlauben sich umzusehen, dann werden sie schon bald besser schreiben. Das Talent zum Schreiben sei bei Frauen und Männern gleichermaßen verbreitet. »Ob ich selbst Talent habe oder nicht – schreiben Sie mir, wie gut ich bin! /…/ Wenn ich an mein Talent glaube, bin ich glücklich, wenn ich zweifle, leide ich sehr, aber der einzige Lehrmeister in dieser Beziehung ist die Erfahrung; und wenn mir auch Ihr Rat nützlich und willkommen sein wird, so habe ich die Entscheidung der Frage nur in mir selber zu suchen«.[236] Dies waren deutliche und selbstbewusste Worte von Schmidts Wolfenbütteler Schriftstellerkollegin!

VIII.1 Der Weg ist das Ziel

Die seelisch-physische Gemengelage des Jahres 1855 tat Claire von Glümer nicht gut. Die schon fast strukturell verfestigte biographische Krisensituation veranlasste sie deshalb, zusammen mit Auguste Scheibe mehrere Wochen im Kurort Kösen zu verbringen, wo beide Frauen sich der Behandlung Dr. Karl Theodor Groddecks anvertrauen wollten: »Dr. Groddeck, der Heilige, an den ich glaube«, versprach, dass die Zahnschmerzen in 10-14 Tagen verschwinden sollen. Auch ein Geschwür habe Dr. Groddeck ihr aufgeschnitten und somit einen Milzbrand (»pfui, das ist doch die Krankheit, an welcher das Rindvieh so oft stirbt«) verhindert. Claire von Glümer habe nach eigenem Bekunden dem Tod sehr nahe gestanden. Sie und Auguste lebten angenehm im »Palais Groddeck«. Die Frau Doktor, Caroline Groddeck, sei eine liebenswürdige Wirtin, »eine sehr gebildete Frau und Verehrerin von Julian Schmidt.« Caroline Groddeck war die Tochter des Germanisten Carl August Koberstein. Auch nach ihrem Kuraufenthalt in Kösen unterhielt Claire von Glümer regelmäßige Beziehungen zu Groddecks und besuchte die Familie mehrfach. Besonders mit Caroline Groddeck verband sie in den folgenden Jahren eine enge Freundschaft.[237]

Kösen erfreute sich im 19. Jahrhundert zunehmender Beliebtheit als Kurort sowie romantisches Ausflugsziel zahlreicher Studentenkorps. Die Lage des Ortes an der Saale, mit der nahe gelegenen Rudelsburg sowie seinem seit einigen Jahren existierenden Eisenbahnanschluss war auch wegen der Nähe zu Weimar und Naumburg attraktiv. Karl Theodor Groddeck, der von Claire von Glümer hoch verehrte Arzt, entstammte einem alten Danziger Patriziergeschlecht. Sein Vater war lange Jahre Bürgermeister der Stadt. Karl Theodor hatte sich als junger Arzt Verdienste bei der Bekämpfung der Cholera in Marienburg erworben. Später baute er Kösen zum Heilbad aus. In Kösen erwartete Claire von Glümer und Auguste Scheibe, als sie sich im Sommer 1855 dorthin begaben, ein »Lustprogramm« mit etlichen Ausflügen. Auch eine Fahrt zum Naumburger Kirschenfest stand auf dem Plan und – ein Besuch Julian Schmidts! Diesen erwartete Claire von Glümer mit Ungeduld: »Kennen Sie Kösen? Ich habe genug davon gesehen, um zu wissen, dass es Ihnen gefallen wird. Nehmen Sie Ihr Absteigequartier im *Mutigen Ritter.*« Schmidt solle schreiben, wann er eintreffe, da sie ihn nicht verfehlen möchte.[238] Ob Julian Schmidt Claire von Glümer einen Besuch in Kösen abstattete, lässt sich nicht verifizieren. Aber immer wieder liest man in dieser Zeit in ihren Briefen, wie sehr ihr Freund Julian wie eine immer wieder aufbrechende Wunde ihr Seelenleben beanspruchte. Selbst nachts schrieb sie an ihn, z.B. am 22. Juni 1855 um 3.20 Uhr, als Claire sich vorstellte, dass Julian Schmidt einige Wochen zuvor auf seinem Weg nach Groß Lengden zu seiner Verlobten Elise Fehsenfeld eigentlich doch in Wolfenbüttel vorbei kommen müsse: »Ich sehe direkt über Göttingen nach Groß Lengden in Ihr Angesicht. / ... / Sie Abtrünniger! Sind denn die guten Freunde und die guten Einfälle so häufig, dass man sie ohne weiteres wieder beiseite schiebt? / ... / Dass Sie kommen, leidet doch wohl keinen Zweifel, denn der nächste Weg nach L. (*Groß Lengden, N.O.*) geht für Sie immer über Braunschweig« (und damit auch über Wolfenbüttel). In diesem Nachtbrief wirft Claire von Glümer ihrem Schriftstellerfreund Eitelkeit vor, weil er unbedingt schriftlich von ihr bestätigt haben wollte, dass sie sein letztes Buch gelungen fand. Dennoch schloss Claire ihren Brief mit versöhnlichen Worten, dass sie Schmidt »wohl gewogen« sei.[239] Einige Tage später, am frühen Morgen des 6. Juli 1855, war Julian Schmidt offenbar mit dem Zug auf dem Weg nach Groß Lengden über Wolfenbüttel gefahren: »Was hätten Sie gesagt, lieber Freund, wenn ich gestern Morgen nach dem Bahnhofe gekommen wäre? Ich hatte auch große Lust dazu, war auch um 7 Uhr ausgehfähig, aber dann fiel mir ein, dass es doch nur ein flüchtiges Sehen wäre und ein Abschiednehmen, noch dazu vor vielen Leuten, was ich gar nicht leiden mag. Ich blieb also zu Hause und wollte mich begnügen, Sie in Gedanken und Wünschen zu begleiten. Als sich aber um 7.48 Uhr der Pfiff des Dampfwagens hören ließ, war ich plötzlich überzeugt, / ... / Sie würden kommen. Sie wissen, wie ich mir einbilde, was ich wünsche und so habe ich Sie bis gegen ½ 9 Uhr mit Bestimmtheit erwartet.«[240]

Während ihres Kuraufenthaltes verkehrte Claire von Glümer häufig im Haus des angesehenen Literaturhistorikers Carl August Koberstein in Pforta und hörte dessen Lesungen aus Schiller, Goethe und Shakespeare.

Bei Kobersteins erzählte Claire von Glümer auch von Julian Schmidt, welcher dort eine Zeit lang nicht gut gelitten war. Sie schrieb, sie habe für Schmidt sogar oft als »Prügeljunge« fungiert. Desto mehr freue es sie, ihrem Paket nun einen freundlichen Brief Professor Kobersteins beilegen zu können, der auch Julian Schmidt entzücken werde.

Carl August Koberstein (1870)

Ein Besuch des sächsischen Königs Johann in Bodos Haftanstalt im September 1855 hatte nicht die erhoffte Begnadigung zur Folge, weil dieser nur die »Etablissements« besichtigt habe. Zum Glück sei Bodo nicht jemand, der sich hoffnungsvollen Träumen hingebe, doch die neue Schwägerin tue dies und so halte sich Claire von Glümer häufiger bei ihr zuhause auf, um sie zu trösten. Im September wandte sich Claire von Glümer von Kösen aus an den Schriftsteller Robert Prutz in Halle, um für ihren Bruder Bodo Schreibaufträge zu vermitteln.[241]

Claire von Glümers und Auguste Scheibes Rückreise aus Kösen verzögerte sich, weil daheim in Wolfenbüttel die Cholera wütete. Auch ihr dortiger Arzt hatte sie gewarnt zurück zu kehren, denn mittlerweile habe es etwa 150 Todesopfer gegeben. So richteten sich die Freundinnen in Kösen ein. Claire von Glümer vertiefte sich in die soeben erschienene Literaturgeschichte Julian Schmidts sowie weitere Bücher, mit denen sie der junge Max Jordan, »ihr teurer Wahlvetter«, versorgte. Jordan hatte 1855 an der Dresdener Kreuzschule sein Abitur abgelegt und beabsichtigte im folgenden Jahr in Berlin das Studium der Geschichte zu beginnen.

Zu dieser Zeit gab es auch, angeregt durch Julian Schmidt, Überlegungen Claire von Glümers nach Weimar überzusiedeln. Ein mehrtägiger angenehmer Besuch bei ihrer vier Jahre jüngeren Großcousine, der bekannten Harfenistin Rosalie Spohr, hatte ihr die Stadt sympathisch gemacht. Rosalie Spohr war seit ihrer Heirat mit dem Grafen Xaver Graf Sauerma zu Zülzendorf am 19.6.1855 nun eine Gräfin. Bei einem Konzert Rosalie Spohrs hatte Claire von Glümer auch die persönliche Bekanntschaft mit Franz Liszt gemacht, der ein Förderer der Harfenistin war. Auf Claire von Glümer machte Liszt einen verbitterten und misstrauischen Eindruck. Er sei wohl jemand, der Menschen verachte.

Claire von Glümer fand die Stadt Weimar interessanter als das verträumte Wolfenbüttel, zudem sei die Nähe zu Kösen und Pforta reizvoll. Auch wäre es sicher für Julian Schmidt leichter gewesen ihr dort einen Besuch abzustatten. Sie wolle aber erst im kommenden Frühjahr eine Entscheidung über einen Wohnortwechsel nach Weimar treffen. Der verlängerte

Rosalie Spohr

Aufenthalt in Kösen mach-
te Claire von Glümer und
Auguste Scheibe auch ei-
nige Sorgen: »Überhaupt
wird es mir täglich unbe-
haglicher hier: Dr. Grod-
deck und Koberstein sind
einzig gut und liebenswürdig gegen uns, aber es liegt
etwas Tyrannei in ihrer
Freundlichkeit; wir kön-
nen gar nicht über unsere
Zeit disponieren. Heute
soll wieder nach Pforta gegangen werden und ich
habe mir die halbe Stunde
zum Schreiben mühsam er-
kämpft.« Die Übersetzung
von George Sands Lebens-
geschichte ging nicht recht
voran, beim Briefeschreiben wurde sie unterbrochen oder es mangelte an
ordentlichem Arbeitsmaterial, wie z.B. Schreibfedern. Claire von Glümer
war gereizt: »Die Groddeck hatte Migräne und lag bei uns auf der Chaise-
longue. Wenn sie schlief, konnte ich ein paar Zeilen schreiben, und wenn
sie wachte, musste sie unterhalten werden, dabei ging der Doktor aus und
ein, der Professor kam, und später, nach dem Teetrinken, wurde noch vorgelesen. Ich habe wie auf Nadeln gesessen.« Unangenehm war auch Carl
Ferdinand, der Sohn Kobersteins, »ein 19jähriges Bürschchen, das die
Leute in solche einteilt, die ihn bewundern und solche, die nichts taugen.
Seinen Talenten haben wir unsere Anerkennung nicht versagt, aber sein
Wesen ist so arrogant und albern, dass wir unser Missfallen darüber nicht
unterdrücken konnten.« Bald werde der junge Mann aber nach Weimar
gehen, um sich zum Schauspieler ausbilden zu lassen.[242]

Im Herbst 1855 beschäftigte sich Claire von Glümer mit Sagenstoffen aus der Bretagne. Sie meinte, daraus ließe sich etwas produzieren, wenn auch nur für einige Journale. Die französischen Geschichten weckten Kindheitserinnerungen in ihr, »Spuk- und Zaubergeister« regten sich »in den Winkeln meines Gedächtnisses.« Auch eine Novelle (»Aus dem Leben einer Königin«), wegen Krankheit nicht fortgeführt, ließe sich als »Journalfutter« verwenden. Parallel dazu studierte Claire von Glümer alt-germanische Texte, vertiefte sich in die *Edda* und die *Nibelungensage*, wobei sie sich auch von Richard Wagners Text *Ring des Nibelungen* inspirieren ließ, in dem ihr »wahre Göttergestalten« lebendig gegenüber traten.[243]

»Im Herzen habe ich Sie immer wie einen Bruder gehegt«, schrieb Claire von Glümer am 4. Januar 1856 an Max Jordan, der im selben Jahr geboren wurde wie ihr Bruder Edmund. Der Tod einer nahestehenden Person aus der Familie Jordan hatte Ende 1855 einen großen Schmerz bei Claire von Glümer ausgelöst. Bei dieser »Tante Jordan« handelte es sich wahrscheinlich um die Schwester von Max´ Vater Gottfried. Claire von Glümer sah sich nicht in der Lage, Gottfried Jordan zu schreiben, »obwohl mein Herz drängt, ihm zu sagen, wie sehr ich seinen Schmerz verstehe und teile. Sagen Sie es ihm in meinem Namen, lieber Max, und lassen Sie mich wissen, wie es ihm geht.« Zuletzt hatte Claire von Glümer die Verstorbene im Sommer in Kösen gesehen. Es sei dieser ein Herzensanliegen gewesen, dass Claire und Max Jordan wie Geschwister verbunden bleiben sollten. Claire erinnerte sich an diese Äußerung und versicherte, dass sie Max eine treue Schwester sein und bleiben wolle: »Und wie Ihnen auch ums Herz ist, zweifelnd oder hoffnungsvoll, glücklich oder unglücklich, ich werde Sie immer verstehen, denn es ist fast kein Leid, das ich nicht schon erfahren hätte und auch Freude die Menge habe ich gekannt und bin trotz meiner Jahre noch jung genug, um die Jugend zu verstehen.«[244]

Im folgenden Jahr (April/Mai 1856) hielten sich Claire von Glümer und Auguste Scheibe wiederum zur Kur in Kösen auf. Auch diesmal war von einem Besuch Julian Schmidts die Rede: »Dass Sie kommen wollen, freut mich sehr, aber Sie müssen verzeihen, lieber Julian, dass ich nicht an das Wiedersehen glaube, bis ich Sie leibhaftig vor mir sehe. Wenn ich

Ihnen glaubte, würde ich Sie auf die bevorstehenden Feiertage aufmerksam machen, die mir durch Ihren Besuch erst recht zum *Feste der Freude* werden könnten – aber Sie sind ja gar zu unartig und so ist´s am besten, ich tue ganz geduldig und gleichgültig, das hilft vielleicht.« Sie habe Julian Schmidt viel zu erzählen und zurzeit ohnehin wenig Lust lange Briefe zu schreiben, da sie ja nun gewissermaßen seine Nachbarin geworden sei und man sich daher häufiger sehen könne.[245] Die Entfernung zwischen Kösen und Schmidts Wohnort Leipzig betrug etwa 70 Kilometer. Bei einem etwaigen Besuch würde Julian Schmidt von Groddeks bewirtet: Claire von Glümer schreibt, er solle nicht enttäuscht sein, wenn es deswegen für ihn leider keine Kalbsbulette im *Mutigen Ritter* geben werde. »Es ist gut und lobenswert, dass Sie mehr als einmal kommen wollen, dann kann ich viel gemütlicher mit Ihnen plaudern und brauche nicht zu fürchten, dass ich etwas Wichtiges vergesse / ... / Vergessen Sie nicht Ihre Ankunft Tags zuvor zu melden, – und vor allem halten Sie endlich mal Wort, damit das Vertrauen wieder wächst / ... / Adieu, mit schönsten Grüßen, Ihre Claire.«[246] Es ist ersichtlich, dass sich Claire von Glümer mit den Unzuverlässigkeiten ihres Freundes zu arrangieren versuchte: Geduld, Gleichmut und freundlich-erwartungsdifferentes Entgegenkommen versuchte sie sich anzuerziehen. Julian Schmidt hatte im Herbst 1856 geheiratet, danach wechselten die Briefe zwischen ihm und Claire von Glümer zwar seltener, doch hatte es seitdem auch einige persönliche Begegnungen gegeben. Zudem korrespondierte Claire von Glümer mit Elise Schmidt und es entwickelte sich eine freundschaftliche Beziehung zwischen den Frauen.

Max Jordan (1837-1906)

In das Jahr 1856 fällt auch die Veröffentlichung von zwei Büchern Claire von Glümers. Neben dem Werk *Berühmte Frauen*, in dem sie biographische Darstellungen über Rahel Varnhagen von Ense und Elizabeth Fry vorlegte, publizierte sie unter dem Pseudonym *Elise von Gleichen* neun *Briefe über weibliche Bildung und Erziehung*. Der Lebensbeschreibung Rahels in *Berühmte Frauen* schickte Claire von Glümer eine Charakteristik voraus, in der deutlich wurde, welch ein ambivalenter und widersprüchlicher Mensch Rahel war, welche edlen Züge, aber auch Schwächen, diese Individualität aufwies: »Je länger wir uns mit ihr beschäftigen, um so mehr nimmt uns ihr Gemütsleben in Anspruch; wir erkennen, dass das lächelnde Antlitz ein unruhiges Herz verbirgt. Da ist ein Heimweh, das keine Heimat zu finden weiß; ein unablässiges, zwar gläubiges, aber schmerzensreiches Suchen nach einem edlern Gehalt des Lebens, mit einer qualvollen Empfindlichkeit gegen die kleinen Leiden desselben vereinigt; ein ängstliches, beinah krankhaftes Beobachten der eigenen Gemützzustände, und daneben ein ebenso rasches als tiefes Verständnis für fremde Eigentümlichkeiten; eine Selbstschätzung, die zuweilen an Selbstvergötterung grenzt, mit wahrhaft rührender Bescheidenheit gepaart; underschöpfliche Güte, Geduld und Toleranz; Begeisterung für alles Schöne, Große, Gute; eine so unerschrockene Wahrheitsliebe, dass sie zuweilen in Rücksichtslosigkeit und Härte ausartet; auf der andern Seite aber wieder eine Theilnahme für jeden Schmerz und jeden Kampf, die sich bis zum Mitleiden steigert, und ein Verlangen zu erfreuen, zu helfen, zu trösten, das sich keinen Augenblick verleugnet und vor keinem Opfer zurückweicht.«[247] Rahel litt unter der auferlegten Etikette ihrer Zeit, welche den Frauen eine nur sehr beschränkte Freiheit im gesellschaftlichen Leben zugestand. Im Jahr 1771 geboren, war Rahel mehr als 50 Jahre älter als Claire von Glümer. Wie musste ihr Freiheitsbedürfnis gelitten haben in jenen Jahren vor und nach der Französischen Revolution, welche ja das erste Ereignis dieser Zeit war, das alte überkommene Normen in Frage gestellt und aufgeweicht hatte! In einem Brief an einen kranken, allein lebenden Freund beklagte die 22-jährige Rahel, dass sie es bedauerlich fände, ihn nicht besuchen zu können, weil ihr dies im gesellschaftlichen Umfeld einen schlechten Ruf eingebracht hätte. Dabei wollte sie doch ihren kranken Freund »nur einfach als Mensch« wiedersehen.[248]

Die andere Person, der sich Claire von Glümer in *Berühmte Frauen* zuwandte, war die Engländerin Elisabeth Fry, geb. Gurney (1780-1845), die bereits zu Lebzeiten den Beinamen »Engel der Gefängnisse« erhielt. In einer großen Familie aufgewachsen – Elisabeth Fry hatte sechs Schwestern und fünf Brüder -, litt sie als Kind unter großen Ängsten. Nach dem Tod der Mutter (1792) wurde Elisabeth zunächst im väterlichen Haus sorgfältig erzogen. Als sie 16 Jahre alt war, nahm sich ihr Onkel, ein strenger Quäker, Elisabeths an und nahm sie mit zu religiösen Versammlungen. Hier fand das verunsicherte und nach Lebensorientierung suchende Mädchen Halt und Kraft. Elisabeth wandte sich bald von allen weltlichen Vergnügungen ab, mied insbesondere Tanz- und Konzertveranstaltungen und legte mit 19 Jahren das schieferfarbene Gewand der Quäkerinnen an, bedeckte ihre blonden Locken mit einem schwarzen Schleier und redete seitdem jeden Menschen mit dem brüderlichen »Du« an.[249] Die konsequente Hinwendung zur religiösen Lebensführung gab Elisabeth die Kraft für ihre späteren Aufgaben im sozialen und privaten Bereich. Claire von Glümer umschrieb den Charakter Elisabeth Frys zu Beginn ihrer Darstellung folgendermaßen: » In Elisabeth Fry, dem Engel der Gefängnisse, werden unsere Leserinnen[250] eine der bedeutendsten, gütigsten, tätigsten Frauen des 19. Jahrhunderts kennen lernen. Dennoch müssen wir uns gegen die Voraussetzung verwahren, als wollten wir sie unbedingt in ihrem ganzen Sein und Wesen als Vorbild hinstellen; denn wenn wir das, *was* sie tut, auch fast immer gut und zweckmäßig finden können, so ist doch in der Art und Weise, *wie* sie es tut, oft etwas Unweibliches, wir möchten beinahe sagen, etwas Unmenschliches, und in ihren Ansichten herrscht eine Schroffheit, eine Engherzigkeit, die eben nur durch den Einfluss ihres religiösen Bekenntnisses zu erklären ist.«[251] Claire von Glümer zeigt hier ihre Stärke bei der Erfassung und Beschreibung menschlicher Charaktere: sie bewundert bedeutende Personen nicht blind und bedingungslos, sie verehrt und toleriert sie aber vor dem Hintergrund ihrer Stärken und Schwächen als Individuen, die sich nach bestem Bemühen einer Lebensführung verschrieben haben, welche die Kräfte des Guten in der Welt fördert. Am 19.8.1800 heiratete Elisabeth den Chef eines Londoner Handelshauses, Joseph Fry, der ebenfalls ein strenggläubiger Quäker war und Elisabeths Ansichten teilte. In den folgenden 22 Jahren brachte Elisabeth elf Kinder zur Welt. Neben den familiären Verpflichtungen bemühte sie sich stets um die Verbreitung ihrer religiösen Ansichten und widmete sich der Armenfürsorge und Mädchenbildung. Mit 33 Jahren erfuhr Elisabeth Frys Leben eine Wendung, als sie auf Anregung ihres Schwagers die weiblichen Insassen im Gefängnis von Newgate besuchte. Dies wurde der Ausgangspunkt für eine rege Tätigkeit im Bereich der Gefangenenfürsorge: auf Frys Betreiben wurden für die Gefangenen in der Folge in zahlreichen Haftanstalten innerhalb und außerhalb Englands berufliche Qualifikationen und religiöse Unterweisungen durchgesetzt. Zudem engagierte sich Elisabeth Fry für verbesserte Haftbedingungen. Im Zuge ihrer selbstlosen sozialen Tätigkeit kümmerte sie sich auch um Obdachlose. Später führten sie anstrengende Reisen in zahlreiche Gefängnisse, u.a. nach Russland, Deutschland, Italien, Belgien, Holland und Frankreich. In der Folge schildert Claire von Glümer anschaulich das aufreibende und kräftezehrende Leben Elisabeths, welches in ihren letzten Lebensjahren von einem Nervenleiden überschattet war.[252]

Die *Briefe über weibliche Bildung und Erziehung* sind ein aus heutiger Sicht interessantes kulturgeschichtliches Dokument. Claire von Glümer veröffentlichte ihr Buch unter dem Pseudonym *Elise von Gleichen*. Die Autorin wendet sich in neun Briefen an eine fiktive jüngere Freundin und entwickelt darin die zu jener Zeit liberalen Positionen zur Rolle der Frau im privaten und öffentlichen Kontext. Dieses Werk scheint auch eine Art Abrundung von Claire von Glümers Beschäftigung mit dem Gedankengut Friedrich Fröbels zu sein. Im ersten Brief finden sich Äußerungen, die Fröbels Feder entsprungen sein könnten. Dem durch die industriellen Wirtschaftsverhältnisse bedingten »Absterben des Familienlebens« stellt Claire von Glümer nicht nur ein sich auf sich selbst besinnendes Seelenleben entgegen, sondern auch das Postulat einer harmonischen Entwicklung der Anlagen eines jeden Individuums. Dies führe zu einem »reinen Genuss des Daseins.« Die Autorin betont dabei ausdrücklich: »Dass ich hier unter Genuss nicht das verstehe, was man Vergnügen zu nennen pflegt und was eigentlich nur ein Rausch der Seele ist, durch den sie mehr verliert als gewinnt, bedarf wohl keines Wortes. Unter dem Genuss des Daseins verstehe ich das segensreiche Wirken im engeren oder weiteren Kreise, zu dem wir alle berufen sind, zu dem wir aber häufig nicht gelangen, weil wir versäumt haben, uns dazu tüchtig zu machen.«[253] Um die Befähigung »segensreich« wirken zu können, geht es in diesen Briefen. Auf mehr als 170 Seiten entfaltete Claire von Glümer ein Frauenbild, das die traditionellen Auffassungen der damaligen Zeit stark in Frage stellte. Sie orientierte sich dabei an den Klassikern Goethe und Schiller und auf christliche Werte. Interessant an Claire von Glümers *Briefen* ist, dass die Verfasserin nicht mit programmatischen und provozierenden Thesen ihre Sicht der neuen Rolle der Frau verkündet, sondern von der Notwendigkeit ausgehend, dass nur *die körperliche Gesundheit* des Menschen seine soziale Zuverlässigkeit und persönliche Zufriedenheit begründen könne, ihre eigene Perspektive der Frauenemanzipation entwickelt. An einigen Beispielen soll dies verdeutlicht werden.

Nachdem im ersten Brief auf grundlegende Ernährungsfragen und Säuglingspflege eingegangen wird, thematisiert Claire von Glümer im folgenden Brief die damals in hohem Kurs stehende *häusliche Handarbeit* als ein für die Frauen besonderes Übel. Handarbeiten sollten nicht den Großteil der Tageszeit einnehmen, luxuriöse und ehrgeizige Unternehmungen, wie das Häkeln komplizierter Kunstborten, sollten nicht zum Selbstzweck werden. »Die meisten Frauenkrankheiten, wie Bleichsucht, Hysterie, Brust- und Unterleibsübel, Muskelschwäche und die daraus hervorgehende Verkrümmung der Wirbelsäule, die Verkümmerung des Knochenbaus überhaupt, haben aber sehr oft ihren einzigen Grund in der Vernachlässigung der Bewegung in freier Luft, die sich jeder Mensch *täglich mehrere Stunden* gestatten soll und die selbst bei ungünstiger Wit-

terung nicht ganz aufgegeben werden darf.« [254] Vor dem Hintergrund
der gesundheitsschädlichen Wirkung des Handarbeitens wird durch die
Forderung nach Bewegung im Freien den Frauen ein Frei-Raum eröffnet, wodurch die Gebundenheit an das Haus aufgelöst wird. Neben dem
Spazierengehen wird auch die regelmäßige gymnastische Betätigung für
Frauen als erstrebenswertes Ziel formuliert. Die fruchtbarsten dieser Be-
tätigungen wären, das Schwimmen, das Schlittschuhlaufen und Reiten,
aber auch das Federballspiel oder »Hüpfen über ein geschwungenes
Seil«.[255] Diese Ideen Claire von Glümer hatten durchaus einen revolutionären Charakter, lösten sie doch die Frauen aus der Gebundenheit an
die eigenen vier Wände und führten sie aus dem begrenzten Familienkreis in andere soziale Zusammenhänge. Dennoch wertschätzte Claire
von Glümer auch das Familienleben, die häusliche Kindererziehung (es
sollte keine Schulpflicht vor dem achten Lebensjahr geben![256]) und die
Rolle der Frau als Hausfrau und Gastgeberin (nicht als Bedienstete ihrer
Gäste!). Literarische Bildung (die Lektüre der Nibelungen-Sage, des
Parzival, der Grimmschen Märchen und der Klassiker Goethe, Schiller
und Shakespeare) sowie die Möglichkeit einen eigenen Beruf zu ergreifen, der nicht allein derjenige der »Haus-Frau« ist, gehörten ebenso zu
den dringend notwendigen Pfeilern der Frauenemanzipation. Claire von
Glümer erstrebte eine Transformation der bestehenden gesellschaftlichen Rollenverteilung, wobei neue Gedanken und Lebensweisen in das
bestehende System eingeflochten werden sollten, um dieses allmählich
zu liberalisieren. Man darf durchaus sagen, dass die 1856 veröffentlichten Briefe, acht Jahre nach den Revolutionsereignissen in Deutschland,
einen zarten Flügelschlag der Freiheit darstellen. Dieses Freiheitsstreben
ist bei Claire von Glümer christlich begründet. Sie verdeutlicht das mit
ihrer Kritik am öffentlichen Wohltätigkeitsgebaren: »Darum ist es nicht
damit abgemacht, ein Almosen zu reichen, und wenn es noch so bedeutend wäre – der Mensch muss zum Menschen treten, muss ihm geistig
aufhelfen, sein Ehrgefühl wachrufen, ihm Wege zeigen, die ihn durch Tätigkeit zu einem besseren Leben führen. Die moderne Wohltätigkeit will
das zwar auch, aber sie wird es nie erreichen, weil sie nicht nach Einge-

bung des Herzens, sondern nach Statuten handelt; weil sie sich öffentlich zeigt und durch die Ostentation, mit der sie hilft, der Gabe den höchsten Wert, den Wert der Liebe nimmt. Die christliche Liebe, die wir so viel im Munde führen, ist immer eine Abstraktion, so lange wir sie nicht als Einzelner dem Einzelnen gegenüber betätigen; die Schrift sagt uns das auch, wenn sie spricht: und wer all sein Gut den Armen gäbe und hätte der Liebe nicht, dem wäre das nichts nütze.«[257]

Für Claire von Glümer prägten die Beziehungen zu treuen Menschen die 1850-er Jahre. Neben Auguste Scheibe, dem jungen Max Jordan und dem etwas komplizierten Julian Schmidt gehörten drei etwa gleichaltrige Freundinnen zu Claire von Glümers engerem Lebenskreis: Louise Otto-Peters, Auguste Herz und Elise Polko.

Louise Otto-Peters

Louise Otto-Peters (1819-1895) gehörte als sozialkritische Schriftstellerin zur Mitbegründerin der deutschen Frauenbewegung. Sie wuchs in wohlhabenden bürgerlichen Verhältnissen auf (der Vater war Gerichtsdirektor und Senator). Mit 17 Jahren wurde sie Vollwaise; ihren Lebensunterhalt bestritt Louise in der Folge vor allem aus ihrer Erbschaft sowie den Erträgen ihrer schriftstellerischen Tätigkeit. In ihren ersten Romanen (*Ludwig der Kellner, Schloss und Fabrik*) prangerte sie die erbärmlichen Lebensverhältnisse der Industriearbeiter an und setzte sich für deren Rechte ein (seit 1841). Sie publizierte unter dem

Pseudonym »Otto Stern«. Ihre Gedichtsammlung *Lieder eines deutschen Mädchens* gehörte zu den wichtigen Vormärztexten. Louise Otto verlobte sich im Gefängnis mit dem zu sieben Jahren Haft verurteilten Schriftsteller August Peters. Nach Erlass von dessen Reststrafe (1856) heiratete das Paar zwei Jahre später und gab bis zum Tod August Peters´ (1864) gemeinsam die *Mitteldeutsche Volkszeitung* heraus.[258]

Auguste Wilhelmine Herz

Auguste Herz (geb. 1824 in Leipzig als Auguste Wilhelmine Kachler, gest. 1880 in Altenburg) war eine interessante Person, die auch öffentlich Aufmerksamkeit erregte. Als Mädchen litt sie unter epileptischen Anfällen und nervösen Zuständen und wurde von einigen Zeitgenossen als Medium angesehen. Die Erkrankung Auguste Kachlers begann nach Auffassung ihrer Familie nach einem Bad in der Elbe im Juli oder August des Jahres 1839. »Am Abend des 31. Oktober des Jahres, an welchem Auguste sich über Unwohlsein in hohem Grade beklagt hatte, fiel sie plötzlich ohnmächtig zu Boden. Sie schien von inneren Krämpfen beunruhigt zu werden, bot jedoch im Übrigen den Anblick einer Schlummernden. Nach dem Verlauf einer Stunde fing sie leise zu sprechen an, und ihre Rede bestand aus einem Gemisch von deutschen und französischen Worten und bezog sich, soviel man davon verstehen konnte, auf religiöse Gegenstände und die Angelegenheiten der Familie.« Hinzu kam ein intensiver Traum Augustes, welcher von der Begegnung mit einem Engelwesen handelte und in dem ihr prognostiziert wurde, dass ihre Krankheit etwa zwei Jahre dauern würde.[259] Johann Karl Bär hat in minutiöser Weise in seinem Buch über den Somnambulismus Auguste Kachlers berichtet: hellsichtige Äußerungen der jungen Frau, Protokolle über ihre mitunter Tage andauernden, von Wandelgängen unterbrochenen Schlafphasen und Begegnungen mit Verstorbenen werden darin umfangreich dokumentiert. Da ein normaler Schulbesuch durch ihre Krankheit nicht möglich war, glich Auguste vieles durch autodidaktische Studien aus. Der Vater Clara Schumanns, Friedrich Wieck, erteilte ihr privaten Musikunterricht. 1843 heiratete Auguste Kachler den Philosophen und Privatgelehrten Heinrich Wilhelm Herz. Dieser war politisch engagiert. Am 19.11.1848 hielt Herz in der Dresdener Frauenkirche eine Rede anlässlich des Todes Robert Blums; im folgenden Jahr wurde er, genau wie Claire von Glümers Bruder Bodo, im Zusammenhang mit den Dresdener Maiunruhen verhaftet und zu lebenslanger Haft verurteilt. Möglicherweise fällt in diese Zeit die Bekanntschaft Auguste Herz' mit Claire von Glümer. 1853 wurde Heinrich Wilhelm Herz vorzeitig aus der Haft entlassen, kehrte aber als kranker Mann zu seiner Gattin zurück. Auch Auguste Herz war politisch tätig, so u.a. als Vorsitzende des demokratischen Frauenvereins in Dresden. Als der Pädagoge Friedrich Fröbel nach Dresden kam, besuchte Auguste Herz bei ihm einen Lehrkurs für Kindergärtnerinnen. Fröbel hielt sie für besonders befähigt für den Erzieherberuf. Auf Auguste Herz' Betreiben wurde in Dresden (mit der Unterstützung von Claire von Glümers Lebensgefährtin Auguste Scheibe) der erste Volkskindergarten gegründet. Auguste Herz entwickelte sich in den nächsten Jahren zu einer viel geachteten und erfolgreichen Orthopädin und Gymnastikexpertin. Sie war so angesehen, dass zu ihren Patienten Angehörige der herzoglichen Familie, die Ehefrau Albrechts von Preußen sowie Richard Wagner zählten. Während des deutsch-französischen Krieges 1870/71 ging Auguste Herz in die Lazarette und erteilte heilgymnastischen Unterricht für die Kriegsversehrten.[260]

Auch mit der Schrift- stellerin Elise Polko war Claire von Glü- mer befreundet. Eli- se Polko, geb. Vogel (1823-1899), war zu ihrer Zeit eine beson- ders von Frauen viel gelesene Schriftstelle- rin. Meist schrieb sie Werke musikalischen Inhalts, wie z.B. Mu- sikerbiographien und Musikmärchen. Nach 1850 wohnte sie, nach- dem sie den Direktor der Köln-Mindener Eisenbahn geheiratet hatte, im westfälischen Minden. Elise Polko

Elise Polko

gehörte neben bekannten Frauen wie Rahel Varnhagen von Ense, der dä- nischen Sängerin Jenny Lind und Wilhelmine Schröder-Devrient zum Freundeskreis Felix Mendelssohn Bartholdys. Sie hatte aber nach einer Gesangsausbildung und ersten erfolgreichen Auftritten als Opernsänge- rin wegen ihrer Heirat auf eine Bühnenlaufbahn verzichtet. Nach dem Tod ihres Gatten (1887) erbte sie dessen Schulden und musste erfah- ren, dass Eduard Polko es versäumt hatte, seine Gattin bei der Renten- versicherung anzumelden. So verbrachte sie ihre letzten Lebensjahre in schwierigen finanziellen Verhältnissen und wechselte aus Kostengrün- den mehrfach den Wohnort. Elise Polko bezog eine kleine Rente auf dem Gnadenweg und verdiente sich ihren bescheidenen Lebensunter- halt vornehmlich mit schriftstellerischen Arbeiten sowie dadurch, dass sie ältere Pensionärinnen bei sich aufnahm.[261]

Gottfried Jordan (1791-1860)

Zu Claire von Glümers »Getreuen« gehörte auch Max, der Sohn des Ehepaars Jordan, in dessen Haus sie nach 1848 regelmäßig verkehrte. Max´ Vater Gottfried Jordan hatte, gemeinsam mit seinem Freund und Geschäftspartner Friedrich August Timaeus, in Dresden eine Schokoladenfabrik gegründet. Die Jordans waren in der bewegten Zeit um 1848 wie Eltern für Claire von Glümer und gaben ihr seelischen Halt. Auch das Weihnachtsfest verbrachte sie bei der Familie. Max Jordan, 12 Jahre jünger als Claire von Glümer, studierte zunächst in Berlin, später u.a. in Jena. Man traf sich im Sommer 1856 in Kösen, ein Folgebesuch in Jena musste dagegen ausfallen, da Claire von Glümer aus finanziellen Gründen ihren Kuraufenthalt abbrechen musste. In den Monaten vor ihrem 31. Geburtstag war sie nach Aussagen Auguste Scheibes völlig überarbeitet. Das machte sie auch empfindlich und anfällig für ungute Stimmungen. Als zu ihrem Geburtstag am 25. Oktober kein Brief von Max Jordan kam – er traf erst verspätet ein –, reagierte Claire von Glümer traurig und war tief enttäuscht. Sie fühlte sich matt, müde und »zerrissen«. Das Weihnachtsfest 1856 wollte Claire von Glümer wieder gemeinsam mit den Jordans in Dresden verbringen. Besonders während der schweren Wochen um den sich jährenden Todestag der Tante Jordan wollte Claire ihren alten Freunden zur Seite stehen. Mit Max, so hoffte sie, werde sie in Zukunft in ihrem Briefwechsel die »wirkliche Geistesbruderschaft« vertiefen und an seinem Leben und seinen Arbeiten innigen Anteil nehmen.[262]

Vorausgreifend sei erwähnt, dass der Briefwechsel Claire von Glümers mit Max Jordan bis ins Jahr 1905 belegt ist. Max Jordan war nach seinem

Studium und einer längeren Italienreise 1861 nach Deutschland zurückgekehrt, heiratete und knüpfte erneut private Beziehungen zu Gustav
Freytag, den er bereits während seiner Leipziger Studentenzeit kennen
gelernt hatte. 1864 trat Max Jordan in die Redaktion der *Grenzboten* ein,
wo er sechs Jahre lang vorwiegend für den Bereich Kunstgeschichte tätig
war. Neben ihrer Freundschaft mit Julian Schmidt hatte Claire von Glümer somit eine weitere Möglichkeit, am Innenleben der *Grenzboten* teil-
zunehmen. Nach 1870 leitete Jordan das Städtische Museum in Leipzig,
1874 wurde er zum Direktor der »Königlichen Nationalgalerie« nach
Berlin berufen. Dort avancierte er zum Mitglied des Senats der »Königlichen Akademie der Bildenden Künste« und schließlich zum »Geheimen Oberregierungsrat«. Nachdem Max Jordans Frau Agnes 1895 verstorben war, heiratete er zwei Jahre später ein zweites Mal. Im Jahr 1906
starb Max Jordan 69-jährig in Berlin.[263]

Claire von Glümer arbeitete in den Jahren 1855/56 mit steter Intensität weiter und setzte sich damit hohen gesundheitlichen Belastungen aus.
Zudem führte ein Wiedersehen mit der verehrten Sängerin Wilhelmine
Schröder-Devrient zu seelischen Turbulenzen. Darauf wird im folgenden
Kapitel eingegangen. In diese Zeit fiel auch eine intensive Beschäftigung
mit der deutschen Mythologie. In ihrem umfangreichen Buch »*Mythologie der Deutschen*« entfaltete Claire von Glümer für ihre Leserinnen in
anschaulicher Weise ein Bild der germanischen Götterwelt. Ihre sprach-
lich und stilistisch lebendige Darstellung war eine Bearbeitung von Jacob Grimms Werk »Deutsche Mythologie« (1835). Claire von Glümer
betonte, dass ohne die wegweisende Arbeit Grimms ein sicheres Geleit
durch die figurenreiche germanische Mythologie für sie nicht möglich
gewesen wäre. Mehrfach bezieht sie sich in ihrer Darstellung auf Grimms
Werk.[264] Die »*Mythologie der Deutschen*« erschien 1856 als Band 1 im
Rahmen der Reihe *Bibliothek für die deutsche Frauenwelt* bei Otto Wigand
in Leipzig. Claire von Glümer verfasste für ihre weibliche Leserschaft ein
Vorwort, in dem sie programmatisch ihre damalige Haltung zur Rolle der
Frau als Gattin, Mutter sowie Hausfrau darlegte und sich zudem über die
Aufgabe alleinstehender Frauen äußerte – gewissermaßen ein Nachklang

zu ihren zuvor publizierten *Briefen über weibliche Bildung und Erziehung.* Das Vorwort beginnt so: »An unsere Leserinnen. Über die Erziehung und den Beruf der Frauen, über ihre Stellung im Hause, in der Gesellschaft und im öffentlichen Leben wurde in neuester Zeit mehr als je zuvor gesprochen und geschrieben. Einige haben den Wirkungskreis der Frauen auf Haus und Familie beschränken wollen; andere haben ihnen das Recht zugestanden eine eigene Berufstätigkeit zu wählen, also gewissermaßen selbstständig ins bürgerliche Leben einzutreten. Aber von welchem Gesichtspunkte man auch ausging, wie sehr man den Wirkungskreis der Frauen beschränken oder erweitern mochte, in einem Punkte treffen sich diese verschiedenen Ansichten überein: nämlich darin, dass die Frauen einer harmonischen Bildung des Geistes und Herzens bedürfen, um den vielfältigen Pflichten zu genügen, die ihnen das Leben in jeder Stellung auferlegt. Die Gattin soll nicht Dienerin, sondern Freundin und Gefährtin des Mannes sein, seine Stütze und sein Trost in Zeiten der Trübsal. Sie bedarf dazu einer Geistesbildung, die sie befähigt, die Interessen des Mannes zu verstehen und einer Bildung des Herzens, die sie frei macht von Selbstsucht, Genusssucht und Eitelkeit. Die Mutter solle nicht allein Pflegerin, sondern auch auch Erzieherin der Kinder sein. Die erste mütterliche Leitung bestimmt fast immer über die Lebensrichtung der ihr anvertrauten Seelen, sie bringt gleichsam Grundton und und Färbung des ganzen Wesens hervor und bewirkt somit Glück oder Unglück in sich immer erweiterndem Kreise. Aber die wichtige, heilige Aufgabe der Erziehung wird in unseren schwierigen Verhältnissen nur dann vollständig erfüllt werden können, wenn ein gebildeter Geist dem Instinkt der Mutterliebe zu Hilfe kommt. Die Hausfrau hat in gleicher Weise für das körperliche und geistige Wohl aller Familienglieder zu sorgen. Ihr ist die Überwachung jener tausend kleinen Obliegenheiten und Geschäfte übertragen, deren Bedeutung wir erst erkennen, wenn sie versäumt oder ohne Liebe und Einsicht getan werden – was nur zu oft zu den peinlichsten Störungen des Familienfriedens Veranlassung gibt. Und Hand in Hand mit diesen bald größeren, bald kleineren Pflichten, die sich auf das materielle Gedeihen der Familie beziehen, geht die Sorge der Hausfrau für das geistige Leben in ihrem Kreise, denn das eine vermag nicht ohne das andere zu bestehen / … / Auch jene Tausende, denen solche Pflichten weder als Gattin noch als Mutter auferlegt sind, haben Anteil an der allgemeinen Aufgabe der Frauen: als Tochter, als Schwester, als Freundin sind auch sie berufen, für das Wohl des Familienkreises zu wirken. Und wäre hier und da ein ganz alleinstehendes Wesen, so hätten gerade für die Einsame geistige Genüsse doppelten Wert. – Und je mehr sie innerlich wächst und erwirbt, um so mehr wird sie tüchtig sein, sich einen Beruf zu sichern, wo die Sorgsamkeit, Tätigkeit und Geduld des Weibes immer einen Platz finden: nämlich in der großen Familie derer, die von geistiger oder leiblicher Not bedrückt sind.«[265] Gerade in den letzten Sätzen zeigt sich die Signatur von Claire von Glümers bisheriger Lebensführung: als treue Tochter, die ihren Vater unterstützte, als aufopferungsvolle Schwester, die sich um ihren inhaftierten Bruder kümmerte, und als Freundin und Weggefährtin Auguste Scheibes.

In den von Julian Schmidt und Gustav Freytag herausgegebenen *Grenzboten* fand die *Mythologie der Deutschen* eine positive Besprechung. Claire von Glümers Werk wird als Beitrag für die »wahre Frauenbildung« gesehen; der anonyme Rezensent zitiert ebenfalls das Vorwort der Autorin, um ihre Idee der Frauenbildung zu erklären.[266] Claire von Glümer war in dieser Zeit bestrebt, ihr Leben auf die Schriftstellerei zu gründen. Mit Übersetzungen aus dem Französischen und mit eigenen Erzählungen, die in Zeitschriften erschienen, machte sie sich allmählich bekannt und konnte wichtige persönliche Beziehungen knüpfen. Obwohl es in Wolfenbüttel längst nicht so zahlreiche geistige Anregungen gab wie etwa in Dresden, beheimatete sich Claire von Glümer bald in der ihr vertrauten Kleinstadt. Dafür waren verschiedene Faktoren maßgebend. Zum Einen wurden zahlreiche Verbindungen zu Menschen aus ihrer Jugendzeit und den voran gegangenen Aufenthalten in Wolfenbüttel wieder aufgenommen. Vor allem war es der trauliche Verkehr mit ihrer blinden Tante Agnes, welche mittlerweile als Stiftsdame im Kloster »Zur Ehre Gottes« lebte, der Claire von Glümers Lebensgefühl gut tat. Neben sozialen Kontakten war es aber besonders die schriftstellerische

Tätigkeit, die Claire von Glümer seelisch konsolidierte und welche die Haupteinnahmequelle in dieser Zeit bildete. Claire von Glümers zuvor verstreut in verschiedenen Zeitschriften veröffentlichten »Bilder aus den Pyrenäen« erschienen 1854 als Buchausgabe. Zudem übersetzte sie die umfangreichen Memoiren der französischen Autorin George Sand, die 1854-1856 erschienen. In Otto Wigands Verlag gab Claire von Glümer zudem acht Bände der »Bibliothek für die deutsche Frauenwelt« heraus, wobei drei dieser Bände ihrer eigenen Feder entstammten: Die *Mythologie der Deutschen, Berühmte Frauen* sowie die unter dem Pseudonym Elise von Gleichen veröffentlichten *Briefe über weibliche Bildung und Erziehung.* Die enge Verbindung zu Julian Schmidt, dem Herausgeber der Zeitschrift *Die Grenzboten,* vermittelte Claire von Glümer zudem einen lebendigen Eindruck in die aktuellen politischen und literarischen Entwicklungen. Auch von Professor Koberstein und Dr. Pohl erhielt Claire von Glümer regelmäßig Büchersendungen und tauschte sich mit diesen über ihre Leseerfahrungen aus.[267]

Nach einer längeren gemeinsamen Reise durch Thüringen bezogen Claire von Glümer und Auguste Scheibe eine neue Wohnung in einem hübschen Haus am Rosenwall in Wolfenbüttel, wo sie für fünf Räume nur 12 Taler jährlich an Miete zahlen mussten. Der Überschuss an Räumlichkeiten brachte die Freundinnen auf die Idee, ein Damenpensionat zu eröffnen. Aber sie fanden in dem Städtchen keine Pensionärinnen, die sich für diese Wohnform interessierten. Auguste Scheibe plante daraufhin schwedische Heilgymnastik und Turnunterricht anzubieten, was aber in der Wolfenbütteler Damenwelt auf ein nur geringes Interesse stieß. Die Schriftstellerei Claires blieb somit die Haupterwerbsquelle des Freundinnenhaushalts. Bald verlegte sich auch Auguste Scheibe vermehrt auf das Gebiet der Literatur, indem sie als Übersetzerin aus dem Englischen tätig wurde (so u.a. Charles Dickens´ »Bleak House«, ein Roman, der seit 1852 in Fortsetzungen erschien). Doch trotz der insgesamt recht konsolidierten finanziellen Lage war Claire von Glümers Leben weiterhin von der Sorge um das Schicksal ihrer Geschwister bestimmt, denn Marie und Edmund befanden sich, beim Vater lebend, noch immer nicht

in einer gesicherten wirtschaftlichen Situation. Bodo, der seine lebenslange Haftstrafe in Waldheim abbüßte, machte ihr ebenfalls Mühen und
Sorgen. Dies zeigt ein Brief Claires vom 17. Juni 1856 an den Verlagsbuchhändler Rollmann in Leipzig: »Geehrter Herr! Mein Bruder, der
früher Leutnant in preußischen Diensten war, befindet sich unter den
zu lebenslanger Haft verurteilten Maigefangenen in Waldheim. Jahrelang
hat er sich mit literarischen Arbeiten beschäftigt, hat teils Originale, teils
Übersetzungen aus verschiedenen Sprachen für Journale geliefert, wobei
ich die Vermittlerin war. Nun ist mir vor einigen Tagen der Bescheid zu-
gegangen, dass die literarische Beschäftigung meines Bruders nur unter
der Bedingung fortdauern kann, wenn eine solide Buchhandlung mit der
Direktion in Waldheim kontrahiert. Mit Journalen würde ein solcher
Kontrakt schwerlich zu schließen sein – ich erlaube mir daher die Frage,
ob Sie, geehrter Herr, nicht geneigt wären meinen Bruder durch Übersetzungen für Ihren Verlag zu beschäftigen.« Weiter führt Claire von
Glümer aus, dass ihr Bruder des Französischen, Englischen und Italienischen »vollkommen mächtig« sei und dass er mit Vorliebe mathema-
tische und medizinische Werke übersetzen würde. Sie lobt die Leistungen Bodos, verbürgt sich für deren Qualität und hofft, dass er durch den
Erhalt seiner literarischen Arbeit »vor dem Spinnrad bewahrt« werden
könne.[268]

Julian Schmidt und seine Frau Elise hatten nach ihrer Heirat in »Lurgensteins Garten«, einer gehobenen Wohngegend in Leipzig, eine Wohnung mit sechs Zimmern nebst Balkon bezogen. Sie pflegten enge Beziehungen zum Ehepaar Busch und Schmidts Schwester Friederike. Das
ist aus den Briefen Claire von Glümers zu entnehmen, welche in ihren
Grußformeln immer Friederike und (zumindest bis 1858) auch immer
Moritz Busch bedachte. Auch Elise Schmidts Schwester Alwine, welche
sich unglücklich verheiratet hatte, hielt sich öfter in Leipzig auf und war
mit Claire von Glümer bekannt und besuchte sie wahrscheinlich in Wolfenbüttel.[269] Im Jahr 1857 luden Elise und Julian Schmidt Claire von Glümer ein, das Weihnachtsfest bei ihnen in Leipzig zu verbringen. Doch
Claire von Glümer war in Sachsen behördlicherseits nicht erwünscht,

lediglich Besuche des inhaftierten Bruders Bodo wurden gelegentlich gestattet, weshalb ein Besuch Claires in der Haftanstalt Waldheim mit einem Besuch bei Schmidts hätte verbunden werden können. Julian Schmidt hatte geplant, Claires Aufenthalt in »Lurgensteins Garten« der Behörde nicht zu melden. Doch Claire von Glümer war diese Aktion nicht geheuer: »Mein lieber Freund, es wird mir diesmal recht schwer Ihren guten, liebenswürdigen Brief zu beantworten und ich glaube, dass ich nur deshalb so unverhältnismäßig lange mit dem Schreiben gezögert habe. Ich war nämlich ganz entzückt von der Idee, das Weihnachtsfest bei Ihnen zu verleben, und dass nun nichts daraus werden kann, tut mir so leid, dass ich noch immer nicht im Stande bin, mich darüber zu beruhigen. Als Ihre Einladung kam, schrieb ich gleich einen Brief nach Dresden und bat, mir einen Besuch in Waldheim und Dresden zu gestatten. Mein Bruder hatte mich nämlich gebeten, zu ihm zu kommen. Von Leipzig sagte ich nichts, weil Sie nicht die Absicht hatten, mich zu melden. Nach 17 Tagen bekam ich dann Bescheid: *dass mein Aufenthalt in Sachsen nicht zu begünstigen wäre.* Nun ist es zwar möglich, dass ich nicht erkannt würde und ein paar Tage ruhig, oder vielmehr ungestört in Ihrem Hause sein könnte – aber ruhig wäre ich keinen Augenblick. Lachen Sie, lieber Freund – das muss ich mir gefallen lassen! aber ich ertrüge es nicht in der Angst vor der Entdeckung zu leben und würde mir nie verzeihen, wenn ich die Spürnase der Behörde in Ihre Häuslichkeit lockte. Wir wollen uns gedulden, bis Sie nach Berlin übersiedeln, und wenn Sie dort keine Räume mehr für Besucher haben, tauche ich gern in irgendeinen Kleiderschrank oder unter ein Sofa. Aber schade ist es doch, dass ich Ihrer freundlichen Einladung nicht folgen kann und es wird mir recht schwer *gute Miene* zu machen.« Julian Schmidt plante bereits kurz nach der Gründung seines Hausstandes in Leipzig nach Berlin überzusiedeln, was gleichbedeutend mit der Aufgabe der Redakteurtätigkeit bei den *Grenzboten* gewesen wäre. Claire von Glümer unterstützte die Pläne des Freundes, verbunden mit der Hoffnung, Schmidts *Geschichte der französischen Literatur* ins Französische zu übersetzen: »Sind Sie erst in Berlin, so wollen wir uns öfter sehen und wenn ich dann die Literaturgeschichte übersetze, ziehe ich am Ende für einige Zeit in Ihre Nachbarschaft, um meine Arbeit unter den Augen Seiner Gnaden zu vollenden.«[270] Aber erst einmal sollte es anders kommen. Denn Leipzig wurde Claire von Glümer bald sympathischer.

Im Sommer 1858 besuchten Elise und Julian Schmidt zunächst Wolfenbüttel. »So ein paar Tage des Zusammenseins sind doch besser als alle Briefe – womit aber gar nicht gesagt sein soll, dass ich Ihre Briefe nicht haben möchte – aber ich will tun was möglich ist, um ein Wiedersehen in Leipzig herbei zu führen… Vor allem lassen Sie mich fragen, wie Ihnen und Ihrer `Kleinen` die Reise bekommen ist.« Elise Schmidt wird bereits vertraut »die Kleine« genannt. Die Wohnung der Schmidts in Leipzig war »behaglich und hell«, die Gastfreundschaft des Ehepaars sehr herzlich. Claire von Glümer und Auguste Scheibe besuchten die Schmidts im Spätherbst 1858. Die Begegnung muss das ohnehin nahe Verhältnis dieser Menschen weiter vertieft haben, denn Claire von Glümer begann ihren ersten Brief nach dem Besuch mit bildhaften Worten: wenn sie eine Schwalbe wäre, würde sie herbei geflogen kommen und an Julian Schmidts Fenster ihr Nest bauen.[271]

Claire von Glümer hatte nach ihrem Besuch bei Schmidts regelrecht »Heimweh« nach Leipzig, nach Moritz Busch, Elise sowie Friederike Schmidt. »Ich glaube so fest, dass jeder gute Eindruck und jede wahre Zuneigung gegenseitig ist, dass ich über mein Verhältnis zu Elise keinen Zweifel mehr habe. Es ist noch kein inniges, aber es wird immer inniger werden und was so langsam wächst, ist gewöhnlich besser, gesünder als was nur durch die Gewalt der Leidenschaft über uns kommt. Wie es mit uns beiden steht, wissen Sie. Dass wir uns von einander verlieren könnten, glaube ich nicht, ich hoffe sogar, dass keine dauernde Verstimmung möglich ist. Zanken werden wir uns freilich noch recht oft, denn in vielen Dingen werden wir niemals einer Meinung sein. Aber lieb haben können wir uns doch und das wollen wir auch, nicht wahr, lieber alter Freund?« Auguste Scheibe sitze ihr, während sie diesen Brief schreibe, genau gegenüber. »Eben haben wir unseren Abendtee getrunken und dabei wieder einmal von Ihnen allen geplaudert. Es wäre doch hübsch, wenn wir in einem Orte wohnten, sodass wir wöchentlich ein oder ein paar Mal zusammen sein könnten, miteinander lesen, plaudern, turnen. Wie schade, dass der Julian Dresden nicht leiden mag! Die Frauen würden sich dort gewiss behaglich fühlen. Auch der Doktor (Moritz Busch), ich bin davon überzeugt. » Claire von Glümer wolle das Ihrige tun, um Julian Schmidt »Dresden so angenehm zu machen wie Sie mir Leipzig gemacht haben. Sie glauben gar nicht wie mir die Stadt verhasst war und jetzt gehört sie zu meinen guten Freunden.« Claire von Glümer erwähnt, dass sie zwei Paar ihrer Handschuhe »in Julians heiligen Hallen« vergessen habe: »Es ist mir übrigens nicht unangenehm, denn Liegenlassen bedeutet baldiges Wiederkommen / ... / Und nun gute Nacht, meine Lieben. Elise gibt mir jetzt schon einen Kuss, ohne dass uns der Doktor mit den Köpfen zusammenstößt; mit Friederike muss noch in alter, lieber Weise ein Plauderstündchen gehalten werden – aber nein, erst muss ich noch dem Julian etwas sagen. Mir fällt nämlich Otto Ludwig ein; vergessen Sie doch nicht, ihm Ihre französische Literaturgeschichte zu schicken. Er scheint sich sehr danach zu sehnen. Nun aber wirklich adieu und gute Nacht. Schreibt bald, meine lieben Kinder, und behaltet uns lieb. Troll legt sich Julian zu Füßen, beide Katzen grüßen schön und ich bin und bleibe Eure getreue Cläre.«[272] Neben »Troll« gab es noch die Katze »Soussy« im Haushalt von Claire von Glümer und Auguste Scheibe. Julian Schmidt war aber kein Katzenfreund, denn er konnte das »Viehzeug« nicht leiden, was Claire von Glümer »jammerschade« fand, denn Katzen wären eine nette Gesellschaft und »weniger lästig als die meisten Menschenkinder.« Aber Julian Schmidt erkundigte sich stets höflich nach dem Wohlergehen des »Viehzeugs«.[273]

Dass auch das Verhältnis zwischen Claire von Glümer und Elise Schmidt sich vertrauter und offener gestaltete, geht aus Briefen in dieser Zeit hervor: Claire von Glümer hatte längere Zeit nicht geschrieben. Das lag daran, dass sie »traurig« war. Und unbeschwert tun konnte sie nicht, denn dann »hätte Elise wieder einmal Spott, Kälte und wer weiß nicht was aus meinen Zeilen herausgelesen« und somit erkannt, dass Claire nicht authentisch gewesen wäre.[274] Oben wurde bereits erwähnt, dass Elise Schmidt von Claire von Glümer »die Kleine« genannt wurde. Auch in der direkten Anrede heißt es: »Kommen Sie her, kleine Frau, und geben Sie mir die Hand.« Man kannte sich also doch schon recht gut und wusste, was man voneinander zu erwarten hatte und wie weit man gehen konnte! Die vergessenen Handschuhe waren es wahrscheinlich, welche Elise Schmidt veranlassten, Claire von Glümer zum Weihnachtsfest einen »Handschuhkasten« zu schenken.[275]

In den Jahren zuvor hatte Claire von Glümer nur zu ausgewiesenen Zwecken für kurze Zeit Sachsen besuchen dürfen und deshalb ihrer Freundin Auguste Scheibe, die ihre kranken Eltern in Dresden pflegte und deren Angelegenheiten zu regeln hatte, immer nur für einige Tage zur Seite stehen können. Doch eine schriftliche Bitte Claire von Glümers an den Dresdener Polizeipräsidenten, der erschöpften Auguste Unterstützung gewähren zu dürfen, hatte Erfolg. Augustes Eltern starben kurz hintereinander im September und Oktober 1858. Claire von Glümer erwirkte eine Aufenthaltserlaubnis in Dresden von Anfang Oktober bis Ende November. Auf der Rückreise nach Wolfenbüttel planten Claire und Auguste vom 4.-6. Dezember einen Besuch bei Julian und Elise Schmidt in Leipzig ein. Neben den Sorgen um Auguste belasteten Claire von Glümer in jenen Tagen auch Nachrichten vom Gesundheitszustand von Max Jordans Vater Gottfried, der an Wundbrand litt. Seine Zehen würden schwarz und fielen ab. Claire von Glümer wusste von Fällen, wo die unheilbare Krankheit letztlich auch die inneren Organe befiel und zu einem schmerzhaften Tod führte. Auch von ihrem Dresdener Freund, dem Schneider, Schriftsteller und Verlagsbuchhändler Heinrich Klemm, erreichten Claire keine guten Nachrichten. Auguste, welche Klemm besucht hatte, berichtete, er wirke philisterhaft und äußerlich vernachlässigt.[276] Wenn das Jahr 1858 für Claire von Glümer auch von etlichen Sorgen geprägt war, so war der im Dezember erfolgte Besuch in Leipzig doch ein versöhnlicher Abschluss dieser Zeit. Claire und Auguste Scheibe verbrachten schöne Stunden mit den Schmidts, Julian Schmidts Schwester Friederike und Moritz Busch. Besonders zur zehn Jahre jüngeren Elise Schmidt begann sich ein herzliches Freundschaftsverhältnis zu entwickeln.[277]

Zu Beginn des Jahres 1859 gab es gute Nachrichten. Max Jordan erwarb den Doktortitel mit einer Arbeit bei dem bekannten Historiker Gustav Droysen. Claire von Glümer nahm teil an diesem für ihren Geistesbruder wichtigen Ereignis. Auch das Schicksal ihres inhaftierten Bruders erfuhr zur selben Zeit eine unverhoffte Wendung. Am 27. Januar 1859 war die Leidenszeit Bodo von Glümers von einem Tag auf den anderen beendet. Er wurde begnadigt. »Abends 9 ½ Uhr brachte mir eine telegraphische Depesche die Nachricht; er ist frei: weiter nichts.« Edmund von Glümer, der an diesem Tag gerade seinen Bruder in Waldheim besuchte, machte sich mit diesem sofort auf den Weg zu Claire. Da die preußischen Behörden dem Entlassenen aber verwehrten durch Preußen zu reisen, mussten sich die Brüder auf Umwegen über Hof, Bamberg, Frankfurt/Main und Kassel nach Wolfenbüttel durchschlagen. Somit konnte Claire ihren Bruder erst vier Tage später in die Arme schließen. Doch nach der ersten Wiedersehensfreude stellte sich die sorgenvolle Frage, was Bodo nun tun könne. Einem Freund schrieb Claire über diese Tage: »Möchten Sie nie erfahren, wie solche Erwartung am innersten Mark des Lebens zehrt. Zur Ruhe sind wir noch immer nicht gekommen; kaum ist das erste Aussprechen vorüber und der erste Sturm der Teilnahme, so drängt sich die Frage: was nun beginnen? gebieterisch auf. Da Preußen ein verbotenes Gebiet ist, (Bodo hat sich übrigens um Aufhebung des Verbotes an den Prinzen von Preußen gewendet), so bleibt in Deutschland selbst nicht viel übrig. Indessen strecken wir jetzt nach allen Seiten die Fühlhörner aus und ich suche mich tapfer zu halten: Immer heiter, Gott hilft weiter!«[278] Doch noch im selben Jahr konnte sich Bodo von Glümer ein Auskommen in Wolfenbüttel sichern, indem er Französisch, Stenographie und Mathematik als Privatlehrer unterrichtete.[279]

Zugleich mit der Begnadigung des Bruders erfolgte auch für Claire ein behördlicher Gnadenbescheid. Ihr wurde die dauernde Rückkehr nach Sachsen gestattet. Die Erlaubnis wieder nach Sachsen gehen zu können, weckte in ihr sofort den Wunsch, ins geliebte Dresden zurückzukehren. Hier war der für sie fruchtbare Boden, auf dem geistiges und künstlerisches Leben am besten gedeihen konnten. Doch der Traum von einer

Rückkehr nach Dresden war nicht so leicht zu verwirklichen. Zu Beginn des Jahres 1859 war Claire von Glümer mit sich im Reinen. Sie hatte sich in Wolfenbüttel eingelebt. Das Verhältnis zu Julian Schmidt und seiner Gattin war gut, Claire hatte lebhafteren Kontakt mit ihrem Bruder Edmund, Bodo lebte bei ihr im Haushalt und zudem stand ein Besuch ihrer Schwester Marie aus Amerika in Aussicht. Auguste regelte zwischenzeitlich den Nachlass ihrer Eltern in Dresden und hielt dort Ausschau nach einer schönen gemeinsamen Wohnung. Claire wollte die Entscheidung einer gemeinsamen Übersiedlung an die Elbe Auguste überlassen.[280]

Claire von Glümer (um 1860)

IX. »Der Fall« Schröder-Devrient

Claire von Glümer war 37 Jahre alt, als ihr Buch über die Sängerin Wilhelmine Schröder-Devrient erschien. Das Werk ist eine *Biographie*, zugleich aber auch eine *Dokumentation* über die im Jahr 1862 Verstorbene sowie eine *Anklage* gegen das verkrustete Rollendenken ihrer Zeit. Insbesondere aber ist Claire von Glümers Werk eine auf Toleranz und christlichen Werten basierende *Rehabilitation* Wilhelmine Schröder-Devrients.

Um die Lebensmitte finden neue Orientierungen statt. Das in der modernen Zeit als »Midlife Crisis« bezeichnete Phänomen der Hinterfragung des bisherigen eigenen Lebensweges mündet häufig in eine Veränderung der Denkweise, Lebenshaltung sowie Neuausrichtung des Verhältnisses zum sozialen Umkreis und Beruf. Für Claire von Glümer kam es um 1862 im Zusammenhang mit der Schröder-Devrient-Biographie zu einer solchen persönlichen *Lebenskrise* sowie einer seelischen und beruflichen *Neuorientierung*.

Die Begegnung mit der Sängerin Wilhelmine Schröder-Devrient gehörte zu den Höhepunkten während Claire von Glümers Zeit als Berichterstatterin über das Frankfurter Paulskirchenparlament. Neun Jahre später, im Jahr 1858, kam es zu einem Wiedersehen zwischen den beiden Frauen während eines Konzerts in Dresden. Es war Wilhelmine Schröder-Devrients erster öffentlicher Auftritt nach einer längeren Pause in der von ihr geliebten Stadt. Claire von Glümer erinnerte sich: »Ich werde den Augenblick nie vergessen, wie die hohe, imponierende Gestalt auf dem Podium erschien, von der Versammlung mit stürmischem Applaus begrüßt wurde, sich lächelnd und doch tiefbewegt verbeugte, aufatmete, als fühlte sie sich nach langer Entbehrung von Lebensluft umweht, und nun zu singen begann. Ihr erstes Lied war *Der Wanderer* von Schubert, und meine erste Empfindung ein tiefes Erschrecken. Sie kann nicht mehr singen! dachte ich – der Ton war matt, ohne Fülle, ohne Metall – aber schon, als sie zu den Worten kam: *Und immer fragt der Seufzer wo?* Hatte sie gesiegt. Wie der Meermann im Märchen zwang sie alle, die sie hörten, ihr zu folgen, wohin sie wollte: in Sehnsucht und Schmerz, in Grauen und Verzweiflung, in Liebeslust und Frühlingsfreude. Wie Lessing von Raffael sagt: *er würde auch ohne Hände der größte Maler gewesen sein*, so darf von Wilhelmine Schröder-Devrient behauptet werden, dass sie auch ohne Stimme die größte Sängerin geblieben wäre. Ihre *Seele* sang so gewaltig, so schön, so wahr, wie es wohl nie zuvor gehört wurde und vielleicht nie wieder gehört wird.« Nach diesem Konzertabend ergriff Claire von Glümer die Initiative, schrieb Wilhelmine Schröder-Devrient einen Brief, in dem sie u.a. an ihre erste Begegnung in Frankfurt erinnerte. Dieser Brief setzte eine weit reichende Entwicklung in Gang. Claire von Glümer erhielt umgehend eine Einladung in die Wohnung der Künstlerin, zusammen mit ihrer Freundin Auguste Scheibe, welche eine glühende Verehrerin der Sängerin war: »Zur bestimmten Stunde waren wir bei ihr, – Scheffelgasse Nr.1, 3 Treppen – und kaum waren die ersten Worte gewechselt, kaum saßen wir neben ihr in dem kleinen, grauen Zimmer mit den einfachen rotbraunen Damastvorhängen an Fenster und Türen, als uns so wohl und warm ums Herz war wie beim Wiedersehen eines vertrauten, langentbehrten Freundes. Sie musste wohl etwas Ähnliches empfinden, denn sie hat uns seitdem festgehalten und hat uns an allem teilnehmen lassen, was sie in Schmerz und Freude, in Hoffnung und Erinnerung bewegte.« Diese Teilnahme bezog sich in den letzten Lebensjahren der Künstlerin auf alle Lebensbereiche. »Halbe Tage und Nächte lang« saßen die drei Frauen zusammen und die Künstlerin erzählte ihnen ihre »an Glanz und Elend so überreiche« Lebensgeschichte.[281] Während dieser Gesprächsabende im intimen Kreis berichtete Wilhelmine von Schröder-Devrient auch von den schweren Jahren ihrer Flucht, als sie mit ihren Eltern das von den napoleonischen Feldzügen unsicher gewordene Hamburg verlassen musste. »Wir mussten flüchten und ich erinnere mich, dass meine größte Sorge war, die Franzosen könnten mir meine Puppe wegnehmen, weshalb ich sie aufs Ängstlichste unter meiner Schürze verbarg«. So berichtete Wilhelmine auf ihr zehntes Lebensjahr zurück blickend. Mit vier Kindern machte sich die Familie Schröder auf den Weg, zunächst durch Norddeutschland, dann nach Frankfurt und Umgebung, wo sie aber wieder von den Kriegsereignissen eingeholt wurde, als infolge der Schlacht von Hanau (1813) wiederum alle mühsam errungenen kleinen Lebenssicherheiten wegbrachen und die Familie über Prag schließlich nach Wien verschlagen wurde.[282] Claire von Glümer und Wilhelmine Schröder-Devrient werden sich in den durch biographische Rückschau geprägten Gesprächen durch ihr gemeinsames Kindheitsschicksal als Flüchtlingskinder noch näher verbunden gefühlt haben.

Claire von Glümer bekam aber nicht nur durch mündliche Mitteilungen einen intimen Einblick in die Biographie Wilhelmine Schröder-Devrients, sondern nach deren Tod im Januar 1860 auch Zugang zu ihren persönlichen Aufzeichnungen und Unterlagen (Tagebücher, Briefe, archivierte Zeitungsartikel), auf deren Grundlage sie zwei Jahre später die umfangreiche Lebensgeschichte der verehrten Freundin veröffentlichte.

Wilhelmine Schröder-Devrient trug zum Zeitpunkt des Wiedertreffens mit Claire von Glümer im Jahr 1858 den Namen »Wilhelmine von Bock«.[283] Sie hatte den ihr seit einigen Jahren bekannten livländischen Gutsbesitzer Heinrich von Bock am 14. März 1850 geheiratet und damit zugleich durch eigenen Entschluss ihre Künstlerlaufbahn beendet.[284] Ein Jahr zuvor war Wilhelmine von Schröder-Devrient nach sich über Monate hinziehenden gerichtlichen Verhandlungen vom Major David Oskar von Döring geschieden worden, der sich in betrügerischer Weise eines großen Teils von Wilhelmines Vermögen bemächtigt hatte. In ihrer Biographie beschreibt Claire von Glümer – fußend auf Tagebüchern und Briefen Schröder-Devrients – die psychologischen Facetten dieser unseligen Beziehung, in der sich Wilhelmine in eine völlige emotionale und später wirtschaftliche Abhängigkeit manövriert hatte. Schon wenige Monate nach der Eheschließung (29. August 1847) hatte von Döring im Februar 1848 seine Ansprüche auf Wilhelmines Vermögen geltend gemacht und sogar Teile ihres Mobiliars eingefordert.[285] Die Künstlerin war seelisch zerschmettert, finanziell ruiniert und hatte allen Lebensmut verloren. Claire von Glümer erklärt in ihrer Biographie die Ursachen für diese Katastrophe vor dem Hintergrund der von Ruhelosigkeit und Leidenschaft geprägten Charakterkonfiguration Wilhelmine Schröder-Devrients und erweist sich, bei aller emotionalen Nähe zur Freundin, als sachliche Berichterstatterin: »Dem Unglück des Alleinseins zu entgehen, suchte Wilhelmine mit fieberhafter Hast nach einem Wesen, dem sie ihr leidenschaftliches Herz zu eigen geben könnte. Aber sie hatte nicht das Talent in der Liebe glücklich zu sein. Bald glaubte sie nicht die rechte Hingebung zu finden, bald musste sie erkennen, dass sie den Wert des geliebten Mannes überschätzt hatte. Dann wendete sie sich mit Schmerz und Zorn von ihm ab. Sie war wieder allein mit ihrem ungestümen Herzen und das Suchen begann aufs Neue, um mit neuen Enttäuschungen zu enden. / ... / Es war etwas Dämonisches in ihr, das mit den Jahren immer schärfer hervortrat.

Ein fremder, finsterer Geist, den tausend bittre Erfahrungen ihr angepeinigt hatten und der, so sehr sie sich sträubte, doch nur zu oft, bald auf längere, bald auf kürzere Zeit die Oberhand gewann, ihr ganzes Wesen veränderte, ihr Leben vergiftete./ ... / Wenn der Satz, dass die Extreme sich berühren, irgendwo Wahrheit wurde, so war es in Wilhelmine Schröder-Devrient.«[286]

**Wilhelmine
Schröder-Devrient**

Diese die Künstlerin charakterisierenden Sätze werden hier angeführt, weil sie ein Licht auf ihre Persönlichkeit zum Zeitpunkt der Abfassung der Biographie werfen. Wilhelmine Schröder-Devrient war zum Zeitpunkt ihrer Verbindung mit dem Major von Döring etwa 37 Jahre alt. Claire von Glümer war zum Zeitpunkt des Erscheinens des Buches über Wilhelmine ebenfalls etwa 37 Jahre alt. Während Wilhelmine Schröder-Devrient eine schwankende und impulsive Persönlichkeit war, erscheint Claire von Glümer im selben Lebensalter als doch sehr gefestigt: sie erweist sich als differenzierte Beobachterin seelischer Phänomene und sie hat einen festen Standpunkt, der ihr, bei aller Nähe zur verehrten Freundin, den unverstellten Blick auf die problematische Konfiguration ihres Charakters ermöglicht. Auch angesichts des Leidens und der persönlichen Nöte Wilhelmine Schröder-Devrients gelingt es Claire von Glümer die Dramatik der Döring-Geschichte zu versachlichen. Dieses Gleichgewicht zwischen persönlicher Empathie und sachlicher Distanz zeichnet Claire von Glümers Biographie über Wilhelmine Schröder-Devrient aus.

Wilhelmine folgte, nach der Scheidung von David Oskar von Döhring auf ruhigere Lebensverhältnisse hoffend, ihrem 14 Jahre jüngeren Ehemann Heinrich von Bock im Jahr 1850 nach Livland. Dieser hatte dort Rittergüter gepachtet und bewohnte das Gut Trikaten. Doch die neuen Lebensumstände empfand die Künstlerin wie eine Entwurzelung. Das einsame und einförmige Landleben, die häufigen berufsbedingten Abwesenheiten des Gatten und der fehlende Verkehr mit anderen Menschen, verstärkt noch durch Sprachbarrieren, führten zu einer »unerträglichen Pein.« Im Gespräch mit Claire von Glümer und Auguste Scheibe äußerte sie sich detailliert über ihre Zeit in Livland: »Ihr wisst nicht, welche Marter es ist, mit diesem Schaffensdrang in der Seele zur Untätigkeit verdammt zu sein! Stundenlang habe ich oft auf meinem Sofa gelegen, die Augen zur Decke gewendet und habe mich gezwungen – um nur nicht zu denken – die sich durchkreuzenden Streifen der Tapete am Plafond zu zählen, oder die Nägel, mit denen sie befestigt war. Wie ein Wahnsinn hat es mich oft gepackt, – ich musste zählen, zählen, zählen, bis in die Millionen hinein. Zu andern Zeiten dagegen wars, als ob sich die schwarzen Streifen und Punkte dehnten und streckten – sie tanzten auf und ab, die Decke schien sich nieder zu senken, um mich zu erdrücken. Dann sprang ich auf und lief hin und her – schneller, immer schneller, um die Unruhe in mir, das Drängen und Fluten zu übertäuben. Aber es war umsonst, und endlich hielt ich es nicht mehr aus in den kleinen niedrigen Zimmern – war mir doch Zeit meines Lebens das Himmelsgewölbe noch zu eng! Wenn es Sturm und Schnee nur irgend erlaubten, rief ich die Hunde, steckte mir ein kleines Beil in den Gürtel und ging in den Wald. – Da habe ich Bäume gefällt, um nur etwas zu tun. – Bei diesen Erinnerungen weinte Wilhelmine, wie ich sie nur sie habe weinen sehen, so dass die hellen Tropfen im vollen Sinne des Wortes über ihre Wangen strömten. Auch uns kamen beim Anblick ihres Schmerzes Tränen ins Auge und wir verließen sie gewöhnlich, ohne ihr auch nur den zehnten Teil von dem gesagt zu haben, was wir auf dem Herzen hatten.«[287]

Wilhelmines Gatte bemühte sich nach Kräften, ihren Lebensmut neu zu erwecken, indem er mit ihr Reisen unternahm, ihr längere Aufenthalte bei ihrer Schwester in Coburg ermöglichte und sich mit ihr nach Paris begab, wo sie erneut Kontakte zu Künstlerkreisen pflegen konnte. Seit 1852 lebte Wilhelmine von Schröder-Devrient wieder abwechselnd in Berlin und Dresden. Vier Jahre später kehrte sie auf die Bühne zurück, bis sie wegen einer Krebserkrankung ihre Karriere endgültig beenden musste (1859). Claire von Glümer und Auguste Scheibe haben die verehrte Freundin und Künstlerin in ihren letzten Lebensmonaten begleitet. Wilhelmine von Schröder-Devrient war hin und her gerissen zwischen den sie lähmenden Hemmnissen ihrer Erkrankung, einem unbeugsamen Schaffensdrang und immer wieder kehrender Niedergeschlagenheit. In Gesprächen mit Claire von Glümer und Auguste Scheibe und in Briefen an die beiden Freundinnen öffnete sie ihr Herz: »Ich bin ein armer, geplagter Mensch, und nicht nur von außen, sondern mehr noch von innen. Ich bin krank, bin verstimmt, und vergebens ist alles Mühen, es will kein reiner Akkord in meiner Seele erklingen. Mein Kopf ist wie ein Kaleidoskop und keins von den bunten Wunder- und Wirrgebilden vermag ich festzuhalten. Aber es muss, es muss anders werden.« Als Claire von Glümer und Auguste Scheibe am Nikolaustag des Jahres 1858 Wilhelmine zum Geburtstag gratulieren wollten, war diese in großer Aufregung, weil sie einen Brief aus Amerika erhalten hatte, in dem ihr ein Engagement angeboten worden war, »und dann malte sie sich aus, wie sie die Amerikaner für deutsche Musik begeistern würde. Diese unkultivierten Massen für die Kunst zu entflammen, erschien ihr – allen Einwendungen zum Trotz – wie die herrlichste Aufgabe, wie der Gipfelpunkt ihres Ruhmes.« Doch waren die letzten Lebensmonate Wilhelmines von Gemütsschwankungen geprägt. Wenige Tage nach ihrer Begeisterung für die »Kultivierung Amerikas« verfiel sie wieder in eine mutlose Stimmung und kündigte in Berlin, wo sie bei einem Geburtstagsfest von Carl Gustav Carus auftreten sollte, an, sie wolle sobald als möglich wieder zu ihren Freundinnen Claire und Auguste zurück kehren, um sich zu erholen. Trotz der großen Erfolge und Wertschätzungen, die sie erfahren hatte, war Wilhelmine Schröder-Devrient immer wieder von Zweifeln geplagt, ob sie nicht »umsonst gelebt« habe. Ein kurzer Briefwechsel mit Elise Polko um die Jahreswende 1858/59 macht das deutlich. Elise Polko begegnete Wilhelmine von Schröder-Devrient zum ersten Mal im Jahr 1847 vor einer Konzertprobe und verehrte seitdem die Gesangskunst Wilhelmines. In einem Brief bat Elise Polko darum, eines ihrer Werke Wilhelmine Schröder-Devrient widmen zu dürfen. Wilhelmines Antwort stand im krassen Gegensatz zu ihrer Aufbruchsstimmung nach der kurz zuvor bei ihr eingegangenen Anfrage aus Amerika: »Wie traurig ist des Mimen Los! Wir sollen und können ja hauptsächlich nur auf die Massen wirken, vermögen aber keine tieferen Spuren einzudrücken als leichter Sand sie aufnimmt. Ein Windhauch kräuselt darüber hin und alles ist verweht und vergessen!«[288]

Im Frühjahr des Jahres 1859 verschlechterte sich Wilhelmines Gesundheitszustand rapide. Ihr Gatte Heinrich von Bock hatte sich daher gegen eine gemeinsame Reise nach Amerika ausgesprochen. Wilhelmine versuchte infolgedessen mit letzter Kraft in Deutschland künstlerisch zu wirken. Am 6. März gab sie ein Konzert in Leipzig, brach aber nach jedem Lied weinend zusammen, erreichte jedoch trotz »matter und müder Stimme«, den »herzerschütterndsten Ausdruck« bei der Darbietung von Liedern Schumanns, Schuberts und Mendelssohns. Claire von Glümer und Auguste Scheibe waren bei diesem Liederabend ebenfalls anwesend. Als sie nach dem letzten Lied Wilhelmine begrüßten, »sagte sie, indem sie uns beide Hände reichte: ´die letzten Worte, meine Lieben, habe ich für euch gesungen:

Wenn Menschen von einander gehen,
so sagen sie auf Wiedersehen!´

Wir haben seitdem kein Lied mehr von der geliebten Stimme gehört.« Der Versuch Claire von Glümers und Auguste Scheibes, Wilhelmine von Schröder-Devrient davon zu überzeugen, zu ihnen in die »Wolfenbütteler Einsamkeit« zu ziehen, scheiterte. Stattdessen blieb sie in Dresden, schon vertraut mit dem Gedanken an ihren Tod und mit Plänen beschäftigt, ihre Lebensgeschichte aufzuschreiben. Wilhelmine Schröder-Devrient schaffte es nicht ihre »lieben Kinder« Claire und Auguste in Wolfenbüttel zu besuchen, auch wenn sie sich nach ihnen sehnte: »Am liebsten setzte ich mich für die Dauer der ganzen schönen Jahreszeit mit Euch an einen schönen Schweizer oder Tiroler See. Nur Ruhe um mich, der Anblick einer schönen Natur und ein mildes, sanftes, geduldiges Freundeswort!« Am Morgen des 2. April schrieb sie noch nach Wolfenbüttel, sie werde am Abend des folgenden Tages dort eintreffen, doch wenige Stunden später »kamen die mit zitternder Hand geschriebenen Zeilen: ´Soeben habe ich mich einer strengen ärztlichen Prüfung unterworfen gehabt und aus den unbestimmten, ausweichenden Reden geht es mir mit Bestimmtheit hervor, dass ich *verloren* bin! Ich fürchte den Tod nicht, aber es hat mich doch gepackt, so ein jämmerliches Ende vor mir zu sehen. Ich kann nicht reisen, darum bitte kommt Ihr. Ich muss Euch sprechen. Bis in den nahen Tod, Eure Wilhelmine.´«[289] Über Wilhelmine Schröder-Devrient äußerte sich Claire von Glümer gegenüber ihrem Freund Julian Schmidt und nahm auch Bezug auf »Verleumdungen« im Zusammenhang mit deren Erkrankung. Julian Schmidt hatte offenbar vor einem Umgang mit Wilhelmine Schröder-Devrient gewarnt. »Glauben Sie nicht, lieber Freund, dass ich Ihre Warnungen unterschätze oder die Gesinnung verkenne, aus der sie hervorgegangen sind. Wären die Verhältnisse der Sch. (*Wilhelmine Schröder-Devrient, N.O.*) so, wie sie diesen Winter waren, so könnte mich unter Umständen die Rücksicht auf mich selbst bestimmen, mich von ihr zurück zu ziehen – aber jetzt wäre das eine Schlechtigkeit. Man darf auch wohl erwarten, dass die Verleumdung einer Sterbenden gegenüber verstimmt. Wilhelmine hat sich am vergangenen Sonnabend einer ärztlichen Prüfung unterzogen. Die Krankheit, an der sie leidet, ist hoffnungslos – Auguste hat die Ärzte gesprochen – und so entsetzlich. Ich glaube, es ist die grässlichste aller Frauenkrankheiten, lang und qualvoll; da wird es Not tun, dass ihr treue Herzen zur Seite stehen. Dass Wilhelmine in ihrer Leidenschaftlichkeit gefehlt hat, will ich nicht ableugnen – ich spreche von früheren Zeiten -, aber hätten wir nicht einen noblen Freund in ihr gefunden, so würden wir sie nicht so lieb haben können wie wir es tun. Dass man uns dieser Liebe willen verurteilt, glaube ich gern, aber von meinen Freunden erwarte ich, dass sie sich dadurch nicht irre machen lassen.«[290]

Etwa Mitte April 1859 begab sich Claire von Glümer mit Auguste Scheibe nach Dresden. Heinrich von Bock, durch Geschäftsangelegenheiten gebunden, war vom kritischen Zustand seiner Gattin in Kenntnis gesetzt worden, würde aber erst Mitte Mai zu ihr kommen können. Wilhelmine war von den Ärzten aufgegeben worden. Claire und Auguste bemühten sich froh und hoffnungsvoll zu erscheinen, um die Stimmung der Freundin wenigstens für Momente aufzuhellen. Wie schwierig die Gemütslage der Kranken war, wird aus einer Szene deutlich, die sich zu jener Zeit ereignete. Claire von Glümer erinnert sich: »Ich selbst habe eine ganz charakteristische Szene mit ihr erlebt. Es war um die Osterzeit des Jahres 1859. Wilhelmine war bereits sehr krank und oft tief verstimmt – den einen Morgen mehr als gewöhnlich. Sie hatte alte Briefe durchgelesen und sich dabei an allerhand bittere Erfahrungen erinnert. Um sie zu zerstreuen, fingen wir an von der Zukunft zu sprechen, und sie vertiefte sich wieder einmal in die Schilderung des Hauses, das zu erwerben ihr liebster Traum war. In ihrer Verstimmung kam sie auf den Einfall, eine Art Festung daraus zu machen, die durch Wall und Graben von der Welt geschieden sein sollte. Das Wächteramt wollte sie einem halben Dutzend großer Bulldoggen übertragen, ›die sollen mir jeden vom Hofe hetzen, der sich untersteht, mir mit einer Bitte nahe zu kommen‹, sagte sie mit dem finsteren Ausdruck, der in der Krankheit zuweilen auf dem sonst so freundlichen Antlitze lag. 'Ich will niemandem mehr helfen, will endlich ebenso lieblos und hart sein, wie man es gegen mich gewesen ist. Ich will endlich einmal für mich selbst leben.` In diesem Augenblicke trat das Kammermädchen herein und meldete, es wäre ein Mann draußen, ein Drechsler, der einen Stickrahmen zu verkaufen wünsche. Er sähe blass und traurig aus und hätte erzählt, dass er lange krank, also ohne Verdienst gewesen wäre. Das Gesicht der Kranken drückte das innigste Mitleid aus. 'Was will er dafür haben?`, fragte sie in ganz verändertem Tone, indem sie das kunstlose Machwerk beschaute. Das Kammermädchen nannte die sehr geringe Summe. 'Was, ist der Mensch verrückt?`, rief Wilhelmine; 'dafür hat er ja kaum das Holz!` Sie schickte ihm das Doppelte seiner Forderung und freute sich den ganzen Tag wie ein Kind über den hübschen Rahmen, den sie so billig gekauft hatte.«[291]

Durch Vorlesen versuchten Claire von Glümer und Auguste Scheibe die erkrankte Freundin aufzurichten, wobei Wilhelmine viel Freude an Gregorovius' Beschreibungen der Insel Capri hatte. Auch selbst las Wilhelmine in dieser Zeit recht viel, so z.B. Werke von Heine, Heyse, Geibel und Grillparzer. »Aber nach und nach erstarb ihr Interesse an allem, was nicht unmittelbar auf sie selbst Bezug hatte, und endlich war ihr das Leben, wie das bei Schwerkranken fast immer der Fall ist, gleichsam nur noch ein Spiegel, in dem sie das Bild der eigenen Persönlichkeit, den Widerschein der eigenen Leiden suchte.« Es war eine schwierige, sie existenziell berührende Erfahrung für Claire von Glümer, nach dem freudigen Wiedersehen im Jahr 1858 die verehrte Freundin Wilhelmine von Schröder- Devrient in den folgenden Monaten mit Krankheit und Tod ringen zu sehen. Claire von Glümer hat sich am Ende ihres Erinnerungsbuches mit dem Verhältnis Wilhelmines zu Tod und Unsterblichkeit beschäftigt und in diesem Kontext auch in den frühen Tagebüchern der Verstorbenen gelesen. Sie berichtet von den Auseinandersetzungen Wilhelmine Schröder-Devrients mit den Theorien der Materialisten und den Tröstungen ihres Kinderglaubens. Auch wenn sie nicht »fromm« war, so ging aber ein »tief religiöser

Zug« durch Wilhelmines Wesen. Sie wollte und konnte sich nicht vorstellen, dass ihr Ich, das die Welt mit ihrer Kunst erfüllen wollte, ins
Nichts zerfließen sollte. »Keiner soll mir den Glauben nehmen, dass
Etwas von uns fortbesteht, das zu einem höheren Zweck bestimmt ist
als nur etwa das Feld zu düngen.«[292]

Betrachtet man den Lebensabschnitt Claire von Glümers von 1858-
1862, vom Wiedersehen mit Wilhelmine Schröder-Devrient bis zum
Erscheinen der Biographie nach deren Tod, so entsteht das Bild eines
vertrauten Verhältnisses zwischen drei befreundeten Frauen, welches
durch die solidarische Sorge der beiden Jüngeren für die Ältere geprägt
war. Doch Claire von Glümer hat in dieser Zeit eine handfeste Lebenskrise durchmachen müssen. In ihren Briefen an Julian Schmidt in der
Zeit vom April bis Juli 1859 wird deutlich, dass das Verhältnis zu ihrer
Herzensfreundin Auguste Scheibe äußerst stark belastet war. In Wolfenbüttel wohnend, stand für die Freundinnen die Frage im Raum, ob
sie wegen ihrer engen Bindung an Wilhelmine Schröder-Devrient nach
Dresden umsiedeln sollten. Für Claire von Glümer war das zunächst ein
schwerer Entschluss, denn Wolfenbüttel war ihr mittlerweile zur Heimat geworden. Dresden sei nur äußerlich ein besserer Wohnort und ein
echtes Heimatgefühl werde sie dort wohl nicht entwickeln können. Dieses unter dem Eindruck der Belastungssituation ausgesprochene Urteil
widersprach eigentlich ihrem Wunschdenken, in die Kulturmetropole
an der Elbe zurück zu kehren. Kummer und Sorgen bereitete Claire
von Glümer vor allem die Veränderung Auguste Scheibes, welche »nur
noch in der Sch.D. (*Wilhelmine Schröder-Devrient, N.O.*) lebt und jeden
Augenblick bereit ist, mich für sie aufzugeben.«[293] Den Hauptanteil der
Pflege Wilhelmine Schröder-Devrients hatte Auguste Scheibe in die
Hand genommen, Claire von Glümer blieb für einige Zeit in Wolfenbüttel zurück (Sommer 1859) und suchte Halt bei ihrem alten Freund
Julian Schmidt: »Haben Sie Nachsicht, bleiben Sie mir wenigstens, was
Sie mir bisher waren, ach Julian, Sie glauben nicht, wie viel ich verlo-
ren habe.«[294] Doch nutzte Claire von Glümer diese Zeit der Trennung
von Auguste Scheibe und Wilhelmine Schröder-Devrient, um sich zu

besinnen: sie habe Muße gehabt sich ihre Sachen zurecht zu legen »und gehe mit dem Vorsatz nach Dresden Auguste lieber ihren eigenen Weg gehen zu lassen als noch einmal so nutzlose Kämpfe aufzunehmen wie die der letzten Zeit gewesen sind.« Claire von Glümer folgte also ihrer vertrauten Freundin nach Dresden, hoffend, dass sich das Verhältnis wieder einrenken würde: »Endlich wird sich die Katze (*Auguste Scheibe, N.O.*) wohl wieder zurecht finden und einsehen, dass ich die Treueste bin.« Die Übersiedlung nach Dresden war zunächst problematisch, denn Claire von Glümers Wohnung war noch nicht bezugsfertig und bei Auguste Scheibes Schwester konnte sie zwischenzeitlich nicht wohnen. So nutzte Claire die Zeit, um einen Ausflug nach Hannoversch-Münden und Göttingen zu machen[295], nicht weit entfernt vom Geburtsort von Julian Schmidts Ehefrau Elise (geb. Fehsenfeld), der Tochter eines Pfarrers aus Groß-Lengden. Julian Schmidt war also eingeweiht in den existenziellen Konflikt zwischen den alten Freundinnen Auguste und Claire und eine verlässliche Bezugsgröße und Hoffnung während der Zeit des Leidens Claire von Glümers, die sich bis zum Tod Wilhelmine Schröder Devrients (im Januar 1860) hinzog.

Parallel zu den Ereignissen um Wilhelmine Schröder-Devrient und zur Krise der Freundschaft mit Auguste Scheibe verfasste Claire von Glümer ihre erste umfangreiche Erzählung mit dem Titel *Guntershausen*, die 1860 in der renommierten Zeitschrift *Die Gartenlaube* erschien.[296] Diese illustrierte Wochenzeitschrift hatte immerhin eine Auflage von 5.000 Exemplaren. *Guntershausen* spielt im adlig-großbürgerlichen Milieu. Graf Lothar, Schlossherr von Guntershausen, liebt Eva, die Tochter der auf dem benachbarten Gut Eichberg lebenden Generalin von Hersenbrook. Einige Zeit zuvor war in Eichberg ein Feuer ausgebrochen. Graf Lothar, der zufällig herbei geritten kam, rettete Eva unter dramtischen Umständen aus den Flammen. Danach wurden die Liebenden getrennt, weil Evas Vater zu einem Kuraufenthalt nach Nizza reiste. Dieser zog sich immer länger hin, bis nach einigen Jahren der General am Mittelmeer starb. Während der Abwesenheit Evas vermählte sich Lothar mit der eigentlich seinem Bruder Werner bestimmten Isidore. Doch der Bruder fiel im Duell mit einem gewissen Herrn Rieth, welcher immer wieder im Leben Isidores und Lothars auftaucht. Rieth ist ein Ganove; er erpresst Isidore, indem er persönliche Briefe von ihr, die in seinen Besitz gelangt sind, zu veröffentlichen droht. Zudem ist er ein Trinker, Spieler und Frauenheld. Nach dem Duell mit Graf Werner setzte sich Rieth ins Ausland ab, kehrte aber bald zurück, um wiederum Isidore unter Druck zu setzen. Unter dramatischen Umständen wird Isidore von Rieth mit einer Pistole in ihren Gemächern erschossen. Graf Lothar, der den vorangegeangenen Streit zwischen Rieth und Isidore gehört hatte, eilte hinzu, selbst mit einer Pistole bewaffnet. Als sich aus dieser ein Schuss löst, sieht Lothar im Dämmerlicht eine Frauengestalt zusammensinken und meint, er habe Isidora getötet, nicht wissend, dass es sich bei der Gestalt um die Kammerfrau handelte, die Rieth und Isidore belauscht hatte und welche Lothars Schuss an jenem Abend in den Arm getroffen hatte. Die Todesumstände Isidores wurden von der Familie verschleiert, doch Graf Lothar litt zunehmend unter seiner vermeintlichen Schuld. Auch die ersehnte Heirat mit Eva und ein gemeinsames Kind vermochten nicht zu verhindern, dass er zunehmend in Depressionen versank. Doch eines Tages tauchte die Kammerfrau auf Schloss Guntershausen auf und eröffnete Eva und Lothar die wahren Umstände jenes Abends, als Beweis die Schusswunde an ihrem Arm vorweisend.

Auf diese Weise endete die Geschichte glücklich. Die Personenkonstellation, das soziale Umfeld und die Handlung in *Guntershausen* sind typisch für die Novellen und Romane Claire von Glümers. Häufig geht es um Liebesbeziehungen und ungelöste Schicksalsfragen. Frauen spielen in Claire von Glümers Werken oft eine zentrale Rolle.

X. Die Welt der »Grenzboten«

Durch die Privatkorrespondenz mit Julian Schmidt hatte Claire von Glümer auch einen gewissen Einblick in die Arbeit der Redaktion der *Grenzboten*. Mehrfach liest man in ihren Briefen, Schmidt solle Gustav Freytag und Moritz Busch grüßen. Wie intensiv Claire von Glümers persönliche Begegnungen mit den Redakteuren waren, lässt sich nicht lückenlos verifizieren, aber es ist sicher, dass sie sowohl die Ehepaare Busch und Freytag kennen gelernt hat. Gustav Freytag logierte auch im Gasthaus *Mutiger Ritter* in Claire von Glümers Kurort Kösen. Auf jeden Fall wird Claire von Glümer aber durch Max Jordan Kenntnis von den Vorgängen bei den *Grenzboten* gehabt haben, denn dieser gehörte später sechs Jahre lang (1864-1870) zur Redaktion der Zeitschrift und so dürfte Claire von Glümer auch vom vor allem für Gustav Freytag schmerzhaften Ende seiner Redakteurjahre in Leipzig im Jahr erfahren haben.[297]

Gustav Freytag

Im Frühjahr 1857 hatte sich das Verhältnis zwischen Freytag und Schmidt etwas »abgekühlt«. Freytag sei mit der Arbeit seines Mitherausgebers »nicht mehr so zufrieden« gewesen, »aber er war generell selten mit seinen Mitarbeitern wirklich zufrieden. Sein autoritärer und selbstherrlicher Führungsstil machte die Zusammenarbeit mit ihm nicht leicht.« Vielleicht haben aber auch die privaten und gesundheitlichen Beanspruchungen Julian Schmidts sowie Gustav Freytags sich gehäuft einstellende physische Leiden des Jahres 1856 (gastritisches Fieber, Lungenentzündung, Bronchitis) zu Gereiztheiten und Missstimmungen zwischen den Freunden geführt. Wohl auch deshalb hatten beide sich im Herbst 1856 darauf geeinigt, mit Moritz Busch einen leitenden Redakteur einzustellen. Busch begann im ersten Quartal 1857 seine Tätigkeit und brachte Schwung in die Redaktion, was Freytag sicher erfreut haben dürfte.[298] Moritz Busch war eine schillernde Figur. Wiederholt lesen wir in Briefen Gustav Freytags, dass er unzuverlässig war und seine Meinung oft wechselte, je nachdem, welche Umstände sich ergaben. Am 13. Februar 1821 in Dresden geboren, studierte Busch ab 1841 an der Universität Leipzig Theologie, promovierte aber im Fach Philosophie und widmete sich seit 1847 ganz dem Journalismus und der Literatur. Im Jahr 1851 flüchtete Moritz Busch, durch die Revolutionsereignisse 1848 vom Theologen zum Freigeist und Revolutionär »konvertiert«, ins sichere Amerika, kehrte aber bald darauf nach Deutschland zurück, nachdem er sich jenseits des Ozeans u.a. auf das Studium der neuesten religiösen Erscheinungen seiner Zeit konzentriert und eine ganze Zeit bei den Mormonen gelebt hatte.[299] In den folgenden Jahren bereiste Moritz Busch ausgiebig den Orient und veröffentlichte Bücher über Ägypten, Griechenland und Palästina. Schon vier Jahre vor seiner Anstellung hatte Busch für die *Grenzboten* Artikel geliefert, bevor er im Auftrag Freytags nach Schleswig-Holstein ging (1855), um über die dortigen politischen Ereignisse zu berichten. Anfangs schien die Zusammenarbeit zwischen Freytag und Busch fruchtbar gewesen zu sein. Freytag nannte seinen neuen Mitarbeiter »Buschel«, »liebster Busch« oder auch »gutes Kerlchen.« Es entstand ein durchaus freundschaftliches Verhältnis. Inwieweit allerdings Schmidt ein fester Bestandteil dieses Freundesbundes war, ist nicht klar. Er scheint aber zumindest in den Jahren 1857-1859 in privaten Beziehungen zu Moritz Busch gestanden zu haben, denn in mehreren Briefen an Julian Schmidt aus dieser Zeit richtete Claire von Glümer immer wieder Grüße auch an ihn aus – und zwar in einem Atemzug mit Grüßen an Schmidts Ehefrau. Doch Busch war kein unkomplizierter Mensch. Auch Claire von Glümers Verhältnis zum Ehepaar Busch veränderte sich, nachdem sie mehr und mehr seinen Charakter und den seiner Gattin kennen gelernt hatte: »Hat denn Herr Busch im neuen Jahre die alten Mucken fahren lassen? Das ist nicht schön, wenn die Herren der Schöpfung solch Beispiel geben. Und noch dazu, wenn man eine Mimose zur Frau hat – aber im Ernst, ich könnte mit solchen Menschen keinen intimen Verkehr haben. Kann ihn denn Julian nicht erziehen? Dass ihr jetzt Freytags habt, freut mich.«[300] Um 1865 endete dann auch das gute Einvernehmen zwischen Freytag und Busch, und von der alten Vertraulichkeit blieb im Grunde nichts übrig: »Bismarck hat jetzt *das kleine Scheusal* in seine Nähe gezogen und bläst in dieses abgelegte Kleid der *Grenzboten* seinen Rauch«, urteilte Freytag im Jahr 1870. Bereits während der Tätigkeit Buschs bei den *Grenzboten* belasteten dessen Eitelkeit sowie Nachlässigkeiten fachlicher Art im Bereich der journalistischen Arbeit das Redaktionsklima. Der Gegensatz zwischen Busch und Freytag war in deren charakterlicher Unterschiedlichkeit begründet.[301]

1862–1881

XI. Der Wendepunkt

Am Ende des Jahres 1859 verlegte Claire von Glümer, gemeinsam mit Auguste Scheibe, ihren Wohnort nach Dresden.[302] Das neue Heim in der Naumannstraße 1 (heute Goetheallee 34) wurde von den Frauen liebevoll und im Vertrauen auf den Bestand ihrer Freundschaft eingerichtet. Claire von Glümer hoffte, dass ihr »unfreiwilliges Wanderleben« nun ein Ende gefunden habe. Damit »begann der andere, an Jahren wie auch an Wirken und Freuden reichere Abschnitt ihres Lebens.«[303] Dieser Satz des Bildhauers Hans Weddo von Glümer über den Lebensgang seiner Cousine ist treffend. Auch wenn in den nächsten Jahrzehnten Claire von Glümer nicht in ereignisarmen biedermeierlich-gemütlichen Verhältnissen lebte, so kann doch konstatiert werden, dass seit dem Jahr 1862 ihr Leben in deutlich ruhigeren Bahnen verlief. Claire von Glümer widmete sich vor allem ihrer schriftstellerischen Tätigkeit und pflegte treu ihre Freundschaftsbeziehungen. Die Spannungen zwischen ihr und ihrer wichtigsten Bezugsperson Auguste Scheibe waren nach Erscheinen der Biographie über Wilhelmine Schröder-Devrient (1862) kein Thema mehr. Zahlreiche Erzählungen und Novellen publizierte Claire von Glümer in den folgenden Jahren in Anthologien oder auch (zumeist in mehreren Fortsetzungen) in renommierten Zeitschriften. Eines der damals bekanntesten Blätter war die bereits erwähnte *Gartenlaube*. Aber auch in den *Hausblättern*, im *Bremer Sonntagsblatt*, in der *Stuttgarter Frauenzeitung*, in dem illustrierten Wochenblatt *Über Land und Meer*, der *Leipziger Modenzeitung* und der *Rheinischen Zeitung* publizierte Claire von Glümer.[304] Zu ihrer Lebenssituation um 1860 passte auch die in den *Hausblättern* veröffentlichte Erzählung *Jugendgeschichte meines alten Freundes*, welche sieben Jahre später auch in den Sammelband *Aus der Brétagne* unter dem neuen Titel *Paskou* aufgenommen wurde.[305] Der Blick auf die menschliche Biographie und auch auf ihr eigenes Leben spielt eine wichtige Rolle in dieser bretonischen Erzählung. Darin wird die Geschichte des »Vaters Paskou« bis etwa zu seinem 30. Lebensjahr dargestellt. Dies geschieht durch Paskou selbst, welcher der Ich-Erzählerin, die die Funktion einer Moderatorin einnimmt, sein Schicksal schildert. Paskou ist eine legendäre (und somit zeitlose) Gestalt, ein älterer Mann, dennoch alterslos, und ein Vertrauter der Ich-Erzählerin. Die interessante Exposition der Geschichte hat die Funktion, dem Leser die von Claire von Glümer beabsichtigte Authentizität des Berichteten vor Augen zu führen: »Unter meinen bretonischen Freunden steht Paskou Moriset oben an. In seiner Heimat wird er gewöhnlich Vater Paskou oder Vater Moriset genannt. Jeder kennt ihn, ist ihm von Herzen gut und wendet sich an ihn in allen trüben, schweren Stunden, denn raten und trösten kann er, wie sonst niemand. Und doch wird ihn der Fremde, der ihn zum ersten Male sieht, für nicht viel mehr als einen gewöhnlichen Bettler halten. Mir selber ist es nicht besser ergangen, und ich will es nur gestehen, dass ich ihn halb scheu, halb mitleidig aus dem Wege gegangen bin, als er mir das erste Mal auf der Heide begegnete. Die große, starkknochige Gestalt, die sich noch immer so aufrecht hält, kam langsam näher und warf einen wunderlichen Riesenschatten vor sich her. Der Abendwind spielte mit dem grauweißen Haar, das in wirren Strähnen bis auf die Schulter hing, und mit den farblosen Fetzen seiner Kleidung, die nach bretagnischer Sitte aus faltenreichen Kniehosen, Weste und Jacke bestand.« Bemerkenswert ist noch, dass Paskou einen »Stelzfuß«, also eine Beinprothese trug. Die zunächst auf die Erzählerin etwas unheimlich wirkende Gestalt des Bretonen erscheint bei einer späteren Begegnung gemildert, denn Paskou sang Lieder vor den Dorfbewohnern und unter dem »wirren Haar« entdeckte die Erzählerin eine »schön gewölbte freie Stirn«; hinzu kamen »lebhafte graublaue Augen, die mit kindlicher Schalkhaftigkeit unter den buschigen Brauen hervor lachten, bewegliche, beinahe anmutige Züge um den großen Mund, ein Ausdruck von Klugheit, Güte und heiterer Zuversicht in dem ganzen Gesicht, vor allem aber klang mir seine volle, tiefe Stimme so angenehm, dass ich mich bald mit der hässlichen Hülle versöhnte.« So wird Paskou dem Leser zu Beginn vorgestellt; in der Folge gibt die Erzählerin Paskous von ihm selbst erzählte Lebensgeschichte wieder. Auch hier tritt das Motiv des biographischen Rückblicks auf, denn der nun folgende Bericht wird von der Erzählerin vor dem Stimmungshintergrund der bretonischen Landschaft in Form einer romantischen *Reminiszenz* wiedergegeben, welcher (das ist der Erzählerin bewusst), die emotionale Unmittelbarkeit durch das im zeitlichen Abstand Geschilderte fehlt. Dies verdeutlicht die Erzählerin anhand ihrer verblassenden Erinnerung an die von Paskou gesungenen Lieder: »Seine Lieder kann ich leider nicht wiederholen; es geht ihnen wie den Feldblumen, die in fremdem Boden verpflanzt, Duft und Frische verlieren. Die blaue Blume der bretagnischen Poesie gedeiht eben nur am Strande, wo das Wellenrauschen die eintönige Weise des Sängers begleitet, oder auf der sonnenbeglänzten Heide, wo die alte Kirche mit dem verstümmelten und doch so wundertätigen Marienbilde steht, oder auf dem verlassenen Friedhofe, wo sich aus wucherndem ein Grabmal erhebt, das die Wappen eines tausendjährigen Geschlechtes trägt.« Im weiteren Verlauf wird nun in lebendiger, aber unspektakulärer Weise der Werdegang Paskous entfaltet. Die Erzählung schreitet zügig voran, fast schnörkellos wird der Leser von einer Lebensstation zur nächsten geführt. Bezeichnend für die besondere Signatur der Biographie Paskous ist, dass er, wie viele bedeutende Menschen der Geschichte, schon früh seine Eltern verloren hat. Paskous Vater war ein Fischer, der sein Leben auf See verlor, als der Junge vier Jahre alt war; die von Gram gebeugte Mutter starb zwei Jahre später.[306] Da zudem auch keine weiteren Blutsverwandten lebten, war Paskou sozusagen ein *Enterbter*, der, auf sich selbst gestellt, seinen Lebensweg finden musste. Parallelen zu den Biographien von Moses, Ödipus oder Judas liegen auf der Hand.

Als Paskou 16 Jahre alt war, endete eine intensive Verliebtheit in die drei Jahre ältere Maï-Fanchonik für ihn unglücklich. Sein seelischer Schmerz war groß, denn seine Lebensliebe hatte ihn abgewiesen: »Ich biss die Zähne auf einander, um nicht zu schreien; ich ballte die Fäuste und lief in den Gartenwegen hin und her – und dann riss ich Rosen- und Lavendelzweige ab, und wie ich sie zertrat, hätt ich gern die ganze Welt zerstampft und zerrissen. Und dann warf ich mich an die Erde, drückte das Gesicht ins feuchte Gras und weinte bitterlich.« In dieser verzweifelten Lebenslage, sich völlig verlassen fühlend, entschied sich Paskou ein geistlicher Schüler, ein Kloër, zu werden und wandte sich noch am selben Abend an den Pfarrer, um diesem seinen Entschluss mitzuteilen. Und so kam es, dass Paskou »im schwarzen Kittel des Kloër, ein Bündel mit Kleidungsstücken und Esswaren in der Hand, nach Dinan marschierte.« [307]

Betrachtet man den Beginn der Erzählung *Paskou*, so ist neben der Heimatlosigkeit und Einsamkeit auch »der Weg« ein bestimmendes Motiv dieser Geschichte: unfreiwillig, aber vom Schicksalsglück begünstigt, wurde Paskou zunächst als Waise zu seiner Patin, der Mutter Maï-Fanchoniks, gebracht. Damit war sein Lebensweg für die kommenden Jahre erst einmal vorgezeichnet. Paskou lebte sich ein in seine neue Welt. Doch bald kam wieder Bewegung in sein Leben. Es eröffneten sich verschiedene Möglichkeiten für seine Zukunft: einerseits eine Verbindung mit seiner geliebten Maï-Fanchonik, die sich jedoch von Paskou entfernte. Auch ein Zusammensein mit Loïza, einem lieben Mädchen des Dorfes, kam für Paskou in Betracht, doch daran hinderte ihn sein verliebtes Herz. So wählte er letztlich einen dritten Weg, wenn auch nicht aus eigener Überzeugung: den des Kloërs. Im Grunde genommen hat Paskou, nachdem er sein Elternhaus als Waise verlassen musste, ein fremd bestimmtes Leben geführt: »ich hätte *den Weg* wohl nie betreten, den ich jetzt so voll Verwirrung und Betrübnis ging…«[308] Sein Weg nach Dinan ins geistliche Seminar, den er selbst ohne innere Überzeugung ging, führte Paskou in eine der »finstersten Gassen« der Stadt, wo er bei einer unsauberen Wirtin ein Zimmer mit drei anderen Seminaristen teilen musste. Besonders der Unterricht bei Pater Christophe stand im krassen Gegensatz zu Paskous bisherigen Lernerfahrungen: »In Croisy hatte man uns nach der guten alten Weise unterrichtet, von der heut zu

Tage fast nirgends mehr die Rede ist, d.h., der Schulmeister war auf seinem Rundgange durch die benachbarten Dörfer wöchentlich zwei- bis dreimal gekommen und hatte seine kleine Schar an schönen Tagen auf dem Gemeindeanger, bei schlechtem Wetter in irgend einem Schuppen, bei karger Winterkälte auch wohl mal am Kaminfeuer einer mitleidigen Hausfrau versammelt. Jeder setzte sich hin, wo es ihm gefiel, spielte mit Grashalmen und Käfern, sah den Wolken nach oder röstete Maiskörner am Feuer, bis ihn die Reihe des Buchstabierens traf. Zum Schreiben und Rechnen wurden nur ein paar Auserwählte zugelassen, und so war keiner müde, wenn's ans Singen, Hersagen und Erzählen ging. Es war eine Lust zu sehen, wie aller Augen am Munde des alten Schulmeisters hingen. Keins seiner Worte ging verloren, und gar oft, als wir schon längst zum Abendmahle gegangen waren, haben wir unter einander seine alten Geschichten genau mit den Worten wiederholt, wie er sie zu erzählen pflegte.«[309] Das war »Schule« im guten Sinne, die kindliche Seele freilassend harmonisierend durch nicht allzu strenge Disziplinierung und sie weitend durch Geschichten, die dem Gemüt auch nach Jahren noch Halt und Sicherheit gaben. Im Gegensatz dazu stand die (vor allem auch seelisch) beengte Lernsituation in Dinan: ein »dumpfiges Zimmer«, »verräucherte Wände«, die Schüler mit festen Plätzen auf den Bänken aufgereiht »wie Perlen auf dem Rosenkranz«. »Fragen waren nicht erlaubt, und es war ganz gleichgültig, ob uns das, was Pater Christoph erzählte, gefiel oder nicht, wir mussten aufpassen, und wer das nicht tat, wurde bestraft.« Und auch hier, in der ihm wesensfremden Umgebung, rang Paskou mit seinem Schicksal: »Meine Gedanken gingen immer *ihren eigenen Weg*. Bald musste ich einer Spinne zusehen, die ihre Fäden zwischen die Balken der Decke hing; bald kam ein Sonnenstrahl und erzählte von allem, was er draußen gesehen hatte, und wenn die Fliegen summten, klang es oft gerade so wie diese oder jene Melodie, die wir in Croisy zu singen pflegten.«[310] Die beseelte Welt seiner vorangegangenen Jahre in Croisy hatte sich Paskou bewahrt, sie wirkte nach und inspirierte seinen tristen Kloër-Alltag in Dinan. Parallelen zu Claire von Glümers Lebensweg liegen auf der Hand: der lebendige Unterricht, den sie durch ihre Mutter erhielt, stand im Gegensatz zu den Erfahrungen, die Claire als Kind in den öffentlichen Lehranstalten machte.

Paskous Leben nahm in der Folge einen wechselvollen Verlauf. Nachdem er Dinan verlassen hatte, war sein gespanntes Liebesverhältnis zwischen Maï-Fanchonik und Löiza mit all seinen Verwicklungen das sein Leben bewegende Thema. Paskou hat später eine ganze Zeit lang als Schmuggler seinen Lebensunterhalt verdient und galt bei den Bretonen als legendäre Figur. Nach einer schweren Verletzung, die ihm durch Zollfahnder zugefügt worden war, lag er auf Leben und Tod. Als Paskou nach Wochen allmählich wieder genas, erschien eines Tages Maï-Fanchonik an seinem Krankenbett, gefolgt von der alten Kermor. Maï-Fanchonik gestand Paskou ihre Liebe. Das Paar zog später in das Haus der Mutter Löizas, heiratete und verlebte dort glückliche Jahre.[311]

Die bedeutendsten Publikationen Claire von Glümers in den 60-er Jahre waren die großen Übersetzungen aus dem Französischen, so u.a. Lanfreys fünfbändige *Geschichte Napoleons des Ersten* sowie die zwölfbändige Lebensgeschichte George Sands, und ins Französische, wie z.B. Berthold von Auerbachs Roman *Auf der Höhe*.[312]

Oft kamen Besucher in die Naumannstraße, und in den folgenden Jahren unternahmen die Freundinnen Claire und Auguste gemeinsame Erholungsreisen an die Nordsee, in den heimatlichen Harz oder in die bayrischen Alpen. Zu Beginn der Dresdener Zeit knüpfte Claire von Glümer auch Kontakt zur dortigen »russischen Kolonie« um die Schriftstellerin Karolina Pavlova, welche 1858 nach Dresden gekommen war und dort bis zu ihrem Tod (1893) lebte. Karolina Pavlovas Leben war durch ihre unglückliche Liebe zu dem polnischen Dichter Adam Miekiewicz und ihre traumatische Ehe mit dem russischen Schriftsteller Nikolai Pavlov geprägt. Nachdem ihr Ehemann einen Großteil ihres ererbten Vermögens beim Kartenspiel durchgebracht hatte, ließ sich Karolina Pavlova scheiden. Im Rahmen einer Europareise besuchte sie u.a. Konstantinopel, wo Adam Miekiewicz 1855 verstorben war. Drei Jahre später ließ sie sich dann in Dresden nieder, dem Ort, wo ihr Miekiewicz einst ein Treffen versprochen hatte. Karolina Pavlova galt als die berühmteste russische Schriftstellerin des 19 Jahrhunderts. Ihr hauptsächlich lyrisches Werk umfasste Balladen, Elegien und Gedichte, ihr Roman *Das Doppelleben* schilderte das gespaltene Leben einer jungen Frau, das sich zwischen einer erträumten idealen Welt und der tristen Alltagswelt einer Vernunftehe ausspannt. Als versierte Sprachenkennerin (Deutsch, Französisch, Italienisch, Englisch, Russisch) war Pavlova auch als Übersetzerin tätig. Bekannt wurde sie durch die Übertragung von Friedrich Schillers *Jungfrau von Orléans* ins Französische und Heinrich Heines *Lorelei* ins Russische. Die russische Kolonie in Dresden umfasste mehrere hundert Personen. Zu Beginn der Siebziger Jahre (1872/74) wurde eine russisch-

orthodoxe Kirche erbaut. Zu dieser Gemeinde gehörten namhafte Personen wie Dostojewski, Turgeniew, Bakunin und der Komponist Rachmaninow, welcher die Kosten für die Gasheizung des Gotteshauses übernahm. Es ist sehr wahrscheinlich, dass Claire von Glümer mit diesen Personen Begegnungen hatte. Dostojewski lebte um 1870 zwei Jahre lang in Dresden.[313]

Karolina Pawlowa

Auch in Russland hatte Claire von Glümer Freunde, wie z.B. den Moskauer Musikverleger Peter Jürgenson. In dieser Zeit muss sie recht schnell die russische Sprache erlernt haben, denn bereits seit dem Herbst 1871 finden wir Claire von Glümer als etablierte Mitarbeiterin beim von Paul Heyse herausgegebenen »*Deutschen Novellenschatz*«, für den sie Übersetzungen von Novellen russischer Autoren wie Leo Tolstoi (*Glück der Ehe*) und Alexander Puschkin anfertigte und wo sie auch eigene Erzählungen veröffentlichte.[314] Von Claire von Glümer stammte auch die erste deutsche Übersetzung von Turgeniews Roman *Väter und Söhne*, die im Jahr 1869 erschien. Später, im Jahr 1876, widmete Claire von Glümer dem von ihr geschätzten Turgeniew einen Artikel in *Über Land und Meer*. Darin skizzierte sie den Lebensweg des 1818 geborenen Schriftstellers und charakterisierte ihn als sensiblen Menschenkenner sowie sozialkritischen Geist. Turgeniew wurde wegen seiner Äußerungen gegen die Leibeigenschaft in Russland verbannt und lebte einige Jahre isoliert in seinem Landhaus. Schon als Student wandte er sich nach Deutschland (er hörte Hegels Vorlesungen in Berlin) und lebte später, besonders nach dem Ende seiner Verbannung, meistenteils in Deutschland, Frankreich und bereiste Südeuropa. Claire von Glümer rühmt Turgeniew als jemanden, der die Lebens- und Denkweise der Menschen Russlands, vom einfachen Bauern bis zum Adligen, den Westeuropäern in seinem Novellenwerk erschlossen habe.[315]

XI.1 Das Netz der Freunde

In den nächsten Jahren führte Claire von Glümer ein aktives geistiges Leben. Neben ihrer schriftstellerischen Arbeit interessierte sie sich intensiv für das künstlerische und kulturelle Leben in ihrem Umfeld. Das belegen ihre zahlreichen Freundschaftsbeziehungen. Diese umfassten Persönlichkeiten aus Literatur, Musik und bildender Kunst. Zu den bereits erwähnten engen Beziehungen (Max Jordan, Julian Schmidt, Elise Polko und anderen) traten neue hinzu (wie z.B. Fanny Lewald, Carl Gustav Carus und die Sängerin Auguste Götze), sodass Claire von Glümer in ein Freundesnetz eingebunden war, das ihre Gedanken und Interessen teilte und ihr auch in Notzeiten Halt und Zuversicht gab. Trotz eines hohen Maßes an schriftstellerischer Produktivität geriet Claire von Glümer zu Beginn der 60-er Jahre in finanzielle Bedrängnis, was sie veranlasste, einen Bittbrief an Carl Gustav Carus zu schicken, in dem sie um Mittel aus der Schillerstiftung bat, um die Jahre 1864 und 1865 überbrücken zu können. Vielleicht hatte Claire von Glümer über den mit ihr befreundeten Julian Schmidt von der Möglichkeit erfahren, sich an die Schillerstiftung zu wenden, denn dieser hatte sich bereits fünf Jahre zuvor gemeinsam mit Berthold von Auerbach und Gustav Freytag bei der Stiftung für den auch Claire von Glümer bekannten Dichterfreund Otto Ludwig um eine Unterstützung bemüht.[316] Vielleicht kam der Kontakt zu Carus aber auch über Wilhelmine Schröder-Devrient zustande, welche zu der Zeit, als sie in Livland lebte, intensive Beziehungen zu ihm pflegte.[317] Möglicherweise kam es auch zu einer Begegnung in Dresden, wo Carus lange Jahre bis zu seinem Tod (1869) lebte.

Carl Gustav Carus (geb. 1789) kann man als Universalgelehrten bezeichnen. Schon früh, mit 15 Jahren, begann er an der Leipziger Universität zu studieren und entschied sich Arzt zu werden. Nach 1811 betrieb er einige Jahre eine eigene Praxis, ehe er als Professor für Frauenheilkunde Direktor der Entbindungsanstalt in Dresden wurde. 1827 wurde Carus zum königlichen Leibarzt, Hof- und Medizinalrat ernannt und entfaltete seitdem eine erfolgreiche Tätigkeit als Arzt, Naturforscher, Naturphilosoph und Künstler. Er hatte persönliche Kontakte mit Alexander von Humboldt, Ludwig Tieck und Caspar David Friedrich. Prägend für seine weitere Entwicklung war die Begegnung mit Goethe (seit 1818), den er später persönlich in Weimar traf. Im Goetheschen Sinne entwickelte Carl Gustav Carus in der Folge seine Naturanschauung und verband diese mit seiner medizinischen Tätigkeit. In seinen philosophischen Werken knüpfte Carus an Schelling an. Zu seiner Zeit wenig beachtet, knüpfte der Philosoph Imannuel Hermann Fichte später an Carus´ Erkenntnisse an: »Das Verbindende in seinem überaus umfangreichen Werk, das auch als schriftstellerische Leistung eindrucksvoll ist, ist der Gedanke von der Einheit alles Lebendigen, innerhalb derer es keine Trennung von lebender und toter Materie gibt, wie auch die Gestaltenwelt als Ausdruck des Lebens und der Kosmos nicht als Mechanismus, sondern als Organismus aufgefasst wird.« Auch als Maler leistete Carus Beachtliches; seine Bilder erinnern an die Landschaften von Caspar David Friedrich.[318]

Am 29. Februar 1864 sandte Claire von Glümer an Carl Gustav Carus folgende Zeilen: »Ehrenwerter Herr Geheimrat! Sie sind zu sehr gewöhnt Klagen zu hören und Rat zu erteilen, als dass es Sie überraschen könnte, wenn auch ich Sie in dieser Weise heimsuche. Dennoch möchte ich eine Entschuldigung stammeln, aber ich sehe im Geist Ihr gütiges Lächeln und gehe ohne Weiteres zu meinem Anliegen über. Vor allem muss ich Ihnen sagen, dass ich allein auf meinen literarischen Erwerb angewiesen bin und dass mir ein hartnäckiges Kopfleiden, beinahe zwei Jahre lang, jede anhaltende Arbeit unmöglich gemacht hat. Jetzt ist es besser, aber noch immer kann ich nicht zu dem größeren Werke, einem mehrbändigen Roman, zurück kehren.« Claire von Glümer berichtet weiter, dass die Ärzte ihr nur eine Aussicht auf vollständige Genesung geben, wenn sie geistige Anstrengungen vermeide. »In dieser Bedrängnis habe ich mich gefragt, ob es nicht möglich wäre, von der Schillerstiftung einen Vorschuss zu erlangen und die Beantwortung dieser Frage ist's, was ich von Ihnen erbitte. Verstehen Sie mich nicht falsch, Herr Geheimrat, ich weiß, dass meine Leistungen mir noch kein Recht an die Stiftung geben – aber ich glaube verstanden zu haben, dass sie auch dem *Strebenden* zu Hilfe kommt. / ... / Meine Bitte an die Schillerstiftung wäre, mir einen unverzinslichen Vorschuss von dreihundert Talern zu gewähren, den ich vom Jahre 66 an mit fünfzig Talern jährlich abgelten würde.« Claire von Glümer schloss ihren Bittbrief mit der Bemerkung, dass sie es nicht gewohnt sei für sich zu bitten und dabei die rechten Worte zu finden. Daher biete Carl Gustav Carus an, ihr Anliegen in einem persönlichen Gespräch klarer darzulegen. Carus muss umgehend geantwortet haben, denn bereits am 4. März bedankte sich Claire von Glümer in einem herzlichen Antwortbrief, dass es sie freue, dass Carus ihr Anliegen den Mitgliedern der Schillerstiftung vortragen und es befürworten wolle.[319] Es ist nicht bekannt, ob Claire von Glümers Gesuch Erfolg hatte. Doch ist dies zu vermuten, denn später wurde ihr von der Schiller-Stiftung sogar eine lebenslängliche Rente gewährt.[320]

Carl Gustav Carus

Claire von Glümer und Auguste Scheibe besuchten ihre Freundin Elise Polko im Jahr 1865 im westfälischen Minden auf der Rückreise von einem fast siebenwöchigen Erholungsaufenthalt auf der Nordseeinsel Borkum.[321] Die beiden Damen wohnten drei Tage lang bei Elise Polko, welche seit 1850 mit dem Direktor der Köln-Mindener Eisenbahngesellschaft verheiratet war. Ihr Wohnhaus lag direkt am Bahnhof: »Das stattliche Gebäude fiel mir durch einen reich mit Blumen geschmückten Balkon auf – ich frug, wer dort wohne, und die Antwort lautete: Elise Polko.« Das war der erste Eindruck F.A. Grimms, welcher in der Zeitschrift *Über Land und Meer* von einem Besuch bei Elise Polko berichtete. Die Schriftstellerin erschien dem Berichterstatter als eine »sehr zarte, dunkelblonde Frau«, mit »Anmut und Grazie in jeder Bewegung«. Das Wohnzimmer: »auch hier alles zierlich, poetisch, geschmückt – Bilder und Statuen von Dichtern, Malern, Musikern schauen von den Wänden auf den eleganten Schreibtisch herab; – die Schreibende selbst blickt seitwärts auf die waldigen Höhen der Porta Westfalica.« Man darf davon ausgehen, dass auch Claire von Glümer bei ihrem Besuch in Minden diese Aussicht genossen hat. Grimm berichtet weiter, dass er bei seinem Besuch mit Elise Polko mehr als drei Stunden mit ihr anregend über Berlin, Dresden, Petersburg und Paris gesprochen habe. Diese Städte und ihr Kulturumfeld gehörten auch zu Claire von Glümers Lebenskreis. Europa war damals – und das galt bis zum Beginn des Ersten Weltkrieges in immer größerem Maße – eine bereits in vielen Bereichen zusammengewachsene Kulturlandschaft, deren fruchtbare Anfänge jedoch durch machtpolitische Intentionen zersprengt wurden. Besonders die durch westliche politische Kreise betriebene Abtrennung der mitteleuropäischen Kultur von Osteuropa (und hier vornehmlich von Russland) ist eine tragische Signatur der neueren europäischen Geschichte . Elise Polko war eingebunden in dieses europäische Kulturleben. Für ihr Werk *Erinnerungen an Felix Mendelssohn* wurde sie von der russischen Großfürstin Alexandra Iosifowna, der Gattin von Konstantin Nikolajewitsch, mit einem prachtvollen Armband ausgezeichnet; der Herzog von Sachsen-Meiningen, Georg II., stellte später der gesundheitlich labilen Schriftstellerin seine malerische »Villa Carlotta« am Comer See zu Erholungszwecken zur Verfügung.[322] Nach ihrem Besuch bei Elise Polko machten Claire von Glümer und Auguste Scheibe noch Station bei Claires Schwester Marie, welche ebenfalls in Minden wohnte.

Etwa um 1865 muss Claire von Glümer auch die Schriftstellerin Fanny Lewald kennen gelernt haben. Unter welchen Umständen dies geschehen ist, konnte nicht verifiziert werden. Doch es gibt etliche Möglichkeiten, die hier nur kurz umrissen werden. Zunächst einmal wird Claire von Glümer von Julian Schmidts Schwierigkeiten in Berlin erfahren haben. Schmidt hatte die Redaktion der *Berliner Allgemeinen Zeitung* übernommen und durch etliche ungeschickte Aktionen zwei einflussreiche Institutionen des öffentlichen Lebens in Berlin auf den Plan gerufen: die von Ernst Dohm und seiner Gattin Hedwig herausgegebene satirische Zeitschrift *Kladderadatsch* und die Salonszene der Stadt. Im *Kladderadatsch* war Julian Schmidt seit 1862 ein »Thema«, nachdem er einen umstrittenen Artikel veröffentlicht hatte, und er geriet sogar ins Visier der Justiz. Etliche Personen des öffentlichen Lebens stellten sich gegen Schmidt, zuvorderst Ferdinand Lassalle, der ein beißendes Pamphlet gegen ihn publizierte.[323]

Einen wichtigen »öffentlichen Raum« im damaligen Berlin stellte zudem das Salonleben dar, welches einen bedeutenden Einfluss auf die Meinungsbildung in der Metropole hatte, traf sich doch hier die Prominenz der Stadt in gespannter Erwartung auf neue Nachrichten. In den Räumlichkeiten Leipziger Platz 3 fanden die berühmten »Montagabende« im Salon Fanny Lewalds statt, zu denen u.a. Schriftstellergrößen wie Theodor Fontane, Gottfried Keller und Paul Heyse erschienen. Auch die »Musikszene«

war mit Hans von Bülow sowie den Liszt-Töchtern Cosima und Blandine d'Agoult vertreten. In Lewalds Salon verkehrten zeitweise auch der junge Biologe Ernst Haeckel, Ferdinand Lassalle und der Schweizer Literaturhistoriker Edouard Schuré. Seine Blütezeit hatte das Berliner Salonleben in der zweiten Hälfte des 19. Jahrhunderts: immerhin gab es in der Zeit zwischen 1860 und 1890 in der Stadt 26 bedeutende Salons sowie acht »gesellige Kreise«, die dem Randbereich des Salonwesens zuzuordnen sind. Das geistige Klima in den Salons war durch Liberalität geprägt. Eine Reihe von Freunden Julian Schmidts verkehrte in diesen Salons, so z.B. Theodor Mommsen und Herman Grimm. Hier trafen sich auch der Klaviervirtuose Anton Rubinstein, der Dirigent Hans von Bülow, der bekannte Violinist Joseph Joachim, die Schriftsteller Ernst von Wildenbruch, Berthold von Auerbach und die mit Claire von Glümer befreundete Elise Polko. Manche Persönlichkeiten gingen auch in mehreren Salons ein und aus.[324] Die persönlichen Beziehungen im damaligen Berlin bildeten also ein vielmaschiges und dichtes Netz! Es gab somit zahlreiche Wege, auf denen auch Claire von Glümer einiges von den »Salongesprächen« erfahren konnte, zudem hielt sie sich ja auch wiederholt in Berlin auf. In der von Ernst Dohm und Julius Rodenberg herausgegebenen Zeitschrift *Der Salon für Literatur, Kunst und Gesellschaft* veröffentlichten neben Julian Schmidt auch Claire von Glümer und Auguste Scheibe mit eigenen Erzählungen und Übersetzungen. Zudem gehörten Berthold von Auerbach, Iwan Turgeniew und Fanny Lewald zu den zahlreichen namhaften Autoren der vom Ende der 1860er bis in die 1880er Jahre erschienenen Zeitschrift. Der Lewaldsche Salon darf »als letzter großer Salon des bürgerlichen Realismus der 1850er und 1860er Jahre« bezeichnet werden. Die Schriftstellerin Fanny Lewald galt zudem als Weggefährtin Hedwig Dohms, der Gattin des *Kladderadatsch*-Herausgebers. Dafür spricht ihre regelmäßige Teilnahme am Dohmschen Salonleben. Aber auch die nachbarschaftliche Nähe im Matthäi-Viertel (wo ja auch Julian Schmidt wohnte) mag persönliche Begegnungen gefördert haben. Schmidt und Adolf Stahr, seit 1855 Ehemann Fanny Lewalds, wohnten zeitweise im selben Haus in der Matthäikirchstraße. Fanny Lewald hatte zudem noch bis 1884 in der Matthäikirchstraße eine eigene Wohnung. Vermutlich bewohnte das Paar Lewald/Stahr im Wechsel beide Wohnungen. Adolf Stahr war ein bekannter Philologe und Historiker. Zudem war er ein fast schwärmerischer Vertreter der französischen revolutionären Freiheits-, Gleichheits- und Brüderlichkeitsideale sowie ein Anhänger der liberalen Ideen der demokratischen Bewegungen des Jahres 1848. Er war in zweiter Ehe mit Fanny Lewald verheiratet. Vor ihrer Eheschließung hatten Lewald und Stahr zwei Jahre lang ohne Trauschein zusammen gelebt, was damals für die bürgerlichen Kreise Berlins keineswegs selbstverständlich war. Doch es war dies auch die Zeit, in der es im Zuge des »Realismus« als rechtens galt, dass unglückliche Ehen geschieden wurden.[325]

Wir kennen Claire von Glümers liberale Einstellung, seit sie 1848 in Frankfurt als Korrespondentin bei der Nationalversammlung tätig war. Ihre emanzipatorischen Gedanken schlugen sich auch in ihrer aktiven Teilnahme an der Kindergartenbewegung nieder. Fanny Lewald kann man als »Geistesschwester« Claire von Glümers bezeichnen, denn sie teilte ihre Auffassung von der politischen Bedeutung der Kindergärten. In Lewalds Lebensrückblick *Gefühltes und Gedachtes* findet sich unter dem Datum des 10. August 1852 eine Passage über den sozialen Nutzen der Kindergärten: sie würden ein wichtiges soziales Gegengewicht gegen die häusliche Erziehung bilden. Die durch öffentliche Erziehungsanstalten bewirkte Absonderung der Kinder aus dem Familienkreis würde dazu führen, dass der Sinn für die Gesetze und somit letztlich die Idee der Freiheit in den Kindern Fuß fassen könne.[326]

Fanny Lewald

XI.2 Phrenologische Analyse

Im Jahr 1865 erschien in Dresden das Buch »*Phrenologische Frauenbilder. Dresdens Schriftstellerinnen der Gegenwart*«, verfasst von dem damals bekannten Phrenologen Gustav Scheve. Darin stellte der Autor verschiedene weibliche Persönlichkeiten der literarischen Szene Dresdens vor, so unter anderem Claire von Glümer und die mit ihr befreundeten Auguste Herz und Louise Otto-Peters. Scheve entwickelte im Kontext seiner Studien zur Phrenologie eine umfangreiche Sinneslehre. Er unterschied drei Klassen von menschlichen Sinnen: die niederen oder tierischen Sinne, die Gemütssinne sowie die Verstandessinne oder Talente. Diese Sinne ordnete er gewissen Regionen des menschlichen Gehirns zu. Scheve nennt z.B. den Sinn der Kinderliebe, den Kampfsinn, den Verheimlichungssinn (aus der Gruppe der tierischen Sinne), den Sinn der Beifallsliebe, der Gewissenhaftigkeit, des Wohlwollens (aus der Gruppe der Gemütssinne) und den Farbensinn, Zahlensinn und Musiksinn (aus der Gruppe der Verstandessinne). Dabei kam er auf eine Anzahl von mindestens 30 Sinnen. Basierend auf seinen Untersuchungsergebnissen gab Scheve auch »therapeutische Empfehlungen«, wodurch Selbsterkenntnis und Selbsterziehung angeregt werden sollten: »Die Phrenologie wird bisweilen aus mangelhafter Kenntnis irrig aufgefasst. Manche glauben zum Beispiel, sie widerstreite der sittlichen Freiheit, es gebe nach ihr einen Diebssinn, einen Mordsinn, und wer einen solchen habe, der müsse stehlen oder morden. Nein, jeder Mensch besitzt, wie wir gesehen, innere Sinne, und keiner derselben führt an sich zum Schlimmen, sondern nur dann, wenn ein Sinn gegen die übrigen sehr stark oder sehr schwach ist, kann eine fehlerhafte Neigung entstehen, zum Beispiel zum Zanken und Streiten (großer Kampfsinn), zur Falschheit (großer Verheimlichungssinn), zum Hochmut (großes Selbstgefühl), zum Geiz (großer Erwerbssinn) usw. Diese Neigungen sind dem Menschen eben darum gegeben, damit er gegen sie ankämpfe und sich so seiner sittlichen Freiheit bewusst werde / … / Die Phrenologie, als die Lehre von den Grundkräften des Geistes, ist so zugleich die Lehre von den wahren Quellen des menschlichen Strebens und Handelns.« Nach Scheve gilt es, die Dominanz der Verstandeskräfte, welche sich durch das Aufkommen der Naturwissenschaften, der Maschinen und Manufakturen, durch Zeitungen und Volksbücher sowie die Eisenbahn und das Reisen äußert, zurückzudrängen und eine neue Harmonie zwischen Gemüt und Verstand herzustellen.[327] Seine Auffassung vertrat Scheve in zahlreichen Publikationen.

Gustav Scheve

Claire von Glümer muss sich ebenfalls mit seinen Gedanken beschäftigt und sie auch für plausibel gehalten haben, denn im Jahr 1865 stellte sie sich für ein phrenologisches Porträt zur Verfügung.[328] Gustav Scheve berichtet von seinem Besuch bei Claire von Glümer in ihren Privaträumen in Dresden und vom ersten Eindruck, welchen die Schriftstellerin auf ihn machte: »Das Haus, in welchem Fräulein von Glümer wohnt, ist von einem Garten umgeben; ich trat einige Stufen hinan durch eine kleine Veranda in einen Gartensalon und begrüßte die Dame, die sich vom Schreibtische erhob und mir freundlich entgegentrat, da sie mich erwartet hatte. Ihr Anblick überraschte mich: ich fand in ihr gerade das Gegenteil jener Schriftstellerinnen, wie man sie sich zu denken pflegt, mit großem Gesicht und etwas männlichen Zügen; eben so sehr aber das Gegenteil einer gewöhnlichen Erscheinung. Indem ich nach Worten suche, um dem Leser ein Bild ihrer Persönlichkeit zu geben, kommt mir das Wort *ätherisches Wesen* in die Feder, und obgleich dasselbe etwas überschwänglich ist, so bezeichnet es doch vielleicht am besten den eigentümlichen Schmelz, der über Fräulein von Glümers Person gebreitet ist. Sie ist höchstens mittelgroß, fein gebaut und sehr graziös. Das Gesicht ist ein rundliches Oval, umrahmt von starkem, etwas krausem Haar, welches aschblond scheint, aber eine Mischung von blond und weiß ist. Die Gesichtsfarbe ist frisch, die Züge und die deutsche Nase fein. Sein Leben erhält das Ganze durch große reinblaue Augen, die den Eindruck machen, als würden sie ewig jung bleiben; der Blick ist so sinnig, dass ich begierig wurde, die Seele, die ich in diesen Augen sah, – wie unrichtig ist es, die Seele unsichtbar zu nennen! – näher kennen und verstehen zu lernen. Das Einzige, was mir den äußerst günstigen Eindruck des Ganzen etwas störte, ist ein gewisser fremder Zug um den Mund. Der Mund hat etwas Gepresstes oder Gedrücktes, was ich so deutete, – ob richtig, weiß ich nicht, – als habe sich das Herz Fräulein von Glümers dem Leben mehr verschlossen als geöffnet, oder als habe das Leben ihr mehr Schmerz als Freude geboten. Die ganze Erscheinung ist so jugendlich, dass ich beim ersten Blick, und noch einige Schritte von ihr entfernt, sie für eine ganz junge Dame von etwa 25 Jahren hielt. Das Temperament ist sanguinisch-nervös.« Im Folgenden findet sich in Scheves Darstellung eine ausführliche tabellarische Auflistung seiner Sinneslehre, welche 22 Kategorien umfasst, welche jeweils mit Punkten bewertet werden. Bei Claire von Glümer liege der Punktwert im Minimum bei 3 (»Kampfsinn«) und im Maximum bei 5½ (»Verehrung«). Es soll hier nicht näher auf das System Scheves und seine Grundlagen eingegangen werden, doch einige Claire von Glümer charakterisierende Sätze seien hier noch angefügt. So verweist Scheve darauf, dass bei der Befragten die »Gemütssinne und die Verstandessinne die niederen Sinne überragen«, was nahelege, dass sich Claire von Glümer in besonderer Weise einer geistigen Autorität oder einem Ideal anzuschließen vermag. Zudem sei sie nicht geneigt zu streiten, doch würde sie für eine anerkannte Autorität viel »Mut und Widerstandskraft« aufbringen und Partei ergreifen. In Bezug auf ihr schriftstellerisches Wirken attestiert Scheve der Autorin ein hohes Maß an Phantasie in Verbindung mit dem »Verehrungssinn«.

»All die zahlreichen Urteile, welche ich Fräulein von Glümer über ihre Charakterzüge aussprechen konnte, wurden von ihr für richtig erkannt. Sie drückte mir ihr Erstaunen darüber aus, dass man aus der Kopfgestalt so viele bestimmte Urteile über den Charakter gewinnen könne.« Claire von Glümer berichtete Scheve, sie habe im Winter 1864 Vorträge von Matthias Jacob Schleiden gehört, der sich gegen die Phrenologie und die Zuverlässigkeit ihrer Ergebnisse ausgesprochen habe. Scheve ließ sich bei seinem Besuch bei Claire von Glümer an jenem Tag in Dresden darauf ein, dass Claire von Glümer abwechselnd seinen Schädel und den ihren abtasten durfte, um von der Phrenologie konstatierte Unterschiede zu verifizieren. So wollte Scheve direkt nachweisen, dass Schleiden kein sachgemäßes Urteil bezüglich der Phrenologie zugestanden werden könne.[329] Damit endet Scheves Bericht von seinem Besuch bei Claire von Glümer. Es folgt nun in seinem Buch ein von Claire von Glümer selbst verfasster Lebensbericht, unterzeichnet mit »Dresden, Mai 1864, Claire v. Glümer«, in dem sie ihren bisherigen Lebensgang auf 13 Seiten kurz skizzierte.

XI.3 Aus der Bretagne

Claire von Glümer hat ihre enge Verbindung zu Frankreich ihr Leben lang gepflegt. Nicht nur ihre bereits erwähnten Übersetzungen, sondern vor allem die literarischen Reiseberichte zeigen, wie intensiv sich die Verfasserin über das bloße Betrachten und Erleben hinaus mit der Landschaft und Kultur des Landes beschäftigt hat. Besonders die Bretagne spielte während Claire von Glümers Flüchtlingszeit eine wichtige Rolle für die Schriftstellerin. Dort fand sie als 13-jähriges Mädchen nach belastenden Erlebnissen zu seelischer Ruhe. Claire von Glümer hat ihre 1867 veröffentlichten Geschichten *Aus der Bretagne* ihrer »geliebten Tante Agnes von Glümer« gewidmet, der blinden Tochter ihres Großvaters in

Wolfenbüttel, der sie einige Zeit in jungen Jahren als Gesellschafterin gedient hatte.

Die »Geschichten und Bilder« (so der Untertitel des Buches) erschienen in der »Collection« des Arnold Hilberg-Verlages in Wien in der Reihe »Ethnographische Studien«. Dies betont die Nähe (und damit weitgehende Nichtfiktionalität) der Texte über die Kultur, Geschichte und Natur der Bretagne. Die Erzählerin bzw. Berichterstatterin schreibt in der Ich-Form von ihren Begegnungen und Erlebnissen mit den dortigen Menschen und Sitten.[330] Es finden sich in den Darstellungen zahlreiche historische Bezüge zum bretonischen Leben. So bilden beispielsweise in der Lebensgeschichte des *Paskou*, auf die bereits hier im Kapitel XI (»Der Wendepunkt«) ausführlich eingegangen wurde, die Rituale des Junifestes, das »Orakel des Dolmen« sowie die traditionellen Gnadentage der bretonischen Dörfer den Hintergrund des Erzählten.[331]

Warum hat sich Claire von Glümer in ihrem 42. Lebensjahr gerade der Welt der Bretagne zugewandt? Es scheint, als seien ihre Kindheitserlebnisse in gereifter Form wieder in ihrer Seele präsent gewesen. Angesichts der elementaren Schönheit und Reinheit der dem Meer zugewandten Landschaft stellten sich der Verfasserin nach den langen Jahren rückblickend Fragen, die sie sich als Kind noch nicht stellen konnte. Bemerkenswert ist in diesem Kontext u.a. die Reflexion über den Tod und seine Folgen für die Hinterbliebenen – vielleicht ein Nachklang des Todes ihrer Mutter? In der Novelle *Das Fräulein von Roc-estroit* findet sich eine einfühlsame Passage zu diesem Thema. Die alte Cahon, Bedienstete beim Grafen von Roc-estroit, hatte am selben Tag ihre beiden Kinder durch Krankheit verloren. Regelmäßig besuchte sie den Friedhof. Als sie nach vielen Jahren zu Allerseelen wieder am Grab der Kinder stand, wird ihre Seelenstimmung wie folgt beschrieben: »Man sagt wohl, dass mit der Zeit alle Traurigkeit vergeht, aber auf die Traurigkeit für unsere Toten passt das nicht, sonst müssten wir ja vergessen können, wie lieb wir sie gehabt haben. Es drängt sich freilich im Laufe der Jahre so vielerlei in unser Herz und in unsere Gedanken, dass wir nicht immer Zeit haben, uns um das zu kümmern, was gewesen ist; aber wenn es auch scheint, als ob wir ganz getröstet wären, ist doch in jeder stillen Stunde die Sehnsucht und die Traurigkeit wieder da.« »Wenn wir auch wissen, dass der Tod ein Erlösungsengel für unsere Lieben gewesen ist, können wir´s doch nicht lassen, um das zu weinen, was wir mit ihnen verloren haben, und wenn es auch nichts gewesen wäre als die Sorge, die unsere Tage ausgefüllt hat, und die Möglichkeit, unsere Liebe durch die Tat zu beweisen.«[332] Claire von Glümer hatte in ihrem Leben einen Punkt erreicht, an dem das Zurückblicken zu einem wesentlichen Faktor ihrer Biographie wurde. Das Erinnern war be-dacht, es extrahierte und bewahrte das Wesentliche und Bleibende aus dem Erlebten, im Fall Claire von Glümers das Liebe- und Treueverhältnis zu den Verstorbenen als stets zu vergegenwärtigendes Seelenerlebnis. Fanny Lewald, die ältere Freundin, stellte sich auch Fragen nach der Vergänglichkeit der menschlichen Existenz und deren Sinn. Anders als für Claire von Glümer, war der Tod für Fanny Lewald aber ein sinnloses Übel, ein Nichts, in welches der Mensch am Ende eines leidvollen Lebens versinke. Am 6. Oktober 1853, ebenfalls in ihrem 42. Lebensjahr, notierte Fanny von Lewald: »Je älter ich werde, und je kürzer die Lebenszeit ist, die ich wahrscheinlich noch vor mir habe, um so geringfügiger erscheint mir das Dasein, um so trauriger die Notwendigkeit des Leidens für ein Dasein, das so ephemer und kurz ist, und das in Nichts sich auflöst. Eine unbefriedigte Jugend – viel Leid und Liebe – die Unmöglichkeit, diese große Liebe in Ruhe zu genießen – ein Kampf um des Lebens Notdurft – viel Streben – mäßiges Gelingen – und dann ein Untergehen ins Nichts! – Welch ein Los ist das!«[333]

Die Erzählungen aus der Bretagne enthielten auch die bereits erwähnte Novelle *Das Fräulein von Roc-estroit*. Zwar wird darin auch der Konflikt zwischen »abgewirtschaftetem Adel und aufstrebendem Bürgertum thematisiert.«[334] Wesentlicher ist jedoch, dass Claire von Glümer die enge, schicksalhafte Beziehung eines Menschenkreises vor dem Hintergrund der Lebenswelt der Bretagne im 19. Jahrhundert[335] entfaltete und die seelischen Entwicklungsprozesse der Protagonisten sichtbar machte. Die Ich-Erzählerin, eine deutsche Reisende, die sich auf Schloss Roc-estroit befindet, wo sich eine Reihe von Gästen in dem etwas herunter gekommenen Bauwerk erholen will, begibt sich eines Abends zu Fuß auf eine Erkundungstour über das weitläufige Gelände des ehemaligen Adelssitzes. Die Gäste rekrutierten sich aus »französierten Bretagnern, und zwar größtenteils aus dem Bürgerstande, Beamten, Kaufleuten und Gutsbesitzern aus der Umgegend.«[336] An jenem Abend wurde ein Ball in der Halle des Schlosses veranstaltet. Der Lärm des Festes trieb die Ich-Erzählerin ins Freie: »Ich verlor mich aus der Menge und verfolgte einen der Pfade, die sich von den Hauptalleen ins Bosket hineinziehen – der Lichtschimmer verlor sich mehr und mehr, der Lärm des Festes verhallte und bald waren Einsamkeit und Dunkel rings umher.« Die Erzählerin begibt sich in eine andere Welt, fernab vom gewöhnlichen Alltagstreiben. Die Exponiertheit und Abgeschiedenheit des Ortes wird weiter verstärkt: die einsame Spaziergängerin gerät in ein schweres Gewitter. In der von Sturm und Blitzen bewegten Nacht meint sie Stimmen zu hören, die sie an eine Erzählung der Dorfbewohner erinnern, wonach die Seele des Fräuleins von Roc-estroit zu dieser Tageszeit draußen umher irren solle. Genaueres war über das Schicksal des Fräuleins nicht bekannt, »nur die alte Cathon könnte das genau erklären, wenn sie wollte.« Diese alte Frau lebte in einem alten Renaissance-Turm in einem abgelegenen Bezirk des Schlosses. An diesen abgelegenen Ort flüchtet sich die Erzählerin vor dem Gewitter: »tappend und stolpernd kam ich endlich, trotz Dornen, Schutthaufen und Finsternis, an das Pförtchen des Turmes. Es stand offen – ich trat ein und stieg die Wendeltreppe hinauf.«[337] Damit ist der Ort erreicht, welcher als Gegenentwurf zur feiernden Schlossgesellschaft in der Exposition dieser Geschichte präsentiert wird. Es ist das Turmgemach der alten Cathon, der Hüterin des Geheimnisses des Fräuleins von Roc-estroit. Die Alte versorgt die durchnässte und frierende Wanderin, welche an der Wand des Turmgemachs ein großes Gemälde mit der Gestalt einer gewissen Alix, dem Fräulein von Roc-estroit aus den Erzählungen der Dorfbewohner, entdeckte[338]. Nun wechselt die Erzählung über zur alten Cathon, welche nach einem kurzen Dialog mit ihrem Gast ausführlich die Lebensgeschichte der Alix entfaltet und dabei rückblickend als Augenzeugin fungiert. Cathon war eigentlich die Frau eines Matrosen, der oft zur See fuhr. Cathons Trost waren ihre beiden Kinder Berthe und Robert. Doch im Herbst verlor Cathon ihren Mann auf See und anschließend durch ein grassierendes Fieber am gleichen Tag ihre beiden Kinder. Fast zeitgleich war die Gräfin im nahe gelegenen Schloss verstorben und die Amme von deren Tochter Alix erkrankt. Daraufhin ließ der Graf nach Cathon schicken und anfragen, ob sie sich der kleinen Alix annehmen könne. So war Cathon direkt nach dem Tag der Bestattung ihrer Kinder ins Schloss gezogen.[339]

Das Grafengeschlecht war infolge der Revolutionsereignisse des Jahres 1848 verarmt und musste sich stark einschränken; Wagen, Pferde und mussten abgeschafft, der Kutscher entlassen und der Speiseplan reduziert werden. So wurde das Schloss nach und nach zu einem ungastlichen, einsamen Ort, den letztlich nur noch wenige Menschen aufsuchten.

Im Folgenden verläuft die Erzählung vor dem Hintergrund der Lebensgeschichte der jungen Gräfin Alix. Als diese fünfzehn Jahre alt war, tauchte der Neffe des Grafen, Arthur, ein hübscher Junge von 16 bis 18 Jahren, welcher zu den gräflichen Erben zählte, im Schloss auf. Der junge Herr brachte Fröhlichkeit und gute Laune in die kleine Gesellschaft und machte auch Alix Komplimente, indem er sie zum Beispiel »Prinzessin Goldhaar« nannte.[340] Nach einem längeren Aufenthalt auf Roc-estroit musste sich Arthur verabschieden, denn sein Schiff sollte in See gehen. Seine Rückkehr sollte erst etwa nach einem Jahr erfolgen. Die Stimmung im Schloss sank, der Graf wurde bald darauf krank. Ein herbei gerufener Arzt, der mehrere Stunden auf Roc-estroit verweilte, machte der Cathon wenig Hoffnung.[341]

Nach einigen Monaten kehrte Arthur wieder auf das Schloss zurück, worüber sich insbesondere Alix freute. Arthur war aber nicht allein gekommen, sondern er hatte seinen besten Freund Hoël mitgebracht, dessen Erscheinen der Cathon einen gehörigen Schrecken einjagte, weil dieser Freund ihrem verstorbenen Mann Robert von der äußeren Erscheinung sowie vom Timbre seiner Stimme so sehr ähnelte.[342] Als Alix nach dem vollständigen Namen Hoëls fragt, erfährt sie, dass er Dufour heißt. Dies sei jedoch der Name seines Pflegevaters gewesen. Eigentlich hieße er Hoël Gouëllo und sei ein Nachfahre des Grafen von Rennes.[343] Alix glaubt sich zu erinnern, dass das Grafengeschlecht vor einiger Zeit erloschen sei, und sie äußert gegenüber Arthur, dass es ihr unbegreiflich sei, wie man sich »Dufour« nennen könne, wenn man doch das Recht habe »Gouëllo« zu heißen. In der folgenden Zeit kümmerte sich Hoël sowohl um Alix als auch um den kranken Grafen: er unterhielt sich mit Alix und zerstreute den Grafen, in dem er ihm aus der Zeitung vorlas sowie Schach und Karten mit ihm spielte. So wuchs Hoël Gouëllo allen ans Herz.[344] Bald wird aber deutlich, dass Hoël ein Republikaner war, anders als Alix, welche auf die Erneuerung des alten Königtums hoffte.[345]

Am Tag Allerseelen, als die alte Cathon am Grab ihrer Kinder verweilte, trat der Vicomte Arthur zu ihr und las die Grabsteininschrift: »Meinen Kindern, Berthe und Robert Kerlocquen, gest. am 22. Juni 1811.« Arthur schreckte auf, fragte Cathon über ihre Familienverhältnisse aus, nämlich ob ihr verstorbener Ehemann einen Bruder und ob dieser Frau und Kind gehabt hätte. Cathon antwortete, dass ihr Schwager verheiratet gewesen und dass die Frau bald nach der Geburt eines Knaben gestorben sei. Daraufhin sei der Schwager zur See gegangen und habe nichts mehr von sich hören lassen, während der Knabe von einem reichen Mann an Sohnesstatt angenommen wurde. Und nun durchfuhr Cathon die Erkenntnis, dass jener Knabe kein anderer war als Hoël Gouëllo. Cathon wollte sofort zu ihrem Neffen eilen, doch Arthur hielt sie zurück, denn er wollte das sich anbahnende Glück zwischen Alix und Hoël nicht durch die Enthüllung der geringen Herkunft Hoëls zerstören. Cathon fügte sich dem Wunsch des Vicomte.[346]

Im darauf folgenden Frühjahr verschlechterte sich die gesundheitliche Situation des Grafen. Bald darauf starb er im Beisein seiner Tochter Alix, Cathons und Hoëls. Der junge Mann sorgte in der Folge dafür, dass Alix durch verschiedene Tätigkeiten von ihrer Trauer abgelenkt wurde und stellte ihr eine gemeinsame Zukunft in Aussicht – ein Leben in seinem Landhaus am Loire-Ufer unweit von Nantes und einen jährlichen Sommeraufenthalt im alten Schloss von Roc-estroit.[347]

Der Lieblingsplatz Hoëls und Alix´ war die rote Klippe, die wie ein Wachtturm am Ende eines Felsenriffs stand, »dessen zackiger Kamm auch zur Flutzeit im Halbkreise aus dem Wasser hervorragt.«[348] Die drei Wochen nach dem Tod des Grafen verlebten die Hinterbliebenen in friedvollem Miteinander, bis ein Brief dem Glück ein Ende setzte: darin stand, dass Hoëls Vater, der Steuermann Matthias Kerlocquen, der seit 23 Jahren für tot gegolten hatte, mit einem Schiff in Paimboeuf eingetroffen sei und seinen Sohn Hoël Dufour in Nantes baldmöglichst zu sehen wünsche. Für Arthur und Cathon war diese Nachricht ein Schock, und auch Alix zeigte sich seltsam verändert, als wolle der Name Kerlocquen »ihr die Lippen verbrennen.« Hoël, ganz gefangen von der Aufforderung seines Vaters, bemerkte die Veränderung seiner Braut nicht. Nachdem Hoël abgereist war, verschloss sich Alix im Schlossturm und weinte lange bittere Tränen. Später suchte Cathon Alix auf und sie musste erfahren, dass diese sich außer Stande sah ihre Verlobung mit Hoël aufrecht zu erhalten. Alix meinte, sie würde damit die Grundsätze ihres Standes und ihres Vaters verletzen. Trotz allen Zuredens beharrte Alix darauf, von nun an von Hoël geschieden zu sein.[349] Arthur bemühte sich Alix zu überzeugen, »dass heutzutage das Geld mehr geachtet würde als vornehme Geburt, dass der Stolz auf einen alten Namen, sobald dieser nicht von Reichtum begleitet wäre, den Menschen eher lächerlich als achtungswert erschiene, und dass der Name eines reichen Kaufmanns oder eines Künstlers, oder eines Gelehrten, wie Hoël, dem eines adeligen Fräuleins vollkommen ebenbürtig wäre.« Hier wird die soziale Umstrukturierung der sozialen Verhältnisse in Deutschland im Zuge der Emanzipation des Bürgertums deutlich. Geld und Bildung galten gegenüber Besitz und Tradition als gleichwertig. Doch Alix konnte sich nicht aus ihren Befangenheiten lösen. Ihr traditionelles Weltbild war stärker als die Liebe zu Hoël. Sie äußerte sich gegenüber Cathon: »Ja, Cathon, es muss sein! Hast Du das noch nicht begriffen? / ... / Es handelt sich nicht um Hochmut oder Eitelkeit – Gott weiß es, dass mir alle Dinge dieser Welt, im Vergleich zu Hoëls Liebe, wie Staub und Asche sind. Aber Du hast es oft mit angehört, wie der Vater sagte: dass wir die Pflicht haben, für den

Stand, in welchem wir nach dem Willen Gottes geboren sind, zu leben, zu leiden und, wenn es sein muss, zu sterben. Aber nun frage nicht mehr, ich bitte Dich!«[350]

Alix entscheidet sich also am Ende einem »Phantom« bzw. Abstraktum zu folgen: der Pflicht gegenüber dem »Stand«. So verliert sie die menschliche Anbindung in ihrem Leben. Der Schluss der Erzählung beschreibt Alix' tragisches Ende: Nachdem Alix an Hoël geschrieben hatte, dass sie ihre Beziehung beende, wurde sie krank. Hoël eilte zum Schloss, um Alix zur Rede zu stellen: er bat sie, den Brief zurück zu nehmen, fragte sie, ob er ihr als Mensch anders erschienen sei, nachdem sie seinen richtigen Namen gehört habe und er beschwor Alix, sich auf ihre gemeinsame Liebe zu besinnen. Denn wenn diese stark genug wäre, gäbe es keinen Grund sich zu trennen. Doch Alix blieb starr in ihrer Haltung und wies Hoël zurück. Auch die vertraute Cathon konnte Alix, nachdem Hoël gegangen war, nicht umstimmen: »Da sah sie mit irrsinnigen Blicken um sich her und sagte: 'Ich tät es gern – aber ich kann nicht!' / ... / Sie fing an, im Zimmer umher zu gehen, wie immer, wenn sie in Angst und Unruhe war. So wie jetzt hatte ich sie freilich noch nie gesehen. Es lag etwas Wildes in allen ihren Bewegungen, und bald fing sie an, von den Taten ihrer Vorfahren zu erzählen, bald summte sie die Melodien altbretagnischer Balladen oder Kriegslieder – ich dachte, sie hätte den Verstand verloren.«[351] Hoël hatte sich, nachdem er Alix verlassen hatte, vom neuen Schlossdiener nach der Steilklippe herüber rudern lassen, um auf das Postschiff zu warten. Als Alix davon erfuhr, stürzte sie aus dem Haus, denn ein heftig aufziehendes Unwetter würde den jungen Mann in Lebensgefahr bringen. Alix brachte Arthur dazu, sie zur Klippe zu rudern, um Hoël zu Hilfe zu kommen. Und nun sah Cathon vom Ufer aus in der Ferne wie sich Alix und Hoël auf der Klippe umarmten und umschlungen hielten. Mittlerweile war ein schweres Gewitter losgebrochen. Blitzschläge, Sturmböen und hohe Wellen umtosten die Felsenklippe, auf deren letzte Spitze sich nun Alix und Hoël geflüchtet hatten. Wenige Augenblicke später wurden beide durch eine große Woge ins Meer gerissen. Der Vicomte Arthur kehrte nach diesem Ereignis nicht mehr

nach Roc-estroit zurück. Er verpachtete das Schloss an einen Wirt. Bald
darauf wurde der Schlosssaal zu einem Tanzsaal umfunktioniert. Cathon
zog sich in ihren alten Turm zurück, großzügig versorgt durch Arthur
und treu für ihre Toten betend.[352] Das war die Geschichte der Cathon.
Claire von Glümer verband in dieser Novelle das Schicksal ihrer Protagonisten mit den damaligen gesellschaftlichen Umbrüchen und zeigte
deren Interdependenz auf.

Auch *Die Möve von Saint-Mahé*, die letzte der drei umfangreiche-
ren Erzählungen aus dem Bretagne-Buch, handelt vom Schicksal eines
Kinderpaares, das mit etlichen Einschränkungen zu kämpfen hat. Auf
diese Erzählung sei hier, dieses Kapitel abschließend, eingegangen, weil
sie ebenfalls eine große Dichte und Differenziertheit seelischen Erlebens
aufweist – ein Charakteristikum der Werke Claire von Glümers nach
1865. Die Autorin leitet die Geschichte mit einer Charakterisierung der
Landschaft (Finistère) und des Wohnortes der Kinder (Saint-Mahé) ein.
In jenem kleinen Dorf, deren Bewohner sich vom kargen Boden und der
Seefahrt dürftig ernähren, wachsen das Mädchen Anaïk und der Knabe Korentin auf. Anaïks Vater war ein wackerer Matrose gewesen, der
bei einem Schiffbruch ums Leben gekommen war; ihre Mutter stand in
dem Ruf eine Zauberin gewesen zu sein. Da die Mutter früh starb, wurde
Anaïk zu ihrer Patin, der Mutter Petronille, gegeben und somit wohl davor bewahrt selbst eine Hexe zu werden. Auch Korentin hatte ein schweres Schicksal zu tragen: in seinen ersten Lebensjahren war er von einer
Klippe gefallen und hatte sich dabei schwere Verletzungen zugezogen:
»Die zerbrochenen Knochen des Kindes heilten zwar wieder und die
Gelenke gewöhnten sich nach und nach daran ihren Dienst zu versehen,
aber sein Rückgrat krümmte sich, sein Wachstum war gestört, nur Kopf
und Arme entwickelten sich wie bei anderen Kindern. Als er vollständig ausgewachsen war, konnte man ihn der Größe nach einen sechs- bis
sieben jährigen Knaben und seinem übrigen Aussehen zufolge für einen
Kobold halten.« Und auch Korentin wurde früh Vollwaise. Den Vater er-
eilte ebenfalls der Tod auf dem Meer, seine Mutter starb, bevor der Knabe sieben Jahre alt war. Korentin wurde nach dem Tod der Eltern von

Anne Marek aufgenommen, mit Speise und Trank versorgt und dafür von seiner Wohltäterin als Schweinehirt beschäftigt.[353]

Dies sind also die Protagonisten der Erzählung: eine Hexentochter und ein Kobold, zwei Außenseiter, beide in frühen Jahren zu Waisen geworden. Heimatlose Seelen.

Die Petronille hatte einen Sohn, Malo, zwei Jahre älter als Anaïk. Während Malo zahlreichen Beschäftigungen nachging und auch genügend Kameraden hatte, mit denen er Umgang pflegte, war Anaïk meist allein unterwegs und streifte an den Meeresklippen oder auf einsamen Bergheiden herum. Keiner der Dorfbewohner schenkte dem Mädchen Aufmerksamkeit, ausgenommen sie wurde in der Ferne auf einer der schroffen bretonischen Klippenspitzen gesehen: »Dann hieß es: ʼSeht, da ist die scheue Möwe!ʼ und dann ging jeder seines Weges unbekümmert fort.« Eines Tages traf Anaïk auf ihren Streifzügen den »Zwerg Korentin«, der jämmerlich schluchzend am Wegesrand saß. Der Knabe war mittlerweile 16 Jahre alt – und somit 4 Jahre älter als Anaïk –, und das Unglück seines Daseins bedrückte ihn. Auf Nachfrage Anaïks erklärte er sich dem Mädchen: »Siehst Du nicht, wie unglücklich ich bin? Wenn alle andern groß werden und übers Meer fahren, muss ich zu Hause bleiben; ich werde nie eine tüchtige Arbeit verrichten können. / … / Das große Schwein sogar rennt mich über den Haufen, wenn ich es in den Stall treiben will.« Auf die Bemerkung Korentins, dass er Anaïk noch niemals traurig gesehen habe, eröffnet sie ihm, dass sie sich an der Natur und an den Erzählungen der heimkehrenden Seeleute erfreue. Seit diesem Tage waren die beiden Waisen beinahe unzertrennlich; wenn es irgend möglich war, musste Korentin »die Möwe« begleiten, welche ihm bei den Streifzügen entlang der Küste Hilfestellungen gab, sodass der Junge durch diese Übungen an Kraft und Gelenkigkeit gewann.[354] Doch in der Nachbarschaft regte sich schon bald Unmut gegen das Verhältnis der Waisenkinder: man erörterte die Frage, ob Anaïk, »das wilde Geschöpf«, Korentin nicht Unglück bringen würde. Auch unter der Dorfjugend wuchs das Missbehagen, denn Korentin war oft abwesend und stand den »kleinen Tyrannen« nicht mehr für ihren Schabernack zur Verfügung. In der Folge erwuchs

Anaïk und Korentin eine boshafte Feindin: Marthe Marek, »ein stämmiges Mädchen mit schwarzen Augen und Haaren, die Tochter der Anne Marek, dachte sich immer wieder neue Tätlichkeiten und Quälereien aus, um Korentin zu schaden. Marthe wusste, dass sie Anaïk am meisten quälen konnte, wenn Korentin in Angst und Gefahr versetzt wurde. Doch der Bruder Marthes, der schöne Malo, der eines Tages Zeuge der Misshandlungen gegen Korentin wurde, stellte sich auf die Seite der Waisen. Marthe gab Malo scheinbar nach, doch in ihrem Herzen sann sie auf Vergeltung und äußerte mehrfach gegenüber Anaïk, wenn sie sie allein traf, dass sie sich an ihr rächen werde.[355]

Im darauf folgenden Frühjahr machten sich die Männer des Dorfes wieder bereit für die weite Meerfahrt nach Neufundland. Malo sollte zum ersten Mal mit ausfahren. Er war stolz und aufgeregt, Anaïk fühlte den Schmerz des Abschieds und Korentin litt unter seinem »Meeresheimweh«. Als das Boot mit den Männern und Malo sich von der Küste entfernte, lief die Möwe »so rasch sie ihre Füße tragen konnten, auf den Nixenthron, eine weit ins Meer hinausragende Klippe«, wo sie sah, wie das Boot mit Malo schließlich nur noch ein Punkt am Horizont war. »Und endlich war nichts mehr zu sehen, nichts als die ruhig wallenden Fluten, die fernen Inseln, die flatternden Seevögel – die Möwe fiel auf ihre Knie, verhüllte das Gesicht und weinte bitterlich.« In den folgenden Monaten befolgte Anaïk Malos Rat, den er ihr beim Abschied gegeben hatte: für die Mutter Petronille Sorge zu tragen. Das tat das Mädchen auch, besonders nachdem sich die Petronille nach einem Ausflug nach Quimper schwer erkältet hatte und wochenlang durch Gichtschmerzen ans Bett gefesselt war.[356]

Zwei Jahre vergingen, zweimal kehrte Malo heim – und es war klar, dass die Möwe seine Herzensliebe war. Doch zu Beginn des dritten Winters ließen die beiden Schiffe mit den Männern aus dem Dorf auf sich warten. Die Menschen in Saint-Mahé beteten und warteten. So nahte das Weihnachtsfest – aber die Hoffnung auf eine Wiederkehr schwand. Anaïk suchte an der Küste nach Momenten der Befreiung aus ihrer Schicksalsnot, »eilte hinaus auf die Klippen, an den Strand. Ihr wurde wohler, wenn der Sturm über sie hin raste, dass sie sich kaum aufrecht halten konnte, oder wenn die Schneeflocken ihr glühendes Antlitz umschwirrten, oder wenn der Schaum der Brandung zu ihr empor spritzte. Die scharfe Luft trocknete die Tränen aus ihrem Auge, der Wogendonner übertäubte ihr Schluchzen – und immer kam sie ruhiger wieder heim.« Während dieser Zeit der schmerzlichen und bangen Erwartung wurde der Nixenthron, die steil ins Meer ragende Klippe von Saint-Mahé, der Hoffnungsort der Möwe Anaïk. Wenn die Enge der Fischerhütte der Petronille ihr zu viel wurde, eilte sie hinaus an diesen Ort, von dem aus sie zuletzt im Frühjahr den absegelnden Fischern nachgeschaut hatte. »Damals glänzte das Meer im Sonnenschein, leichte weiße Wolken zogen am Himmel hin und ihr Herz war voll Hoffnung; jetzt herrschten überall Tod, Erstarrung, Trauer.«[357] Bald erfuhr Anaïk von Korentin, dass eins der Schiffe mit den Matrosen des Dorfes an Bord gesunken sei. Wie es der Brauch war, hatten sich die Seeleute in höchster Not gelobt, bei der Heimkehr zur Büßung ihrer Sünden eine Totenmesse über sich lesen zu lassen; doch vorher durften sie sich weder beim Namen nennen noch unverhüllt zeigen. Die Bußmesse fand in der überfüllten Kirche des Ortes statt: die elf Überlebenden des Schiffsunglücks kamen, von Kopf bis Fuß in Leintücher gehüllt, aus der Sakristei, sodass es unmöglich war zu erkennen, wer denn nun die Kirche betrat. Nun beging die Möwe Anaïk einen Tabubruch, indem sie während des Auftretens der vermummten Seeleute Malos Namen heraus schrie: »Der Siebente in der Reihe der Verhüllten fuhr auf – mit einem Freudenschrei stürzte die Möwe besinnungslos zu Boden. Ein Murren flog durch die Versammlung.«[358]

Nach einiger Zeit nahm, nach einer über Neujahr dauernden Zeit der Trauer, das Leben in Saint-Mahé wieder seinen Lauf: die überlebenden Männer heuerten bei einem anderen Reeder an, das Leben im Ort beruhigte sich und im Frühjahr des folgenden Jahres wurde die Kunde verbreitet, dass Malo und die Möwe beabsichtigten bald zu heiraten. Korentin schlich traurig umher und konnte nicht glauben, dass Anaïk ihr Herz und ihr Leben dem Matrosen versprochen hatte. Er gestand sich nicht, dass er eifersüchtig war, denn er fühlte sich zu gering und elend, um die Hand nach dieser schönen Blume auszustrecken; aber seinem Wunsche nach sollte sie frei und einsam leben. Er sah in ihr noch immer das Kind, das wie ein Engel des Trostes zu ihm gekommen war.«

Korentin begab sich oft zu den Orten, welche er mit der Möwe auf-gesucht hatte. So ging er auch eines Tages zum Nixenthron, wo er sich niedersetzte. Bald darauf kam Anaïk hinzu, welche samstags immer zur Klippe ging, um den heimkehrenden Seeleuten entgegen zu sehen. In dem Gespräch mit Korentin ging es auch um Anaïks Heirat mit Malo. Die Möwe versprach Korentin, dass sie ihn nach ihrer Heirat bei sich wohnen lassen und ihn pflegen werde wie einen Bruder. »Und vom Egoismus der Liebe erfüllt, vertiefte sie sich in die Schilderung ihres Glücks, ihrer Erwartungen von der Zukunft; sie achtete weder auf Ko-rentins wachsende Traurigkeit noch auf das Gewölk, das am Horizont aufstieg und mit rasender Schnelligkeit wuchs und heranzog.« Zu spät hatte Anaïk das herauf ziehende Unwetter erkannt: plötzlich schlug ein Blitz aus den Wolken, der Westwind raste über die Klippe. Anaïk geriet in Panik und aus Sorge um ihren Bräutigam Malo begann sie mitten im Sturm ein altes bretonisches Lied zu singen – bis sie einen Schlag auf die Schulter verspürte: Marthe Marek stand ihr gegenüber und sagte in her-rischem Ton: »Willst Du gleich mit Deinen Zauberliedern aufhören?«. Marthe warf der Möwe vor, Malo »behext« zu haben. Zudem drohte die von Hass erfüllte Marthe damit Anaïk das »Zauberhandwerk« zu legen sowie Tod und Verderben über sie zu bringen.[359]

Ins Dorf zurück gekehrt, hetzte Marthe die Frauen gegen Anaïk auf, erinnerte daran, dass die Mutter der Möwe bereits eine Zauberfrau ge-wesen sei. Und da die Männer des Dorfes noch immer nicht von ihrer Seefahrt zurück gekehrt waren, hatte die schwarze Marthe leichtes Spiel eine wütende Schar von Dorfweibern hinter sich zu sammeln und sich mit ihnen zum Haus Anaïks aufzumachen. Die wütenden Frauen zerrten die Möwe aus dem Haus, um sie von der Klippe zu stürzen. Auch der von Korentin herbei gerufene Pfarrer konnte die Frauen, welche mittlerweile den Nixenthron erreicht hatten, nicht besänftigen.[360] Der Pfarrer, selbst nicht ganz frei von Aberglauben, schlug das Kreuzeszeichen über Anaïks

Haupt, doch der greise Geistliche konnte die rasende Wut der Dorfweiber nicht mehr bezähmen: die Frauen drangen auf ihr »Schlachtopfer« ein und stürzten Anaïk von der Klippe. Am folgenden Tag schien die Natur wie erneuert und unberührt von den schrecklichen Ereignissen auf dem Nixenthron: »Am folgenden Morgen erglänzten Land und Meer im Sonnenschein, die Luft war still und mild, sanft rauschend verliefen die Wellen am Strande, und auf den Wellen kam eine Fischerbake daher, ein neues zierliches Fahrzeug, mit weißen Segeln und bunten Flaggen. Es trug die Männer von St. Mahé der Heimat zu.« Am selben Tag führte der Pfarrer zwei verhüllte Gestalten in den Altarraum der Dorfkirche: Malo und Anaïk, welche wie durch ein Wunder nicht von den Wellen verschlungen worden waren. Malo und Anaïk wurden getraut, der arme Korentin fiel in ein schweres Fieber und starb nach drei Tagen. Die schwarze Marthe verließ für immer Saint-Mahé – »und so wanderte sie dahin über Moor und Heide, in die unbekannte Welt hinaus, einem Leben voll Not und Schmach entgegen.«[361]

Der Schluss der Erzählung erinnert an ein Märchen. Die Liebenden haben sich nach schicksalhaften Wirrungen gefunden und sind glücklich verheiratet. Das Verschwinden der schwarzen Marthe zeigt das in Märchen häufig vorkommende Wandermotiv: hier allerdings wird die Weltfahrt der Marthe nicht ins Glück, sondern in Elend und Schande führen. Der treue Korentin, welcher nach dem Klippensturz Anaïks im Unwetter um göttlichen Beistand für seine geliebte Freundin gebetet hatte, stirbt. Er findet seine Heimat nicht im Haus des jungen Paares (wie die Möwe es ihm in Aussicht gestellt hatte), wo er täglicher Augenzeuge ihres Glücks und damit leidender Freund der beiden gewesen wäre. Korentins Leben findet stattdessen seine Erfüllung im Opfer. Wie in der Erzählung »Das Fräulein von Roc-estroit« ist auch hier eine Klippe am Meeresufer Schicksalsort.

Unter dem Titel »Im Dorfe« hat Claire von Glümer sechs kleine Prosatexte zusammen gefasst, die den Abschluss des Buches bilden: *Der Freiwerber, Die Hochzeit, Der Tag der Armen, Die neue Tenne, Der Gnadentag, Allerseelen.* All diesen Texten ist eigen, dass sie Darstellungen der Sitten, Traditionen und Bräuche der Bretonen sind – »ethnographische Studien«. Das erklärt, dass, im Gegensatz zu den vorhergehenden Geschichten, die Menschen sehr stark typisiert dargestellt werden und kaum individuelle Konturen erhalten haben. Sie sind »Funktionsträger« im sich stets wiederholenden Lebensrhythmus der Bretonen.

XII. Das bittersüße Leben

In den folgenden Jahren, von etwa 1870 bis 1880, konzentrierte sich Claire von Glümers Leben neben der schriftstellerischen Tätigkeit auf weitgehend Privates. Dazu gehörte besonders die Pflege alter freundschaftlicher Beziehungen. Aber auch neue Menschen traten in ihren Lebenskreis. Für Claire von Glümer bedeuteten die siebziger Jahre den Höhepunkt ihres literarischen Schaffens. Ihre Romane *Frau Domina*, *Alteneichen* und die zweibändige Familiengeschichte *Dönninghausen* machten sie weithin bekannt.[362]

Ihren alten Freund Julian Schmidt besuchte Claire von Glümer in dieser Zeit mehrmals in Berlin. Im März 1870 unternahm sie zusammen mit Auguste Scheibe eine »Winterreise«, um das Ehepaar Schmidt zu treffen.[363] Auch Begegnungen mit Fanny Lewald werden stattgefunden haben, die mit ihrem Gatten Adolf Stahr unweit der Schmidts wohnte. Im April 1871 hielt sich Claire von Glümer wiederum in Berlin auf. Sie nahm Quartier bei einer Freundin in der Victoriastraße 4. Am 19. April richtete sie an Julian Schmidt folgende Zeilen: »Lieber Julian! Wie mir Auguste erzählt hat, sind Sie so schwer zu treffen, dass ich vorziehe, durch diese Zeilen anzufragen, wann ich hoffen darf, Sie und Frau Elise nicht zu stören. Führt Sie, ehe ich zu Ihnen kommen kann, Ihr Weg in die Stadt, so finden Sie mich bei Babette Meyer. Ich freue mich sehr darauf Ihnen die Hand zu drücken – dies Ihnen ist in der Mehrzahl gemeint – und bin in alter frischer Freundschaft Ihre Cläre.«[364] Doch obwohl sich Claire von Glümer mehrere Wochen lang bis in den Mai in der preußischen Hauptstadt aufhielt, kam es zu keinem Treffen mit dem Ehepaar Schmidt: »Lieber Freund! Dass ich Berlin verlassen, ohne Ihnen und Elise auch nur die Hand gedrückt zu haben, ist mir geradezu unglaublich… Seit drei Tagen bin ich auf dem Sprunge zu Ihnen, aber Ihre Stunden des Nichtzuhauseseins fallen so unglücklich mit den hiesigen Ausgehstunden zusammen.« Claire von Glümer hoffte, dass Julian und Elise Schmidt wenigstens im Sommer nach Dresden kommen würden: »Sie finden uns dann Rosenweg 29, I. Etage. Sollte dies nicht klappen, dann käme Berlin im Spätherbst in Frage«, dann sei sie wieder dort. »Bitte zürnen Sie nicht; ich bin sehr traurig, dass ich Sie nicht sehe. Ihre alte Freundin Cläre.«[365] In das Jahr 1871 fällt auch der Beginn der Mitarbeit Claire von Glümers am von Paul Heyse herausgegebenen »Deutschen Novellenschatz«. Sie steuerte u.a. Übersetzungen russischer Novellen von Turgeniew, Leo Tolstoi und Alexander Puschkin bei. Zudem veröffentlichte Claire von Glümer in

der Zeitschrift *Der Salon für Literatur, Kunst und Gesellschaft* einen Nachruf auf die sächsische Prinzessin Marie Amalie, die unter dem Pseudonym *Amalie Heiter* zu Beginn des 19. Jahrhunderts mit ihren Schauspielen (wie z.B. *Die Braut aus der Residenz, Der Oheim, Der Majoratserbe*) recht erfolgreich war.

Marie Amalie
von Sachsen

Claire von Glümer lobt die realitätsnahe Kennzeichnung der Dramen-
charaktere (Kleinstädter, Kaufleute und subalterne Beamte), welche in
ihrer »Einfachheit, Pflichttreue, bescheidenem Wirken und selbstloser
Liebe« dem »Ideal des deutschen Bürgertums« entsprachen. Marie
Amalie hatte ihre Jugend unter der napoleonischen Herrschaft verbracht
und die Zerstückelung Sachsens erlebt. Mit ihrer schriftstellerischen Tätigkeit gelang es ihr, sich aus dem Zwang der Hofetikette zu befreien,
die auch nach 1815 noch wie eine »chinesische Mauer das Fürstenhaus
vom Volke schied.« Marie Amalies Theaterstücke brachen mit der roma-
tischen und idealistischen Tradition. In den 40-er Jahren feierte sie ihre
größten Erfolge, auch an den großen Bühnen in Berlin und Dresden.[366]
Seit 1853, nachdem sie auf dem linken Auge erblindet war, lebte Marie
Amalie zurückgezogen in Dresden. Es ist sehr wahrscheinlich, dass Claire von Glümer sie persönlich kannte.

In das Jahr 1872 fällt der Tod ihres Ex-Verlobten und sie anschließend über Jahre drangsalierenden Verfolgers Hermann Breusing im Alter
von 57 Jahren. War in früheren Briefen wiederholt etwas über Breusing
und dessen Zudringlichkeiten zu lesen, so scheint sein Ableben in Claire
von Glümers Leben keine weiteren Wellen geschlagen zu haben. In ihrer
Korrespondenz konnten keine Äußerungen dazu gefunden werden.

An Julian Schmidts 55. Geburtstag (am 7. März 1873) befand sich
Claire von Glümer wiederum in Berlin, doch sie hatte keine Gelegenheit an diesem Tage selbst Glückwünsche zu überbringen. Sie wohnte
wieder bei ihrer Freundin Babette Meyer. Diese habe ihr »befohlen«
sich hinzulegen anstatt auszugehen, »und ich glaube sie hat Recht / ... /
Morgen wird´s mir hoffentlich wieder so viel besser gehen, dass ich zu
Ihnen kommen und Ihnen mit warmem Händedruck sagen kann, wie
ich´s meine. Übrigens bin ich auch heute nicht krank, nur müde und
gequält. Auf Wiedersehen, lieber Freund, und auf alte Freundschaft im
neuen Jahre und so weiter.«[367]

Das Jahresende 1876 wurde überschattet vom Tod des Vaters. Am
18. November war Karl Weddo von Glümer an einem Herzschlag gestorben.[368] Neben dem persönlichen Schmerz über dessen Tod belas-

tete Claire von Glümer in jenen Tagen das Schicksal der befreundeten Arztfamilie Groddeck aus Bad Kösen. Besonders mit Caroline Groddek war Claire von Glümer seit ihren Kuraufenthalten freundschaftlich verbunden. Nachdem in den siebziger Jahren mehrfach Gewitter die großen Salinen des Ortes zerstört hatten und es zudem Veruntreuungen durch Angestellte gegeben hatte, war Dr. Groddeck eines Tages finanziell ruiniert und musste sein Leben unter erheblichen wirtschaftlichen Sorgen verbringen. Die Ausbildung der Kinder wurde nur dadurch ermöglicht, dass die vier Söhne in Schulpforta unterrichtet werden konnten, wo sein Schwiegervater Carl August Koberstein das Amt des Direktors innehatte. Etliche Jahre später (1878) wandte sich Claire von Glümer mit einem Hilferuf an Julian Schmidt und seine Ehefrau Elise, um eine Verbesserung der ökonomischen Situation Caroline Groddecks zu erwirken. Sie schrieb anlässlich des 60. Geburtstags von Julian Schmidt, dass auch das Altwerden sein Schönes habe, »wenn wir gesund sind, das Sehen nicht verlernen, ein Stückchen Jugend – und Jugendtorheit im Herzen festhalten konnten und wenn die bleiben, die wir lieb haben.« Hinzu kommen müsse aber auch, dass es den Freunden gut gehe. Das Unglück der Freunde wiege immer schwerer, »weil wir mitfühlen, wie ihre Widerstandskraft schwächer wird. Von solchem Unglück muss ich heute zu Ihnen sprechen, lieber Julian, und bitte Sie um Ihren Rat, womöglich um Ihre Hilfe.« »Groddecks Verhältnisse« seien in den letzten Jahren immer schlechter geworden. Nun habe es eine gerichtliche Pfändung gegeben, eine zweite stehe kurz bevor und es stehe zu befürchten, dass das Haus ebenfalls verkauft werden müsse. Das habe ihr »Lina« (Caroline Groddeck) geschrieben. Nun fragt Claire von Glümer an, ob das Ehepaar Schmidt nicht einige reiche junge Leute kenne, die Kobersteins Tochter zu Hilfe kommen könnten. Lina sei bereit alles zu tun, um ihren Kindern Brot zu verschaffen, sie sei nun auf der Suche nach einer Tätigkeit, was aber nach Meinung Claire von Glümers nicht leicht sein werde, zumal sie auch zwei Kinder durchbringen müsse. Der älteste Sohn Benny studiere in Leipzig und sei sehr begabt. Zwei Knaben seien noch in Schulpforta und ein Knabe und ein Mädchen lebten noch bei der

Mutter. Claire von Glümer bat das Ehepaar Schmidt Bescheid zu sagen, falls sich in ihrem Umfeld die Möglichkeit einer Stellung für Lina ergäbe. In einem Haushalt könne sie tätig sein, zum Unterrichten sei Lina aber nicht in der Lage. Claire von Glümer tue das Herz weh, wenn sie an die Arme denke.[369] Ob Julian Schmidt hier helfen konnte, ist nicht bekannt, aber er nahm Teil am Schicksal der Köſener Arztfamilie.

Im folgenden Jahr (1879) erschien der zweite umfangreiche Erzähl-band mit Geschichten aus Frankreich. Zwölf Jahre nach dem Buch *Aus der Brétagne* nahm Claire von Glümer mit *Aus dem Béarn* wiederum Bezug auf ihre Kindheitserlebnisse. Den im französischen Béarn angesiedelten Geschichten hat Claire von Glümer eine Einleitung voran geschickt. Da-rin zeichnet die Autorin auf einem Dutzend Seiten ein anschauliches und liebevolles Bild der abwechslungsreichen Landschaft und ihrer Bewohner. Vor dem Leser entsteht das Bild einer paradiesischen Provinz mit glückli-chen und zufriedenen Menschen, welche ihren Lebensunterhalt in diesem »gesegneten Lande«, in dem es von Februar bis November blüht, leicht verdienen.[370] Am Schluss der Einleitung erfährt der Leser, dass Claire von Glümer selbst für eine Zeit lang während der Flüchtlingsjahre der Familie in dieser idyllischen Welt gelebt hat, in Jurançon, »einem der reichsten Dörfer in der Nähe von Pau, auf dessen Rebhügeln der beste Wein des Lan-des gedeiht. Am linken Gave-Ufer, der Stadt gegenüber, zieht sich ein Teil seiner kleinen, weißen Häuser in einer langen Gasse hin, der andere umgibt den von Eichen beschatteten Dorfplatz. Da stand auch das ´Landhaus´ des ´Herrn´ Ducase / ... /; er ließ sich neben dem Landhause, das nur ein sehr bescheidenes Häuschen war, eine béarnische Case bauen, vermietete das Haus an meinen Vater, und nach vieljährigem, unstetem Flüchtlingsleben fanden wir hier für längere Zeit ein Daheim.« Im Rückblick ist der Auto-rin besonders der Dorfplatz in lebendiger Erinnerung geblieben: »Noch immer sehe ich ihn vor mir, den stillen, schattigen Dorfplatz / ... /. Auch ich habe unter seinen Bäumen manche fröhliche Stunde genossen, man-ches Lied im Landesdialekt, einem Gemisch von Französisch, Spanisch und Landue d´Oc, mitgesungen, manches heitere Fest mitgefeiert und die Geschichten, die dies Bändchen enthält, zum Teil miterlebt, zum Teil mit angehört.«[371] Somit bilden die Béarner Novellen eine autobiographische Reminiszenz und sind zugleich der Dank an ein Stück Heimat während Claire von Glümers rastlosem Flüchtlingsleben. In ihrem Lebensrückblick ging sie ausführlich auf die Béarner Zeit ein, während der das Leben der gehetzten Familie zur Ruhe kam und die junge Claire auch wieder glückliche Stunden genießen konnte.[372]

Warum veröffentlichte Claire von Glümer nun, im Alter von 54 Jahren, diese Novellen? Vielleicht hat der Tod ihres Vaters (1876) den Rückblick, verbunden mit Reminiszenzen an eine harmonische Zeit, veranlasst? In der einleitenden Geschichte, *Der kluge Schmied von Jurançon*, lässt Claire von Glümer in der Gestalt des Prosper Badou den Vater Vidal wieder lebendig werden, der für sie während ihrer Zeit in Jurançon eine prägende Persönlichkeit gewesen war und welcher dem jungen Flüchtlingsmädchen vieles über die Gebräuche und Geschichte des Béarn vermittelt hatte.[373] Der Schmied Prosper Badou hatte eine List benutzt, um ein Liebespaar zusammen zu führen: den durch ein Erbe reich gewordenen Mathürin Voiturier und Perrine, die Nichte der Jungfer Cadette Vidal, die in einer ärmlichen Hütte wohnte und sich durch Nähen und Spinnen ihren Lebensunterhalt verdiente. Rückblickend erfährt der Leser, das Mathürin und Perrine schon seit einigen Jahren ein Liebespaar sind, doch hatte Perrine, nachdem Mathürin durch die Hinterlassenschaft seines Paten zu Wohlstand gekommen war, ihren Geliebten verlassen, damit er sich eine seinem neuen Stand gemäße Braut suche. Denn reich passe zu reich und arm zu arm. Das tat der junge Mann, doch starb seine Braut Maxime vor der geplanten Hochzeit an einem Fieber.[374]

Die aktuelle Geschichte beginnt mit einem Besuch Prosper Badous bei Cadette Vidal. Er eröffnet der Frau, dass Mathürin nun, da er wieder frei sei, wohl um Perrine werben werde. Cadette lehnt das ab. Dafür sei ihre Perrine zu gut, um gewissermaßen als zweite Wahl gefreit zu werden. Sie werde das nur zulassen, wenn alle Verwandten Mathürins sie um die Hand ihrer Patentochter bitten würden. Der Schmied hält dies für keine gute Idee, doch Cadette schwört bei der Heiligen Frau von Bétharam, dass dies so sein solle. Nachdem Badou gegangen war, bereute

Cadette ihr Gelübde: »Cadette hatte kaum die Schwelle ihres Hauses überschritten, als das Bewusstsein, sich unverantwortlich benommen zu haben, in ihr erwachte. So sehr sie sich dagegen sträubte, sie musste sich eingestehen, dass Mathürins Verwandtschaft ihr Verlangen nun und nimmermehr erfüllen werde.«[375] Dies trat auch ein. Letztlich entschied eine List des Schmieds über das Schicksal der Liebenden. Badou überredete Mathürin, mit ihm ein Glücksspiel zu simulieren, bei dem Mathürin sein Vermögen aufs Spiel setzt. Als die besorgten Verwandten eintreffen, um das zu verhindern, wirft Mathürin seinen Verwandten vor: »´Weil ihr mich und Perrine auseinander gebracht habt, meint Ihr, ich soll nun immerfort Euren Willen tun? Da seid Ihr im Irrtum. Wer dem Menschen die Freude am Leben nimmt, nimmt ihm auch die Lust zur Arbeit. Ich will jetzt trinken und spielen, so lange ich was habe. Habe ich nichts mehr, so gehe ich unter die Soldaten und es ist Euch schon recht, wenn ich endlich als lahmgeschossener Krüppel wieder herkomme und vor den Türen mein Brot bettle.´«[376] Nun willigten die Verwandten in die Ehe mit Perrine ein, um Mathürins Ruin abzuwenden.

XIII. Die großen Erzählungen

In den Jahren 1879 und 1881 erschienen die umfangreichsten und erfolgreichsten Werke Claire von Glümers, die Erzählungen *Alteneichen* und *Dönninghausen*. Zwischen beide Publikationen schiebt sich, fast unbemerkt, eine kurze biographische Würdigung der bekannten Opernsängerin Georgine Schubert. Es ist interessant, diese drei Werke Claire von Glümers im Hinblick auf ihre Biographie zu betrachten.

Mit *Alteneichen* und *Dönninghausen* hat Claire von Glümer den Höhepunkt in der Darstellung menschlicher Schicksalsverflechtungen erreicht. Komplexe Familienverhältnisse sowie ein Kaleidoskop von Charakteren zeichnen ihre Erzählungen aus. Zeitgeschichtliche Ereignisse bilden den Hintergrund, doch eher in dezenter und nicht in programmatischer Form, denn die historischen Umschwünge des 19. Jahrhunderts spiegeln sich meist in den unterschiedlichen Haltungen und Denkformen der Protagonisten wider, die als Repräsentanten verschiedener Weltanschauungen fungieren (z.B. Liberalismus, Konservativismus, Traditionalismus). Als historische Zäsuren spielen die Revolution 1848 sowie die Gründung des Deutschen Reiches 1871 eine Rolle.

XIII.1 Alteneichen

Der Handlungsraum in *Alteneichen* erstreckt sich auf die Welt des Adels und gehobenen Bürgertums in den sechziger Jahren des 19. Jahrhunderts. Freifrauen, Grafen, Generäle und bürgerliche Industrielle bilden den Kreis der Protagonisten, deren Tradition und Kosmos aber bereits bedroht sind. Neue Denkweisen und Lebenseinstellungen, jenseits von tradierten Verhaltensmustern, mischen sich in diese Welt und unterminieren sie allmählich. In *Alteneichen* ist es die Liebe zwischen Eckhardt von Alteneichen und der Generalstochter Edith von Durlach, welche in ihrer unmittelbaren Offenheit den meistenteils noch gültigen Rollenzuweisungen und der Tabuisierung von Gefühlen entgegensteht. So hat Edith die Verheiratung mit einem reichen englischen Industriellen abgelehnt; sie träumt eher von einem einfachen und natürlichen Landleben. Diesen Lebensentwurf teilt sie mit Eckhardt, der eine juristische Ausbildung durchlaufen hat, aber in seinem Herzen ein Leben auf einem alten Familiengut bevorzugt. Zugleich vertritt Eckhardt die Auffassung, dass es seinen Bediensteten und Hintersassen gut gehen solle. Claire von Glümer zeigt nun auf, in welcher Weise sich die unmittelbare Liebe Ediths und Eckhardts entwickelt. Schon bei ihrer ersten Begegnung wird im Umfeld mit Befremden registriert, dass sich die beiden intensiv begrüßen, indem sie die »englische Unart« des Händeschüttelns benutzen und zudem Ediths Hand »zu lange« in der Eckhardts ruht.[377] Als einige Zeit später zu Tisch gerufen wird, reicht Eckhardt Edith den Arm und gemeinsam gehen sie zum Speisesaal, wo sie dann auch sofort Gegenstand von unter der Hand gehaltenen Bemerkungen der übrigen Gäste werden. Bei Tisch unterhalten sich Eckhardt und Edith weiterhin angeregt. Edith berichtet von ihrer Kindheit auf dem Bauernhof und dass sie nach dem Tod ihrer Pflegemutter zu ihrer wieder verheirateten Mutter zurückgekehrt sei. In die neuen Familienverhältnisse konnte sie sich nur mühsam einfügen. Außerdem sehne sie sich immer noch zurück in die Einförmigkeit des Landlebens ihrer ersten Kinderjahre. Eckhardt ist berührt von Ediths Worten und entgegnet: »Ich kenne Sie, Edith, kenne Sie besser als Sie ahnen. Menschen wie wir brauchen nicht lange miteinander zu verkehren, um sich in die Seele zu sehen.«[378] Claire von Glümer schildert in dieser Szene die unmittelbare seelische Berührung der Protagonisten, die sich ohne Rücksicht auf »schickliche« gesellschaftliche Umgangsformen in unverstellten Gesten und reinen Worten äußert.

Des Weiteren werden die Vorbereitungen im Hause Durlach beschrieben, die sowohl der Ballbekleidung als auch der Hochzeit von Ediths Schwester Anna gelten. Edith fühlt sich einsam und fremd bei all diesen Aktionen und Beratungen. hre Zuneigung für Eckhardt von Alteneichen nimmt ihr Denken und Fühlen ein; sie wiederholt sich das Dichterwort: *Dein Herz, es ist mein Vaterland, ein banges Heimweh ist mein Lieben* und knüpft daran ein banges, aber freudiges Gefühl der Erwartung und die Gewissheit, dass Eckhardt sie aufrichtig liebe. Edith fühlt sich in einen Bewusstseinszustand versetzt, den sie ihrer Familie wohl schwerlich hätte erklären können: »Sie wusste, was sie ihm war. *Das Hellsehen*, das der höchsten Seelenerregung eigen ist, war über sie gekommen, und noch wurde *das beglückende Erkennen von keiner Furcht und keiner Sehnsucht getrübt.*«[379] Und auch Eckhardt hegte Gefühle für Edith, die sich standardisiert-bürgerlicher Normen entzogen. Für Eckhardt bedeutet Edith Frieden: »erst jetzt weiß ich, was das Wort bedeutet: nicht Passivität, kein Einschlafen, kein Ermatten, sondern *ein harmonisches Sichregen aller Kräfte, ein Vollgefühl des Lebens.*«[380] Doch die scheinbar sicher fundierte

Liebe der Protagonisten wird einer harten Bewährungsprobe ausgesetzt, denn Ediths Mutter offenbart Eckhardt, dass Edith seine Schwester sei und er deshalb unter irgendeinem Vorwand seine Bewerbung zurückziehen müsse. Eckhardt ist erschüttert, »die ganze Wucht seines Unglücks« brach über ihn herein.[381] Doch nach etlichen Verwicklungen endet die Geschichte glücklich, weil sich die Geschwisterschaft der Liebenden als Irrtum herausstellt. Edith und Eckhardt ziehen sich auf ein Familiengut der Alteneichens zurück: »Göllhausen war ihre Welt, in der sie geistiges und materielles Wohlsein zu verbreiten suchten und volles Genüge fanden.« Ein Kind rundete das Glück der Liebenden ab.[382]

So endet eine Geschichte, die man durchaus als »Schicksalsdrama« bezeichnen kann, wiederum mit einem fast märchenhaften Schluss. Klar und fest gezeichnete gegensätzliche Charaktere treffen in *Alteneichen* aufeinander. Neben den Protagonisten aus dem großbürgerlichen und adligen Milieu kommt auch Personen unterer Gesellschaftsschichten (wie der Näherin Gundula oder der Dienerin Anne Kathrin) eine wichtige Funktion zu. Mit Edith und Eckhardt hat Claire von Glümer zwei Menschen in den Fokus der Handlung gestellt, die ihre Liebe ohne Ansehung gesellschaftlicher Zwänge und Vorurteile realisieren wollen und dies am Ende auch schaffen, wobei Umstände und Ereignisse, die nicht in ihrer Macht liegen, ihnen zu Hilfe kommen. Dadurch wird deutlich, dass ihr Streben und Fühlen in die Welt »passt« und somit auch einen überpersönlichen Wert hat.

XIII.2 Veilchenseele – Georgine Schubert

Dass menschliche Beziehungen für Claire von Glümer eine große Bedeutung hatten, wurde aus dem bereits Dargestellten deutlich. Nicht nur in ihren literarischen Werken stellte die Autorin prägnante Persönlichkeiten in den Mittelpunkt, auch in ihren französischen Reisebeschreibungen und biographischen Arbeiten über zeitgenössische Frauen erwies sie sich als sensible Beobachterin und einfühlsame Darstellerin. Und so findet sich auch zwischen den Veröffentlichungen ihrer bekanntesten Erzählwerke *Alteneichen* und *Dönninghausen* ein kleines unscheinbares Werk, dessen Stoff aus Claire von Glümers biographischem Umfeld genommen ist. Es handelt sich um die Lebensgeschichte der bekannten Opernsopranistin Georgine Schubert. Wie bei der Abhandlung über Wilhelmine Schröder-Devrient, bildete auch für

diese Publikation die persönliche Beziehung Claire von Glümers zur jungen Künstlerin die Grundlage. Das »Erinnerungsblatt«, erschienen 1880 im Verlag von Piersons Buchhandlung in Dresden, umfasst nur 37 Seiten. Claire von Glümer skizziert darin den Werdegang der Sängerin. Am Ende findet sich ein Verzeichnis von Georgine Schuberts Opernrepertoire.

**Georgine Schubert – Porträt
aus C. von Glümers Buch**

Im Jahr 1874 war Claire von Glümer der Künstlerin im Gartenhäuschen der Eltern in Pillnitz zum ersten Mal persönlich begegnet. »In den folgenden Jahren habe ich sie in demselben Kreise wieder und wieder gesehen und gehört und eine Fülle schöner, erhebender Eindrücke empfangen.«[383] Georgine Schubert war zu diesem Zeitpunkt 34 Jahre alt, Claire von Glümer 15 Jahre älter.

Am 28. Oktober 1840 wurde Georgine als erstes Kind des Künstlerehepaars Schubert geboren: der Vater war ein bedeutender Violinspieler und als Konzertmeister in der königlichen Kapelle angestellt, die Mutter hatte schon unter ihrem Mädchennamen – Maschinka Schneider – einen bedeutenden künstlerischen Ruf erworben und war an der königlichen Oper engagiert. Für dreizehn Jahre wandte sich die Aufmerksamkeit der Eltern ausschließlich der verträumten Georgine zu, dann wurde dem Paar noch ein Junge geboren. Georgine wurde nicht in die Schule geschickt, sondern durch Privatlehrer unterrichtet. Schon früh erwachte die Liebe des kleinen Mädchens für die Musik. Lange saß sie auf einem kleinen Fußbänkchen und hörte zu, wenn die Mutter ihre Gesangsübungen absolvierte. Die Eltern wagten es aber nicht, Georgine Gesangsunterricht zu erteilen, da sie ihr Stimme für zu schwach und sie selbst für konstitutionell zu zart hielten. Es wurde ihr aber erlaubt das Klavierspiel zu erlernen. Während einer Prüfung, bei der Georgine die Zuhörer durch ihr beseeltes Spiel überraschte, brach sie plötzlich ab, sagte, ihr Gedächtnis habe sie im Stich gelassen und konstatierte unter Tränen: »Klavierspielerin werde ich nicht!« Alle einlenkenden Versuche der Erwachsenen, die ihr gut zuredeten, waren vergeblich. Georgine ließ sich nicht in ihrem Entschluss erschüttern. Der Musik aber blieb sie treu: oft verlor sie sich stundenlang in Fantasien am Klavier und ließ sich selbst von Besuchern der Eltern in den Nebenräumen nicht davon abhalten in ihren »schwärmenden Gedanken« zu leben. Eines Tages besuchte die Sängerin Jenny Lind Georgines Mutter und hörte das Mädchen im Nebenzimmer singen. Seit einiger Zeit bereits gab die Mutter Georgine Gesangsunterricht, nachdem sie eines Tages gehört hatte, wie anmutig ihre Stimme klang. Jenny Lind riet Georgine, sie solle Sängerin werden. Solange sie in Dresden weile, wolle sie ihr Gesangsstunden geben, ansonsten riet sie aber, das Mädchen solle sich in London bei Manuele Garcia ausbilden lassen. Nun begannen Jahre harter und unermüdlicher Arbeit, die Georgine aber unter voller Hingabe an die geliebte Musik bewältigte – und auch der äußere Erfolg als Künstlerin blieb ihr nicht verwehrt, obwohl sie eine »kontemplative Natur« war, die »weder Kampfeslust noch Siegesfreude kannte. Sie war im vollen Sinne des Wortes dem Veilchen gleich, das nichts verlangt als ein stilles, durchsonntes Plätzchen, wo es, in sich begnügt, seine Düfte aushaucht, ohne zu fragen, ob andere Blumen mehr gepriesen werden.«[384]

1857, mit 17 Jahren, brach Georgine in Begleitung ihrer Mutter nach London auf. Manuele Garcia erkannte das Talent der jungen Dresdenerin, er schätzte »ihr liebenswürdig bescheidenes Wesen / ... / Für sie fand der Vielbeschäftigte hin und wieder sogar Zeit zu einer Schachpartie, um ihr die Stunden des Heimwehs zu verkürzen.« Auch Jenny Lind kehrte nach London zurück und nahm sich Georgines in fürsorglicher Weise an. Auf Linds Landsitz in Rochampton war Georgine ein stets willkommener Gast.[385] Nach zwei Jahren kehrte sie, künstlerisch gereift, nach Deutschland zurück. Im Folgenden zeichnet Claire von Glümer die Stationen von Georgine Schuberts Künstlerleben nach: Dresden, Prag, Karlsbad, Florenz, Berlin, Frankfurt. Dabei führt die Autorin ausführlich eine Reihe von Beiträgen aus der Hamburger *Theaterchronik*, den *Frankfurter Theaterbildern* usw. an, um ihre besondere Ausstrahlung bei ihren Zeitgenossen zu illustrieren. Es war eine erfolgreiche Zeit für Georgine und sie hätte bei manchen ersten Bühnen in Deutschland ein Engagement erhalten können. Doch die junge Künstlerin wandte sich stattdessen nach Paris, um sich gesanglich weiter zu entwickeln. Dort lernte sie im »Theatre Lyrique« den Komponisten Charles Gounod kennen. Der Bankrott des kleinen Theaters beendete Georgines Gastspiel jedoch jäh.[386] Zurück in Deutschland, gastierte sie an zahlreichen Bühnen (Düsseldorf, Köln, Mainz, u.a.). Das Pensum, welches Georgine leistete, war enorm. Mitunter sang sie in drei Monaten in 30 Opern und wirkte zudem häufig in Konzerten mit.[387] In der Folge beschreibt Claire von Glümer, wie sich Georgine Schubert zu einer ausgereiften und äußerst vielfältigen Künstlerin entwickelte: sie suchte von der Oper den Weg zu den dramatischen Rollen, vertiefte sich in den alten und neuen Kirchengesang, war vertraut mit den Klavierkompositionen von Chopin, Liszt und Brahms und sie begann zudem zu komponieren. Ein besonderer Höhepunkt war eine Soirée musicale gemeinsam mit ihrem Vater und ihrem Bruder Franz. Georgine sang zwei Arien und eine Reihe von Liedern, Franz begleitete sie auf der Violine und beendete die Darbietung gemeinsam mit seinem Vater mit einem Konzert für zwei Geigen mit Quartettbegleitung. Ihr letztes Gastspiel in Dresden gab Georgine Schubert im Jahr 1873. Die Gage spendete sie dem Unterstützungsfonds für das Chorpersonal des Hoftheaters. Zum Dank wurde ihr von sämtlichen Chormitgliedern eine Serenade vor dem Gartenhäuschen in Pillnitz gesungen, wo Georgine bei den Eltern wohnte. Größte Anerkennung erwarb sich Georgine Schubert in London, wo sie in der Folgezeit mehrmals gastierte. Die großen Tageszeitungen (Times, Daily-News, Morning Herald) feierten sie als »Verkörperung der Mozartschen Musik«. Auch Franz Schubert erhielt für sein begleitendes Violinespiel hohes Lob. Georgine Schuberts Herzensheimat waren jedoch der Norden und die Nähe zur Mecklenburg-Strelitzschen Großherzogin. Hier konnte sie im Kreis befreundeter Menschen ihre Seele beglückt entfalten. Eine zweite Oase bildete das Pillnitzer Sommerhäuschen der Eltern.[388]

Georgine Schubert war etwa 34 Jahre alt, als Claire von Glümer ihr das erste Mal begegnete. Die Autorin erkannte in ihr die *Veilchenseele*, die sich bei aller erfolgreichen künstlerischen Lebensführung doch immer nach einem ruhigen Sonnenplatz gesehnt hatte. Diesen hatte Georgine zuvor am Strelitzer Theater und bei den dortigen Menschen gefunden (»die Veilchenseele hatte den Sonnenschein gefunden, dessen sie bedurfte.«[389]). Jetzt, am Flügel in der kleinen Oberstube des Pillnitzer Häuschens sitzend, »fühlte sie sich wieder als Kind, von dem Märchenzauber des singenden, klingenden Hauses umsponnen.« Aus eigener Begegnung berichtet Claire von Glümer: »Deutlich sehe ich sie vor mir, wie sie am Klavier saß. Immer leuchtender, immer vergeistigter wurde das stille Gesicht, und während sie – sich selbst vergessend – in Musik zu versinken schien, zog sie ihre Hörer nach. / ... / und wie der Frühlingssonnenschein all das keimende, blühende, jubelnde Leben umfasst, so umfing ihre musikalische Seele alles einzelne Können, dass es wie mit Naturnotwendigkeit über die glückselig Lauschenden hinströmte.« Zu Beginn des Jahres 1878 starb Georgines Vater. Georgine verbrachte stille Sommerwochen in Pillnitz, getröstet von Freunden und der Kunst. Eine Reise mit der befreundeten Großherzogin von Mecklenburg-Strelitz nach London und Paris brachte Erquickung und neuen Schaffensmut. Kurz darauf aber wurde Georgine nach Potsdam gerufen, ihr Onkel Louis Schneider war verstorben. Als hätte sie eine ungute Vorahnung, verabschiedete sich Georgine nur unter großer Bedrückung von der Herzogin, als ahne sie, dass es ein letzter Abschied war. Man werde sich in 10 Tagen wiedersehen, sagte Georgine. Doch 10 Tage später stand die Herzogin vor der Leiche ihrer geliebten Freundin. Wie aus dem Nichts geschah ihr Tod. »Nach kurzem schweren Leiden, von Mutter und Bruder gepflegt, war Georgine in der Nacht vom ersten zum zweiten Weihnachtstage gestorben.« Sie wurde neben ihrem Vater in Dresden beigesetzt.[390]

Georgine Schubert wurde nur 38 Jahre alt. Claire von Glümer hat der *Veilchenseele* in ihrer kleinen Schrift ein warmherziges Memorandum gewidmet. Die kleine biographische Schrift, eingebettet zwischen den erfolgreichen Erzählungen *Alteneichen* und *Dönninghausen* bildet eine Art Keim für Claire von Glümers weitere Entwicklung. Dies wird in Kapitel XIV dieses Buches näher erläutert.

XIII.3 »Dönninghausen«

Der Roman erschien 1881 im Verlag Heinrich Minden. Er umfasst zwei 280 und 274 Seiten starke Bände. Die Handlung umspannt etwa fünf Jahre, die Zeit vom Herbst 1873 bis November 1878. Claire von Glümer präsentiert in *Dönninghausen* ein Kaleidoskop von Personen, welche in vielschichtiger und komplizierter Weise zusammenhängen und deren Beziehungen vor den Augen des Lesers entfaltet werden. In den ersten beiden Kapiteln werden die wesentlichen Protagonisten vorgestellt, wobei sofort der Gegensatz zwischen einer Künstlerfamilie und einer Adelsfamilie ins Auge fällt: Roderich und Helene sind ein Schauspielerehepaar mit einer gemeinsamen Tochter (Lisbeth) und einer Tochter aus Roderichs erster Ehe, die den Namen Johanna trägt. Johannas Charakter und ihre Entwicklung stehen im Mittelpunkt des Romans. Auch wenn es eine Reihe bemerkenswerter anderer Personen in *Dönninhausen* gibt, so bildet Johannas Schicksal doch den Kern der geschilderten Ereignisse. Der soeben erwähnte Gegensatz zwischen Bürger- und Künstlerwelt wird in den ersten Kapiteln des Romans expositorisch entfaltet: Johannas Mutter entstammte der Adelsfamilie derer von Dönninghausen. Sie hatte Roderich in sehr jungen Jahren kennen gelernt und sich hilflos in ihn verliebt. Bald heirateten sie und verlebten glückliche Jahre miteinander. Johanna wurde geboren und bald danach auch ein Sohn, welcher aber nur wenige Stunden lebte. Diese zweite Geburt bildete einen Wendepunkt im Leben des Künstlerpaars: die Mutter lag auf Leben und Tod, danach kränkelte sie über Jahre. Roderich, 23 Jahre jung, entfremdete sich mehr und mehr von seiner Frau. Nach deren Tod gab er Johanna zu Pflegeeltern, einer gewissen Familie Werner, holte sie nach einigen Jahren aber wieder zu sich. Johannas Mutter hatte sich vor ihrem Tod dafür ausgesprochen, dass es für Johanna das Beste wäre, bei den Werners zu leben. Sollten diese Johanna nicht aufnehmen können, wünschte sich die Mutter, dass Johanna bei ihrem Vater, dem »Freiherrn Johann von Dönninghausen auf Dönninghausen am Harz« eine Bleibe fände. In dieser Ausgangssituation des Romans zeigt sich eine zeitgeschichtliche Signatur. Am Beginn einer Biographie sind nicht mehr traditionelle Familienbande und Rituale einen Rahmen bildende Faktoren: Johanna ist eine »entwurzelte Seele«, die sich ohne bewährte Stützen ins Leben finden muss. Es gibt für sie keine Sicherheit, weder bei ihren Eltern noch in der Pflegefamilie – und auch die dritte Perspektive (Dönninghausen im Harz) wäre erst einmal ein unbekannter Ort ohne seelische Anbindung. Johanna ist auf sich allein gestellt und wird ihren Weg selbst finden müssen.

Für Johanna ist ihr Vater Roderich ein großes Vorbild; sie sehnt sich danach, ihn auf der Bühne zu sehen und ist verzückt von seinen ausdrucksvollen Darstellungen des Egmont, Hamlet und anderer. Die schauspielerischen Qualitäten der Stiefmutter schätzt Johanna dagegen nicht hoch ein. [391] Eines Tages wird ein Besucher gemeldet; es ist der junge Doktor Ludwig Werner, Sohn der Pflegeeltern Johannas.[392] Hier tritt nun – gewissermaßen als dramatisierendes Element – die Pflegefamilie Johannas in der Person Ludwigs als dritter schicksalbestimmender Faktor in Johannas Leben ein. Ludwig Werner hatte in London und Paris Medizin studiert und war nun von dort zurückgekehrt. Er versucht im persönlichen Gespräch Johanna zu überzeugen, dass ihre wirkliche Heimat ihr Pflegeelternhaus im thüringischen Badeort Lindenbad sei und nicht das Haus ihres Vaters Roderich, welcher sich so gar nicht um seine Tochter gekümmert habe.[393] Ludwig und seine Schwester Mathilde hatten Johanna unterstellt, dass sie Lindenbad aus Eitelkeit, Vergnügungssucht und Freude am Glanz des Schauspielermilieus verlassen habe. Johanna bestreitet dies: sie versucht Ludwig klar zu machen, dass für sie nur der Künstler ein »ganzer Mensch« sei und dass sie deshalb ebenfalls den Schauspielerberuf anstrebe. Ludwigs Rollendenken steht im Gegensatz zu Johannas Auffassung, denn Ludwig traut nur einem Mann zu, dass er sich »auf der Bühne wie überall« behaupten könne: »die Frau nicht, sie verliert sich selbst, erniedrigt sich selbst.« Johanna widerspricht heftig. Ludwig setzt Johannas Ideal einer Schauspielerexistenz sein Menschenbild entgegen und schildert – ohne ihren Namen zu nennen – die Person seiner Mutter. Johanna errät sofort, dass Ludwig diese meint. Ludwig ergänzt, dass er neben seiner Mutter nur »noch Eine, die ihr ähnlich war« verehrt habe: Johanna. Doch zu einer richtigen Verständigung zwischen Johanna und Ludwig kommt es nicht, was sich auch bei einer späteren Begegnung zeigt.[394]

Im zweiten Kapitel steht ein Dialog des Schauspielerehepaars Roderich und Helene im Mittelpunkt. Nach einer prunkvollen Soirée, in deren Rahmen auch Johanna einen (missglückten) szenischen Auftritt hatte[395], streitet das Ehepaar über die Kosten der Soirée und den nach Roderichs Auffassung zu aufwändigen Lebensstil Helenes. Helene wirft Roderich vor, dass er nicht vehement genug beim Theaterdirektor interveniert habe, um bei der Rollenbesetzung Helene gegenüber ihrer Konkurrentin Kronberg zu bevorzugen. Auch über Johannas schauspielerische Leistung während der Soirée wird gesprochen: ihre Leistung sei nicht genügend gewesen, sie sei »talentlos«. Johanna, die das Gespräch der Eltern belauscht hatte, reagiert betroffen.[396] Am folgenden Tag eröffnet der Vater der Familie, dass er seinen Vertrag am Theater trotz günstiger Konditionen nicht verlängert habe: der Direktor sei nicht von seiner Haltung abgerückt, einige Rollen an Helenes Konkurrentin Kronberg zu vergeben. Roderich konnte aber von seiner Forderung nicht abgehen; so war er nun ohne Engagement. Nach einem abermaligen Disput mit Helene springt Roderich hoch erregt vom Tisch auf und verschwindet in seinem Zimmer. Es folgt eine heftige Erkrankung Roderichs (Migräne, Nervenfieber) und nach einigen Wochen auf dem Krankenlager stirbt er.[397] – Die Stiefmutter Helene erweist sich in der Folge als oberflächliche, egoistische Person ohne Empathie. Johanna fühlt sich fremd in ihres Vaters Haus. Bald darauf erscheint ein Vetter Johannas, der Leutnant Otto von Dönninghausen, und überbringt die Nachricht, dass Johanna ins Schloss Dönninghausen übersiedeln solle. Der Großvater würde sie erwarten.[398] Auch lockt der Vetter Otto Johanna mit der Aussicht Magelone kennenzulernen: sie sei die Tochter von Oberst Karl Anton, Großvaters jüngstem Sohn. Seit zwei Jahren sei die schöne, geistvolle und talentierte Magelone verwitwet; ihr Gatte, ein Leutnant von der Aue, hatte in den 18 Monaten der Ehe mit Magelone ihr gesamtes Vermögen durchgebracht. Nun lebt die junge Witwe ebenfalls auf Schloss Dönninghausen und sehnt sich danach, ihre Cousine Johanna auf Dönninghausen in ihrer Nähe zu haben. Johanna steht in einer Konfliktsituation und die Weichen für ihr weiteres Leben werden nun gestellt: entweder sie bleibt im Elternhaus, wo sie nur ihre kleine Schwester Lisbeth hält, oder sie kehrt in das Haus ihrer Pflegeeltern zurück. Dr. Werner und sein Sohn Ludwig werben per Brief um ihre Rückkehr. Und die dritte Option wäre Dönninghausen, das Elternhaus ihrer Mutter. Als sie sich Ludwig und Otto vorstellt, erkennt Johanna sofort die Vorzüge Ottos von Dönninghausen.[399] Tagelang schiebt Johanna die Beantwortung der Briefe vor sich her. Schließlich führt ein kurzes Gespräch mit ihrer Stiefmutter Helene die Entscheidung herbei: Helene will aus wirtschaftlichen Gründen nicht weiter für »eine Stieftochter« sorgen; auch eine seelische Übereinstimmung kommt zwischen Helene und Johanna nicht zustande.[400] Johanna entscheidet sich für Dönninghausen. In einem Brief an Ludwig Werner erwähnt sie eine Bleistiftzeichnung von Schloss Dönninghausen, welche sie schon als Kind mit »heimlicher Sehnsucht« betrachtete. »Das Schloss, ein zweistockiger schmuckloser Steinkoloss, mit hohem Dach und kleinem Glockenturm, steht auf der halben Höhe eines waldbekrönten, von höheren Waldbergen überragten Hügels. Ihm zu Füßen, im engen Tale, liegt das Dorf mit seiner kleinen, alten Kirche; ein Bergwasser windet sich durch schmale Wiesen, und der Weg, der daneben aufsteigt, verliert sich im Waldesdunkel. – Dieser Weg hat es mir von jeher angetan; er war mir das Tor zu allen Wundern und Abenteuern, der Eingang zur Märchenwelt.« Dieses romantische Sehnsuchtsbild, verbunden mit ihrem guten Willen, sich auf neue Menschen in Dönninghausen einzulassen, stimmt Johanna zuversichtlich, dass sie nun den richtigen Schritt wage. Das 5. Kapitel führt dem Leser in einer Szene Schloss Dönninghausen und seine Bewohner, und somit Johannas neuen Lebensschauplatz, vor Augen: den alten Freiherrn, die Schwester des Hausherrn (Thekla) und die Schach spielenden Magelone und Johann Leopold. Kurz vor Johannas Ankunft unternimmt der Freiherr noch einen Ausritt ins Schneegestöber. Johann Leopold unterbricht die Schachpartie wegen Kopfschmerzen und entfernt sich ebenfalls.[401] Unter vier Augen gesteht Magelone ihrer Tante Thekla, dass sie Johann Leopold zu langweilig finde, um ihn zu heiraten; und sollte dies doch geschehen, so würde sie Dönninghausen verlassen. Daher hofft Magelone auf Johanna, damit der Großvater Unterhaltung habe, sollte sie das Schloss wirklich verlassen. Auch die Lebensenttäuschung des Großvaters kommt zur Sprache: Johannas Mutter Agnes war die Lieblingstochter des Freiherrn – doch als sie sich bedingungslos in Roderich verliebte, verstieß er sie.[402] Johanna erhält nach ihrer Ankunft auf Dönninghausen ein Zimmer an der Giebelseite des Hauses, von wo sich ihr ein schöner Blick auf den Park und die umliegende Landschaft eröffnet[403], welche einen durchaus »idealischen« Charakter hat: sie wirkt wie ein romantisches Gemälde mit räumlicher Nähe und Tiefe sowie markanten Einzelheiten (eine uralte Eiche, Bergzacken, Kirchturm), die auf Dauer und Geborgenheit deuten.

In den nächsten zwei Wochen gewöhnte sich Johanna an das Leben im Schloss. Sie hat mit Magelone ein intensives Gespräch, in dem die beiden jungen Frauen sich persönlich kennen lernen. In der Folge werden auch die näheren und weiteren Verwandten derer von Dönninghausen vorgestellt. Verschiedene Beziehungskonstellationen entfalten sich nun, in deren Verlauf Otto von Dönninghausen und Magelone eine entscheidende Rolle spielen. Johanna wird in der nächsten Zeit vor allem von Seiten Magelones zum Gegenstand missgünstiger Intrigen.[404]

Kurz vor dem Weihnachtsfest trifft die Familie auf Dönninghausen ein: die Cousinen Hildegard und Hedwig (Enkelinnen des Freiherrn) nebst Ehemännern mit zwei bzw. drei Kindern nebst Dienstpersonal (Kindermädchen, Ammen und Kammerjungfern). Die Ehemänner der Dönninghausen-Töchter sind Zwillingsbrüder: Hedwigs Mann Eduard Wildenhayn hatte sich im schleswig-holsteinischen Krieg ausgezeichnet und einen steifen Arm davongetragen; Hildegards Gatte Karl Wildenhayn verdiente sich als Redner bei landwirtschaftlichen Vereinen dagegen nur »friedliche Lorbeeren.« Die Brüder Hedwigs und Hildegards, Otto und Waldemar, waren für den folgenden Tag ebenfalls angekündigt.[405] Die Begegnung mit Vetter Otto berührt Johanna »und jenes seltsame, aus Scheu und Zutrauen gemischte Gefühl, das sie bei der ersten Begegnung gehabt hatte, erwachte auch jetzt wieder.« Aber auch zwischen Otto und Magelone scheint eine Neigung zu bestehen: Magelone sieht in Ottos Gegenwart schöner denn je aus und Johanna wundert sich, dass der Großvater nicht diese beiden füreinander bestimmt hat. Zur Bescherung erhält Johanna vom Großvater ein Kästchen mit dem Brautschmuck der Großmutter, was Hedwig und Hildegard entrüstet.[406] Später wird die Abneigung der Schwestern gegen die »Komödiantentochter« Johanna noch deutlicher. Johanna war das nicht entgangen. Als sie sich auf ihr Zimmer zurückzieht, folgt Otto ihr. Wieder verwirrt sie sein Blick. Otto händigt Johanna ein Weihnachtsgeschenk aus: ein Medaillon mit dem Reliefporträt ihres verstorbenen Vaters. Dass Otto Magelone zugeneigt ist, zeigt sich zunächst während eines kurzen Gesprächs zwischen beiden; Magelone sagt jedoch, dass sie als Johann Leopolds Braut auf Ottos

Werben nicht eingehen könne; er solle besser Johanna den Hof machen, besonders deswegen, um Johann Leopold eifersüchtig zu machen.[407] Leidenschaftlicher verläuft dagegen eine Begegnung zwischen Magelone und Otto am nächsten Tag.[408] Als Magelone später Johann Leopold und Johanna im angeregten Gespräch belauscht, regt sich in ihr die Eifersucht auf das junge Mädchen: »… und in ihrem Herzen regte sich eine Missstimmung gegen Johanna, leise nur und schnell verklingend, und doch war es der Anfang einer verhängnisvollen Wandlung im Verhältnisse der beiden.«[409] Nach einem vertrauten Gespräch mit Otto, in dem sich Magelone zu Ottos Missfallen ausweichend verhält, wendet dieser sich an Johanna und entdeckt bei ihr »Wahrheit, Einfachheit und Güte.« Je länger er mit Johanna redet, desto mehr öffnet er sein Herz und bekundet sein Interesse an ihr. Dieses Gespräch geschieht unter den beobachtenden Augen Magelones, in der von nun an die Eifersucht auf Johanna weiter wächst. Sie beschließt gegen Johanna, »diese Heuchlerin«, um Otto zu kämpfen.[410]

Nachdem die Verwandtschaft bald nach Neujahr abgereist war, kehrte auf Dönninghausen wieder der ruhige Alltag ein. Johann Leopold, welcher am Jahresende einen Unfall hatte, nun aber wieder Dank der Zuwendung Ludwig Werners genesen war, verlangt bald Johanna zu sehen. Bei seinem ersten Wiedererscheinen im Familienkreis weist er Magelone zurück, als sie ihn freudig begrüßen will. Ludwig Werner eröffnet dem Freiherrn, dass er bald abzureisen gedenke: eine halb wissenschaftliche, halb merkantilistische Expedition nach Indien wolle er als Arzt begleiten. Auch drängt Ludwig den wieder genesenen Johann Leopold eine Lebensentscheidung zu treffen – und zwar Dönninghausen zu verlassen und ebenfalls nach Indien zu segeln. Am 14. März solle das Schiff gehen.[411] Auch für Johanna steht wenige Tage später eine wichtige Entscheidung an. Der Freiherr teilt Johanna mit, dass er sie adoptieren und somit in den Familienkreis aufnehmen wolle. Doch Johanna erwidert, dass sie dies nicht annehmen könne. Sie würde es als eine Sünde gegen ihre Eltern ansehen, wenn sie deren Namen abgäbe. Nach dieser Ablehnung Johannas trifft den Freiherrn kurz darauf eine weitere Schreckensnachricht: Johann Leopold teilt dem Freiherrn mit, dass er Ludwig nach Indien begleiten wolle und dass nur eine Trennung von Magelone seinem Gemüt die notwendige Ruhe verschaffen würde. Er ist von der Richtigkeit seiner Entscheidung überzeugt. Er geht sogar so weit, sein Recht als künftiger Dönninghausen-Erbe völlig aufzugeben und schlägt Otto als Majoratsherrn von Dönninghausen vor. Heftig widerspricht der Freiherr und verweist auf Ottos Spielleidenschaft, mit der er bereits sein mütterliches Erbe durchgebracht habe.[412]

Johann Leopold plante am übernächsten Tag abzureisen, zunächst für einige Tage nach Wien, um dort letzte Teile seiner Ausrüstung zu besorgen. Danach wollte er in Triest das Schiff besteigen. Magelone schrieb er einen Abschiedsbrief, worin er ihr mitteilte, dass er sie freigebe. Sie solle nicht auf ihn warten; sollte er aber zurück kehren und sie sei noch frei und bereit für ihn, so würden seine innigsten Wünsche erfüllt. Bei Johann Leopolds Abschied von Dönninghausen verhält sich Magelone »wie eine kleine Heldin« – gefasst und ohne viele Tränen. Als sie Johann Leopolds Brief las, »klang ihr eine tiefe, schmerzliche Liebe entgegen.« Sie beschloss ihm zu verzeihen. Dann gab sie dem Großvater den Brief. Der Freiherr fragte Magelone, ob sie sich, obwohl Johann Leopold sie frei gegeben habe, so wie er weiterhin für gebunden halte. »Gewiss, lieber Großvater«, antwortet Magelone und legte ihre Finger in die Hand des Freiherrn. Als sie den Großvater verließ, kamen ihr jedoch Zweifel an ihrer Entscheidung: sie hätte die Freiheit wählen sollen.[413]

Das nächste Kapitel setzt ein im Mai 1874. Johanna hat von Ludwig Werner Post aus Suez und Aden erhalten und berichtet nun in ihren Antwortbriefen ausführlich über ihr Leben auf Dönninghausen. Die meiste Zeit verbringe sie auf dem Balkon von Großvaters Arbeitszimmer, »der geradezu in die Lindenwipfel hineinragt. Wir folgen euch emsig auf der Karte, oder ich lese aus irgendeiner Reisebeschreibung vor, die uns im Geiste zu Euch führt.«[414] Zu den Neuigkeiten in Dönninghausen gehört auch die Hochzeit Waldemars, der diese schnell über die Bühne bringen will, weil er nach Sankt Petersburg versetzt werden soll. Der Freiherr beabsichtigt zu Waldemars Trauung nach Wien reisen, Tante Thekla möchte auf Dönninghausen bleiben. Magelone, welche sich große Hoffnungen machte mitzufahren, wird die Mitreise durch den Großvater versagt, weil sie ja nicht »frei« sei, und das könnte zu »Missverständnissen« führen. Sie solle aus Rücksicht auf Johann Leopold ebenfalls daheim bleiben. Auch zu Theklas Vorschlag Johanna mit nach Wien zu nehmen, kann sich der Freiherr nicht entschließen, denn »sie mit dem Namen einzuführen, an den sie sich so unvernünftig festklammert – ich kann´s einmal nicht.«[415]

Johanna und Magelone verbringen einen melancholischen Nachmittag miteinander, Johanna stickend, Magelone ein Chopinsches Nocturno mit müder Hand auf dem Klavier spielend, nachdem Johanna das Zimmer verlassen hat. Da taucht unerwartet Otto auf, nimmt Magelone in den Arm, küsst sie und stellt klar, dass er sich mit ihr unbedingt habe aussprechen wollen; deshalb sei er gekommen. Doch dieser Besuch Ottos bringt Probleme nach Dönninghausen: er war rückfällig geworden, hatte wieder Karten gespielt und eine hohe Geldsumme verloren. Zusammen mit Magelone, Tante Thekla und Johanna findet nun ein »Krisengespräch« statt, wie das Geld zur Begleichung der Spielschulden aufzubringen sei. Theklas Rentenfond könne nicht angetastet werden, Magelones Perlenhalsband (das Letzte, was sie aus dem »Schiffbruch ihres Vermögens« gerettet hatte), komme als Lösung auch nicht in Frage, weil es in des Freiherrn Geldschrank aufbewahrt sei. Da bringt Johanna ihren Schmuck ins Spiel, den sie vom Freiherrn zu Weihnachten geschenkt bekommen hatte. Otto weigert sich, dieses Geschenk anzunehmen, Johanna insistiert jedoch und gibt Tante Thekla den Schmuck, damit diese ihn an Otto weiter gebe.[416]

Dass Otto das »Opfer« Johannas ablehnte, belastet die junge Frau. Am folgenden Morgen sucht Johanna die Einsamkeit der Natur und begibt sich allein auf einen Spaziergang. Nur dem Großvater, dem alten Freiherrn von Dönninghausen, fühlt sie sich verbunden. Doch dieser weilte gerade in Wien – »und um den Großvater glaubte sie zu weinen, während sie am Ende der Lindenallee, auf die Umfassungsmauer gestützt, ins Tal hinunter sah und mit lässiger Hand die Monatsrosen zerpflückte, die in der großen Steinvase neben ihr blühten.« Die Kulisse illustriert die Verlorenheit Johannas. Zwischen Weite (Lindenallee und Tal) und Enge (Umfassungsmauer) gefangen, ergibt sie sich ihrem gesunkenen Lebensmut (Zerpflücken der Rosen). Allein in dieser seelischen Notlage, nähert sich Vetter Otto und versucht Johannas Herzenswünsche, wohl auch im Hinblick auf ihr Verhältnis zu ihm, zu hinterfragen. Doch werden beide durch das Auftauchen Magelones gestört. Einen Tag darauf fährt Otto zu dem Wechsler und Antiquitätenhändler Löbel Wolf, um eine Geldsumme für Johannas Schmuck auszulösen. Doch Löbel macht Schwierigkeiten: er wolle den Schmuck nur nehmen, wenn Tante Thekla oder der Freiherr ihr Einverständnis erklären. Nachdem er eine Unterschrift Theklas eingeholt hatte, erhielt Otto schließlich das ersehnte Geld, um seine Spielschulden zu bezahlen. Der Freiherr wusste nichts von dem versetzten Brautschmuck, den er – emotional bewegt – Johanna zu Weihnachten geschenkt hatte, und auch seine Schwester Thekla war unruhig und machte Otto auf eine schwierige Stunde gefasst, wenn man dem Freiherrn den Handel gestehen werde. Dieser kehrte früher als erwartet nach Dönninghausen zurück. Kühl begrüßte er Johanna, die er bei seiner Abreise noch umarmt hatte. Mit grollendem Tonfall äußert der Freiherr den Wunsch, alle in Kürze sprechen zu wollen, »auch Monsieur Otto.« Johanna ahnt nichts Gutes.[417] Und in der Tat kommt ein Unwetter über sie. Der Freiherr sagt ihr unmissverständlich, was er von ihrem »Opfer« hält: » Und du, Johanna, Du hast mir bewiesen, dass nicht ein Funken Pietät in Dir ist. Ein Familienkleinod wie den Brautschmuck der Großmutter wirft man nicht weg um eines solchen Buben willen.« Zudem fordert der Freiherr Otto auf, seinen Dienst als Offizier zu quittieren. Otto solle nach außen hin seinen Abschied als freiwillig vollzogen darstellen; den Brautschmuck Johannas will der Freiherr bei Löbel Wolf auslösen und künftig selbst unter Verwahrung halten. Für Otto bedeutete der Abschied vom Militär eine Lebenswende. Von nun an war er als Volontär in die Musterwirtschaft der gräflich Klausenburgschen Güter eingetreten. Otto wird von seiner Umgebung als künftiger Majoratsherr von Dönninghausen gesehen, der sich auf Klausenburg auf seine neue

Rolle vorbereitet – und Elfriede Klausenburg macht sich Hoffnungen auf eine Verbindung mit ihm. Als ihre Rivalin sieht sie Magelone.[418] Magelone hingegen sieht nun in Johanna ihre Rivalin, verfolgt sie mit Missgunst und betört den schwankenden Otto weiterhin mit ihren »Nixenaugen«.[419]

Ottos 30. Geburtstag wird mit einem Picknick gefeiert. Elfriede Klausenburg erscheint zu diesem Anlass überraschend auf Dönninghausen und umschwärmt das Geburtstagskind. Otto dagegen verspürt ein heftiges Verlangen, Magelone »zu sich zu zwingen«, welche ihn während des Picknicks aber bewusst missachtet.[420] Otto steckt daraufhin ein Brieflein unter Goldhunds Halsband. Der Hund apportiert dieses aber zum Freiherrn. Otto und Magelone stockt der Atem. Sie tauschen sich kurz aus: Otto versichert keinen Namen auf seinem Zettelchen erwähnt zu haben. Magelone sagt, Otto solle dem Freiherrn versichern, er habe den Zettel an Johanna geschrieben – das sei ein Ausweg aus dem Dilemma.[421]

Am nächsten Morgen zitiert der Freiherr Otto in sein Zimmer und dieser gibt um Magelone zu schützen zu, er habe die Liebeszeilen an Johanna gerichtet. Daraufhin teilt der Freiherr dem verdutzten Otto mit, er billige die Verbindung zwischen ihm und Johanna. Und, um sich der Herzensnähe der beiden zu versichern, zitiert er nun auch Johanna herbei. Der Freiherr konfrontiert sie mit dem Billet. Johanna reagiert verwirrt. Doch da springt Otto ein, spricht immer lebhafter werdend zu Johanna und versichert ihr seine Zuneigung. Der erste Band des Romans endet mit der Verlobung Ottos und Johannas.[422]

Der zweite Band beginnt mit einem Brief Johannas vom 22.8.1874 an ihren Pflegebruder Ludwig Werner. Sie berichtet ausführlich von ihrer Lebenswende und die bevorstehende Verlobung mit Otto. Der Brief schließt mit der Versicherung, dass sie ihr größtmögliches Glück gefunden habe. Im weiteren Verlauf der Erzählung werden die Charaktere der Protagonisten detailliert geschildert und auch scharf voneinander abgegrenzt. Da ist zunächst die intrigante Magelone, die gerne mit Otto ihr Spiel treibt und sich ihm sowohl als Verführbare sowie auch als Unnahbare präsentiert. Zudem entwickelt Magelone eine heimliche Freude daran, zwischen Otto und Johanna Böses zu säen. Daneben steht der schwache Charakter Ottos, welcher starken Stimmungsschwankungen unterworfen ist und zwischen Unbehagen und Zweifel ebenso leidet wie unter der ihm auf Dauer zu ernsthaften Lebenshaltung Johannas. Dazu kommt der Freiherr mit seinen starren Ansichten und seinem autoritären Gebaren, welches sich auch Otto teilweise zu Eigen macht. Über allem steht Johannas Haltung, die durch Wahrheitsliebe, Treue und Konsequenz gekennzeichnet ist. [423]

Die Situation auf Dönninghausen bekommt eine weitere gesellschaftlich brisante Note durch die erneute Heirat von Johannas Mutter Helene mit dem Kunstreiter Carlo Batti. Magelone macht Otto sofort deutlich, dass er nun der »Stiefschwiegersohn eines Kunstreiters« sei und dass alle anderen Dönninghausener nun diesen Makel des Artistenverwandten an sich trügen.

Sehr interessant ist die Beschreibung der Psyche Ottos, welche Claire von Glümer im Anschluss gibt. In einem Gespräch mit Johanna analysiert sich Otto selbst: er gesteht ihr seine egoistische Grundhaltung und die sich daran knüpfenden negativen Charaktereigenschaften, gesteht ihr seine Sehnsucht nach Erlösung von sich selbst, welche er durch die Liebe zu Johanna zu erreichen hofft. Johanna hört sich Ottos Geständnis an: »Scheinbar war es Otto Ernst mit diesen Selbstanklagen; dabei fand er aber in der Darstellung seiner Herzlosigkeit einen pikanten Reiz. Vielleicht wusste er aber auch, dass er niemals unwiderstehlicher war, als wenn er sich selbst anklagte, sein Gegenüber mit den schönen Augen flehend ansah und in warmen Herzenstönen bat, ihm zu vergeben. Auch auf Johanna übte er diese erprobte Macht.« [424] Claire von Glümer zeichnet hier in der Gestalt Ottos einen abgründigen Charakter, der bewusst seine Schwächen einsetzt, um andere Menschen zu manipulieren und somit seine eigenen Interessen zu fördern. Neben diesem machtambitionierten Verhalten wird aber auch immer deutlich, dass Otto ein schwacher Mensch ist, der seine manipulatorischen Pläne aus sentimentalen Gründen nicht kaltblütig durchzusetzen weiß. Insofern kann man Otto als einen pathologischen Fall bezeichnen.

Als Johanna eines Tages während eines Ausritts auf einer verborgenen Lichtung Otto und Magelone in einer eindeutigen zärtlichen Situation beobachtet, wird ihr klar, was sie bereits ahnte. Schon vor der Entdeckung Magelones und Ottos befand sich Johanna in einer seelischen Grenzsituation. »Wie im Traume ritt sie weiter, und doch waren Sinne und Seele dem Leben um sie her erschlossen wie nur je.«[425] Die Gleichzeitigkeit von innerer Abgeschlossenheit des Seelenlebens bei gleichzeitiger Empfänglichkeit für die sie umgebenden Naturgeschehnisse sind Indizien für Johannas seelische Ausnahmesituation und ihre damit erhöhte Erkenntnisfähigkeit. Johanna tritt Magelone und Otto entgegen und dieser gesteht, dass er das Billet für Magelone geschrieben hatte. Ottos Charakterschwäche, schwankend zwischen Beschämung, Unentschlossenheit und ohnmächtigem Zorn, wird nochmals deutlich. Johanna findet durch diese Situation zu ihrer eigentlichen seelischen »Bestimmung«. Sie hält an ihrer Verpflichtung gegenüber der Wahrheit fest und vollzieht die Trennung von Otto gegen alle eigenen seelischen Zweifel und den Druck aus dem Familienumfeld Dönninghausen. Somit markiert diese Szene auf der Waldeslichtung einen *Wendepunkt* in Johannas Leben, dessen Dramatik ihr bewusst ist: »sie selbst war nicht mehr wie sonst und das ganze Leben nicht! Das Herz war ihr so schwer, so wüst, und die müden Füße trugen sie nicht weiter. / ... / Ihr ganzes Elend lag ihr klar vor ihren Blicken.«[426]

Bevor sich Johanna jedoch von Dönninghausen löst, hat sie noch eine Probe zu bestehen: Otto hatte bei Tante Thekla erwirkt, dass sie sich bei Johanna für eine Versöhnung mit ihm einsetzt[427], woraufhin Thekla Johanna aufsucht. Doch diese ist verbittert, fühlt sich seelisch vergiftet und entlarvt Ottos Haltung in ihrer ganzen Unwahrhaftigkeit. Selbst als Thekla Johanna eröffnet, dass in ihrer Entscheidung das gesamte Schicksal der Familie ruhe, lässt sich Johanna nicht beirren. »Was Otto und mich auf immer trennt, ist seine Verlogenheit.« Diesem Satz lässt sie das großzügige Angebot folgen: Otto sei es überlassen, ihr Verlobungsverhältnis aus irgendeinem Grunde zu lösen – und er müsse dabei nicht sein Verhältnis zu Magelone offen legen.[428]

Wieder allein, fragt sich Johanna, wohin sie sich nun wenden solle. In dieser Situation findet sie einen Brief des sich auf seiner Fernreise befindenden Ludwig, welcher sie mit großer Verspätung just an diesem Tage erreichte. In diesem Brief versucht Ludwig Johanna davon zu überzeugen, dass sie sich durch die Verbindung mit Otto auf einen »Unglücksweg« begeben habe. »Durch die Ehe mit diesem Manne verurteilst Du Dich selbst zu lebenslanger Einsamkeit und Entbehrung.« Durch die Zeilen ihres Pflegebruders fühlte sie sich doppelt gedemütigt, hatte er doch schon früh Recht mit seinem Urteil über Otto.[429] In dieser Situation erreicht Johanna ein Telegramm aus Hannover, dass ihre Schwester Lisbeth schwer erkrankt sei. Sie macht sich sofort auf den Weg und teilt Otto in einem kurzen Abschiedsbrief mit, dass sie mit ihm endgültig gebrochen habe. Als Johanna in den bereitstehenden Wagen steigt, ist ihr klar: »ihr Traum von Glück und Liebe war zu Ende.«[430] Johanna hatte Otto freie Hand gegeben, den Bruch zwischen ihnen zu erklären. Es war ihr, die sich von Dönninghausen losgesagt hatte, gleichgültig, was Otto sich würde einfallen lassen. Und Otto, dessen schwankender Charakter die Gelegenheit ergreift, erklärt gegenüber dem Freiherrn, dass er von Johanna verlangt habe, sich von der »Kunstreiterfamilie« loszusagen. Doch sie habe das verweigert, und so sei es zum Bruch gekommen.[431]

In der nächsten Zeit ist Johanna durch die Pflege der an einem Nervenfieber leidenden Lisbeth absorbiert. Ihr ist klar, dass sie sich nach dem Bruch mit Dönninghausen glücklich schätzen darf, im Haus ihres Stiefvaters Batti ein Asyl gefunden zu haben. Nach einiger Zeit trifft ein Brief aus Dönninghausen ein. Der Freiherr teilt Johanna mit, dass alle Bande zwischen ihr und Dönninghausen endgültig zerrissen seien, und er gibt zu verstehen, dass er nicht begreife, dass Johanna an Ottos Liebe zweifle. Die seelische Präsenz des alten Freiherrn wirkt auf Johanna fast elementar. Er ist fest in Johannas Herz verankert und sie kann sich nicht von seinem Bann befreien. Der Brief des Großvaters führt erst zu einer seelischen Erschütterung Johannas, dann zu einer *Grenzerfahrung*. Zunächst ist sie entsetzt, dass in den Augen des Freiherrn Otto und Magelone als unbescholten und makellos dastehen, während sie nebst ihrer Mutter Helene als geächtet und verbannt gilt[432]. Mit diesen Gedanken befasst, tritt Johanna ans offene Fenster: »Jenseits der Mauer, die das Gässchen begrenzte, lag ein Garten mit Obstbäumen und Gemüsebeeten. Es regnete; feines Geriesel fiel schleierhaft aus tief niederhängendem Gewölk und füllte die Luft mit einem Getön, das in den Laubkronen drüben zum leisen Rauschen wurde. Ein gemischter Duft von Kräutern, Blumen, Laub und nasser Gartenerde stieg zu ihr auf, und in diesem Duften, Rieseln, Dämmern löste sich ihr qualvolles Denken nach und nach in milde Träumerei. Aus den Regenschleiern stiegen, erst schattenhaft, dann immer deutlicher, Bilder und Gestalten auf; Vergangenes und Gegenwärtiges, Erlebtes und Geträumtes flossen zusammen – als die Lampe gebracht wurde, erwachte Johanna wie aus tiefem Schlaf. Mit diesem Erwachen stand sie zwar wieder mitten im alten Leben: sie fühlte den dumpfen Herzschlag wieder, der ein beständiges Weh war; mit unerbittlicher Klarheit sah sie, was sie verloren hatte; die Sorge um Lisbeth bedrückte sie – und doch war alles anders! Der Bann, der seit jenem Unglücksmorgen im Walde auf ihr gelastet hatte, war gebrochen, und sie sah über sich hinaus in die ewige Schönheit des Lebens, die von persönlichem Glück und Unglück unabhängig ist.« Attribute des Übergangs (Dämmern, Rieseln, Regenschleier, Traum) münden in eine »unerbittliche Klarheit«, aus der sich für Johanna eine *neue Lebensperspektive* ergibt, jenseits von bloß persönlichen Glücksempfindungen.

Johanna fühlt sich berufen Schriftstellerin zu werden. »Ein künstlerischer Gestaltungsdrang war in ihr erwacht, des Vaters Erbteil.« Sie setzte sich nieder und schrieb stundenlang. »Vertrieben« aus Dönninghausen, versetzte sie sich in ihrer Phantasie zurück nach Lindenbad und schrieb über Wochen an einer Erzählung: äußerer Schauplatz war der Thüringer Wald mit seinen grünen Tälern und Höhen, innerlich spürte Johanna den Erlebnissen ihrer frühen Jugendtage nach. Dies alles erfrischte sie. Andererseits schadete ihr aber auch das Schreiben, welches sie über Wochen und teilweise in den Nächten betrieb. Eine Nervenüberreizung machte sich bald bemerkbar.[433]

Weiterhin stand Johanna im Spannungsfeld zwischen einer möglichen Existenz als Zirkusreiterin, was ihr durch Batti wiederholt schmackhaft gemacht wurde, und der Erwartung aus Dönninghausen beruhigende Nachrichten zu erhalten. Doch niemand schrieb ihr. Lediglich ihre Koffer wurden Johanna ohne eine Bemerkung zugstellt[434]. In dieser Situation trat ein neuer Mensch in Johannas Leben, Dr. Urban Wolf, der Sohn des jüdischen Antiquitätenhändlers Löbel Wolf. Es gelang Urban, dass Johannas Novelle in einer Zeitschrift abgedruckt wurde.

Das Haus ihres Stiefvaters verließ Johanna bald: nachdem Batti eine Zeitungsmeldung veranlasst hatte, wonach sie sich dessen Zirkus anschließen wolle (was nicht stimmte), hatte Johanna das Vertrauen in ihren Stiefvater verloren.[435] Es eröffnet sich für sie jedoch eine neue Lebensperspektive. Johanna mietet eine kleine Wohnung bei einer Lehrerfamilie in der Hannoverschen Vorstadt Glockensee, welche junge Mädchen in Kost nehmen wollte. Als Johanna ihre neue Wohnung besichtigt, findet sie an der Wand ein Porträt ihres Pflegebruders Dr. Ludwig Werner: es stellt sich heraus, dass Ludwig der beste Freund des jung verstorbenen Sohnes der Lehrerfamilie, Paul, gewesen sei. Johanna erinnert sich, dass Ludwig am Silvesterabend vor zwei Jahren vom Totenbett eines Freundes nach Dönninghausen gekommen war. Johanna trug der Lehrerfrau nun ihr Anliegen vor, dass sie zusammen mit der noch kranken Lisbeth eine kleine Wohnung suche.[436] Auf Dönninghausen gelobt zur gleichen Zeit der alte Freiherr, künftig keinen Gedanken mehr an Johanna verschwenden zu wollen. Sie sei dem »Fluche verfallen, der im Blute steckt«, indem sie sich für ein Künstlerleben und gegen Dönninghausen entschieden habe. In Zukunft wolle der Freiherr nur noch an sich und seine Familie denken: »Schließt die Reihen, heißt es im Leben wie auf dem Schlachtfelde; je kleiner das Häuflein wird, desto fester muss es zusammenhalten.« – Am nächsten Tag bereits zog Johanna in das Terrassenhäuschen in Glockensee ein. Einige Zeit später verabschieden sich Batti und Helene (Letztere theatralisch) von Johanna und Lisbeth, um ihre Europareise anzutreten. Die Abreise der Mutter wirkt sich positiv auf Johannas Leben aus: ungestört durch Helenes »rücksichtslose, launenhafte Ansprüche«, kam Johannas Leben bald in ein »festes Geleis.« Eine kurze Zeit später erreicht Johanna eine erschütternde Nachricht: Helene war bei einem Unfall mit einem Pferdegespann ums Leben gekommen. Batti gibt daraufhin sein Stieftöchterchen Lisbeth frei: dem letzten Wunsch Helenes entsprechend, überlässt er Johanna die Fürsorge für ihre Schwester.[437]

Johann Leopold kehrt von seiner Weltreise nach Dönninghausen zurück. Vom Roten Jakob, dem im Forsthaus lebenden Jugendfreund, wird Johann Leopold sofort nach seiner Ankunft über die kompromittierende Szene zwischen Otto und Magelone auf der Waldlichtung und darüber, dass man Johanna zu Unrecht fortgejagt habe, in Kenntnis gesetzt. Johann Leopold befragt daraufhin Tante Thekla und erfährt, dass der alte Freiherr nichts von dieser Waldszene wisse und im Glauben gelassen wurde (auch von Otto!), dass Johanna fortgegangen sei, weil sie sich zwischen Dönninghausen und einem Leben als Kunstreiterin entscheiden sollte und letzteres gewählt hatte. Dass die kompromittierende Szene auf der Waldlichtung zwischen Otto und Magelone den Ausschlag für Johannas Fortgehen war, hatte Johanna verschwiegen, um den Großvater zu schonen.[438]

Achtzehn Monate sind nach den letzten Ereignissen vergangen. Johanna wohnt noch immer in dem Terrassenhäuschen nahe Hannover. Es ist Dezember, und Johanna hat soeben eine günstige Besprechung ihres letzten Buches gelesen. Am Fenster stehend, erinnert sie sich an einen Moment im verflossenen Herbst, als sich während eines Spaziergangs, von einem Lerchenruf berührt, plötzlich eine Wende in ihrem Gefühlsleben vollzog: »Seitdem konnte sie ohne Bitterkeit, wie an einen völlig Fremden, an Otto denken; nur das Gefühl, dass ihr etwas Schönes verloren gegangen, hatte sie noch; aber ihr Wesen war unberührt, der Kern ihres Lebens unverletzt geblieben.«[439] Johanna distanziert sich von ihren belastenden Erfahrungen, ein weiterer Befreiungsimpuls auf ihrem Weg zu einer emanzipierten Persönlichkeit. Das Verhältnis Johannas und Lisbeths ist nach dem Tod der Mutter noch enger geworden. Dennoch vermisst Johanna ihren Pflegebruder Ludwig, ihre Tante Thekla und den alten Freiherrn.[440] Von einem Spaziergang zurückkehrend, sieht Johanna mit Freude, dass ihr Pflegebruder Ludwig soeben zu Besuch gekommen ist. Die Wiedersehensfreude wird aber getrübt durch Ludwigs Vorwurf, dass Johanna sich nicht gemeldet habe. Erst durch ein Buch Johannas, welches eine seiner Patientinnen gelesen hatte, war Ludwig Johanna auf die Spur gekommen. Beim Lesen des Frauenromans war er sich sicher, dass Johanna ihn geschrieben haben musste. Über den Verleger hatte Ludwig dann den Weg nach der Glockseevorstadt gefunden. Johanna und Ludwig reden noch eine Weile über Johannas Berufung zur Schriftstellerei und schließlich über ihren Bruch mit Otto. Johanna vertraut Ludwig unter vier Augen an, dass Otto sie nie geliebt habe.[441] Doch über Weihnachten und die Feiertage bleiben weitere Nachrichten Ludwigs aus. Johanna ist unzufrieden, zudem beschäftigen sie immer wieder Gedanken an Lindenbad und Dönninghausen. Da erreicht sie Post von Ludwig: einige eigene Zeilen und ein beigefügter Brief von Johann Leopold. Ludwig verlangt von Johanna, dass sie Otto nicht weiter schonen und ihm nun endlich mitteilen solle, welche Spitzbüberei hinter seinem Verhalten stecke. Johanna ist erfreut über die Treue und das Gerechtigkeitsempfinden Ludwigs. Sie antwortet und betont, dass sie die Erinnerungen an Otto in keiner Weise mehr berühren; zudem äußert sie den Wunsch, dass sie und Ludwig sich wieder wie in früheren Tagen verstehen.[442]

In Dönninghausen verläuft das Weihnachtsfest in trauriger Öde: nur der Freiherr, Thekla und Johann Leopold leben noch im Schloss. Doch langsam ordnen sich die Verhältnisse. Johann Leopold soll zum Landrat gemacht werden; bei den Reichstagswahlen sei ihm ein Mandat sicher. Daher überzeugt er den Freiherrn, dass dieser die Aufsicht über die Dönninghausener Landwirtschaft übernehme. Ein Brief von Magelone trifft ein; sie habe in Wien einen Mann kennengelernt und diesen ihren Felix in Paris geheiratet. Sie sei nun eine »Baronin Erlenbusch auf Erlenbusch bei Veldes an der Sau«. Felix – Sportsmann, Pferdekenner, Kunstmäzen – verkörpert für Magelone Lebensfreude, Glanz und Schönheit. Nach all dem hatte sie jahrelang gedürstet und genieße nun in vollen Zügen ihren »Honigmond« in Paris, dem »Paradis des femmes«.

Bald wolle das Paar aber wieder nach Wien zurückkehren.[443] Am 3. Januar 1876 erscheint Ludwig Werner auf Dönninghausen. Er sei auf der Durchreise nach Hannover; zudem bereite er in Kürze von London aus eine weitere Reise nach Indien vor. Ludwig will eigentlich nur berichten, dass er Johanna gesehen habe und er eröffnet dem Freiherrn, Thekla und Johann Leopold, dass die Zeitungsmeldungen über Johanna (sie habe das Kunstreiterinleben gewählt) falsch seien; sie sei Schriftstellerin und bringe auf diese Weise schon seit längerem sich und Lisbeth durchs Leben. Schließlich erklärt Ludwig auch, dass Johanna allein aus Rücksicht auf den Freiherrn die wahren Gründe, die zur Auflösung der Verlobung mit Otto geführt hatten, verschwiegen habe. Auch Magelones Beziehung zu Otto kommt zur Sprache. Der Freiherr beschließt darauf, gemeinsam mit Ludwig nach Hannover zu reisen, um Johanna abzuholen.[444] Das Wiedersehen zwischen dem Freiherrn und Johanna verläuft äußerst herzlich. Johanna ist auch gewillt, wieder nach Dönninghausen zu gehen, falls sie ihre Schwester Lisbeth und ihre Arbeit mitbringen darf. Als Ludwig Johanna eröffnet, dass er nach London und Indien gehen wolle, bittet Johanna ihn zu bleiben. »Wenn ich bleiben soll, muss ich hoffen dürfen«, antwortet Ludwig, worauf Johanna antwortet: «Das wollen wir beide tun!« An den Freiherrn gewandt, fügt Johanna hinzu: »Großpapa, auch Ludwig geht mit nach Dönninghausen.«[445]

Es folgt das letzte Kapitel des Romans: es ist der 2. November 1878, fast zwei Jahre nach dem Zusammentreffen Johannas, Ludwigs und des Freiherrn in Hannover. Der 80. Geburtstag des Freiherrn wird in großem Rahmen gefeiert. Johanna und Ludwig, mittlerweile verheiratet, kehrten an diesem Tag von einer dreimonatigen Hochzeitsreise durch England und Schottland nach Dönninghausen zurück.[446] Ludwig erkundigt sich nach Otto, der bei einem Duell verwundet worden sei. Johann Leopold teilt Ludwig unter vier Augen mit, dass Otto am Vortrag gestorben sei und der Freiherr dies noch nicht wisse; er sollte seinen Festtag ungetrübt verleben. Ludwig berichtet auch, dass er Magelone in Schottland getroffen habe: sie habe sich als Patientin zu ihm begeben, doch der eigentliche Grund war, dass sie Ludwig bitten wollte, ihr bei der Versöhnung mit dem Freiherrn behilflich zu sein.[447] Ludwig und Johanna teilen dem Freiherrn mit häuslich werden zu wollen: Ludwigs Arzttätigkeit, ein geplantes Buch über Fieber, Johanns schriftstellerische Pläne sowie Lisbeths während de Abwesenheit Johannas und Ludwigs erfolgte Vertrautheit mit dem Leben auf Dönninghausen sind ausschlaggebend. Schließlich bittet Johanna noch den Freiherrn Magelone zu verzeihen, was der Freiherr bedenken will.[448]

So endet *Dönninghausen*. Die Welt ist mit sich im Einklang. Die verschlungenen Schicksalswege der handelnden Personen haben sich entwirrt. Liebe, Friedenswilligkeit und Verzeihen haben die Wogen der Vergangenheit geglättet.

XIV. Der zarte Flügelschlag der Freiheit

Um das 55. Lebensjahr erreichte Claire von Glümer den Zenit ihres schriftstellerischen Schaffens, der sich in den beiden großen Werken *Alteneichen* und *Dönninghausen* manifestierte. Souverän bewegt sich die Autorin auf den Feldern menschlicher Charaktere und Schicksalsverknüpfungen. Am Ende der Erzählungen mündet nicht alles in friedliche Eintracht, was besonders in *Dönninghausen* zum Ausdruck kommt: Menschen scheitern, wie z.B. Otto, gehen durch Krisen und fangen sich wieder, wie z.B. Magelone, oder finden nach durchlittenen Konflikten zu sich selbst, wie die Protagonistin Johanna, die sich zu einer freien Persönlichkeit entwickelt. Verwandtschaftliche Vorurteile und eigene Zaghaftigkeit hindern Johanna zunächst ihren eigenen Weg zu gehen. Die seelische Präsenz des Freiherrn von Dönninghausen wirkt überwältigend und erdrückend. Sein strenger Blick und das Grollen seiner Stimme stehen im Kontrast zur sympathischen Anziehungskraft, welche sein Greisentum auf Johanna ausübt. Der Freiherr ist fest in Johannas Herz verankert, doch sie kann sich nicht von seinem Bann lösen und ihm *frei* gegenüber treten. Ihr Stiefvater wirft Johanna vor, auf die »hochnäsige Sippe« auf Dönninghausen nur Rücksichten zu nehmen. Die Haltung Johannas wird später auch vom jungen Dr. Wolf in Frage gestellt: »Überlegen Sie, ob das Opfer, das Sie dem Vorurteil Ihrer Verwandten bringen, nicht ein Unrecht gegen Sie selbst ist.«[449] Doch letztlich ist es der Mut zur Wahrheit, der Johanna den Weg zur Selbstbestimmung öffnet. Ein Brief des Freiherrn, in dem er Johanna vorwirft an Ottos Liebe zu zweifeln – der Freiherr wusste zu diesem Zeitpunkt nichts von Ottos Beziehung zu Magelone – und in dem er Johanna mitteilt, dass nun alle Bande zwischen ihr und Dönninghausen endgültig zerrissen seien, führt bei Johanna zu einer seelischen Erschütterung und zu einer Grenzerfahrung. Es ist die im letzten Kapitel beschriebene Szene, wo Johanna ans offene Fenster tritt und in die konturlose, verschleierte Natur blickt. »Ein gemischter Duft von Kräutern, Blumen, Laub und nasser Gartenerde stieg zu ihr auf, und in diesem Duften, Rieseln, Dämmern löste sich ihr qualvolles Denken nach und nach in milde Träumerei. Aus den Regenschleiern stiegen, erst schattenhaft, dann immer deutlicher, Bilder und Gestalten auf; Vergangenes und Gegenwärtiges, … und sie sah über sich hinaus in die ewige Schönheit des Lebens, die von persönlichem Glück und Unglück unabhängig ist.«[450] Johannas tagtraumhaftes Bewusstsein mündet in eine »unerbittliche Klarheit«, aus der sich eine neue Lebensperspektive ergibt, jenseits von bloß persönlichen Glücksempfindungen.

Achtzehn Monate später, wiederum an einem Fenster stehend, erinnert sich Johanna an einen Moment im verflossenen Herbst, als sich während eines Spaziergangs plötzlich eine Wende in ihrem Gefühlsleben vollzog: »Seitdem konnte sie ohne Bitterkeit, wie an einen völlig Fremden, an Otto denken; nur das Gefühl, dass ihr etwas Schönes verloren gegangen, hatte sie noch; aber ihr Wesen war unberührt, der Kern ihres Lebens unverletzt geblieben.«[451] Johanna befreit sich von ihren belastenden Erfahrungen und geht einen weiteren Schritt auf ihrem Weg zu einer emanzipierten Persönlichkeit.

Ein zentrales Motiv für die Freiheitsentfaltung im Werk Claire von Glümers ist die *Blume*, und hier besonders die *Rose*. Die Blume als sich hingebungsvoll und leidenschaftslos den Lichtkräften der Sonne zuwendendes Wesen, mit ihren Wurzeln zugleich in enger Verbundenheit mit der Erde stehend, gilt in vielen Kulturen als Inbegriff für ein von Begierden und Egoismen geläutertes Menschentum. Die Rose hat in diesem Kontext eine Ausnahmestellung. Durch Leiden geprüft und moralisches Streben geläutert, kann der Mensch einen Weg zur Freiheit finden. Das *Rosenkreuz* ist ein zentrales Symbolum für diesen von Liebe geleiteten Erkenntnisweg. Claire von Glümer illustriert die Verlorenheit und den gesunkenen Lebensmut der Protagonistin dadurch, dass Johanna Rosenblüten zerpflückt und gedankenlos verstreut. Johanna leidet. Für Claire von Glümer ist die *Rose* ein wichtiges Lebensmotiv. In ihrem sechsten Lebensjahr, im Sommer 1831, gab es einen Unfall mit der Kutsche, in der die Glümers nach Wolfenbüttel fuhren.[452] Die Familie hatte, während der Vater Hilfe holte, in der Nacht auf einem Steinhaufen bei Wind und Regen ausgeharrt. Claire, die sich verlassen fühlte und leise vor sich hin weinte, wurde aber durch ein Lied getröstet, das ihre Mutter in der Dunkelheit im Moor sang. »Das alte Lied hatte ich schon oft von der Mutter gehört, aber es machte mir in dieser Umgebung einen neuen, unbeschreiblich tiefen Eindruck.« Was war das für ein Lied, das Claire so tief berührte? Es ist eine ins Bild gefasste Komposition über die Verschlingung von Verheißung und Leid – ein urbildhafter Ausdruck für das menschliche Leben und Streben:

Eh´ die Ros´ am Busen blüht,
geißelt Regen sie im Tal;
eh´ das Gold in Kronen glüht,
schmilzt es in Tiegeln siebenmal.
Darum Herz, verzage nicht,
hast durch Trübsal du zu gehen;
jeder Nacht folgt Morgenlicht;
jedem Tode Auferstehn.[453]

Dieses Lied taucht genau in derselben Weise auch in Claire von Glümers im Jahr 1882 erschienener Erzählung *Nach 20 Jahren* auf. Allerdings werden hier nur die ersten vier Zeilen zitiert. Das Lied, welches sein Hausnachbar täglich mehrmals mit Gitarrenbegleitung spielt, ruft in dem Protagonisten Ludwig Kindheitsbilder wach, z.B. Erinnerungen an seine schöne Mutter Karoline, die ihm in ihren »rauschenden Seidenkleidern mit den blitzenden Steinen um Hals und Arme« wie eine Fürstin erschien.[454] Hier gibt es Parallelen zu Claire von Glümers früh verstorbener Mutter. Wesentlich ist aber der in diesem Lied beschriebene Verwandlungsprozess, der in dem Geißelungs-, Kronen- und Auferstehungsmotiv auf christliche Motive rekurriert.

Bereits im vorletzten Kapitel wurde auf Claire von Glümers biographische Erinnerungsschrift für Georgine Schubert hingewiesen und darauf, dass sich in dieser kleinen Abhandlung eine Art Fußabdruck von Claire von Glümers Lebensweg zeigt. Obwohl Claire von Glümer die ihr nahe stehende jung verstorbene Künstlerin in ihrer Schrift als *Veilchen-Seele* bezeichnet, so darf man in Georgine Schubert doch auch das Ideal der vollkommenen Blume, der *Rose*, sehen, die im Einklang mit sich und der Welt lebte. Denn das *Veilchen* hatte seinen »Sonnenplatz« gefunden, am Theater in Strelitz, eng verbunden mit den dort wirkenden Menschen.[455] Aus eigener Begegnung mit Georgine Schubert in ihrem Haus in Pillnitz erinnert sich Claire von Glümer: »Deutlich sehe ich sie vor mir, wie sie am Klavier saß. Immer leuchtender, immer vergeistigter wurde das stille Gesicht, und während sie – sich selbst vergessend – in Musik zu versinken schien, zog sie ihre Hörer nach. Und wie der Frühlingssonnenschein all das keimende, blühende, jubelnde Leben umfasst, so umfing ihre musikalische Seele alles einzelne Können, dass es wie mit Naturnotwendigkeit über die glückselig Lauschenden hinströmte.«[456] Im Sich-Selbst-Vergessen erhob sich Georgine Schuberts Seele, all ihr durch Übung erworbenes Können umfassend, zu einem neuen Wesen höherer Natur. Hier wird der Sinn des Daseins des Menschen deutlich. Die Fortführung seiner Evolution gestaltet der Mensch, indem er seine Natur- und Vererbungsgegebenheiten durch »Können« verwandelt, das heißt, durch Kunst aus ihrer gegebenen Bestimmtheit befreit. Dies kann aber nur durch eine Weiterentwicklung dessen geschehen, was der Mensch bei seiner Geburt für seinen Weg erhalten hat – ganz im Sinne von Goethes »Faust«: »Was Du ererbt von Deinen Vätern hast, erwirb es, um es zu besitzen.« Des Menschen Aufgabe sei es demnach, sich von seinem Erbe durch den Erwerb von Fähigkeiten zu *befreien* (sonst wird es zur Last), sich das Gegebene zu Eigen zu machen, um eine freie Persönlichkeit zu werden. Diese Schritte des Erwerbs sind die *Flügelschläge der Freiheit*, von denen Claire von Glümer in ihrem Werk an vielen Stellen spricht. Ein Vogelflug bedarf zahlreicher Flügelschläge, um einem Weg eine zielorientierte Richtung zu geben. Claire von Glümer hat um ihr 55. Lebensjahr von diesem Geheimnis der eigenen Wegbereitung etwas gewusst und dies in ihren Erzählungen der Jahre 1879-1882 zum Ausdruck gebracht. Die Autorin hat in dieser Zeit auch ihre eigene Biographie als eine »Ganzheit« gesehen: bevor sie ihre großen Romanwerke verfasste, veröffentlichte sie im Jahr 1879 die Erzählungen *Aus dem Béarn* und hat somit ihre Kindheitserinnerungen mit den Erkenntnissen des Alters verklammert. Ist im Roman *Dönninghausen* die von Johanna gewonnene Selbsterkenntnis der sichere, unantastbare Grund ihres Lebens, so war dies in Claire von Glümers Kindheit das Haus der Mutter Sylvaine am Dorfplatz von Jurançon, welches als unantastbarer, die Seele Claires umschließender Ort, allen äußeren Unbillen trotzte und ihr Existenzsicherheit gab: »Unter den kleinen weißen Häusern, die den Platz von Jurançon umschließen, ist das der Mutter Sylvaine eines der kleinsten und ältesten. Es ist eine echt béarnische 'Case`, deren einziges Gemach im Erdgeschosse zugleich als Küche, Schlafstube, Esssaal und Besuchzimmer dient. / ... / Da Mutter Sylvaine jederzeit für die klugen Gespräche der Alten ein offenes Ohr hat und für die Freuden der Jugend einen freundlichen Blick, ist´s kein Wunder, dass sich den ganzen Winter hindurch zum Feierabend ein großer Kreis bei ihr versammelt.«[457] Die Geborgenheit dieses Ortes wird noch durch die unwirtlichen Wetterverhältnisse betont: »Auch heute sind die Nachbarn und Freunde gekommen, obwohl der Regen in Strömen niederschießt und der Nordwind die Eichen auf dem Platze zerzaust, dass sie ächzend die knorrigen Arme zusammenschlagen.«[458] Hier ist ein Ort der Sicherheit und des sozialen Miteinanders beschrieben. Diese Idylle bietet den Rahmen für die Lieblingsbeschäftigung der Béarner, das Hören von Geschichten, so wie es bereits zu Zeiten der schönen Marguerite von Valois war.[459] Der Verweis auf die französische Königin ist bemerkenswert, denn sie galt in ihrer Zeit als außergewöhnliche Frau, die für sich Freiheiten reklamierte, die in ihrer Epoche nur Männern zustanden. Sie war eine durchaus emanzipierte Person.[460] Claire von Glümer hat der Königin Marguerite später eine Erzählung gewidmet: *Die Augen der Valois* (1867).

Das Blumen-Motiv spielt auch in einem anderen Kontext eine wichtige Rolle, stellt die *Blume* doch ein Gegenbild zur aufkommenden Geschäftigkeit und Unruhe der damaligen Zeit dar. Die modernen Verkehrsverhältnisse, die sich seit der Mitte des 19. Jahrhunderts entwickelten, führten zu einer neuen Kultur und Erlebnisqualität des Reisens. Die später mit Claire von Glümer befreundete Schriftstellerin Fanny Lewald schrieb 1856: »Ja freilich bietet das Reisen uns jetzt Reize, Reize und eine Poesie, von denen man früher keine Ahnung hatte, Überraschungen, die an das Märchenhafte grenzen. Denn ist es nicht wie in einem Märchen, die Anschauungen von Monaten in Wochen zusammenzudrängen, sich in einem Tage von Norden nach Süden, von Osten nach Westen versetzt zu finden, Hunderte von Meilen weit? Ist es nicht reizend und poetisch, das kurze Menschenleben in solcher Weise zu zehnfachem Genusse, zu zehnfacher Inhaltsfähigkeit sich erweitert zu sehen? Denn Zeitersparnis ist Lebensgewinn, und fast ein doppeltes Leben haben in diesem Sinne die Erfindungen des Jahrhunderts uns bereitet.«[461] Im Roman *Dönninghausen* bedient sich Claire von Glümer dieser neuen Räume. Es ist die damals noch offene Welt (Deutschland, Österreich, England, Schottland, Frankreich und Russland nebst den fernen Besitzungen Englands in Suez und Indien), deren Türen sich erst mit dem Ersten Weltkrieg schlossen. Frei bewegen sich die Protagonisten zwischen Paris, Wien, London, Petersburg und Hannover. Aber die »große Welt« hat auch ihre Tücken. Ludwig sagt über Magelone: »Jetzt ist sie nervös, wie alle, die in der Unnatur der großen Welt leben. / ... / Wir sind einmal nicht dazu gemacht, ein Schmetterlingsdasein zu führen. Versäumen wir, unseren Tagen einen würdigen Inhalt zu geben, so werden wir von dem

angebornen, oft ganz unbewussten Verlangen danach ruhelos umherge-
trieben.«[462] Diesem modernen Getriebensein des Menschen stellt Claire
von Glümer das Bild der *Rose* und der *Veilchenseele* entgegen.

Claire von Glümer (1884)

Erwähnt sei an dieser Stelle, dass Claire von Glümer ihre Biographie in
weiteren Zusammenhängen betrachtete. Der Gedanke der Präexistenz
des Menschen beschäftigte sie, und auch eine Postexistenz des Menschen war für Claire von Glümer eine plausible Sinnperspektive. Dies

thematisierte sie bereits um 1855 in Briefen an Julian Schmidt.[463] Fasst man Claire von Glümers Gedanken genauer, so ergibt sich, dass sie die Idee der Reinkarnation des Menschen im Sinn hatte. In einem Brief vom 28. Oktober 1900 an eine Frau Friedmann schrieb sie: »Liebe verehrte, gnädige Frau! Verspätet, aber warm wie am ersten Tage, als Ihre herzerquickenden Zeilen in meine Hände kamen, ist der Dank, den ich Ihnen heute sage. Dass unsere Begegnung auch mir ein Gewinn ist, werden Sie mir angefühlt haben – schade nur, dass sie mir so kurz vor Sonnenuntergang[464] zu Teil wurde! Aber war es denn ein <u>erstes</u> Sehen? – wenn ich daran zurück denke, ist mir, als hätten wir uns ohne vorangehendes Ausstrecken geistiger Fühlfäden die Hände gereicht. Sollten wir uns vielleicht in einer oder einigen Präexistenzen gut gewesen sein?« [465] Auch Träume hatten für Claire von Glümer eine große Bedeutung, denn sie vermittelten ihr wichtige Erkenntnisse, die sie jedoch mit nur wenigen Menschen teilen konnte.[466]

1882–1891

XV. Ruhige Jahre

Claire von Glümers Leben in den folgenden Jahren verlief wenig spekta-
kulär. Die Grenze zum Alter wurde ihr allmählich bewusst, aber durch eigenes produktives Schaffen in den Jahren 1878/81 zunächst in den Hintergrund gedrängt. Ein Brief an Elise und Julian Schmidt gibt das Thema
der folgenden Jahre vor: »Herzlichen Dank für Ihre lieben, warmen
Zeilen, liebe Elise, und Ihnen, alter Freund, die besten Geburtstagswün-
sche nachträglich von Ihrer alten Freundin. Sie haben recht, Elise, auch
das Altwerden hat sein Schönes, wenn wir gesund sind, das Sehen nicht
verlernen, ein Stückchen Jugend und Jugendtorheit im Herzen festhalten konnten und wenn die bleiben, die wir lieb haben.« Hinzu kommen
müsse aber auch, dass es den Freunden gut gehe. Das Unglück der Freunde wiege immer schwerer, »weil wir mitfühlen, wie ihre Widerstandskraft schwächer wird.«[467] So legte Claire von Glümer großen Wert auf
persönliche Begegnungen und einen offenen Meinungsaustausch mit ihr
nahe stehenden Menschen. So gab es mit dem Ehepaar Schmidt im Mai
1882 ein Treffen in Berlin[468], die Offenheit ihrer Freundschaft mit Julian
Schmidt betonte sie am Ende desselben Jahres: »Sie sollen mir immer
sagen, was Ihnen missfällt, was Sie töricht oder unrecht finden. Wenn
ich einsehe, dass Sie recht haben, will ich sehen, dass es anders wird, und
wenn ich es nicht einsehe, werden wir uns ein bisschen streiten, aber in
aller Freundschaft. Ihr letzter Brief war doch auch noch reich an Vorwürfen, aber er hat mir nicht weh getan, denn aus allen bösen Worten guckte
das alte, liebe Gesicht heraus und der ganze Ton sagte: `liebe Cläre, es
tut mir leid, dass ich das alles sagen muss, und obwohl ich es sagen muss,
bleibe ich immer Ihr alter Freund.` Der letzte Oktoberbrief war dagegen

recht maliziös – aber wir wollen nicht weiter darüber reden; wir wollen uns die Hände schütteln wie ein Paar guter Kameraden und wollen auch wieder gute Kameraden sein.«[469]

Claire von Glümer hat sich in ihrer Dresdener Heimat in dieser Zeit auch sozial engagiert. Im Mai 1882 richtete sie einen Brief an den Direktor einer Schule, welche arme Kinder förderte, und bat ihn, eine gewisse Frau Hofmann zu berücksichtigen: »Frau H. ist von ihrem Mann verlassen worden, sie hat 5 Kinder und muss diese durch ihrer Hände Arbeit, durch Waschen und Scheuern durchbringen.« Doch jetzt sei Frau Hofmann durch Krankheit an ihrer Erwerbstätigkeit gehindert. Claire von Glümers Bitte um »Berücksichtigung« ihrer Bekannten bezog sich auf eine Weihnachtsbescherung für die Kinder. Dass Claire von Glümer diese Bitte um Berücksichtigung bereits im Mai stellte, zeigt, wie stark die soziale Not zu dieser Zeit in Dresden war.[470]

Aber auch leise Schatten des Alters legten sich über Claire von Glümers Alltag. In einem Ende des Jahres 1882 verfassten Brief an Julian Schmidt berichtete sie über eine Erkrankung Auguste Scheibes. Eine Woche lang habe die Freundin mit Schüttelfieber zu Bett gelegen. »Ich sah schon gastritisches Fieber, Nervenfieber, Tod und Begräbnis voraus, glücklicherweise kann ich jetzt über diese quälerischen Phantasien lachen.« Auguste Scheibe hatte nur eine Halsentzündung, »qualvoll für meinen armen, geduldigen Liebling«[471]. Doch die Sorgen Claire von Glümers verdichteten sich zu düsteren Visionen.

In den folgenden zehn Jahren erfährt man etwas von Claire von Glümers Denkweise vornehmlich aus ihren Werken. Persönliche Dokumente aus dieser Zeit sind nur spärlich vorhanden. Claire von Glümer veröffentlichte nach 1881 eine ganze Reihe von Erzählungen: *Vom Webstuhl der Zeit* und *Gesühnt* (1882), gefolgt von *Ein Fürstensohn* und *Zerline* (1886) sind Vorläufer ihres Spätwerks *Alessa* (1888). Neben ihrer schriftstellerischen Tätigkeit war Claire von Glümer weiterhin gemeinsam mit Auguste Scheibe als Übersetzerin tätig. Ende 1882 waren umfangreiche Übertragungen von George Sands Werken aus dem Französischen beendet: »Mit G. Sand sind wir fertig; sie hat uns zuweilen sehr gelangweilt und doch ist sie uns so lieb geworden, dass wir den täglichen Verkehr mit ihr vermissen.« Wenn Claire von Glümer demnächst nach Frankreich reise, um ihre Sprachkenntnisse zu verbessern, würde sie George Sand gern treffen, auch wenn diese betone, dass sie mit Frauen nicht gerne verkehre.[472] In diese Zeit fällt auch der Tod ihres engen Freundes Julian Schmidt am 27.3.1886. Wie Claire von Glümer dieses Ereignis verarbeitete, ist nicht bekannt. Wahrscheinlich gab es einen Briefwechsel mit Elise Schmidt, der aber nicht gefunden werden konnte.

Im vorangehenden Kapitel wurde auf den Reifepunkt in Claire von Glümers Schaffen hingewiesen. Auch in den nun bis 1888 folgenden Werken zeigt sich die emanzipierte, christliche und freiheitsorientierte Denkweise der Autorin. Die Novelle *Gesühnt* erschien – zusammen mit den Novellen *Nach 20 Jahren, Die böse Frau von Helgendorf* und *Censi* – in einem Band unter dem übergreifenden Titel *Vom Webstuhl der Zeit*. Auch hier wird zu Beginn eine Schicksalssituation entfaltet, die ein Geheimnis birgt, welches dem Leser zunächst verborgen ist und ihm nur durch Andeutungen kundgetan wird. Christine und Käthe Brown, Mutter und Tochter, kehren in ihre alte Heimat, eine kleine Hafenstadt an der Ostsee, zurück. Anlass ist der Tod des Ehemanns und Vaters Georg Brown, welcher als Arzt gewirkt hatte und einige Monate zuvor an den Blattern gestorben war. Christine Brown, geborene Stining, war mit ihrem Ehemann in die USA ausgewandert und das Paar hatte sich in Holbroken (nahe New York) niedergelassen. Die Gründe für die Auswanderung waren politischer Natur: der Vater war 1848 aus Deutschland geflüchtet, die Mutter war ihm gegen den Willen ihrer Familie gefolgt.[473] Nach dem Tod ihres Gatten begab sich Christine Brown mit ihrer Tochter zunächst nach Berlin; dort war die Mutter jedoch lange krank und Käthe war schließlich erleichtert dem »düsteren«, ihr »wildfremd« gebliebenen Berlin entronnen zu sein.«[474] Mutter und Tochter sind in einem wenig komfortablen Hotel abgestiegen; bei dieser Gelegenheit erfährt Käthe zufällig, dass ihre Mutter diesen Ort bereits kennt. Käthe will mehr wissen, doch die Mutter unterbindet weitere Fragen, was bei Käthe Unmut erregt. Die Mutter ist der Auffassung, dass sie und ihre Tochter sich nun – wieder zurück in Deutschland – den Verwandten anschließen und Rücksicht auf deren Position nehmen müssten. Die Mutter weist Käthe zurück und verriegelt sich in ihrem Zimmer. Die Exposition zu dieser Erzählung ist somit gegeben. In der Folge bekommt der Leser einen Einblick in die Gedanken- und Gefühlswelt von Mutter und Tochter, die – beide allein – ihren Erinnerungen nachhängen.

Käthe fühlt sich ungerecht behandelt. Allein gelassen, blickt sie zurück: der einzige Vertraute in ihrem Leben war der vor acht Monaten verstorbene Vater gewesen. Dessen Tod hatte die Tochter in »Herzenseinsamkeit« zurück gelassen. Käthe hatte den Vater zu Fuß, zu Wagen und zu Pferd begleitet, wenn dieser ärmere Kranke besuchte, sich mit seinen Gedanken und Interessen vertraut gemacht. Daneben half sie dem Vater im Haushalt und bei der Pflege des Blumengartens, weil die Mutter seit Jahren kränkelte.[475] Hier finden sich Parallelen zu Claire von Glümers Lebenslauf, denn auch sie hatte, besonders nach dem Tod der Mutter, eine enge Beziehung zu ihrem Vater, die so weit ging, dass sie ihn nach Frankfurt begleitete (1848). Von seiner Krankheit wissend, hatte der Vater Käthe zu einer befreundeten Familie geschickt, wo sie sich in einen »hochgewachsenen, blonden Deutschen, mit dem ernsten, stolzen Munde und den hellen Kinderaugen« verliebte. Doch musste dieser bereits nach wenigen Tagen in Geschäftsdingen nach Chicago, bat aber zum Abschied, Käthe wieder sehen zu dürfen. In ihrem Zimmer im Hotel des Ostseebades sitzend, gehen Käthe diese Gedanken durch den Kopf und in ihrer Einsamkeit ersehnt sie die Gegenwart dieses jungen Deutschen, dessen Name Friedrich Richter war. Mit ihm verbindet Käthe ein »mächtiges Gefühl der Zusammengehörigkeit«.[476]

Parallel zu ihrer Tochter reflektiert auch die Mutter über ihr Leben, versetzt sich, mit Blick auf das ihrem Hotelzimmer gegenüber liegende Haus – es ist ihr Vaterhaus -, zurück in die Zeit, als sie dort noch »die kleine Christine war« und hofft nun, dass sie den dort lebenden Menschen unter die Augen treten und »das Wort der Versöhnung« aussprechen könnte. Worum es hierbei geht, bleibt dem Leser noch verborgen. Schließlich macht sich Christine durch die Hintertür auf den Weg zum

Elternhaus. Dort trifft sie den alten, mittlerweile bereits etwa 40 Jahre lang in dem Hause wohnenden alten Hellborn, von dem sie Neuigkeiten über ihre Familie erfährt. So ist ihr Bruder Anton seit 13 Jahren »Konsul für Südamerika«; Bertha, die Schwester ihres verstorbenen Mannes, hatte diesen ihr eigentlich »verhassten« Mann geheiratet. Vor fünf Jahren sei Bertha gestorben. Über Berthas und Antons Kinder erfährt Christine, dass die Töchter gut verheiratet seien und der Sohn im Geschäft des Vaters tüchtig tätig sei.[477] Christine bittet den alten Hellborn, für sie bei ihrem Bruder ein versöhnliches Wort einzulegen, was den Alten aber überfordert. Zu sehr fürchtet er die harte Haltung des Konsuls.[478] Diese macht sich denn auch bei der nächsten Begegnung zwischen dem Konsul und Hellborn geltend: Anton will von seiner Schwester nichts wissen; er verdächtigt sie, sich in sein Haus einschleichen oder gar Geld erbetteln zu wollen. Zwar widerspricht Hellborn, doch die rigide, ablehnende Haltung des Hausherrn lässt ihn verstummen. Am Ende des Gesprächs lenkt der Konsul jedoch ein. Er stellt für Käthe eine Geldsumme in Aussicht; dafür müssten Christine und Käthe jedoch auf jegliche weiteren Ansprüche gegenüber ihm verzichten und sich zurück nach Amerika begeben.[479]

Am nächsten Tag trifft Christine wieder mit Hellborn zusammen und muss erfahren, dass ihr Bruder weiterhin unnahbar ist. Hellborn rät Christine sich in den nahe gelegenen Badeort Fischdorf zurückzuziehen und dort weiteren Bescheid abzuwarten, wie sich eventuelle weitere Versöhnungsbemühungen entwickeln. Denn Hellborn hat die Idee, dass der Stiefsohn des Konsuls, Friedrich, als Vermittler fungieren könne. Zu diesem Zwecke solle Christine dem jungen Mann einen Brief schreiben, denn Friedrich sei der einzige, der seinem Stiefvater furchtlos gegenüber trete.[480]

Christine entschließt sich ins nahe gelegene Fischdorf zu gehen und dort eine Wohnung zu suchen, was ihr auch nach einigen Stunden gelingt: zwischen Fischerhütten, abseits gelegen, finden Mutter und Tochter ein einsames Haus, das im Erdgeschoss von einem Grafen bewohnt wird, der aber nur selten in den Ort kommt. Er sei seit Jahren nicht in Fischdorf gewesen, erklärt die Kastellanin, welche das Haus hütet.[481]

Christine und Käthe mieten die Wohnung an. Käthe sorgt für eine gemütliche Atmosphäre in dem gut eingerichteten Haus und macht sich dann auf den Weg, um noch Blumen zu kaufen. Während Käthes Abwesenheit besucht Friedrich Christine. Er hatte von Hellborn erfahren, wo sie sich aufhält und sei sofort nach Fischdorf geritten. Friedrich verspricht Christine, dass er dafür sorgen werde, dass sein Stiefvater sie wieder in die Familie aufnehme. In diesem Moment betritt Käthe die Wohnung und Friedrich und sie fassen vor Wiedersehensfreude ihre Hände. Friedrich erkennt in Käthe sofort die »Miss Kate« aus Amerika. Eine stille, zarte Liebe regt sich zwischen beiden.[482] Die Erzählung hat Claire von Glümer nun an den Punkt geführt, wo alle Schicksalsverbindungen offen gelegt sind. Allein das Geheimnis um eine von Christine angestrebte Versöhnung mit der Familie bedarf noch der Klärung.

Nachdem Friedrich sich verabschiedet hat, eröffnet Christine ihrer Tochter »eine Geschichte, die du endlich wissen musst«. Christine erzählt, dass sie ein Nachkömmling in ihrer Familie gewesen sei, mehr als 20 Jahre jünger als ihre Brüder Richard und Anton. Früh verlor sie ihre Eltern: die Mutter wenige Monate nach ihrer Geburt, den Vater, als sie gerade drei Jahre alt war. Die Brüder kümmerten sich nicht um Christine, die an Liebesentzug litt, bis sie schließlich Georg Brauneck kennen lernte: dieser hatte die 7-jährige Christine, welche ihrer Kinderfrau entwischt und von der Hafenmauer ins Wasser gefallen war, gerettet. Georg war damals 12 Jahre alt.[483] Dieses Ereignis stellte einen Wendepunkt in Christines Leben dar. Die unzuverlässige Kinderfrau wurde entlassen und Georgs Mutter übernahm die Aufsicht über das Mädchen. Sie zog auch in Christines Elternhaus. Durch Georgs Mutter (»Tante Julie«) kam eine Art Familienleben ins Haus, wodurch das frostige Verhältnis zwischen Christine und ihren Brüdern gemildert wurde. Tante Julie stammte aus einer verarmten altadligen Familie. Sie heiratete den Erbherrn von Brauneck – eine glänzende Partie. Doch war diese Ehe nicht glücklich. Im 10. Ehejahr verübte der Gatte Selbstmord. Seitdem lebte Tante Julie in dem Ostseestädtchen und hielt sich mit Stickereiarbeiten über Wasser, um das wenige Geld, das verblieben war, für die Kinder zu bewahren. Georgs Schwester Bertha verhielt sich Christine gegenüber zumeist abweisend. Georg dagegen umsorgte Christine. Er spielte mit ihr, beaufsichtigte ihre Schulaufgaben und avancierte so zu ihrem Helden, den sie mit dem Drachentöter, dem Heiligen Georg, gleichsetzte. Die Zuwendung und Zuneigung Georgs wurde Christine umso mehr Wert, da ihre Brüder Anton und Richard ihr keine Liebe erwiesen, sie stattdessen nur ermahnten und bevormundeten, wodurch sie ihre Unbefangenheit untergruben. Als Geschäftsleute waren die Brüder jedoch sehr erfolgreich und sie bekleideten in jungen Jahren bereits zahlreiche Ehrenämter. Georg nannte sie die »Großväter der Stadt«.[484]

Mit 18 Jahren ging Georg zur Universität, Christine war damals 13 Jahre alt. Georg sagte, sie solle auf ihn warten. Wenn er Doktor geworden sei, wolle er Christine heiraten. Kurz nachdem Georg fort gegangen war, starb seine Mutter. Er kam zu ihrem Begräbnis; kurz darauf heiratete seine Schwester Bertha Christines Bruder Richard. Christine vereinsamte zusehends in ihrem Heim, umgeben von den älteren Erwachsenen.[485] Nach vier Jahren hatte Georg seine Studien beendet und auch sein Militärjahr absolviert. Während dieser Zeit korrespondierten Georg und Christine, in den Ferien besuchte er sie. Die Liebenden versuchten ihr Verhältnis zu verbergen. Ende des Jahres 1847 kehrte Georg von einem einjährigen Studienaufenthalt aus Paris zurück. Dort war es mittlerweile zu politischen Unruhen gekommen. Georg war verändert, als er aus Frankreich eintraf: es »war etwas Fremdes in ihm«, das Christine »erschreckte«. Bald zeigte sich, dass Georg ein leidenschaftliches Interesse für politische Fragen entwickelt hatte. Darüber kam es dann bald zu einem »völligen Bruch« mit Christines Brüdern, welche ihn nach einem heftigen Streit des Hauses verwiesen. Georg verabredete sich noch am selben Tag mit Christine in einem Gartenhaus, teilte ihr dort mit, dass er nun nach Berlin gehen müsse. Doch er werde ihr treu bleiben und sie heiraten, notfalls müsse man noch drei Jahre warten, bis sie volljährig geworden sei. Um die Jahreswende 1847/48 wurde Georg als Assistenzarzt an ein Hospital nach Wien berufen. Dort wolle er für Christine und sich ein »Nest bauen, ohne von dem Krähengezücht unserer nordischen Heimat gestört zu werden.«[486]

Kurz darauf brach die Februarrevolution in Frankreich aus; Georg sympathisierte mit den Aufständischen: »Wer das Herz auf dem rechten Fleck hätte, müsse jederzeit bereit sein, alles für Vaterland, Recht und Freiheit hinzugeben.« Wenige Tage später erreichte Christine die Nachricht von Aufständen in Wien. Georg nahm an ihnen teil. In der Folge durchlebte Christine alle Schreckensnachrichten der Wiener Ereignisse, die im Oktober 1848 ihren Höhepunkt erreichten. Von Georg hörte sie nichts, nur gelegentlich wurde sein Name in Zeitungen erwähnt, wenn Hauptanführer der Aufständischen genannt wurden. Christine fürchtete, er sei tot, verwundet oder gefangen.[487] Aber wenige Tage später erhielt sie Nachricht, dass sie ihn im Gartenhaus treffen könne. Georg will an diesem Abend von Christine wissen, ob sie an ihm festhalte, denn es sei durchaus möglich, dass er Deutschland oder gar Europa verlassen müsse.[488] Im Gartenhaus werden die Liebenden von Christines Brüdern Anton und Richard überrascht, welche Georg vorwerfen, er benutze die Unerfahrenheit und Jugend ihrer Schwester aus Habsucht. Georg sei ein »Bettler und Hochverräter«. Die Brüder drohen ihn verhaften zu lassen. Es kommt zum Streit und Gerangel. Dabei stürzt Richard und zieht sich eine Kopfverletzung zu, an deren Folgen er bald stirbt. Georg hatte noch dafür gesorgt, dass ein Arzt gerufen und Richard nach Hause geholt wurde; danach war er verschwunden.[489] Ein qualvoller Tag neigte sich zäh seinem Ende entgegen, eine finstere, unruhige Nacht brach herein. Da klang das Pfeifen von Georgs Vetrautem, dem Fischer Hans Hinrichs, vor dem Haus – das Zeichen, dass Nachricht von Georg gekommen sei. Hinrichs teilte Christine mit, er werde Georg noch in der Nacht zur schwedischen Küste hinüber und somit in Sicherheit bringen.[490] – Jetzt ist also das Familiengeheimnis enthüllt, das sowohl einen Schatten auf das Leben Christines und Georgs, aber auch auf das von Christines Bruder Anton geworfen hatte. Claire von Glümer hat vor dem zeitgeschichtlichen Hintergrund der Jahrhundertmitte eine Familiengeschichte kreiert, deren Schauplatz Europa und das damals noch junge Amerika ist. Käthe und Friedrich durchleben im Grunde dieselbe Leidensgeschichte wie zuvor Käthes Mutter Christine und Georg. Sie müssen ihre Liebe über viele Hindernisse hinweg bewahren und verteidigen, treu an sich festhalten und viele Entbehrungen auf sich nehmen, um ihr Zusammensein zu retten.

Parallel zur Problematik des Getrenntseins von Käthe und Friedrich treten die dramatischen Ereignisse des deutsch-französischen Krieges 1870/71 hinzu, welche Friedrich in Lebensgefahr bringen (für Christine und Georg waren die Revolutionsergeignisse 1848 eine Bedrohung). Georg muss ins Feld ausrücken und wird auch ernsthaft verwundet, was ihn in Todesnähe bringt. Doch glückliche Umstände sorgen für die Rettung des Verwundeten. Die Geschichte endet in Harmonie: Friedrich und Käthe heiraten, sie haben drei wohl geratene Kinder (das blonde Schwesternpaar Bertha und Christine sowie den Sohn Anton) und Friedrich hat die Geschäftsführung der Firma übernommen. Festzuhalten ist, dass die Protagonisten in dieser Novelle in erster Linie Frauen sind. Die männlichen Hauptfiguren stehen zwar neben ihnen auf einer Ebene, doch der Leser erfährt ungleich mehr über das Gedanken- und Gefühlsleben Christines und Käthes als von den Charakteren Georgs und Friedrichs. Christines Brüder erscheinen dagegen weitgehend typisiert. Mit den Charakterzeichnungen der Novelle *Gesühnt* setzte Claire von Glümer die in ihren Werken *Alteneichen* und *Dönninghausen* eingeschlagene Richtung fort. Die Liebe ist der rote Faden, der durch alle Zeitereignisse und Schicksalsverquerungen zu einem erfüllten Leben führt. Wie ein Akt stiller Bekräftigung erscheint es, wenn Claire von Glümer in der im selben Jahr veröffentlichten Erzählung *Nach 20 Jahren* wiederum ihr Kindheitslied zitiert:

> *Eh´ die Ros´ am Busen blüht,*
> *Geißelt der Regen sie im Tal;*
> *Eh´ das Gold in Kronen glüht,*
> *schmilzt es in Tiegeln sieben Mal.*

Ein Nachbar des Protagonisten Ludwig spielt dieses Lied an Abenden, begleitet es mit seiner Gitarre. Ludwig hatte es bisher nur von seiner Tante Charlotte gehört. Das Lied ruft in Ludwig Kindheitsbilder wach: Erinnerungen an seine schöne Mutter Karoline, die ihm in ihren »rauschenden Seidenkleidern mit den blitzenden Steinen um Hals und Arme« wie eine Fürstin erschien. Doch seine Tante Charlotte erschien dem Knaben nicht weniger schön (sie wurde oft mit Karoline verwechselt) und er fragte sich, warum sie so zurückgezogen und still für sich lebte, ohne gesellschaftliche Vergnügungen und Zerstreuungen zu teilen.[491] Wieder machen sich in Claire von Glümers Werk Kindheitsmotive geltend. Dass die Tante Ludwigs in der Novelle *Nach 20 Jahren* wie die Mutter der Autorin den Namen Charlotte trägt, ist sicherlich kein Zufall. Die Tochter trägt auch im Alter das Bild ihrer früh verstorbenen Mutter im Herzen.

In der 1886 erschienenen Erzählung *Zerline* bahnt sich die Liebe ihren Weg auf eine etwas andere Weise, aber auch hier voran getrieben durch weibliche Initiative. Die verliebte Zerline entwickelt zunächst die Idee ihren Geliebten Konrad, der zu einer Fernreise aufbrechen muss, finanziell aus ihrem Erbe zu unterstützen, um ihn an sich zu binden. Claire von Glümer legt die Gefühlswelt der Protagonistin offen: Zerline küsst Konrads am Ende eines Briefes stehende Unterschrift und sagt zu sich selbst: «Mein Eigenster, ja, das bist und bleibst du … Ich lasse dich nicht – du Lieber, Törichter, Kurzsichtiger, Edler, ich lasse dich nicht! Und nicht in Entsagung wollen wir uns gehören. Glücklich wollen wir sein – glücklich in unserer Liebe!«[492] Als ihre Freundin Anna den Plan entwickelt, Zerline könne vielleicht sogar Konrad heiraten, schreitet Zerline zur Tat. Sie beschließt umgehend zu Frau von Saldow zu gehen und um ihren Sohn Konrad zu werben, ihr die Aussicht auf eine reiche Schwiegertochter zu eröffnen. Anna ist erschrocken: es sei doch Konrads Aufgabe zu werben, Zerlines Ansinnen sei gegen alle Etikette. Doch Zerline bleibt fest: »Was fragt die Liebe nach Anstandsregeln!«[493] Zerline bricht ein gesellschaftliches Tabu, um ihre Liebe zu retten und ihr Wirklichkeitsgeltung zu verschaffen – ein Flügelschlag der Freiheit, der sich auch in Zerlines und Konrads gemeinsamer Zukunftsperspektive zeigt. Diese erscheint in den Schlusssätzen der Novelle in einem utopischen Licht: »Statt nach Berlin zu gehen, werden die beiden die lang geplante, sorgsam vorbereitete Reise nach Brasilien antreten. Wann sie zurückkehren, ob überhaupt, ist unbestimmt. / ... / Zerline, die mit ganzer Seele an seinen Interessen teilnimmt, ist freudig bereit, ihm zu folgen, wohin er will.«[494]

Auch in den Novellen *Alessa* und *Keine Illusionen*, die im Jahr 1888 in einem Band der zu dieser Zeit bekannten literarischen Reihe *Engelhorns allgemeine Roman-Bibliothek* erschienen, sind die Liebe und der gesuchte Einklang des Menschen mit der Natur prägende Themen. In der Erzählung *Alessa* bildet die russische Welt den Hintergrund der Handlung. Hier wächst Alessa auf. Ihr Vater ist als Arzt nach Petersburg gegangen. Schon als Mädchen litt sie unter der städtischen Atmosphäre, wenn sie mit ihrer russischen Kinderfrau über den Newski-Prospekt oder den englischen Kai gehen musste anstatt in der freien Natur zu spielen, die sich Alessa hinter dem Gartenzaun des väterlichen Sommerhauses außerhalb der Stadt verlockend zeigte.[495] Die Protagonistin, gerade einmal 20 Jahre alt, gerät in eine unglückliche Beziehung, indem sie vom Fürsten Kurägin zur Eheschließung verführt wird. Dieser Fürst erschleicht sich Alessas väterliches Erbe. Er beruft sich dabei auf einen Ehevertrag, welchen Alessa (dem Fürsten vertrauend) ungelesen unterschrieben hatte. Hier zeigen sich Parallelen der Romanfigur zu Wilhelmine Schröder-Devrient, der ein ähnliches Schicksal widerfuhr.[496]

Alessa kehrt nach Deutschland zurück, wo sie bei ihrer Tante, der Geheimrätin Moorbrandt eine Unterkunft findet. Bald darauf wird Alessas untreuer Gatte, der in verschiedene Affären verstrickt war, in Berlin Opfer eines Mordanschlags. Albrecht, der Schwager der Geheimrätin, lädt Alessa später auf sein Gut in Kaltdorf ein. Ausgelöst durch die stille Gewissheit, in Albrecht ihre Liebe gefunden zu haben, empfindet Alessa die Fahrt zu dessen Gutshof als Aufbruch in einen neuen Lebensabschnitt. Das Freiheitsgefühl, das sie als Kind so sehr vermisst hatte, erlebt sie nun als junge Erwachsene. Die Fahrt nach Kaltdorf, dem Vaterhaus Albrechts, spiegelt Alessas Lebensfreude wider: »Alessa freute sich aufrichtig der Fahrt nach Kaltdorf; freute sich vor allem zu sehen, wo und wie Albrecht lebte. In hellem Sonnenschein flog am andern Tage der Eisenbahnzug über die Ebene, durch weit gedehnte Feldmarken mit sprießenden Saaten, durch Wiesen und Heideflächen. Hin und wieder ein brauner Wald, ein Dorf, ein Gutshof, ein Bach zwischen kahlen Weidenbäumen. Kein prächtiges Landschaftsbild und doch ungemein reizvoll für Augen und Seelen, denen sein ernster, stiller Zauber erschlossen ist; am reizvollsten, wenn der Hauch und Glanz der ersten Frühlingstage darüber liegt. Alessa sah den hellen Wölkchen am Himmel nach, wie sie sich dehnten und ballten, zusammenflossen und verschwammen, und ihr war, als zerflösse mit ihnen, was ihr Leben so lange verdunkelt hatte. Das süße, unbestimmte Hoffen, das der Lenz allen bringt, und das der Dichter in die Worte zusammenfasst: Nun muss sich alles, alles wenden.« Die Schilderung der Reise nach Kaltdorf zeigt Attribute des Aufbruchs, die den neuen Lebensabschnitt für Alessa signalisieren. Es ist Frühling, der Zug eilt durch die Landschaft, welche ihren Zauber durch die positive Gestimmtheit der Seele Alessas erhält, obwohl sie eigentlich nicht etwas Besonderes darstellt (»kein prächtiges Landschaftsbild«). Auch die weitere Fahrt im »offenen« Wagen ist von Sonntags- und Frühlingsstimmung geprägt. Das Gutshaus selbst, obwohl noch im Stil des 18. Jahrhunderts eingerichtet, wirkt im Vergleich zu den Räumen der Geheimrätin anheimelnd und lässt Alessa frei atmen. Die heimische Atmosphäre wird ergänzt durch einen freien Ausblick in die Landschaft »über Garten, Felder und Wiesen, bis zum fernen, den fernen Horizont begrenzenden Walde.«[497] Doch Albrecht, mit 48 Jahren wesentlich älter als Alessa, lebt in unglücklicher Stimmung. Er sieht, dass er der jungen, begehrenswerten Alessa ihr Lebensglück vorenthält, indem er sie an sich fesselt. Ganz schwer fällt es ihm, Alessa seine Liebe und Leidenschaft zu verschweigen. Zugleich fürchtet er sich lächerlich zu machen, würde er Alessa seine wahren Gefühle gestehen. Albrecht jagt stundenlang auf seinem Pferd über Felder und Heide, um seine Ruhelosigkeit zu bezwingen. Zurückgekehrt, hatte er einen Entschluss gefasst: er wollte wenigstens eine Zeit lang »dem quälenden Zusammensein mit Alessa ein Ende machen.« Die Tragik der Beziehung zwischen Alessa und Albrecht zeigt sich hier sehr deutlich. Obwohl Nähe ersehnend, wird eine Trennung herbei geführt, um das Leben ertragen zu können. Albrecht packte umgehend seine Sachen, nachdem er einem Advokaten und Verwalter für die Zeit seiner Abwesenheit Instruktionen gegeben hatte. Dann begibt er sich zu Alessa, um ihr seinen Entschluss mitzuteilen. »Sie saß im Gartensaale vor dem Flügel, wie sie es liebte, ohne Licht, während der Mondschein in zitternden Funken und Streifen durch das leichtbewegte Rankenwerk der Veranda fiel. Auch ihr helles Kleid, ihr blasses Gesicht waren von seinem magischen Schimmer übergossen; aus dem Garten stieg der gemischte Duft der Spätsommerblumen herauf; ein leises Getön, halb Windhauch, halb Blättergesäusel, füllte die Luft, und leise, traumhaft erklangen einzelne Akkorde unter den Händen Alessas, die in sich versunken dasaß. In Albrecht wallte eine tiefe Bitterkeit auf, dass er sich losreißen sollte von all dem Schönen, Holden, Lieben, und der Ton, in dem er Alessas Namen rief, war so rau, dass sie erschreckt empor fuhr und die Hände in den Schoß sinken ließ.« [498] In dieser Szene bilden Alessa und die Abendumgebung einen seelischen Raum, einen »Traumraum«: das Gesäusel der Blätter korrespondiert mit Alessas träumerisch dahin gespielten Akkorden, welche im Hauch des Windes ihr Pendant finden. Der Mondschein verleiht Alessa ihre Gesichtsfarbe, wodurch sie mit der kosmischen Abendstimmung verschmilzt, vom Mondlicht gewissermaßen eine Belebung erfährt. Im Kontrast zu diesem mondlichtsüßen Bild steht Albrechts Stimmung: Bitterkeit, die »aufwallt«, eine negative Steigerung zum Aufsteigen des Sommerblumenduftes, und sein rauer Ton, der im Kontrast zu den Klavierklängen Alessas steht. Alessa nahm die Nachricht von Albrechts Abreise zwar gefasst auf, doch sogleich empfand sie den »Schauder des Verlassenseins«, eine »lähmende Öde innen und außen«, welche ihre Zukunft bestimmen würde. Albrecht, der auf die vor ihm sitzende Alessa herabblickt, empfindet in aller Stärke den Widerstreit zwischen Vernunft und Gewissen einerseits sowie Gefühl und Leidenschaft auf der anderen Seite. Doch er entscheidet sich für die Wahrheit. Er nennt den Grund für seinen Aufbruchsentschluss: dass er seine Kräfte überschätzt habe, Alessa als väterlicher Freund zur Seite zu stehen, dass er sein sehnsüchtiges Herz nicht bezwingen könne, wenn sie ihn berühre oder anblicke. Daher werde sein Weggehen ein Akt der Buße sein. Albrecht wendet sich ab, geht auf die Veranda und stützt sich auf die Brüstung, um sich zu halten. Dann sagt sie: »Albrecht, du wirst nicht gehen!« Daraufhin schlossen sich beide in die Arme und besiegelten die Gewissheit ihrer Liebe mit einem Kuss.[499]

Die 1888 zusammen mit *Alessa* in einem Band in »Engelhorns allgemeiner Romanbibliothek« erschienene, nur 21 Seiten umfassende Geschichte *Keine Illusionen* besteht ausschließlich aus Briefen, welche eine gewisse Ursula von Hartow (Ursa) an ihre Freundin Anna (Ännchen) in der Zeit vom 1. Februar 1884 bis zum 5. September 1885 geschrieben hat. Es sind insgesamt 14 Briefe, ein weiterer Brief stammt von einem gewissen Ludwig. Ähnlich wie der kurze Rückblick auf das Leben der Sängerin Georgine Schubert (1880), so gewährt auch diese kurze Briefnovelle einen chrakteristischen Einblick in Claire von Glümers Weltsicht und Menschenbild. Der erste Brief, eine Woche vor Ursulas Hochzeit verfasst, fungiert als Exposition. Ursula reagiert auf einen erfreuten Brief Annas, den diese auf Ursulas Verlobungsankündigung geschrieben hatte. Durch Ursulas Antwort erfährt der Leser, dass die Freundinnen seit sechs Jahren keinen Kontakt mehr hatten. Anna ist inzwischen dreifache Mutter, Ursula lebt mittlerweile im entfernten Berlin. Sie sei eine »junge Dame geworden, hat Schopenhauer gelesen und hat keine Illusionen mehr.« Auf ihre Haltung – ohne Illusionen zu leben – geht Ursula auch sofort näher ein: sie klage nicht über »verlorene Jugendträume, wie wir unsere Irrtümer zu nennen pflegen. Im Gegenteil, ich halte es für ein Glück mit hellen, verstehenden Augen durchs Leben zu gehen. Das ´Himmelhochjauchzen`, das Du von der bräutlichen Ursa erwartest, ist ihr freilich dabei verloren gegangen, aber auch das ´zu Tode betrübt´ ist ihr erspart geblieben.« Ursa und Anna kennen sich aus einer gemeinsamen Zeit in einem Internat, dem »Dresdener Freimaurerinstitut«,[500] bis Ursa dieses, damals 17-jährig, unter schicksalshaften Umständen verlassen musste[501]. Was war geschehen? Ursula von Hartows Vater war ein königlicher Gardeleutnant, der aber für seine Liebe, Ursas Mutter, seine Stellung aufgegeben hatte und Steuerbeamter geworden war. Bald jedoch, nachdem dem Paar in rascher Folge drei Kinder geboren worden waren, litt das anfängliche gemeinsame Glück. Kinderlärm, eine kränkliche, früh alternde Frau sowie die täglichen Sorgen und Entbehrungen untergruben die Fundamente der Familie. Ursas leichtlebiger Vater vernachlässigte bald Frau und Kinder, sein Amt und verschuldete sich.

Claire von Glümer (Altersporträt)

Dann raffte eine Epidemie Ursas Eltern und zwei Geschwister dahin, sodass sie die einzige Überlebende der Familie von Hartow war. Zum Glück war Ursa zum Zeitpunkt der Epidemie im »Dresdener Freimaurererinstitut«. Eine Schwester ihrer Mutter, Tante Bertha, nahm die Mutterstelle ein, der Onkel bezahlte die Schulden seines Schwagers, Tante Bertha erzog Ursa zu einer wahrhaftigen Lebenshaltung, ohne »Aufputz der Gefühle« und »konventionelle Heucheleien des Gesellschaftslebens«.[502]

Betrachtet man die Person der Protagonistin Ursa, so steht eine entwurzelte Existenz vor den Augen des Lesers. Das Mädchen wächst ohne Familie und ohne Vermögen auf, ist ganz auf sich gestellt. Doch die einige Jahre später, am Weihnachtsfest des Jahres 1883, statt findende Verlobung der 23-jährigen Ursa mit Friedrich Rhoda, dem 45-jährigen verwitweten Besitzer eines Eisenwerks, verschafft der Protagonistin eine gesicherte bürgerliche Existenz.

Bemerkenswert sind nun einige Parallelen zwischen den Novellen *Alessa, Keine Illusionen* sowie Claire von Glümers Biographie. Ursa und Alessa sind jeweils 23 Jahre alt. Hier wurde bereits im Kapitel VII auf die Bedeutung des 23. Lebensjahres im Kontext der menschlichen Biographie hingewiesen. Claire von Glümer war ebenfalls 23 Jahre alt, als sie ihre neue Lebensaufgabe bemeisterte und als Journalistin in Frankfurt dem Ruf ihres Vaters folgte. Die junge Claire erwies sich als mindestens ebenbürtige und zuverlässige Berichterstatterin. Der Altersunterschied zwischen Vater und Tochter war dabei irrelevant. Dieses Motiv findet sich auch in der Briefnovelle *Keine Illusionen*: Ursas Verlobter Fritz Rhoda ist eine eher unauffällige Erscheinung, wie bereits erwähnt, 45 Jahre alt, aber »glaube mir, wir passen im Alter; ich bin ihm mit meinen dreiundzwanzig Jahren weit überlegen.« [503] Ursas Verlobter ist 22 Jahre älter als sie, auch Alessas Albrecht ist etwa doppelt so alt wie sie. Als Claire von Glümer im Jahr 1848 nach Frankfurt ging, war ihr Vater 50 Jahre alt. Dass seelische Stärke und Selbstständigkeit die Protagonistinnen Ursa und Alessa auszeichnet, äußert sich zudem in den Namen ihrer neuen Heimatorte, die sie nach den Verehelichungen bezogen: Kaltdorf und Graudorf – zwei Namen, die Unwirtlichkeit und Hoffnungslosigkeit signalisieren. Das Motiv der Heimatlosigkeit zeigt sich auch bei Betrachtung der männlichen Protagonisten der Erzählungen. Alessas Albrecht zieht es nach Afrika. Ludwig, der Bruder von Ursas Ehemann Fritz, gilt als Weltenbummler, den besonders Amerika lockt. Ludwig will seine Reiseerlebnisse literarisch verarbeiten, bezeichnenderweise lehnt er aber das Angebot seines Bruders und Ursas, welche »bereitwilligst« zustimmte, dies in ihrem Hause zu tun, ab.

Als Ludwig zum Kaffeetrinken kommt, spricht er Ursa an: » 'Es war sehr freundlich von Ihnen, liebe Ursa, dass Sie den Vagabunden in Ihrer eleganten Häuslichkeit dulden wollen, aber es wäre mir zu schwer, mich einzufügen'. Nachdem Ursula lächelnd geantwortet hatte: 'Bin ich so tyrannisch?`, hat sie ein weiteres unmittelbares Erlebnis mit ihrem Schwager: 'Da traf mich ein Blick, wie ich noch keinen gesehen habe, voll Trotz oder Trauer oder Angst – ich weiß nicht, was es eigentlich war, aber ich schwieg betroffen still. /.../ Dabei verriet meines Mannes Gesicht so deutlich die Kränkung seines Herzens, dass ich mir die Erleichterung, die ich bei Ludwigs Weigerung empfand, gewissermaßen zum Vorwurf machte. Schweigend tranken wir unsern Kaffee und gingen in unbehaglicher Stimmung auseinander.« Dieses Kaffeetrinken ist eine Schlüsselszene in der kurzen Geschichte. Ursas Herz bewegt sich in die Richtung Ludwigs, Friedrich bemerkt dies und reagiert mit Eifersucht und Gekränktsein. Dass in Ursulas Seele eine Veränderung vor sich gegangen ist, zeigt die unmittelbar sich anschließende Szene: »Ich begab mich in den Garten. Erst seit die Epidemie im Erlöschen ist, habe ich Augen für das Erwachen des Frühlings. Er kommt spät in unsre Berge, aber so schön, wie ich ihn nie gesehen, so herzerquickend, wie ich ihn nie gefühlt habe. Vielleicht ist's auch der Gegensatz zwischen den Bildern des Todes, die ich jetzt täglich vor Augen hatte, und diesem fröhlich sprießenden Leben, der mich bewegt. Wie vor einer Offenbarung stand ich vor einem Beet mit Krokus und Schneeglöckchen.«[504]

Ursas Veränderung hat sich angesichts der Todeserlebnisse vollzogen, die sie durch eine in ihrem Wohnort grassierende Epidemie hatte. Genau in diesem Zeitpunkt ist auch Ludwig in ihr Leben getreten. Dass Ludwig eine Bedeutung für Ursas Veränderung hat, zeigt sich in ihrer Äußerung »vielleicht ist's <u>auch</u> der Gegensatz« usw., der mich bewegt. Dieses »auch« deutet doch darauf hin, dass neben dem Gegensatz von Tod und Frühling noch ein anderer Faktor im Spiel war, der ihren Blick für das Lebendige in der Natur öffnete. Zuvor hatte Ursa ihrer Freundin Anna noch mitgeteilt, dass sie keine »Naturschwärmerin« sei.[505] Und in der Tat. Unmittelbar nach der befreienden »Offenbarung« durch die

Frühlingsblumen schließt sich ein weiteres Erlebnis an, welches Ursas *Herz* verändert zeigt: »Plötzlich klang es vom Hause herüber, Geigentöne – eine bekannte Melodie: Schuberts 'Trockene Blumen', dann ein klagendes, schluchzendes Phantasieren, aus dem wieder und wieder die herzbewegende Melodie vorklang. Auch mir löste sie das Herz; ich habe geweint, wie vielleicht nie im Leben. Alle Angst und Qual der letzten Zeit ist mir damit von der Seele gewaschen. Ludwig war's, der so spielte, ich sah ihn in seinem Zimmer am Fenster stehen. Eben kommt Fritz, um mich zu einem Besuch im Dorfe abzuholen.«[506]

Die Komposition dieser Szene ist meisterhaft durchgeführt. Im Mittelpunkt steht die emotionale Wandlung Ursulas, wofür die Herz- und Blumenattribute stehen. Symbolisieren die »trockenen Blumen« die leblose Beziehung zwischen Ursa und Fritz? Zudem steht das Heiratsdatum von Ursa und Fritz (»unter dem Christbaum«) im Gegensatz zur um die Osterzeit stattfindenden Herzensbegegnung zwischen Ludwig und Ursa. Dass die Annäherung an Ludwig, zuvor bereits zart vorgebildet, durch das Medium der Musik geschieht, spricht für die Intensität der Beziehung zwischen Ursa und ihrem Schwager: das Geigenspiel überwindet die räumliche Distanz zwischen beiden und bewegt wortlos, aber nicht inhaltsleer, das Zwischeneinander der Protagonisten, welches auf dem Wege ist ein Miteinander zu werden. Dass in dieser Situation inniger Gefühlsbewegung Friedrich auftaucht, um Ursa ins Dorf mitzunehmen (und somit in eine »andere Welt« zu entführen), verstärkt bei der Protagonistin den Kontrast zwischen erlebter poetisch-musikalischer Selbsterfahrung und prosaisch-alltäglicher Weltbegegnung. In der 1882 erschienenen Erzählung *Nach 20 Jahren* spielt ebenfalls ein »Ludwig« (aber auf einer Gitarre) ein Sehnsuchtslied für die Protagonistin. Es ist Claire von Glümers »Rosen-Lied«, welches das Blühen der Rose in Aussicht stellt, trotz des Leids, dessen sie sich wird erwehren müssen.[507]

Doch dieses Mal endet die von Claire von Glümer im reifen Alter von 63 Jahren verfasste Geschichte nicht in einem Idyll. In *Keine Illusionen* folgt nun der Brief Ludwigs an Ursa, ebenfalls vom 11. August 1885. Bereits mit dem ersten Satz offenbart sich Ludwigs seelische Situation:

»Elementare Gewalten sind stärker als Menschenkraft; und die mächtigste unter ihnen ist die Liebe. Mit dem ersten Schritt in Deinen Zauberkreis war ich ihr und Dir verfallen, und nun glaubst Du, dass eine Willensanstrengung genügt, um mich loszumachen?« Ludwig konstatiert, dass Ursa zu ihrer beider Unheil beigetragen habe, indem sie mit dem »ungeliebten Mann« (Fritz) zum Altar gegangen sei. Angemerkt sei, dass ohne die Verbindung mit Fritz Ursa und Ludwig sich nicht kennen gelernt hätten. Ludwig betont, dass er nicht um die Frau seines Bruders werben wolle, doch er fragt sich, wie Ursa es schaffen wolle, ihr »Scheinleben« in Zukunft zu führen. Ludwig beschließt seinen Brief mit einem »Lebewohl«. Am selben Abend erfährt Ursa, dass Ludwig beim Reinigen seiner Jagdbüchse ausgeglitten sei. Dabei habe sich ein Schuss gelöst, der ihn getötet habe. Ludwig ist gestorben, als habe er das Glück seines Bruders bewahren wollen.[508]

Die kurze Erzählung endet mit einem Brief vom 5. September 1885. Ursula hatte nach Ludwigs Tod eine schwere Krankheit überstehen müssen. Ihre Seele hat sich verändert. Sie trägt einen »stillen Gram« in sich, der bereits mit ihr »verwachsen« ist. Einige der Blumen vor ihrem Fenster hat sie als Grabschmuck für Ludwig verwendet. Ein Besuch ihrer Freundin Anna ist nicht möglich, weil diese ihr jüngst geborenes Kind nicht auf eine Reise mitnehmen kann.[509] Somit endet diese Briefnovelle. Zurück bleibt eine junge Protagonistin, die ihre Liebe verloren hat, ein Scheinleben vor sich hat und vor ihrem Fenster die Blumen betrachtet, welche auch das Grab ihres Geliebten schmücken.

In fortgeschrittenem Alter konnte Claire von Glümer nicht mehr an ihre literarischen Erfolge der 1870-er und frühen 1880-er Jahre anknüpfen: »Noch manche eigene Novellen und Übersetzungen brachten die späteren Jahre, Werke von derselben vornehmen Gesinnung, Kraft der Anschaulichkeit und Klarheit der Sprache, wie es die früheren waren; aber die Zeit war eine andere geworden; im Kampf um neue Ideen und Richtungen war für die alternde Claire von Glümer nicht mehr wie früher Platz. In weiteren Kreisen wurde sie mehr und mehr übersehen.«[510] So war auch das Jahr 1888 war für Claire von Glümer wieder von finanziellen Problemen überschattet. Auf Wegen, die nicht verifiziert werden konnten, hatte Claire von Glümer Kontakt zur Gräfin von Görtz-Wrisberg, die Claires Großcousine, der Gräfin Sauerma, wichtige Ratschläge gegeben hatte. Der Erstgenannten schrieb Claire von Glümer im Juni 1888, dass sie einen Kloster-Fond gebeten habe, ihr »eine pekuniäre Unterstützung von jährlich 200 Mark« in Aussicht zu stellen, »damit eine zeitweilige Erleichterung der Sorgen, die mein Lungenleiden mir auferlegt«, erreicht werde. »Dass ich dies Resultat Ihnen und Ihres Herrn Gemahls persönlicher Güte zu verdanken habe, weiß ich, gnädige Gräfin, und bitte zu glauben, dass es mehr als Redeform ist, wenn ich mich Ew. Exzellenz verehrungsvoll und dankbar ergebe.« Diesen Brief hatte Claire von Glümer diktiert, da sie nicht imstande war, ihn selbst zu schreiben. Bei der Gräfin handelt es sich um die dritte Gattin des Grafen Hermann von Görtz-Wrisberg, die 1837 geborene Marie Schmidt. Ihr Ehemann hatte in politisch brisanten Umständen im Jahr 1885 für das Herzogtum Braunschweig den Autonomiestatus gerettet, indem er eine Einigung mit Preußen erzielte, deren Ergebnis die Installation des Neffen des späteren Kaisers Wilhelm I., Prinz Albrecht von Preußen, als Regent Braunschweigs war.[511] Dieser Prinz Albrecht hatte Claire von Glümer im Jahr 1889 die Stelle einer Konventualin im Kloster St. Ägidien zu Braunschweig angeboten. Doch sie lehnte dieses Angebot ab, da »Beruf, Gewöhnung und Neigung« sie in Dresden fest hielten. Der Prinz erwies sich dennoch als großzügig: die Klosterstelle wurde in eine jährliche Rente aus dem Klosterfonds verwandelt.[512]

1892–1898

XVI. Die Leiden des Alters

Wie bereits am Ende des letzten Kapitels dargestellt, stand am Ende der Briefnovelle *Keine Illusionen* das Bild einer Protagonistin, welche, obzwar jung und selbstbewusst, in eine Lebenslage geraten war, die nicht von Glück und Erfüllung gekennzeichnet war. Ursas Leben war am Ende frei von Illusionen. Vor dem Tor des Alters, Claire von Glümer war mittlerweile 67 Jahre alt, hatte sich in der Seele der Schriftstellerin etwas gewandelt. Nicht mehr zukunftsoffene und von Zufriedenheit bestimmte Perspektiven vermittelte Claire von Glümer am Ende von *Keine Illusionen* ihren Lesern, sondern eine eher nüchterne und duldende Lebenshaltung, verkörpert in der Gestalt der Ursa.

In den folgenden Jahren musste Claire von Glümer neue Kräfte aufbringen und Charakterstärke zeigen. Trost und Duldsamkeit spielten von nun an eine wichtige Rolle in ihrem Leben. Die Konfrontation mit Tod und Krankheit rückte in den Vordergrund. Max Jordans Bruder Fritz war im Jahr 1892 gestorben, was Claire von Glümer sehr berührte. Die Nachricht entfachte bei ihr unmittelbar lebendige Erinnerungen an die Zeit, als sie, 23-jährig, im Haus der Familie Jordan Halt und Heimat gefunden hatte.[513] Damals hatte Max´ Bruder Fritz ihr den Weg in das Haus des Dresdener Schokoladenfabrikanten geebnet. Dort habe sie trotz aller Lasten, die sie bedrückten, viel Freude und Geborgenheit erfahren.[514]

Ihre zahlreichen Beziehungen und Freundschaften zu Menschen aus dem musikalischen Leben pflegte Claire von Glümer auch im Alter. So stand sie mit dem Komponisten und Dirigenten Martin Blumner, welcher zwei Jahre jünger war als sie, in brieflichem Austausch.

Auf eine längere Bekanntschaft mit dem (ab 1875) Mitglied der Königlichen Akademie der Künste deutet Claire von Glümers vertraute Anrede »Lieber Blumner« in zwei erhaltenen Briefen vom 2.6. 1892 und 11.2.1893. Auch die Grußformel im Juni-Brief (»Ihre alte Claire«) signalisiert persönliche Nähe. Im ersten Brief gab Claire von Glümer Blumner einen Rat bezüglich der Qualität von Moorbädern in Bad Elster. Sie sandte am Ende des Schreibens auch Grüße von Auguste Scheibe. Im anderen Brief bedankte sich Claire von Glümer für Blumners Neujahrsgrüße an sie und ihre Freundin. Claire von Glümer informierte Blumner über ihre Probleme mit den Augen; auch bedauerte sie, dass man sich so selten treffe, um zu »plaudern«, sondern mehr auf den Austausch von Briefen angewiesen sei. Dass sich Claire von Glümer nach dem Wohlergehen der Gattin und der Kinder Martin Blumners erkundigte, spricht für eine engere Freundschafts- beziehung. Über ihre Lebenssituation mit Auguste Scheibe schrieb sie: »Wir beide leben in alter Weise – jetzt stiller als je, weil uns die strenge Kälte ins Haus bannt.« Und an Martin Blumner folgte die Aufforderung: »Hübsch wärs, wenn Sie wenigstens beruflich mal wieder bei uns anklopfen«, damit er selbst mitteilen könne, wie es ihm gehe.[515]

Martin Blumner

Auch um ihren Großneffen, den Bildhauer Hans Weddo von Glümer, kümmerte sich Claire von Glümer seit etwa 1890 intensiver. So bat sie Max Jordan zu Beginn des Jahres 1894, ob er sich nicht in einer »Entschädigungsangelegenheit« beim Kultusministerium für ihren Verwandten einsetzen oder ihm alternativ einen neuen Auftrag vermitteln könne.[516]

In der Folgezeit traten eigene gesundheitliche Probleme in den Vordergrund. Im Spätsommer 1894 musste Claire von Glümer ein Treffen mit Max Jordan absagen, weil sie nach Süddeutschland reisen musste, um sich dort einer Augenoperation zu unterziehen. Sollte die Operation gut verlaufen, wolle sie gerne im Spätherbst in Berlin ihren »Wahlneffen« wiedersehen. Max Jordan muss Claire von Glümer bei der Finanzierung der Augenoperation unterstützt haben, denn im folgenden Monat bedankte sie sich bei ihm »für die Freundeshilfe, die mich aller äußeren Sorge um die Wiederherstellung des Augenlichts enthebt.«[517] Fast zeitgleich mit Claire von Glümers Augenleiden geriet Max Jordan in eine Lebenskrise. Nach dem Tod seiner Frau Agnes war er gesundheitlich so erschüttert, dass er sich nach Italien begab, um sich dort von diesem Schicksalsschlag zu erholen. Mit Agnes Jordan, geb. Preuß, war Max Jordan seit 1861 verheiratet. Dem Paar wurden sieben Kinder geboren. Agnes war vor ihrer Verheiratung als Lehrerin tätig gewesen. Claire von Glümer erfuhr von Max Jordans gesundheitlicher Erschütterung im Dezember 1894 aus der *Täglichen Rundschau.* Als Direktor der königlichen Nationalgalerie in Berlin, Mitglied der königlichen Akademie der Künste sowie Geheimer Regierungsrat war Jordan eine Person von öffentlichem Interesse. Schnell nach dem Lesen der Zeitungsmeldung sandte Claire von Glümer ihrem Freund noch einen eigenhändig geschriebenen kurzen Brief. An der Handschrift könne er erkennen, dass sich ihre Handschrift nach der Augenoperation verbessert habe. Für ausführliche Briefe reiche die Augenkraft aber noch nicht aus. Claire von Glümer wünschte ihrem langjährigen Freund alles Gute zum Jahreswechsel. »So selten wir uns sehen und sprechen, das Gefühl eines inneren Zusammenhangs habe ich nie verloren.«[518]

Claire von Glümers Sehkraft hatte sich im Jahr 1894 merklich verschlechtert. Besonders das linke Auge war betroffen. Das kann man an ihrer

Handschrift ersehen, die zu dieser Zeit kaum noch Führung zeigte. Auch das Lesen war ihr kaum noch möglich. So musste sie die unvermeidliche Augenoperation durchführen lassen. Der Eingriff wurde erfolgreich in der Augenklinik des Herzogs Karl Theodor in Bayern durchgeführt. Der Herzog, geboren im Jahr 1839, war der Sohn des Herzogs Maximilian in Bayern und dessen Frau Ludovika. Im folgenden Kapitel wird auf seine Person noch ausführlich Bezug genommen.

Agnes Jordan (1836-1894)

Der allmähliche Verlust der Sehkraft durch den grauen Star war ein für Claire von Glümer einschneidendes Erlebnis. Sie schrieb sichtlich bewegt darüber, »was es heißt, nach und nach das Licht verblassen, Farben und Formen verschwimmen zu sehen; Blick und Züge der geliebtesten Menschen nicht mehr zu erkennen; eine Tätigkeit nach der anderen aufgeben, der freien Bewegung entsagen zu müssen; sich endlich wie von einem weißen, seelenbedrückenden Nebel umschlossen zu fühlen, den der Sonnenstrahl nur als quälende Blendung durchdringt – und dann den Augenblick zu erleben, wo Licht, Tätigkeit, Freiheit der Bewegung wiedergegeben, die Schönheit der Natur, die ganze Welt wieder erschlossen ist! Diese Erlösung haben Tausende dem Herzog Karl Theodor zu danken.«[519]

Vor Ostern des Jahres 1895, Max Jordan war mittlerweile aus Italien nach Berlin zurückgekehrt, sandte Claire von Glümer ihm sofort einen Brief. »Lieber Freund, das raue Wetter, das Sie bei Ihrer Rückkehr aus Italien gefunden haben, hat mich um Sie besorgt gemacht.

Gern hätte ich längst gefragt, wie es Ihnen geht, aber ich hatte meinem Auge soviel zugemutet, dass ich durch längere Beschränkung dafür büßen musste. Nun ist es wieder soweit, dass ich Ihnen meinen sichtbaren Ostergruß schicken kann.« Weiter berichtet Claire von Glümer, dass das harte Winterwetter bei ihr einen Bronchialkatarrh ausgelöst habe.

Vor der Augenoperation zeigte Claire von Glümers Handschrift
kaum Struktur, danach waren Schriftbild und Linienführung
deutlich verbessert (an Max Jordan, 12.4.1895)

Ihr Großneffe, der Bildhauer Hans Weddo von Glümer, für den sich Max Jordan hatte verwenden sollen, habe sich seit längerer Zeit nicht gemeldet, »sein letzter Brief enthielt Andeutungen über Misserfolge in künstlerischer Beziehung.« Zu Hans Weddo hat Claire von Glümer wohl erst in ihren älteren Jahren intensiveren Kontakt gehabt. Zum Schluss ging sie noch einmal auf den Tod von Agnes Jordan ein: »Möge Ihnen die Liebe, die Ihnen geblieben ist, Trost gewähren und die Frühlingssonne Ihnen so warm ins Herz scheinen, dass Sie, trotz allem Leid, das Leben als ein tägliches Gut empfinden.«[520] Ein geplantes Treffen mit Max Jordan im Sommer desselben Jahres in Blasewitz scheiterte, weil Claire von Glümer auch ihr rechtes Auge operieren lassen musste. So meldete sie sich erst im August 1895 aus ihrer »Krankenzelle« in Oberbayern. Nach einer Voroperation sollte in der Klinik des Herzogs Karl Theodor die Hauptoperation Anfang September stattfinden. Ihre treue Freundin Auguste Scheibe begleitete Claire von Glümer. Auguste hielt sich in Kreuth auf. Das bayrische Klima täte ihr gut.[521]

Immer häufiger tauchte seit einigen Jahren Weddo von Glümer in Claire von Glümers Korrespondenzen auf. Es scheint, dass sie versucht hat, ihn über Max Jordans Kontakte zu fördern. Am 25. Juni 1905 sandte Claire von Glümer eine Postkarte an Max Jordan mit einer Abbildung von Hans Weddos Denkmal von Friedrich dem Großen, das am selben Tag in Letschin-Oderbruch enthüllt worden war. Die Karte war mit keinem weiteren Text versehen, sie diente also wohl nur als Information für Max Jordan, dass die Arbeit erfolgreich beendet worden war. Hans Weddo von Glümer wurde an der Berliner Bildhauerschule ausgebildet. Er nahm mit seinen Arbeiten an zahlreichen Ausstellungen teil. Meist fertigte er Bildnisbüsten und Denkmäler an. Es seien hier nur einige Werke genannt: Standbild des Balladenkomponisten Carl Loewe in Stettin (1897), Denkmal für Friedrich den Großen in Letschin (1905), Denkmal für Ferdinand von Schill in Stralsund (1909). Allein für die Stadt Stettin schuf er später vier weitere Denkmäler.[522]

Claire von Glümers zweite Augenoperation durch den Herzog Karl Theodor in Bayern war ebenfalls erfolgreich verlaufen, denn bereits am 15. September 1895 sandte sie Max Jordan eine Postkarte aus Dresden. Diese wurde zwar von Hans Weddo von Glümer adressiert und von ihm auch mit einem kurzen Text versehen, doch Claire von Glümer hat einen Zusatz geschrieben und fragte, ob auch für Max Jordan die letzte Begegnung mit Hans Weddo angenehm gewesen sei. Sie schloss mit den Worten: »mit treuem Gruß. Alte Cläre.«

Hans Weddo von Glümer

Wie bereits im langjährigen Briefwechsel mit ihrem Freund Julian Schmidt, so gab es auch in der Korrespondenz mit Max Jordan längere Pausen sowie den oft geäußerten Wunsch Claire von Glümers, dass man sich doch persönlich treffen und miteinander sprechen könne. In den im Wolfenbütteler Archiv erhaltenen Briefen der Autorin an Max Jordan finden sich erst wieder Zeilen von ihr vom Silvestertag des Jahres 1896. Neben dem Wunsch nach einem Wiedersehen bedankte sich Claire von Glümer wiederum bei Jordan, dass er zur Verbesserung ihres Sehvermögens beigetragen habe: »Es wird sie erfreuen, wie hell meine Augen, zu deren Pflege auch Sie ja so treu beigetragen haben, nun wieder ins Leben sehen. Also auf Wiedersehen! Ihre alte Freundin Claire.«[523]

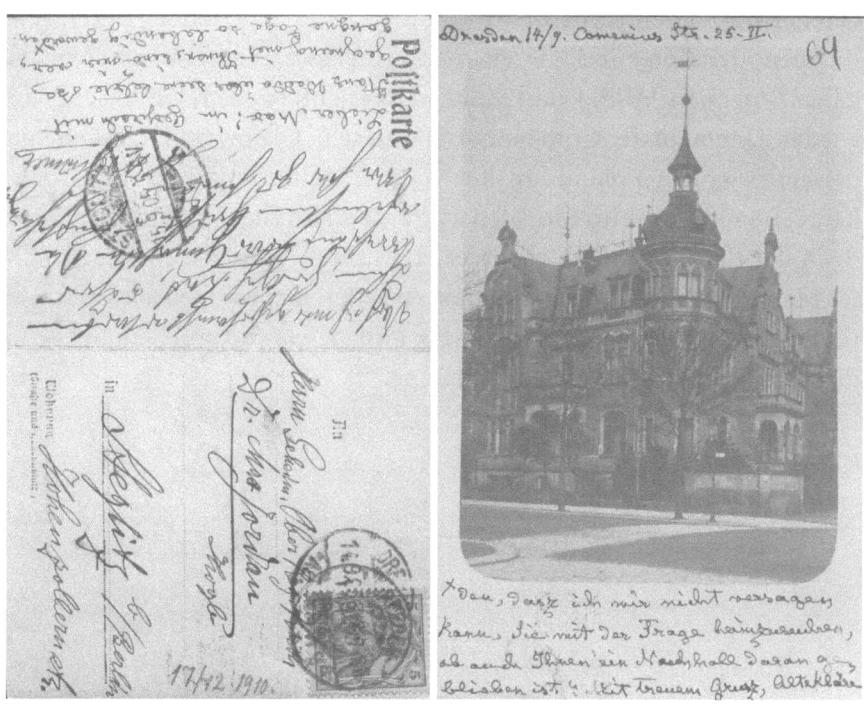

Postkarte Claire von Glümers an Max Jordan (14.9.1895)

Durch einen an sie gerichteten Brief des Dozenten für Kunstgeschichte an der Dresdener Kunstakademie, Friedrich Hermann Lücke, erfuhr Claire von Glümer, dass Max Jordan sich wieder verheiratet hatte, und zwar mit Hedwig Torges (geb. Köppe). Claire wünschte ihrem Freund »Herzensglück und häusliches Behagen«, auch in Auguste Scheibes Namen.[524] Dies ist die letzte Erwähnung Auguste Scheibes, die sich in Claire von Glümers Briefen findet. Im Februar des folgenden Jahres (1898) starb die langjährige Herzensfreundin. Eine Lebensfreundschaft war zum Ende gekommen.

Claire von Glümer hatte zum Jahresende 1898 mit weiteren gesundheitlichen Einschränkungen zu leben. Die neue Lebenssituation – Claire von Glümer lebte nun allein in Blasewitz – wird sie sicher belastet haben. In einem Brief an Max Jordan, den sie infolge einer Schwächung durch eine Polypenoperation nur diktieren konnte, meldete sie sich aus einer (nicht näher benannten) Klinik und stellte in Aussicht, vor dem Weihnachtsfest wieder daheim in der Comeniusstraße zu sein. Claire von Glümer bat in diesem Brief den Freund um Rat in einer »künstlerischen Angelegenheit«. Bereits vor zehn Monaten sollte eine Novelle von ihr erscheinen, doch der Illustrator – ein gewisser H. Müller – hatte »trotz wiederholter Mahnungen« die versprochenen Arbeiten nicht geliefert. Nun fragte Claire von Glümer nach, ob sich Max Jordan, wie versprochen, für sie in dieser Angelegenheit verwenden könne.[525]

1899 – 1906

XVII. Rückschau – »Es gibt ein Glück«

Die letzten Lebensjahre verbrachte Claire von Glümer zurückgezogen in Blasewitz bei Dresden. Blasewitz, ein mehrere hundert Jahre alter historischer Ort links der Elbe gelegen, war ursprünglich ein Fischer- und Winzerdorf und lange Zeit selbstständig. Erst 1921 erfolgte die Eingemeindung nach Dresden. Seit der Gründerzeit in den Jahren nach 1870 avancierte das ehemalige Dorf zum vornehmen Villenviertel unweit der östlichen Dresdener Innenstadt. 1872 wurde eine Pferdebahnverbindung dorthin eingerichtet, ab 1893 fuhr eine elektrische Straßenbahn zwischen dem Vorort und dem Dresdener Zentrum. Nach dem Tod ihrer Lebensgefährtin Auguste Scheibe am 6. Februar des Jahres 1898 lebte Claire von Glümer allein in ihrer Wohnung in der Comeniusstraße. Die Anwesenheit der vertrauten Freundin fehlte ihr. Beide Frauen waren über Jahrzehnte gemeinsam literarisch tätig gewesen und hatten sich über ihre Arbeiten ausgetauscht. Auguste Scheibe hatte zahlreiche Werke englischer Autoren wie Charles Dickens ins Deutsche übertragen. Besonders erfolgreich war ihre Übersetzung *Ein Jahr im Leben einer Hausfrau in Süd-Afrika*. Nun lastete eine leere Ruhe auf Claire von Glümers Wohnräumen. Sie war aber weiterhin nach besten Kräften schriftstellerisch aktiv.

Ihre Dankbarkeit für die gelungene Augenoperation brachte Claire von Glümer im Jahr 1899 zum Ausdruck, als sie in der Zeitschrift *Die Grenzboten* eine biographische Skizze über den bayrischen Herzog Karl Theodor anlässlich von dessen 60. Geburtstag veröffentlichte. 1898, im Todesjahr Auguste Scheibes, war Elisabeth (»Sissi«), die Schwester Karl Theodors von Bayern, ermordet worden. Fühlte sich Claire von

Glümer mit ihm in der Trauer nahe? Vielleicht veranlasste sie auch dieses Ereignis zur Abfassung der biographischen Skizze. Die Würdigung des Herzogs reiht sich ein in die von Claire von Glümer bisher veröffentlichten Lebensskizzen. Mit ihm widmete sich die Autorin, nach Wilhelmine Schröder-Devrient und Georgine Schubert, zum dritten Mal einem Menschen, den sie persönlich kannte. In den Jahren nach ihrer Augenoperation muss sich Claire von Glümer mit der Biographie des Herzogs Karl Theodor vertraut gemacht haben. Denn ihre Lebensskizze vermittelt ein differenziertes Charakterbild ihres Arztes, über seine Empfindungswelt während der Kindheit sowie seine Naturverbundenheit, welche er auf Wanderungen und Ausritten in späteren Jahren ebenso entwickelte wie ein »liebevolles Verständnis« für die Lebensweise der einfachen Menschen (Bauern, Senner, Jäger), die den Kern des »Bayernvolks« bildeten. Karl Theodors Weltsicht habe sich während seiner Jugendjahre erweitert, nachdem seine Schwester Elisabeth 1854 den österreichischen Kaiser Franz Josef I. geheiratet hatte. Karl Theodor war seitdem mehrfach Gast in der Wiener Hofburg, der neuen Heimat seiner Lieblingsschwester. Neben seiner militärischen Laufbahn wandte sich das Interesse des jungen Herzogs bald ernsteren Themen zu, und so begann er intensiv philosophische Schriften zu studieren (Schopenhauer, Feuerbach, Kant, Schelling). Zudem las er die Werke Goethes und Shakespeares. Später dehnte Karl Theodor seine Studien in die Bereiche Nationalökonomie und Jurisprudenz aus. Beim täglichen Klavierspiel vertiefte er sich in die Werke Beethovens, Schumanns und Wagners. Ein Schicksalsschlag beschloss die jungen und aufstrebenden Jahre des Herzogs: seine Gattin Sophie, Tochter des Herzogs von Sachsen, starb im März des Jahres 1867. Die zwei Jahre zuvor geschlossene Ehe endete somit jäh und bescherte Karl Theodor schweres Leid, welches er aber bald durch eine Erweiterung seiner Studien (Geschichte, neuere Sprachen) kompensierte. In seinem 30.Lebensjahr wandte er sich der Medizin zu, was seinem Leben die entscheidende Wendung geben sollte. Anstatt sich »standesgemäß« als Soldat, Sportsmann und Kunstmäzen zu etablieren, verschaffte sich Karl Theodor nun »mit eignen allerhöchsten Augen Einblick in das tiefste Elend des Menschenlebens, das unästhetische Elend der Krankheiten / … /. Das verstieß gegen Herkommen und fürstliche Sitten. / … / Über die Vorgänge, die den Herzog Karl Theodor bewogen haben, sich der Augenheilkunde zu widmen, waren allerlei Legenden im Umlauf: von plötzlicher Erleuchtung durch einen Traum, durch die Erscheinung eines Engels, durch eine innere Stimme usw. In Wirklichkeit wurde der Herzog durch eine Verkettung natürlicher Vorkommnisse zur Wahl seiner segensreichen Tätigkeit veranlasst«, denn Karl Theodor hatte sich bei Versuchen mit Infektionen bei Tieren selbst infiziert und war um zu genesen an die Riviera gereist. Dort lernte er den russischen Augenarzt Iwanoff kennen, von dem er in die Augenheilkunde eingeführt wurde. In seinem 40. Lebensjahr begann der Herzog seine selbstständige augenärztliche Tätigkeit, unterstützt von seiner zweiten Frau, der 17 Jahre jüngeren Maria José, Tochter des portugiesischen Königs Dom Miguel, welche Karl Theodor später sogar bei Operationen assistierte.[526]

Herzog Karl Theodor übte seine Tätigkeit am Tegernsee und in Meran aus. Claire von Glümer schildert aus eigener Erinnerung die Klinik am Tegernsee, wo sie selbst fünf Jahre zuvor das Glück der Heilung erfahren hatte: »Schon das Äußere des aus Erdgeschoss und einem Stockwerk bestehenden Gebäudes, das hoch genug am Bergabhange liegt, um Aussicht über Schloss und Dorf, See und Gebirge zu gewähren, hat etwas Heiteres mit seinen weißgetünchten Mauern, großen Fenstern und grünen Jalousien. Selbst der nicht völlig erblindete Kranke, der in zitternder Erwartung durch das Vorgärtchen mit dem großen, herzförmigen Monatsrosenbeete darauf zugeht, kann sich diesem wohltuenden Eindruck nicht verschließen. Über die Freitreppe und durch einen kleinen Vorraum kommen wir in den Gang, der links nach der ʹKapelleʹ und den Räumen des allgemeinen Krankenhauses, rechts zu den Ordinationszimmern des Herzogs führt.« Neben einer plastischen Schilderung der Person des Herzogs vermittelt die Skizze Claire von Glümers ein anschauliches Bild der Ausstattung, vom Betrieb und angenehmen sozialen Klima der Klinik am Tegernsee. Abschließend seien nun noch einige Äußerungen Claire von Glümers über Karl Theodor und seine Tätigkeit wiedergegeben. Der

Herzog trat Claire von Glümer in »vornehm-ungezwungener Haltung« entgegen. Sie beschreibt seine »hohe, schlanke Gestalt und sein blasses, durchgeistigtes Gesicht, mit der mächtigen Stirn der Wittelsbacher, unter der hellblaue Augen mit dem Forscherblick des Arztes hervorsehen. / ... / So scharf ist dieser Blick, dass er Scheu einflößen könnte, verbreitete sich nicht, sobald der Herzog den Leidenden anspricht, eine unbeschreibliche Freundlichkeit, wie der matte Schimmer eines Lächelns, über das

ernste Antlitz, dem das Leben manchen Schmerzenszug eingeprägt hat.« Claire von Glümer betont auch die Mithilfe der Gattin des Herzogs in der Klinik. Trotz Standesverpflichtungen und familiärer Aufgaben – das herzogliche Paar hatte fünf Kinder – nahm sie Teil am Schicksal der neu Operierten, sprach ihnen Trost zu und leistete auch Hilfe bei manchen chirurgischen Eingriffen Karl Theodors.[527]

Carl Theodor
Herzog in Bayern

Die ausführlich zitierten Zeilen aus Claire von Glümers biographischer Würdigung des Herzogs von Bayern sollten noch einmal verdeutlichen, dass die Schriftstellerin in ihren Werken stets selbst Erlebtes zum Ausdruck brachte. Auch nach der Behandlung bekundete Claire von Glümer dem Herzog ihre Dankbarkeit: »Alljährlich zu Neujahr und zum Geburtstag widmete sie seitdem dem hohen Herrn zum Dank eine dichterische Begrüßung.«[528]

Nach dem Verlust ihrer Lebensgefährtin Auguste Scheibe musste Claire von Glümer zwei Jahre später auch den Tod ihres Bruders Bodo hinnehmen, mit dem sie so eng verbunden war und für den sie so viel getan hatte, als er als junger Mann im Zusammenhang mit den politischen Unruhen der Jahre 1848/49 inhaftiert worden war. Der 24. März des Jahres 1900 war ein schwerer Tag für die betagte Schwester. Und auch ihr vertrauter Freund Martin Blumner verstarb bald darauf in Berlin (16. November 1901). Claire von Glümers Welt wurde zunehmend einsamer.

Im selben Jahr veröffentlichte die 75-Jährige ihre letzte Erzählung mit dem Titel *Es gibt ein Glück*, versehen mit ihrem Porträt sowie Illustrationen des damals bekannten Porträt- und Landschaftsmalers Franz Triebsch (1870-1956). Später malte Triebsch die politischen Größen seiner Zeit (Hindenburg, Hitler) und genoss im Dritten Reich hohe Anerkennung. Die Erzählung *Es gibt ein Glück* hatte die stattliche Auflage von 10.000 Exemplaren und war auch nicht billig. Das Buch kostete eine Goldmark. Claire von Glümer versah ihr Werk mit einer Widmung an ihre »lieben Geschwister.«

Die Protagonistin der Erzählung, Regina, ist eine Künstlerin, die wegen ihrer Familie ihre Karriere aufgegeben hat. Sie bewohnt mit ihrem Gatten Albrecht, der als Geologe am Polytechnikum in Dresden tätig ist, und dem Sohn Fritz, welcher von einer Kinderfrau betreut wird, eine kleine Villa. Vielleicht ist Claire von Glümers Freundin Elise Polko das Vorbild für Regina? Auch Claire von Glümers Großcousine, die Harfenistin Rosalie von Sauerma (geb. Spohr) stand in dem Konflikt zwischen Künstlerkarriere und Familienleben. Parallelen sind jedenfalls nicht von der Hand zu weisen.[529]

Eines Tages bekommt Regina Besuch von ihrer Freundin Cora, die sich gerade auf einer Bühnentournee befindet. Für Cora ist es unverständlich, dass Regina ihr Leben als Künstlerin zugunsten einer bürgerlichen Existenz aufgegeben hat. Reginas Zimmer weckt gemischte Gefühle in der

Freundin: »Cora musterte ihre Umgebung. Der erste Eindruck des hohen, hellen Zimmers mit der Harmonie seiner Farben war ihr angenehm, aber bei näherer Betrachtung erschien es ihrem an die modische Überfülle von Raritäten, Nippes und leuchtenden Stoffen gewöhnten Auge zu ernst und nüchtern für die Wohnstätte einer jungen Frau. Einfache, elegante Möbel, bequeme Sessel und Sofas mit braunem Plüschbezug; gleichfarbige Vorhänge an Fenstern und Türen. Als einziger Schmuck der lodenfarbigen Wände ein paar gute Kupferstiche der Sibyllen Michel Angelos und der Sixtina, die Maske des Zeus Otricoli und das Bildnis eines Mannes – wohl das des Hausherrn – von Meisterhand gemalt. In der Mitte des Zimmers, von Lehnstühlen umgeben, ein großer Tisch mit Büchern, Broschüren und Zeitungen; dazwischen ein Nähkorb und ein Glas mit Monatsrosen und Reseda. Endlich in der Ecke am Ofen, auf einem kleinen Teppich, allerlei Spielzeug: Steckenpferd, Baukasten, Säbel und Flinte. Cora verzog den Mund; für die Freuden der Kinderstube hatte sie keinen Sinn. Und Regina – wie musste sie sich verändert haben, um in dem Leben, das sich hier abspiegelte, Genügen zu finden! Freilich, der Mann, dessen Bild über dem Schreibtisch hing, sah so energisch aus, dass es nicht leicht sein mochte, seinem Wunsch und Willen zu widerstreben.« Und als Cora den kleinen Fritz sieht, ist ihr Bild von der bürgerlich-engen Welt ihrer Freundin Regina komplett: »'Wahrhaftig', sagte sie, 'der Knirps hat schon ganz die Herrschermiene seines Herrn Vaters'«,[530] womit Cora betont, in welch einem Rahmen von Unfreiheit Regina eingezwängt lebt.

Eine typische Signatur für Claire von Glümers Protagonistinnen ist seit den achtiger Jahren, dass sie in gewisser Weise *heimatlos*, nicht in ihrer Herkunftsumgebung aufgewachsen sind. So ist auch Regina ein Pflegekind. In einem Künstlerhaushalt verbrachte sie ihre ersten Lebensjahre. Rückblickend rekapituliert Regina ihre Wohnortwechsel während der Kindheit, u.a. von Petersburg nach Hannover und von dort nach Weimar. Erst mit 16 Jahren, nach dem Tod ihres geliebten Adoptivvaters, erfuhr Regina, dass dieser ihr Oheim, der Stiefbruder ihrer Mutter, war. Er hatte sie im Alter von 18 Monaten als Waise aufgenommen. Erst nach und nach erfuhr Regina Näheres über ihre leiblichen Eltern.

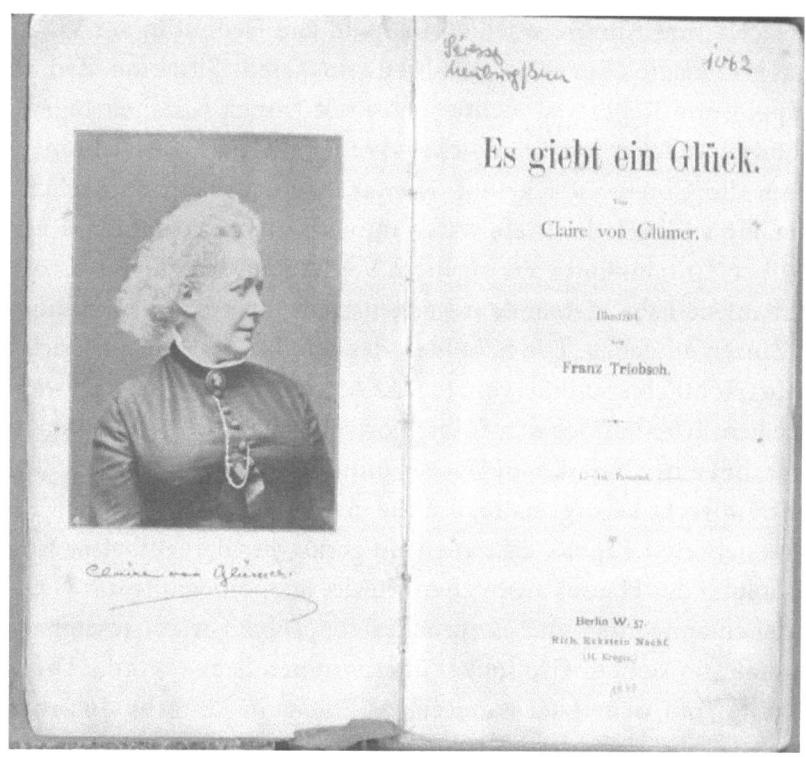

Innenseite der letzten Novelle Claire von Glümers.
Es soll nur noch vier Buchexemplare geben.

Die Mutter war eine Sängerin, die in Italien den Künstlernamen Teresina Bardetti angenommen hatte. Den Namen des Vaters, welcher ein hannöverscher Offizier war, erfuhr Regina erst mit 20 Jahren, zudem auch, dass sie einen Stiefbruder, den Leutnant Leopold von Isenhut, hat. Als Reginas Vater gab sich auf dem Sterbebett in Anwesenheit beider Geschwister ihr Kindheitspate Reginald von Isenhut zu erkennen. Dem Sterbenden mussten Leopold und Regina geloben ihr Verwandtschaftsverhältnis nicht zu offenbaren.[531] Die Verschleierung dieser Tatsache wird nun zum Hauptthema von Claire von Glümers letzter Erzählung: ein Geflecht aus Lügen, Halbwahrheiten, Existenzangst und Gewissensnot bestimmt das weitere Seelenleben der Protagonisten.

Nach Coras Abreise erschien Leopold von Isenhut in der Villa Reginas und klagte über seine verfahrene finanzielle Situation. Zwischen Leopold und Regina herrschte schon seit frühen Kindheitstagen ein freundschaftliches und herzliches Verhältnis. Seit vier Jahren aber hatten die Geschwister keinen Kontakt mehr gehabt; anfänglich regelmäßig wechselnde Briefe waren immer seltener geworden. Regina, die über Zinseinkünfte aus eigenem Vermögen verfügte, bot Leopold Geld an: sie habe niemandem Rechenschaft über die Verwendung ihrer Zinsen zu geben. Die Schulden des Stiefbruders beliefen sich auf die beträchtliche Summe von 11.462 Mark. Leopold war verzweifelt, sah eigentlich nur noch den Selbstmord als Ausweg. Doch Regina offerierte ihm einen Teil des im Hause befindlichen Bargeldes, welches ihr Gatte Albrecht besorgt hatte, um die gemietete Villa zu kaufen. Regina versicherte Leopold, dass auch ein geringerer Bargeldbetrag für die Anzahlung des Hauses ausreichen würde. Leopold wollte das Geld als Darlehen annehmen und es zurückzahlen, sobald er ein ausstehendes Majorat von seinem Großonkel übernommen haben würde. Die eintretende Toni, Schwester von Reginas Ehemann Albrecht, unterbricht die Szene; die Geschwister fühlten sich in ihrer Vertrautheit ertappt. Der Schwägerin kommt die zwischen Regina und ihrem (angeblichen) Jugendfreund Leopold bestehende Vertrautheit seltsam vor. Argwöhnisch beobachtet sie die Übergabe des Geldumschlages an den Leutnant von Isenhut, vermutet, dass Briefe darin enthalten seien. Nach Leopolds hastigem Abschied erfährt Toni von Regina, dass Albrecht nichts von der Existenz Leopolds wisse.[532] Diese Tatsache plagte in der Folge Reginas Gewissen. Wie würde Albrecht ihr Eintreten für Leopold beurteilen?

Es folgt nun eine Binnengeschichte, die Aufschluss über das Leben ihres Vaters Reginald von Isenhut gibt. Regina las noch einmal die Briefe ihres verstorbenen Vaters, welche er ihr als Vermächtnis hinterlassen hatte. Der Leser erfährt von Isenhuts heimlicher Heirat mit der italienischen Opernsängerin Teresina in London, deren legitime Durchführung sein rechtskundiger Vetter George gesteuert hatte. Für den

Spätsommer des Jahres 1866 kündigte sich bei Teresina und Reginald Isenhut Nachwuchs an. Reginald musste in seiner Funktion als Offizier nach Hannover zurückkehren; der preußisch-österreichische Konflikt ließ einen Krieg immer wahrscheinlicher werden. Teresina forderte Reginald brieflich auf, den Dienst zu quittieren, nach England zurückzukehren und sich um seine künftige Familie zu kümmern. Reginald war erbost darüber, dass seine Ehefrau in dieser politisch zugespitzten Situation die »Fahnenflucht« von ihm verlangte und zudem ultimativ feststellte, dass, sollte er nicht aus dem Militärdienst ausscheiden, sie allein für sich und ihrer beider Kind sorgen und ihn aus ihrem Leben streichen würde. Dieser 14. Juni 1866 war ein »Schicksaltag« für Reginald. Nachdem er den Antwortbrief an Teresina zur Post gebracht hatte, in dem die Auflösung der Ehe avisiert wurde, fuhr er in sein Elternhaus und begegnete, dort angekommen, im Hausflur Klotilde von Stein, der verwaisten Tochter eines ehemaligen Gutsnachbarn seiner Eltern. Klotilde, zwei Jahre älter als Reginald, lebte aufgrund ihres Vermögens sowie einer Stiftsstelle »in behaglicher Unabhängigkeit«, hatte sich aber entschlossen sich um Reginalds Mutter zu kümmern, die sich nach der Heirat von Reginalds Schwestern einsam fühlte. Nach Reginalds Jubelruf, es sei Krieg, stürzte Klotilde ohnmächtig zu Boden. Reginald, der die Bewusstlose umfasste und ihr liebevoll zuredete, entdeckte plötzlich, was er für Klotilde empfand, eine das ganze Leben erfüllende und beglückende Liebe – eine Liebe, die er unmöglich durch seine »Jugendtorheit«, das »verlöschende Flackerfeuer« seiner Leidenschaft zu Teresina, gefährden wollte. Doch eine Scheidung von Teresina, so schrieb Vetter George, sei in England nicht so einfach. Reginald war verzweifelt: «Was ich ersehnte, war der Tod auf dem Schlachtfelde, der mich zugleich entsühnt und befreit hätte; aber so eifrig ich ihn suchte, er wurde mir nicht zu Teil.«[533]

Aufgrund einer Kriegsverwundung kehrte Reginald in sein Elternhaus zurück. Bald erschien dort auch der Vetter George, der die Nachricht überbrachte, dass Teresina im Glauben lebe, Reginald sei im Krieg gefallen. Dabei handelte es sich jedoch um einen Vetter gleichen

Namens, der in der Schlacht von Langensalza ums Leben gekommen war. Eine weitere Tatsache untergrub zusätzlich Reginald von Isenhuts Seelenfrieden, denn George überbrachte zugleich die Nachricht, dass es so gut wie ausgeschlossen sei, dass Teresina die Geburt ihres Kindes überleben werde, und auch das Schicksal des Kindes stehe noch in den Sternen. Somit entschloss sich Reginald, über seine Beziehung zu Klotilde Stillschweigen zu wahren. Als seine Mutter ihm bald darauf auf dem Sterbebett das Versprechen abnahm Klotilde zu heiraten, empfand Reginald seine Lebenssituation als vollkommen verfahren. Doch er heiratete Klotilde von Stein. Am selben Tag starb die Mutter. Reginald machte die Eheschließung nicht publik, aus Furcht, Teresina könnte eine Zeitungsanzeige in die Hände fallen. Somit beließ er es bei brieflichen Mitteilungen an den engsten Freundeskreis. Im Oktober 1866 wurde dann Regina geboren; die lungenkranke Mutter zog sich mit dem Kind nach Italien zurück. Dahinsiechend, bat sie ihren Bruder, einen deutschen Schauspieler, im Falle ihres Ablebens für Regina zu sorgen. Teresina starb am 3. April 1868; zuvor, am Weihnachtsabend 1867, war Klotilde und Reginald ein Sohn, Leopold, geboren worden. Wieder litt Reginald, denn die noch bestehende heimliche Ehe mit Teresina bedeutete, dass Leopold ein »Bastard« war. Damit wäre die Linie von Isenhut im Mannesstamm erloschen. In seinem Brief an Regina schrieb Reginald weiter: »Und dann habe ich mich, wie schon tausend mal, mit der Erwägung zermartert, ob es meine Schuld verringert, wenn ich sie jetzt noch gestehe – aber das Resultat war auch diesmal, dass ich mich damit aufs Neue versündigen würde. Wie darf ich mein edles, makelloses, stolzes Weib vor die Alternative stellen, entweder auf Stand und Namen zu verzichten oder meine Gewissenslast mitzutragen? Wie soll ich es über mich gewinnen, meinem Sohn die Laufbahn zu verschließen? Wie vor allem kann ich mich dazu verstehen, die Empfindungen der beiden geliebten Wesen durch das Geständnis zu vergiften, dass ihr Gatte und Vater ein Ehrloser war?«[534] – Bis nach Mitternacht benötigte Regina, um das umfangreiche Briefgeständnis ihres leiblichen Vaters zu lesen. »Jetzt wusste sie, dass sie des Vaters

Geheimnis auch dem Gatten verschweigen müsse. Wie durfte sie Albrecht, dessen strenges Rechtsgefühl sie kannte, vor die Wahl stellen, entweder Leopolds Zukunft zu gefährden oder durch Schweigen zu einer Gesetzwidrigkeit behilflich zu sein?« Regina beschloss, die Briefe sicher zu verwahren. Doch nachdem dies geschehen war, fand sie keinen Schlaf, denn es gab noch einen an sie begonnenen Brief des Vaters in seinem Haus in Ernsbach, von dem der Vater zwar meinte, er sei verbrannt worden – aber sicher war das nicht. Was geschähe, wenn Klotilde diesen Brief in die Hände bekam? Regina grübelte und zweifelte. Hatte Klotilde den Brief bereits? Denn sie war damals »starr und kalt« an das Sterbebett des Gatten herangetreten. Am nächsten Morgen war Regina jedoch ruhiger. Sollte Klotilde wirklich den Brief in Händen halten, würde sie lediglich erfahren, dass Reginald von Isenhut in erster Ehe mit einer Sängerin verheiratet gewesen und dass Regina seine legitime Tochter war. Nachforschungen darüber, wann und wie diese Ehe aufgelöst wurde, würde Klotilde wohl kaum anstellen.[535]

Die Erzählung wendet sich nun wieder den eingangs eröffneten aktuellen Ereignissen zu. Sofort kommt es zu einer neuen Konfliktsituation: Regina zeigt ihrem nach Hause zurückgekehrten Ehemann Albrecht Leopolds Brief mit dem einliegenden Schuldschein über 11.000 Mark. Albrecht fühlt sich verletzt, dass jetzt ein »Freund« aus Reginas Vergangenheit auftaucht, von dem er nichts gewusst habe. Regina rechtfertigt sich: Albrecht habe von ihrer vorehelichen Vergangenheit nie etwas wissen wollen. Albrecht entgegnet, dies habe sich nur auf ihre Theatertätigkeit, nicht aber auf ihr privates Leben bezogen. Hier zeigt sich der manifestierte Gegensatz zwischen den Eheleuten, denn Kunst und Wissenschaft stehen sich, besonders in Albrechts Denken, un-vermittelt gegenüber. Reginas Antwort auf Albrechts letzte Äußerung erfährt der Leser nicht. Denn Claire von Glümer setzt den Konflikt erst einmal aus: ein unerwarteter Besuch, Albrechts Schwester Toni, trifft ein und unterbricht das Gespräch der Eheleute. Die Autorin bedient sich hier des in der Literatur bekannten technischen Kunstgriffs des *retardierenden Moments*, um die Spannung zu erhöhen.

Regina und Albrecht   **Cora und Albrecht**[536]

Nachdem Albrecht den Raum verlassen hat, sucht Regina Trost in der
Umarmung ihres kleinen Sohnes Fritz. Ein bitterer Geschmack bleibt zurück: »Zum ersten Mal fand sie den Gatten hart und ungerecht.« Doch
später am Abend kommt es zur Aussprache zwischen den Eheleuten, die
Albrecht initiiert hatte. Regina jedoch fühlt sich befangen, da sie durch
das Versprechen, welches sie dem sterbenden Vater gegeben hatte, verschweigen musste, dass es sich bei Leopold um ihren Stiefbruder handelte.[537] Im folgenden Gespräch zwischen den Eheleuten kommt es zu
einem Konflikt zwischen gelebter und vertrauter Zuneigung einerseits
und von fremder Seite eingesätem Misstrauen andererseits. Reginas
Offenheit wird durch ihr Versprechen gegenüber Reginald von Isenhut
blockiert, Albrecht wird gehemmt durch seine Eifersucht auf Leopold,
welche noch zuvor durch Andeutungen seiner Schwester Toni Nahrung

erhalten hatte. In diesem Kontext kommt auch Albrechts traditionell-bürgerliches Denken wieder zum Ausdruck, denn er reklamiert Regina in vollem Umfang für sich: »Mein Weib, wie ich die Ehe begreife, ist nicht nur Bein von meinem Bein und Fleisch von meinem Fleisch – sie soll mir auch mit Herrz und Seele, im Fühlen und Denken rückhaltlos angehören.«[538] Das Gespräch der Eheleute endet in einem Zerwürfnis.

Claire von Glümer hat bis hierhin ihre Erzählung sukzessive in einen seelisch dynamischen Raum geführt, in dem zahlreiche widerstrebende Kräfte einer individuell selbst geführten Lebensorientierung der Protagonisten entgegen stehen. Eine relevante ethische Frage wird hier durch die Autorin, vorbereitet durch die voran gegangene Handlung, in ihrer Komplexität beleuchtet – die Frage nach der Interdependenz von Wahrheit, Halbwahrheit und Lüge, welche auch gut meinenden Seelen ihr Lebensfundament untergräbt. Auch Claire von Glümers Lebensweg ist oft eine Gratwanderung in diesem dynamischen Gefüge gewesen. Und sie wird sich selbst oft gefragt haben, ob sie der Wahrheit gemäß gehandelt habe. Als sie in jungen Jahren versucht hatte, ihren Bruder Bodo aus dem Gefängnis zu befreien, hatte sie sich *gegen geltendes Recht und Gesetz* – aber auch gegen die *Freiheit und Wahrheit?* – entschieden und die Konsequenzen ihres Handelns auf sich genommen. Auch bei ihrer Lebensentscheidung im Jahr 1848, dem Vater nach Frankfurt zu folgen, hatte die junge Claire »die Wahrheit« hintan gestellt: es lag eigentlich nicht auf ihrem Lebensweg, die Tätigkeit einer Parlamentsberichterstatterin im politisierten Frankfurt zu übernehmen. Indem sie der inneren Verpflichtung gegenüber dem Vater und der Sorge um die jüngeren Geschwister nachgab, widersprach sie dem, was ihrer gewissensreinen Lebensausrichtung zu diesem Zeitpunkt entsprach. War dies deshalb eine »verlogene« Entscheidung?

Im Fortgang der Erzählung »Es gibt ein Glück« wird nun in einem kurzen Rückblick die erste Begegnung zwischen Regina und Albrecht geschildert, die bereits nach einem Jahr in deren Eheschließung mündete. Ein signifikantes Symptom für die authentische und lebensnahe Darstellungskunst Claire von Glümers ist, dass sie oft Selbsterlebtes oder auch ihre Lebensschauplätze in ihren Werken aufleben lässt. So hat sie in ihrer letzten Novelle die erste Begegnung zwischen Regina und Albrecht im Harz, nahe ihrer Geburtsstadt Blankenburg und nach Blankenburg, den Endpunkt von Julian Schmidts Eisenbahnverbindung, wenn er sie gelegentlich besuchte, lokalisiert. Die plastische und seelenvolle Stimmung dieser Erstbegegnung sei hier ungekürzt wiedergegeben: »Auf einer Harzreise wanderte er eines Nachmittags unter drohenden Gewitterwolken vom Brockenkruge nach Harzburg, wo er die Eisenbahn nach Goslar erreichen wollte. Vielbetretene Wege zu verfolgen liebte er nicht, wanderte auch diesmal auf Seitenpfaden durch Wald und Heide und wurde nach mehrstündigem Marsch in einer Felsschlucht von einem Unwetter eingeholt, das ihm schon lange mit dumpfem Grollen gefolgt war. Es schien Nacht zu werden; Blitz auf Blitz zerriss die tiefziehenden Wolkenmassen; verzehnfacht rollte der Donner an den Felswänden hin; der Wind heulte; der Tannenwald brauste wie ein empörtes Meer; seine Stämme ächzten und knarrten; der Regen schoss in Strömen nieder. Frohgemut, im Vollgefühl der Jugendkraft, schritt Albrecht weiter, als ihm plötzlich eine in Regenmantel und Kapuze gehüllte Frau entgegenstürzte, die, wie ihre Sprache verriet, den gebildeten Ständen angehörte. Ihre Tochter hätte sich verstiegen, klagte sie; sie könne, wie es scheine, den Rückweg nicht finden; werde fallen, verunglücken... ʹDort! Dort!ʹ, schrie sie auf, indem sie auf ein kleines Felsplateau deutete, wo für einen Moment im zuckenden Blitzstrahl eine helle Gestalt sichtbar wurde. Albrecht war zur Hilfe bereit, legte sein Reisegepäck ab, fand den Aufstieg und kam, als das Gewitter eben davonzog, mit der Geretteten zurück. Sie war von Wind und Regen übel zugerichtet, aber die Haltung der hohen, schlanken Gestalt verriet weder Angst noch Ermüdung und die grauen Augen leuchteten sorglos aus den nassen Haarsträhnen hervor, die ihr ins Gesicht hingen. Die Mutter schrie auf: ʹRegina, wie siehst du aus!ʹ, aber das junge Mädchen fiel ihr lachend um den Hals, versicherte, nur ihr Hut wäre den Brockenhexen zum Opfer gefallen, sie selbst hätte nicht den geringsten Schaden erlitten. – ʹDank dem Führertalent des Herrn Professor Ruthartʹ, fügte sie mit einem warmen Blick hinzu; ʹder berühmte Geologe, Mama, dessen Bild wir in der Illustrierten gesehen haben.«[539] Die

Liebe zwischen Albrecht und Regina war bereits erwacht: als Albrecht ihr am folgenden Tag, nach einer unruhigen Nacht, einen Besuch abstattete, »hätte er aufjauchzen mögen, als ihm aus dem Blicke, womit ihn die grauen Augen begrüßten, den Widerschein der eigenen Herzensbewegung entgegenleuchtete.«[540]

Claire von Glümer kehrt in ihrer Erzählung nun wieder zum aktuellen Handlungsverlauf zurück. Die Beziehung der Eheleute hat nach dem Streitgespräch einen Riss bekommen. Albrecht sonderte sich mehr und mehr ab, zog sich in sein Arbeitszimmer zurück, wo er auch sein Frühstück und Abendessen einnahm. Regina versuchte ihre Bedrückung durch eine neue Hinwendung zu ihrer früheren Schauspieltätigkeit zu bewältigen und ging, wenn sie an Abenden allein daheim war, Rollen durch, die sie ehemals im Theater verkörpert hatte: Brunhild, Sappho, Medea, Lady Macbeth und andere. Dies half ihr zumindest stundenweise ihre betrübte Stimmung zu vergessen. Als am Weihnachtstag Leopold in Reginas Haus erscheint, bemerkt er das Unglück der Schwester. Entschlossen, Albrecht die Wahrheit über ihre Geschwisterschaft zu eröffnen, sieht er sich mit Reginas Weigerung konfrontiert. Sie verweist auf das Versprechen gegenüber dem Vater. Leopold insistiert, die Lebenden seien wichtiger als die Verstorbenen und er werde die »Schuld« gegenüber dem Vater auf sich nehmen, doch vergebens. Regina möchte erreichen, dass Albrecht ihr auch ohne die Kenntnis des wahren Verhältnisses zwischen ihr und Leopold wieder vertraut. Der Bruder kann dies nicht verstehen und macht seine Rückkehr in Reginas Haushalt davon abhängig, dass Albrecht die Wahrheit mitgeteilt werde. Doch es änderte sich in den folgenden Monaten nichts, das kühle Miteinander der Eheleute dauerte an.[541] Ende Juli, es waren Theaterferien, tauchte Reginas Freundin Cora wiederum in Dresden auf. Sie bat Regina, in Goethes »Tasso« für zwei Aufführungen zu Ehren einer adligen Gönnerin aus Jugendtagen die Rolle der Leonora zu spielen. Regina wehrte ab, doch ihr Herz hatte schon zugesagt. Daher wollte Regina Albrecht, der gerade zu Studienzwecken in Schandau weilte, brieflich um Erlaubnis fragen. Cora entgegnete vehement, ob Albrecht das Recht habe, ihr die Kunst zu verbieten: »Schreibe ihm, fein demütig, wie sich´s für eine deutsche Ehegattin schickt, und wenn er nein sagt, küsse die Hand, die Dein Talent erdrosselt.« Cora beschloss, direkt nach Schandau zu fahren, um Albrecht persönlich in dieser Sache zu sprechen.⁵⁴² Cora überraschte Albrecht am Abend auf seiner Hotelterrasse. Die Schilderung Reginas aus der Perspektive Coras ergab für Albrecht ein reines Charakterbild seiner Gattin, sodass er sich offen zeigte für das eigentliche Anliegen der Freundin. Doch auf Coras Bitte, Regina für die Bühne frei zu geben reagierte Albrecht vehement: »Niemals! / ... / Was Millionen Frauen befriedigt, muss auch sie befriedigen ... hat es jahrelang getan.« Doch Cora gab nicht auf, berichtete, wie ihr Gatte sie in ihrer Tätigkeit frei gelassen hatte und warb so für die Freistellung ihrer Freundin Regina für die Rolle im »Tasso« – und das mit Nachdruck: »Noch eins, Herr Professor´´, sagte sie, ´Sie dürfen nicht besorgen, dass ich die Erfüllung meiner Bitte missbrauchen würde. Im Gegenteil! Wenn Sie meinen Wusnch gewähren, verspreche ich ich Ihnen, nichts zu tun, um Regina weiter zu locken und auf der Bühne festzuhalten. Weisen Sie mich aber zurück, so sollen Sie mich als gefährliche Gegnerin kennen lernen ... nun wählen Sie!´« ⁵⁴³ Albrecht entgegnete, er habe Regina nichts vorzuschreiben, worauf Cora ihn als einen »Prachtmenschen« bezeichnete. Ihre schonungslose, von jeglichem Rollenklischee befreite Offenheit nutzte sie auf dem gemeinsamen Fußweg mit Albrecht zum Telegraphenamt, um Regina die freudige Nachricht zu übermitteln, zudem für eine Analyse der Ehe zwischen Regina und Albrecht: »Während sie im sanften Licht des ersten Mondviertels dem Städtchen zugingen, plauderte Cora mit heiterer Unbefangenheit. Sie gestand, dass sie mit Reginas Heirat unzufrieden gewesen sei; dass sie Albrecht von vornherein für einen gelehrten Pedanten und, nachdem sie sein Bild und Reginas Aufgeben aller früheren Interessen gesehen, für einen Tyrannen gehalten habe. Jetzt wisse sie, dass er zwar in Vorurteilen befangen, aber besserungsfähig und ein liebenswürdiger Mann sei, dem sie ihre liebe, gute, schöne Regina gönnen wolle.« Dass Albrecht seine Gattin in Teplitz auf der Bühne anschauen werde, um »die ganze Regina« kennenzulernen, setzte Cora voraus. Mit Albrecht auf dem Telegraphenamt angekommen, schickte Cora ihrer Freundin den Text: »Gewonnen. Brief folgt. Cora.«[544]

In der Person der Cora hat Claire von Glümer eine Frauengestalt geschaffen, die sicher ganz ihrer eigenen Denk- und Empfindungsweise entsprach. Selbst weitestgehend unbefangen im Umgang mit ihrer eigenen schriftstellerischen Leistung und männlichen Freunden – Max Jordan und Julian Schmidt seien hier exemplarisch genannt -, war für Claire von Glümer die *unmittelbare* Menschenbegegnung ein durchgehendes Lebensmotiv und -anliegen. Die Erzählfigur Cora hat eine freie und selbstbestimmte frauliche Existenz erworben. Sie ist einen Schritt weiter als ihre Freundin, denn Regina steht noch recht richtungslos im Spannungsfeld von fixierten Herkunftsbedingungen, bürgerlich-traditionellen Erwartungsmustern und durch ihre Lebensumstände beschränkten kreativen Selbstverwirklichungsperspektiven. Der Wert von Claire von Glümers Erzählung besteht darin, dass sie die Stufen weiblicher Selbstbefreiung vor dem Hintergrund männlich dominierter Gesellschaftsstrukturen der zweiten Hälfte des 19. Jahrhunderts durch ihre Protagonistinnen Regina und Cora plastisch aufgefächert und differenziert dargestellt hat. Auf ein öffentliches Interesse ihrer Arbeit konnte Claire von Glümer aufgrund der relativ hohen Auflagenzahl ihrer Erzählung als auch durch die Illustrationen des damals bereits anerkannten jungen Künstlers Franz Triebsch durchaus hoffen. Dennoch: »Reichtum oder auch nur eine Rücklage für die alten Tage zu erwerben, war Claire von Glümer nicht vergönnt, bis in die letzten Jahre war sie tätig gewesen, nicht allein aus innerem Trieb, sondern auch der Not gehorchend. Aber ihre Mittel waren stets beschränkt. Das zeigte sich sofort, wenn Claire von Glümer einmal krank war oder wenn ihre Schaffenskraft einmal nachließ.«[545]

Doch nun zurück zum Erzählungskontext: Die Aufführung von Goethes »Tasso« in Teplitz war überstrahlt von einer überzeugenden Darstellung Reginas, welche bereits in den ersten drei Akten das Publikum zu Beifallsäußerungen hinriss. Auch Albrecht war, leicht verspätet, im Theater erschienen und verfolgte den Fortgang des Dramas, allerdings ohne weitere emotionale Beteiligung, an eine Säule gelehnt im Hintergrund des

Zuschauerraums – doch nur bis zu dem Zeitpunkt, an dem Regina ihren Gatten im Hintergrund entdeckte und die nächsten Zeilen an den im Halbdunkel Verborgenen nach kurzem Blickkontakt mit ihm richtete:

>*Sonst war mir jeder Tag ein ganzes Leben;*
Die Sorge schwieg, die Ahnung selbst verstummte,
und glücklich eingeschifft trug uns der Strom
auf leichten Wellen ohne Ruder hin. /…/
Es gibt ein Glück, allein wir kennen´s nicht –
Wir kennen´s wohl und wissen´s nicht zu schätzen.«

Albrecht erfasste die Situation, erkannte, dass Regina ihn im Hintergrund entdeckt und diese Worte an ihn gerichtet hatte. Regina artikulierte mit den zitierten Versen ihre Liebe, »und während sie das aus der Tiefe ihrer Seele mit den Worten der Prinzessin tut, ist´s, als würde Albrechts Seele von langer Erstarrung erlöst. Er fühlt wieder, dass ihn Regina liebt, dass er ihr unbedingt zu glauben hat.« Albrecht hat in diesem Moment »sein Glück erkannt und ist entschlossen, es wieder zu fassen und fest zu halten.«[546] Die im Bühnenlicht agierende Regina »befreit« Albrecht aus seiner seelischen Unsicherheit.

Im Gewand der Kunst erscheint in Claire von Glümers letzter Erzählung die *Liebe*, im unmittelbar zwischenmenschlichen Erkennen und Erfühlen findet sie Erfüllung, indem das verlorene Miteinander der Ehegatten nach tragischer Verirrung zu einem neu fundierten Glück führt, dem die *Freiheit* als steigerndes Element einverwoben ist. Dieses neue freiheitliche Moment in der Beziehung der Eheleute zeigt sich am nächsten Tag. Regina und Albrecht waren noch in der Nacht von Teplitz nach Dresden zurückgekehrt. Albrecht will Regina kein Hindernis sein, sollte sie ihr Leben wieder der Schauspielkunst widmen wollen. Um auch der *Wahrheit* Genüge zu tun, erscheint am Folgetag nach der »Tasso«-Aufführung Leopold von Isenhut in der Dresdener Villa und eröffnet Albrecht in Anwesenheit Reginas das gesamte Familienverhätnis: dass Regina seine Schwester sei und der Vater mit Reginas leiblicher Mutter verheiratet gewesen sei, obwohl die Scheidung in England noch nicht vollzogen war.[547] Die Erzählung endet mit einem Gespäch zwischen

Cora und Regina. Cora versucht ihre Freundin nach dem begeisternden Auftritt in Teplitz wieder ganz für die Bühnenkunst zu begeistern; Regina solle ihr Familienleben aufgeben, solle »die Flügel, die Du unter den Sohlen hast« ausbreiten und von Erfolg zu Erfolg fliegen. Doch Regina hat sich für einen anderen Lebensweg entschlossen. Sie könne nicht zwei Herren dienen und werde daher von nun an für ihren Sohn und den Ehemann da sein. Auch wenn dies für Cora bedeute, dass Regina sich dadurch »ihre Flügel zusammenbinden und künftig im Staub schleichen« werde, lässt sich die Freundin von ihrer Entscheidung nicht abbringen.[548]

Claire von Glümer, um 1900
(Zeichnung von Friedrich Heyer)

Im hohen Alter hat sich Claire von Glümer rückblickend auf die ersten Jahre ihres Lebens besonnen. Das Ergebnis war die 1904 veröffentlichte Geschichte ihrer Kindheit, worauf ja bereits in den ersten Kapiteln Bezug genommen wurde. Betrachtet man Claire von Glümers Erinnerungen als Ganzes, so scheint der wesentliche Punkt die nachhaltige Formung gewesen zu sein, die der Charakter des Mädchens durch zahlreiche Menschenbegegnungen erfahren hat. Während ihrer Kindheit begegnete Claire von Glümer vielen »seltsamen« Menschen. Meist waren dies, wie die Familie Glümer selbst, heimatlos umherziehende gebildete Intellektuelle, die ihren Lebensunterhalt aus gelegentlichen und mäßig bezahltenTätigkeiten bestritten oder mittels Aktionen, die damals als Sensationen galten. Für Claire von Glümer waren diese Begegnungen mit skurrilen (besser: individuell ausgeprägten) Menschen lehrreich und sie wusste bald äußeres Gebaren und wertvolle Fähigkeiten bei ihnen zu unterscheiden. Interessant ist in diesem Zusammenhang z.B. ihre Schilderung des Gitarrenspielers Schlemmer, der Claire durch seinen Vortrag von Schubert-Liedern (»Wanderer, Erlkönig«) tief beeindruckte und welcher später unter dem Namen Ernst Mahner »als Mäßigkeits-Apostel und Kraftmensch durch Deutschland gezogen. Mein Vater hat ihn zwischen Eisschollen über den Rhein schwimmen sehen.«[549] Mahner hieß eigentlich Carl Friedrich Wilhelm Schlemmer und tingelte seit 1843 durch Deutschland und andere europäische Länder, um seine in 10 Gebote gefasste »Urgesundheitslehre« in Sälen, Wirtshäusern und auf belebten Straßen zu predigen. Tausende standen am Rheinufer, wenn Mahner im Winter den Fluss durchschwamm und sich auf Eisschollen zwischendurch seine Gläschen Wein genehmigte. Beim Kölner Kanevalsumzug 1848 waren ihm sogar drei Motivwagen gewidmet. Mahner starb 68-jährig verarmt in einem Konstanzer Krankenhaus (1876).[550]

Ernst Mahner

In ihren Kindheitserinnerungen berichtete Claire von Glümer auch von einer intensiven Beziehung ihrer Eltern zu dem Homöopathen Dr. Jahr, der das junge Mädchen besonders durch seine verehrungsvollen Verse für Samuel Hahnemann erfreute. Dr. Jahr war eine seltsame Erscheinung: klein von Statur, lebhaft und mit einem dicken Kopf ausgestattet, aus dem »Froschaugen hervorquollen«, berichtete er, sehr zum Missfallen von Claires Mutter, gern von seinen weiblichen Eroberungen.[551] Der interessierte Leser wird noch viele andere plastische Menschenschilderungen in Claire von Glümers heute in Buchform zugänglichen Erinnerungen finden.

So weit es ihr möglich war, nahm Claire von Glümer auch im hohen Alter am öffentlichen Leben teil. So besuchte sie 1904 die »Große Kunstausstellung in Dresden« und legte ihrem Großneffen Hans Weddo von Glümer und seiner Frau Lise die Werke Gustav Klimts ans Herz. Zwei Tage nach ihrem 79. Geburtstag lud sie Hans Weddo und seine Gattin nach Dresden ein. Sie sollten sich beeilen, denn am 1. November würde die Ausstellung geschlossen. Der Winter 1904/05 bescherte Claire von Glümer wiederum Rückenprobleme: sie habe zu lange am Schreibtisch sitzen müssen. Der Grund war, dass die Biographie über Wilhelmine Schröder-Devrient für eine dritte Auflage umzuarbeiten war. »Wochen- und monatelang« habe Claire von Glümer daraufhin ihr Rücken geplagt, »heftige Schmerzen« habe sie erlitten. Es sei ihr weder möglich gewesen auszugehen, noch zu schreiben, noch »die kleinste Handarbeit« zu machen. »Erträglich wurde mein Zustand nur, wenn ich lag, oder fest angelehnt von Kissen gestützt saß. Lesen, mich unterhalten und gleichgültige Briefe diktieren konnte ich – wenn sich eine gütige Hand dazu finden ließ, was vor Weihnachten durch die unerlässlichen Mal-, Stick- und Häkel-Pflichten meiner jungen Freundinnen nach dem Feste durch Influenza und Bälle erschwert wurde.«[552] Claire von Glümer war also auch im Alter eingebunden in ein Netz von Freundinnen und Freunden, die in ihrer Umgebung lebten. Persönliche Begegnungen waren ihr stets wertvoller als ausführliche Briefwechsel, könne man doch im Gespräch einen intensiveren Austausch haben. Diese Haltung ist ein Lebensmotiv Claire von Glümers, welches sie bereits als junge Frau in der Korrespondenz mit Julian Schmidt vertrat und immer wieder bekräftigte. Im Frühjahr 1905 war ihre Verwandte, die berühmte Harfenistin Gräfin Rosalie Sauerma (geb. Spohr), für zwei Tage zu Besuch in Dresden. Von ihr erfuhr Claire von Glümer von der Fertigstellung eines Reliefs »unseres Kaisertöchterleins« durch ihren Großneffen Hans Weddo, angezeigt in einer Berliner Zeitung. Sie fragte nun Karl Weddo, warum er nicht mehr »Reklame« für seine Arbeiten mache, auch wenn »Tamtam sagen« nicht gerade ihre Sache sei.[553] Im Mai des Jahres 1905 verbrachte Claire von Glümer drei Wochen in Nürnberg, wo sie bei Karl Weddos Schwester Lisbeth zu Gast war. Wieder in Dresden, schrieb sie am letzten Maitag an ihren Großneffen: »Seit acht Tagen bin ich wieder hier, in aller Unbequemlichkeit des Großreinemachens, die mich nicht zu ausführlichem Schreiben kommen ließ.« Zudem lud sie Hans Weddo zu ihrem 80. Geburtstag im Oktober ein. Im Jahr 1905 hat sich Claire von Glümer zeitweise bei Freunden in verschiedenen Städten aufgehalten. So beabsichtigte sie im Juni 1905 einige Zeit bei ihrer Berliner Freundin, der Gräfin Babette Kalckreuth, in der Victoriastraße 37.I zu verbringen. Unter ihrem Mädchennamen Babette Meyer hatte Claire von Glümers Freundin in den 1880-er Jahren vor ihrer Verheiratung mit dem Maler Stanislaus Graf von Kalckreuth den »Grünen Salon« geführt, in dem liberale Politiker, Schriftsteller und Künstler verkehrten. Nach der nur kurzen Ehe kehrte die Gräfin nach Berlin zurück, wo sie wieder ihren Salon betrieb. Die Victoriastraße war eine reine Wohnstraße, geprägt von Villen.[554] Claire von Glümers Ankunft in Berlin mit dem Zug war für den 5. Juni, 6.22 Uhr am Nachmittag, angekündigt. Acht Tage wollte sie bei ihrer Freundin verbringen. Karl Weddo solle Bescheid geben, ob er und seine Gattin Lise sich dann treffen könnten: »Wohnt Ihr – ohne Lift – 4 Treppen hoch, so könnten wir uns vielleicht in Deinem Atelier zusammenfinden, wo ich auch einige Deiner Arbeiten sähe.« Im Sommer desselben Jahres stand für Claire von Glümer nach ihrer Rückkehr aus Berlin ein sechs- bis siebenwöchiger Aufenthalt in der »luftigeren Wohnung« ihrer Freunde in der Reissiger Straße 9.I. in Dresden in Aussicht.[555] Im Juli erhielt sie eine Ansichtskarte ihres Großneffen, auf der sein soeben enthülltes Denkmal Friedrichs des Großen in Letschin zu sehen war. Claire von Glümer habe mit dieser Karte (ganz exklusiv) »renommiert« – jedenfalls so lange, bis die Presse davon berichtete. Zugleich bedankte sie sich bei Hans Weddo für eine Fotografie des Familienwappens der Glümers, welche sie sofort nach Braunschweig an das dortige Vaterländische Museum weiter geleitet habe.[556] Im Frühjahr 1905 war Claire von Glümer vom Vorstand des genannten Museums, »Sr. Exzellenz Herrn Generalleutnant von Otto«, kontaktiert worden, weil das Glümersche Familienwappen dort seinen Platz finden solle, was sehr erfreulich war. Dies könne aber nur gegen eine Gebühr von 35 Reichsmark geschehen. Claire von Glümer antwortete: »Ew. Exzellenz, ergebenst für Ihre Mitteilung dankend, sende ich anbei mit Postanweisung den für Aufnahme des von Glümerschen Wappens verlangten Betrag von 35 M. an den Vorstand des Vaterländischen Museums. Die Freude, das Andenken meiner Vorfahren in dieser Weise geschätzt zu sehen, wird in etwas durch die Frage getrübt: ob wirklich die Aufnahme unseres Wappens von der Zahlung eines kleinen Geldbeitrages abhängig gemacht worden wäre, obwohl von 1476 bis 1599 ein Wedde und drei Bode von Glümer Bürgermeister der Stadt Braunschweig gewesen sind.«[557]

Der Sommer des Jahres war für Claire von Glümer überschattet von einer 14-tägigen Zahnbehandlung. Die alte Dame fühlte sich überlastet: die Hitze, »zahllose Besuche von abschiednehmenden Ferienreisenden«, ihr Alter »und endlich noch ein arger Schreck und Kummer, den mir meine arme Schwester verursacht hat. Ich erwartete sie, sobald ihr Enkel seinen Ferienausflug antreten würde, also in den nächsten Tagen. Stattdessen musste sie wer weiß wie lange noch still liegen, weil sie sich einen Topf voll kochender Suppe auf den linken Fuß gegossen hat.« So fiel das Wiedersehen mit Marie von Glümer leider aus und jetzt, in der zweiten Julihälfte stand für sie die bereits erwähnte Umsiedlung in die »luftigere Wohnung« in der Reißiger Straße an – »und ich sitze da, auf meine arme Marie wartend, als einsamer Spatz!« Claire von Glümer hoffte, dass sie dort vielleicht später mit Marie, Hans

Weddo und Lise zusammentreffen könne – »wir verstehen und vertragen uns doch so gut.« Das Gefühl verwandt zu sein erlebe sie als »etwas Wohltuendes.« Auf ihre grauen Haare anspielend, heißt es in dem Brief weiter: »aber wenn ich auch nur eine kleine, weiße Hauskatze bin, unsere Zusammengehörigkeit lasse ich mir nicht abstreiten. Und nun, meine lieben Beiden, strecke ich Euch aus der Ferne die Pfötlein zu und hoffe, dass Ihr sie, trotz meines langen Schweigens, freundlich ergreift.«[558] Man sieht, dass Claire von Glümer im hohen Alter eine enge Anbindung an ihre Verwandten suchte. Ihre Schwester Marie, sieben Jahre jünger, scheint neben Hans Weddo und seiner Ehefrau Lise der einzig verbliebene familiäre Kontakt in dieser Zeit gewesen zu sein. Im August 1905 meldete sich Claire von Glümer aus der »luftigen Wohnung« in der Reißiger Straße, wo mittlerweile auch ihre Schwester Marie eingetroffen war. Claire von Glümer gratulierte Hans Weddo am 15. August zum 38. Geburtstag, etwas verspätet: »Dass meine Gratulation erst nach dem Feste kommt, ist eine diplomatische Finesse. Mein Brief will nicht im Lärm der Dich Feiernden untergehen, sondern als fortklingender Lockruf in Dein Herz dringen. Komm doch mit Lise nach Dresden, bittet er. Tue das bald, solange auch Großtante Marie bei ihrer Schwester ist und beide – vorübergehend – in einer schönen, geräumigen Wohnung hausen, allwo man auf einer großen Veranda Kaffee trinkt und plaudert. Also spricht der Lockruf, und ich wäre hoch erfreut, wenn Ihr ihm folgtet, meine Lieben!« Sollte es zu einem sommerlichen Treffen in Dresden kommen, würde sie Hans Weddo gerne das Familienwappen zurück geben, welches er ihr für das Vaterländische Museum zugesandt hatte. Zudem berichtet Claire von Glümer stolz, dass auch ein Porträt von ihr von Seiten des Museums angefordert wurde.[559] Dazu hatte sie dem Generalleutnant von Otto einige Wochen zuvor geschrieben: »Mit einer Mischung von Stolz und Beschämung erfüllt mich die liebenswürdige Aufforderung Ew. Excellenz, dem Vaterländischen Museum mein Bildnis zu geben. Die Lockung ist aber zu mächtig, um ihr nicht zu folgen. Eine Rotstiftzeichnung aus meinen alten Tagen wird sich, sobald ich tot bin, ein bescheidenes Plätzchen erbitten.« Zugleich bot Claire von Glümer dem Museum an, auch ein Bildnis Weddos von Glümer, der 1576 Bürgermeister von Braunschweig war, zur Verfügung zu stellen.[560]

Der 18. Oktober 1905, ihr 80. Geburtstag, war für Claire von Glümer ein »Tag der Unruhe«, von dem sie sich erst einmal erholen musste. Daher erfolgte ein Dank an ihren Freund Max Jordan für sein Buchgeschenk erst am 7. November: »Nun aber kann ich eigenhändig meinen Herzensdank aussprechen und hoffe ihn mündlich wiederholen zu können, wenn Sie einmal nach Dresden kommen. Große Freude machte mir das Buch, das Ihren Gruß begleitete; erst jetzt habe ich angefangen es zu lesen, denn so lange der Rücken weh tut, können die zitternden Hände einen so schweren Band nicht halten.« Zudem sei sie durch Herzbeschwerden belastet. Doch Claire von Glümer fand Kraft in ihren Erinnerungen, die sie mit Dank erfüllten: »Meine Gedanken sind aber, bei allen Wanderungen durch die Vergangenheit, zu denen die zahlreichen Freundesgrüße, die mir der 80. Geburtstag brachte, Anlass gegeben, wieder und wieder zu erquicklicher Rast im Hause Ihrer Eltern eingekehrt. Und wie oft haben Sie, lieber Freund, mir später in guten und bösen Tagen bewiesen, dass alte Freundschaft nicht rostet – wenns auch zuweilen so aussieht.« Claire von Glümer beendete ihren Brief dann recht schnell, denn »zu lange am geliebten Schreibtisch zu verweilen, wage ich noch nicht. Nun aber wirklich Lebewohl und tausend Dank für alles Vergangne – für die letzten Tage, die mir noch vergönnt sind, die Bitte, bleiben Sie mir gut!«[561] In diesem am 7. November geschriebenen Brief klingt bereits Claire von Glümers Erdenabschied an. Sie spürt, dass ihre Zeit allmählich abgelaufen ist. Der letzte mir zugängliche Brief Claire von Glümers ist datiert vom 20. November 1905. Sie beklagt darin, dass ihre Dankeskarte an Hans Weddo und seine Frau für deren Wünsche zum 80. Geburtstag auf dem Postweg verloren gegangen sei. Den Festtag fand sie sehr schön, doch die Rückenschmerzen plagten sie seitdem etliche Tage lang. Neben zahlreichen Blumengeschenken gab es von Seiten Hans Weddo von Glümers das schriftliche Versprechen, seine Großtante noch im November in Dresden zu besuchen. Claire von Glümer antwortete: »Lasst ihn, wenn möglich, zur Wahrheit werden. Wenn mich mein Rücken auch zum Liegen und allerlei Grimassen zwingen sollte, das Herz ist wach und die Plauderlust die alte. / ... / Kommt nur, Kinder, so lange die alte Großtante noch auf Erden zu finden ist.«[562]

Nur wenige Monate später, am 20. Mai 1906 starb Claire von Glümer nach einem kurzen schweren Leiden in ihrer Blasewitzer Wohnung. Sie wurde auf dem Johannisfriedhof in Dresden-Tolkewitz bestattet. Der Literarhistoriker Adolf Stern, ein langjähriger Freund der Verstorbenen, widmete ihr im *Dresdener Journal* einen warmherzigen Nachruf: »Von 1859 bis heute hat sie in unserer Stadt gelebt. Bis 1898, wo Auguste Scheibe starb, mit dieser Freundin, seitdem allein, durch wachsende Krankheit viel ans Haus gebannt, niemals vereinsamt. Denn wer ihr je näher getreten war, der hielt fest an ihr, oder sie wusste vielmehr, ihn festzuhalten. / ... / Scheinbar kann es kaum größere Gegensätze geben als die ersten dreißig und die letzten fünfzig Jahre dieses Lebens. Aber wie ihr Haar in blühender Jugend ergraut war und sie noch in voller Anmut einer jugendlichen Erscheinung in weißen Locken stand, so war ein merkwürdiger geheimer Zug des Einheitlichen, in sich Geschlossenen in ihr. Fühlte man, wie der Enthusiasmus, der Schwung ihrer Jugendbegeisterung auch in späterer Zeit unter der Hülle maßvoller Formen, geläuterter Anschauungen aufglühte, so musste man sich sagen, dass die angeborene, weiche Güte ihrer Seele, die Milde ihrer Menschenbeurteilung, die Feinheit ihrer Bildung sie sicher auch in den Kreisen ihrer ersten Periode zu einer gewinnenden Ausnahmeerscheinung gemacht hat. / ... / Alle, die sie persönlich gekannt, die das Glück gehabt haben, ihr nahe zu stehen, müssen ihrer ohnehin und allezeit mit herzlicher Wehmut, doch auch mit freudigem Stolze gedenken.«[563]

Claire von Glümer

Ausblick

Einige Schlusszeilen seien noch angefügt. Claire von Glümer hat ein Leben geführt, das in der Öffentlichkeit wenige Spuren hinterlassen hat. Im ersten Satz seines kurzen Nachrufs auf die Autorin schreibt der Verfasser Friedrich Jeep – immerhin im *Wolfenbütteler Kreisblatt* –, dass es »weniger bekannt« sein dürfte, dass Claire von Glümer lange Jahre auch in Wolfenbüttel gelebt habe. Als Schriftstellerin war ihr eine hohe Popularität nicht vergönnt. Im Gegensatz zu anderen ihrer Zeitgenossen, etwa Gustav Freytag oder Berthold von Auerbach, konnte sie durch ihre Tätigkeit nur bescheidene Einkünfte erzielen. Claire von Glümers Wirkungsradius war nicht groß, doch in vielerlei Hinsicht verbunden mit den das 19. Jahrhundert prägenden Geschehnissen. Überall ist ihre Biographie vernetzt mit den existenziellen Umwälzungen und Entwicklungen ihrer Zeit. Ihre Kindheit verbrachte sie im Exil, das Schicksal ihrer Eltern teilend und später auch mittragend. Mit 23 Jahren geriet sie in den Strudel der revolutionären Ereignisse der Jahrhundertmitte, zunächst in verantwortlicher Position als Journalistin in der Frankfurter Paulskirche, später als mutige Kämpferin für ihren inhaftierten Bruder, was ihr später selbst eine Gefängnisstrafe einbrachte. Claire von Glümers Interesse für die religiöse Bewegung Leberecht Uhligs war ein Versuch, sich angesichts von in Auflösung befindlichen, erstarrten konfessionellen Strukturen weltanschaulich neu zu positionieren. Zusammen mit ihren Freundinnen Auguste Scheibe und Auguste Herz wirkte sie bei der damals umstrittenen und von den staatlichen Behörden argwöhnisch beäugten Kindergartenbewegung mit, ohne Rücksicht auf die materiellen Folgen für ihr Leben. Auch hier geriet sie in den Fokus politischer und polizeilicher Maßnahmen, da die Einrichtung von Kindergärten zu ihrer Zeit als »staatsgefährdend« angesehen wurde. Claire von Glümer war nicht »angepasst«. Die ersten Produkte ihrer schriftstellerischen Tätigkeit waren politischen Inhalts. Der Roman *Fata Morgana* bewegte sich im Geflecht der historischen Kräfte der Jahre 1848/49. *Berühmte Frauen*, den mutigen weiblichen Zeitgenossinnen Elizabeth Fry und Rahel Varnhagen gewidmet, zeigte schon die Richtung künftiger emanzipatorischer Bestrebungen an. Claire von Glümer war eine weltoffene, »europäische« Persönlichkeit. Mit der französischen Kultur und Literatur war sie aufgewachsen, später lernte sie aus eigenem Antrieb Russisch, welches sie bald so gut beherrschte, dass sie bekannte Werke von Tolstoi und Turgeniew ins Deutsche übersetzte. Durch Auguste Scheibe, die als Übersetzerin tätig war, gehörte auch das Englische zu ihrem europäischen Kosmos. Doch auch zarte »globale« Perspektiven spielten in Claire von Glümers Biographie hinein. Ihren Vater und den Bruder Bodo zog es über den Atlantik in die Vereinigten Staaten von Amerika. Der Bruder ihrer Freundin Elise Polko, Eduard Vogel, war ein bekannter Astronom und Afrikaforscher. Die Hinrichtung des 27-Jährigen im Sultanat Wadei am Tschadsee (1856) auf Befehl des dortigen Herrschers erregte damals öffentliche Empörung.

Auguste Götze (1840-1908)

Claire von Glümer war eine selbstbewusste Frau. Das zeigt einerseits ihre private Korrespondenz (z.B. mit Julian Schmidt), andererseits verkörpern die weiblichen Protagonisten ihrer Novellen und Romane die gesamte Spannbreite von traditionellem Gefangensein in bürgerlichen Rollen- und Erwartungsmustern und (besonders in ihrem späteren Werk) selbstbestimmter, freiheitsorientierter und moralisch integrer Lebensführung. Alle diese Schattierungen gestaltete Claire von Glümer in ihren Werken aus. Claire von Glümer war eine durchaus »moderne« Frau, die ihre Überzeugungen weitgehend authentisch gelebt hat und diesen unter den gegebenen Umständen ihrer Zeit Geltung zu verschaffen sich stets bemüht hat.

Was bleibt? Das vorliegende Buch ist der Versuch, die Biographie Claire von Glümers möglichst geschlossen und gestrafft zu erzählen. Der Leser wird bemerken, dass die literarischen Werke der Autorin im Gang der Darstellung einen recht breiten Raum einnehmen, um ihren Werdegang nachzuzeichnen. Es gibt eine ganze Reihe von »Seitenwegen«, die sich während der Beschäftigung mit dem Leben Claire von Glümers aufgetan haben, in welche aber nicht eingebogen wurde. Vielleicht wurde dadurch ja etwas versäumt. Es gäbe für literarisch interessierte Menschen sicher Material für speziellere Untersuchungen. Einige möglicherweise fruchtbare Forschungsfelder seien kurz genannt. Zunächst sei die Beziehung Claire von Glümers zu dem Literaturhistoriker und Dichter Adolf Stern (1835-1907) angeführt. Es gibt eine Reihe von Briefen Claire von Glümers an den Verfasser ihres Nachrufs. In Briefen Paul Heyses und Wilhelm Raabes wird Claire von Glümer erwähnt. Auch könnte es von Interesse sein, Claire von Glümers Verhältnis zum Komponisten, Dirigenten und Musiktheoretiker Martin Blumner (1827-1901) zu ergründen. Claire von Glümer hatte zahlreiche Kontakte zu Menschen aus der »Musikszene« des 19. Jahrhunderts. Dazu gehörte neben der hier ausführlich erwähnten Georgine Schubert die Sängerin, Schauspielerin und Schriftstellerin Auguste Götze. Auch die Freundin Elise Polko, welche u.a. durch Musikmärchen einen gewissen literarischen Erfolg hatte, sei hier genannt.

Wie viele ihr nahestehender Menschen, war auch Elise Polko mit vielen bedeutenden Perönlichkeiten des damaligen Musiklebens verbunden. So gehörte sie zum Freundeskreis Felix Mendelssohn-Bartholdys, wo sie auch Wilhelmine Schröder-Devrient und Rahel Varnhagen kennen lernte. All das zeigt, dass die Verbindung von Literatur und Musik ein zentrales Lebensthema Claire von Glümers war. An zahlreichen Stellen in ihrem Werk ist bemerklich, dass ihre Sprache musikalischen Charakter hat, als sei Musik zu Sprache geronnen. Auf den vorangegangenen Seiten wurden dazu etliche Beispiele angeführt. Eine Darstellung über die »Musikalität der Sprache bei Claire von Glümer« wäre sicher ein lohnendes Thema. Möglicherweise stand Claire von Glümer auch zeitweise in Kontakt mit dem Schriftsteller Karl Gutzkow. Dies ist interessant, zumal zwischen Claire von Glümers engem Vertrauten Julian Schmidt und Gutzkow eine öffentliche literarische Kontroverse ausgetragen wurde.

Karl Gutzkow (1811-1878)

Zuletzt sei noch bemerkt, dass das literarische Werk Claire von Glümers noch sehr viele ungehobene Schätze in sich birgt. In dieser Biographie wurden nur einige Novellen und Romane vorgestellt. Doch vieles bliebe noch zu untersuchen, vor allem vor dem hier skizzierten biographischen Hintergrund. Ich möchte nur die Erzählungen *Die Augen der Valois* und *Lutin und Lutine* erwähnen. Auch die von Claire von Glümer angefertigten Übersetzungen könnten einen weiteren Hinweis auf ihre Person geben. Tolstois *Das Glück der Ehe* oder Turgeniews *Väter und Söhne* liegen thematisch (genau wie viele ihrer Erzählungen) auf der Linie von Konstellationen und Problematiken des tradierten und von den Umbrüchen des 19. Jahrhunderts geprägten Familien- und Ehelebens – ein Bereich, der im Erwachsenenalter mittelbar zu Claire von Glümers eigenem Erfahrungsbereich gehörte. Alle genannten potenziellen Untersuchungsfelder sind geeignet neue Blickrichtungen auf Claire von Glümer und ihren Lebenskreis zu eröffnen. Diese Biographie könnte einen Ausgangspunkt dafür bilden.

Zeittafel (ausgewählte Daten)

—»—»«—«——»—»«—«——»—»«—«—

1825, 18. Oktober
Claire von Glümer wird als Tochter des Advokaten *Karl Weddo von Glümer*
und der Schriftstellerin *Charlotte von Glümer* geboren

1827, 19. Mai: Geburt des Bruders Bodo

Vor 1833
Claires Vater muss aus politischen Gründen seine Heimatstadt verlassen
und versucht sich gemeinsam mit seiner Familie in Meiningen, Dresden
und Berlin zu etablieren

1833 – 1841
Die Familie lebt im Exil mit wechselnden Wohnsitzen in der Schweiz
und Frankreich

1841
Tod der Mutter. Claire von Glümer kehrt allein nach Deutschland zurück und wohnt zunächst bei ihrem Großvater in Wolfenbüttel, wo sie
den Haushalt führt

1846
Übernahme einer Stelle als Erzieherin und Gesellschafterin im Haus des
Drosten von Hake zu Grohnde bei Hameln

1848

Rückkehr des Vaters nach Deutschland; Claire von Glümer gibt ihre Stellung als Erzieherin auf, um ihren Vater in seiner publizistischen Tätigkeit zu unterstützen

1848/49

Claire von Glümer berichtet aus Frankfurt/M. für die *Magdeburgische Zeitung* mehr als sechs Monate lang über die Verhandlungen der Paulskirchen-Versammlung

1849

Claire von Glümers Bruder Bodo wird am 9. Mai wegen Beteiligung am Dresdener Aufstand verhaftet und zum Tode verurteilt; Claire setzt sich für ihren Bruder ein und erwirkt später die Begnadigung zu einer lebenslangen Zuchthausstrafe

1850/51

Ende des Jahres 1851 verlobt sich Claire von Glümer mit dem Schriftsteller Gustav Hermann Leberecht Breusing, kehrt aber im September 1851 wieder nach Dresden zurück. Sie beteiligt sich an einem Fluchtversuch ihres Bruders und wird zu drei Monaten Gefängnis verurteilt, bleibt aber zunächst auf freiem Fuß

1851

Fata Morgana, Claire von Glümers erster Roman

1853

Verhaftung in Dresden und Inhaftierung in Hubertusburg (März – Juli). Claire von Glümer wird aus Sachsen verwiesen und zieht zusammen mit Auguste Scheibe nach Wolfenbüttel.

1854

Aus den Pyrenäen

1855
Zusammen mit Auguste Scheibe verbringt Claire von Glümer mehrere Wochen in Bad Kösen, wo beide Frauen sich der Behandlung Dr. Karl Theodor Groddecks anvertrauen

1856
Mythologie der Deutschen, Berühmte Frauen
Briefe über weibliche Bildung und Erziehung (unter dem Pseudonym E. von Gleichen); diese drei Werke wurden in O. Wigands Verlag in der achtbändigen Reihe »Bibliothek für die deutsche Frauenwelt« veröffentlicht

1859
Claire von Glümer und Auguste Scheibe kehren nach Dresden zurück

1862
Erinnerungen an Wilhelmine Schröder-Devrient

1867
Aus der Bretagne, Düstere Mächte, Erlöst

1871
Die Augen der Valois

1879
Alteneichen
Béarner Novellen (bzw. *Aus dem Béarn*)

1880
Dönninghausen
Georgine Schubert

1882
Vom Webstuhl der Zeit (enthält die Novellen *Gesühnt, Nach 20 Jahren, Die böse Frau von Helgendorf* und *Censi*)

1884
Lutin und Lutine

1886
Ein Fürstensohn, Zerline

1887
Aus der Bretagne
(enthält u.a. die Novelle *Das Fräulein von Roc-estroit*)

1888
Alessa, Keine Illusionen

1898
Tod der langjährigen Lebenspartnerin Auguste Scheibe

1900
Tod ihres Bruders Bodo von Glümer
Es gibt ein Glück – Claire von Glümers letzte Erzählung

1904
Aus einem Flüchtlingsleben

1906
20. Mai: Tod in Blasewitz

Literaturverzeichnis

—»—»«–«——»–»«–«——»–»«–«—

Allen, Ann Taylor: Geistige Mütterlichkeit als Bildungsprinzip. Die Kindergartenbewegung 1840-1870, in: Elke Kleinau/Claudia Opitz (Hrg.), Geschichte der Mädchen- und Frauenbildung, Bd. 2, Frankfurt/M./ New York 1996, S. 19-34

Bär, Johann Karl: Mitteilungen aus dem magnetischen Schlafleben der Somnambüle Auguste K. in Dresden, Dresden 1843

Bautz, Friedrich Wilhelm: Fry, Elizabeth, <u>in</u>: Biographisch-Bibliographisches Kirchenlexikon, Bd. 2, Hamm 1990, S. 148f.

Bein, Reinhard: Claire von Glümer. Journalistin, Schriftstellerin, Übersetzerin, in: Braunschweiger Persönlichkeiten des 19. Und 20. Jahrhunderts, hrsg. von Reinhard Bein, Braunschweig 2014, Bd. 2, S. 52-57

Beutin, Wolfgang / Ehlert, Klaus, u.a.: Deutsche Literaturgeschichte, Stuttgart 1979

Boldt, Rosemarie / Eichler, Wolfgang: Friedrich Wilhelm August Fröbel, Leipzig 1982

Brinker-Gabler, Gisela; Ludwig, Karola; Wöffen, Angela: Lexikon deutschsprachiger Schriftstellerinnen 1800-1945, München 1966

Brummer, Franz: Elise Polko, in: Allgemeine Deutsche Biographie 53, Leipzig 1907, S. 95ff.

Chrambach, Eva: Glümer, Claire (eigentl. Clara) Wilhelmine Caroline Auguste Friederike von (Pseudonym: Elise von Gleichen), in: Sächsische Biographie, hrsg. vom Institut für Sächsische Geschichte und Volkskunde e.V. (online-Ausgabe: http://www.isgv.de/saebi/)

Donop, Lionel von: Max Jordan. Ein Lebensbild, Berlin 1907

Drewes, Gabriele, u.a.: Adlige und bürgerliche Frauen in Wolfenbüttel, Braunschweig 2009

Eckardt, Julius von: Lebenserinnerungen, Bd. I, Leipzig 1910

Freund, Marion: »Mag der Thron in Flammen glühn!« – Schriftstellerinnen und die Revolution 1848/49, Königstein 2004

Freund, Marion: Claire von Glümer, in: Akteure eines Umbruchs. Männer und Frauen der Revolution von 1848/49, Berlin 2016

Garrisson, Janine: Königin Margot – Das bewegte Leben der Marguerite de Valois, Solothurn/Düsseldorf 1995

Germann, Wilhelm: Bernhard Erich Freund, Herzog von Sachsen-Meiningen-Hildburghausen, in: Allgemeine Deutsche Biographie, Bd. 46, Leipzig 1902, S. 409ff.

Glümer, Claire von: Lutin und Lutine – Eine Erzählung aus dem Béarn, Leipzig 1844

Glümer, Claire von: Fata Morgana. Ein Roman aus dem Jahre 1848, Frankfurt 1851

Glümer, Claire von: Aus den Pyrenäen, Dessau 1854

Glümer, Claire von: Berühmte Frauen, Leipzig 1856

Glümer, Claire von: Aus dem Béarn, o.O. 1856

Glümer, Claire von: Mythologie der Deutschen, Leipzig 1856

Glümer, Claire von: Esclarmonda, in: Rheinisches Taschenbuch auf das Jahr 1858, Frankfurt, S. 101ff

Glümer, Claire von: Jugendgeschichte meines alten Freundes, in: Hausblätter, Stuttgart 1859, S. 241ff.

Glümer, Claire von: Guntershausen, in: Die Gartenlaube (1860), (Heft 6, S. 81-84; Heft 7, S. 97-100; Heft 8, S. 113-116; Heft 9, S. 129-136)

Glümer, Claire von: Erinnerungen an Wilhelmine Schröder-Devrient, Leipzig 1862

Glümer, Claire von: Aus der Bretagne – Geschichten und Bilder, Wien 1867

Glümer, Claire von: Liebeszauber, Berlin 1870

Glümer, Claire von: Düstre Mächte. Erlöst, o.O., 1870

Glümer, Claire von: Die Augen der Valois, Berlin 1871

Glümer, Claire von: Eine fürstliche Dichterin, in: Der Salon für Literatur, Kunst und Gesellschaft (1871), S. 497ff.

Glümer, Claire von: Frau Domina, Stuttgart 1873

Glümer, Claire von: Iwan Turgenieff in: Über Land und Meer 18/1876, Nr. 50, S. 994f.

Glümer, Claire von: Georgine Schubert, Dresden 1880

Glümer, Claire von: Vom Webstuhl der Zeit, Dresden/Leipzig 1882 (hierin enthalten die vier Novellen *Gesühnt, Nach zwanzig Jahren, Die böse Frau von Helgendorf, Censi*

Glümer, Claire von: Ein Fürstensohn. Zerline., Stuttgart 1886

Glümer, Claire von: Liebeszauber; (Novellen: *Drei Sommerwochen, Comtesse Hardys Nobelgarde, Zwillingsschwestern*), Berlin 1891

Glümer, Claire von: Karl Theodor, Herzog in Bayern. Eine biographische Skizze, in: Die Grenzboten 58/1899, H. 4, S. 88ff.

Glümer, Claire von: Es gibt ein Glück, o.O., 1900

Glümer, Claire von: Vor sechzig Jahren. Erinnerungsbilder von Caire von Glümer, in: Illustrierte Frauen-Zeitung, 29. Jhg., Heft 17 (1.9.1902, S. 135f.), Heft 18 (15.9.1902, S. 139f.)

Glümer, Claire von: Aus einem Flüchtlingsleben (1833-1839) – Die Geschichte meiner Kindheit, Dresden/Leipzig 1904

Glümer, Claire von: Karl Theodor, Herzog in Bayern. Eine biographische Skizze, in: Die Grenzboten 58/1899, H. 4, S. 88ff.

Glümer, Hans von: Ein Stammbuch aus der Paulskirche, in: Vossische Zeitung Nr. 575, vom 8.12.1907

Glümer, Hans von: Claire von Glümer, in: Braunschweigisches Magazin 9, September 1913, S. 97-106

Grimm, F.A. von : Ein Besuch bei Elise Polko, in: Über Land und Meer 28 (1870), S. 2

Grünewald, Wilhard (Bearb.): Julius Fröbel – Lebensschicksale eines Achtundvierzigers in der Alten und Neuen Welt, Heidenheim 1971

Gumnior, Klaus: Schloss Hubertusburg. Werte einer sächsischen Residenz, Dresden 1997

Hamerling, Robert: Stationen meiner Lebenspilgerschaft, Hamburg 1889

Hartmann, Klaus: Albert Steffen – Die jungen Jahre des Dichters, Dornach 2019

Heppe, N.N.: Friedrich Fröbel, in: Allgemeine Deutsche Biographie 8, Leipzig 1878, S. 123f.

Hoffmann, Erika: Friedrich Wilhelm August Fröbel, in: Neue Deutsche Biographie 5 (1961), S. 643f. (Online-Version)

Hundt, Irina (Hrg.): Im Streben »nach Einfluss aufs Ganze«. Louise Ottos Tagebücher aus den Jahren 1849-1857 (Louise-Otto-Peters Jahrbuch III/2009, Beucha/Markkleeberg 2010, S. 270)

Jeep, Friedrich: Nachruf auf Claire von Glümer, in: Wolfenbütteler Kreisblatt 122/ 26.5.1906

Knauß, Bernhard, Carl Carus, in: Neue Deutsche deutsche Biographie 3 (1857), S. 161ff.

Koopmann, Helmut: Das Junge Deutschland, Darmstadt 1993

Kürnberger, Ferdinand: Literarische Herzenssachen, Werke Bd. 2, München/Leipzig 1911

Labouvie, Eva (Hrg.): Frauen in Sachsen-Anhalt, Bd. 2, Wien/Köln/Weimar 2019

Lewald, Fanny: Gefühltes und Gedachtes (1838-1888), Dresden/Leipzig 1900

Lent, Dieter: Findbuch zum Bestand Nachlass des Demokraten Georg Fein (1803-1869), Niedersächsische Archivverwlatung, Wolfenbüttel 1991

Ludwig, Johanna: Dresdner Frauen in und nach dem Maiaufstand 1849, in: Dresden, Mai 1849. Tagungsband: Mai 1849. Barrikaden in Dresden – Ursachen, Akteure, Ziele, Dresden 2000, S. 92-100

Malisch, Kurt: Schröder-Devrient, Wilhelmine, in: Neue Deutsche Biographie 23 (2007), S. 558f.

Mathews, Peter: Harro Harring – Rebell der Freiheit, Berlin/München/Zürich/Wien 2017

Meisner, Otto: Moritz Busch, in: Neue Deutsche Biographie, Bd. 3, Berlin 1957

Möhrmann, Renate: Claire von Glümer, in: Lexikon deutschsprachiger Epik und Dramatik von Autorinnen, hrsg. Von Gudrun Loster-Schneider, Tübingen/Basel 2006, S. 164-167

Mollenhauer, Karl: Literaturgeschichtliche Würdigung Claire von Glümers, in: Braunschweigisches Magazin 10, Oktober 1913, S. 109-112

Mommsen, Wolfgang J.: 1848 – Die ungewollte Revolution, Frankfurt/M. 1998

Nipperdey, Thomas: Deutsche Geschichte 1800-1866, München 1998

N.N., (*Rezension*), Reisebilder – »Aus den Pyrenäen« von Claire von Glümer, in: *Die Grenzboten* 13 (1854), S. 93

N.N.: Ein Apostel der Wahrheit, in: Die Gartenlaube 50/1866, S. 780ff. – Über Leberecht Uhlich (nebst Porträt)

Otto, Norbert: Die romantische Naturauffassung des Novalis im Roman »Heinrich von Ofterdingen«, Bochum 1980 (Manuskriptdruck)

Otto, Norbert: Julian Schmidt – Eine Spurensuche, Dortmund 2016 (ausführlicher Manuskriptdruck, mit zahlreichen Abbildungen)

Otto, Norbert: Julian Schmidt – Eine Spurensuche, Hildesheim 2018

Pataky, Sophie (Hrg.): Lexikon deutscher Frauen der Feder, Band 1, Berlin 1898, S. 261f.

Pietsch, Ludwig: Wie ich ein Schriftsteller geworden bin – Der wunderliche Roman meines Lebens, Berlin 2000

Pröhle, Heinrich: L. Uhlich, in: Allgemeine Deutsche Biographie 39, Leipzig 1895, S. 171ff.

Schletterer, Hans-Michael, Schröder-Devrient, Wilhelmine, in: Allgemeine Deutsche Biographie 32 (1891), S. 534ff.

Scheve, Gustav: Zur Lehre der Offenbarung Gottes im Menschengeist. Ein Beitrag zur Lösung der religiösen Wirren, München 1860

Scheve, Gustav: Phrenologische Frauenbilder. Dresdens Schriftstellerinnen der Gegenwart, Dresden 1865

Schulz, Hans Adolf: Burgen und Schlösser des Braunschweiger Landes, Braunschweig 1980

Schulze-Wülwer, Ulrich: Harro Harring als Freund und Mitstreiter Mazzinis in den Jahren 1834-1836, in: Mitteilungen der Harro-Harring-Gesellschaft 11/12, 1992/93, S. 8ff.

Spehr, F.: Georg Fein, in: Allgemeine Deutsche Biographie, Bd. 6, Leipzig 1877, S. 606f.

Steiner, Rudolf: Der Lebenslauf des Menschen vom geisteswissenschaftlichen Gesichtspunkt (Vortrag im Architektenhaus Berlin, 28.2.1907), in:

Stern, Adolf: Otto Ludwig – Ein Dichterleben, Leipzig 1906 (2. Auflage)

Uhlich, Leberecht: 10 Jahre in Magdeburg 1845-1855, o.O. 1855

Uhlich, Leberecht: Sein Leben, von ihm selbst beschrieben, Gera 1872

Venedey, Jacob (Hrg.): Geächtete, Paris 1834

Waldersee, Friedrich von: Der Kampf um Dresden im Mai 1849, Berlin 1849

Weiss, Norbert/Wonneberger, Jens: Dichter, Denker, Literaten aus sechs Jahrhunderten in Dresden, Dresden 1997

Wilhelmy-Dollinger, Petra: Die Berliner Salons, Berlin/New York 2000

Zedlitz-Neukirch, L. von (Bearb.): Neues preußisches Adelslexikon, Leipzig 1839

Zimmermann, Paul: Carl Theodor Gravenhorst, in: Allgemeine Deutsche Biographie 49, Leipzig 1904, S. 516ff.

Zimmermann, Paul: Hermann Graf von Görtz-Wrisberg, in: Allgemeine Deutsche Biographie 49, Leipzig 1904, S. 463ff.

Internet (Verzeichnis benutzter Adressen)

—»–»«‑«——»–»«‑«——»–»«‑«—

https://berlingeschichte.de/personen/m/meyer_babette.htm

https://brema.suub.uni-bremen.de/grenzboten/periodical

https://www.inschriften.net/braunschweig/inschrift/nr/di056-1146.html (Wappen der Familie Glümer, S. 9)

https://kulturerbe.niedersachsen.de/objekt/isil_DE-MUS-071012_14175/1/ (Blankenburg, S. 14)

https://de.wikipedia.org/wiki/Georg_Ernst_Adolf_von _Hake

https://skd-online-collection.skd.museum/Details/Index/911571 (Porträt Scheve 1850)

www.stadtwikidd.de/wiki/Freimaurer-Institut

https://www.familienverband-groddeck.homepage.t-online.de

http://www.stadtwikidd.de/wiki/Auguste_Scheibe

https://www.isgv.de/saebi/ Zugriff 28.5.2020

https://en.wikipedia.org/wiki/La_Pléiade#Minor_figures

https://de.wikipedia.org/wiki/Ernst_Mahner

https://www.sophie-drinker-institut.de

https://wiki.frauenstadtarchiv.de

www.tag24.de/nachrichten/dresden-strassennamen-serie-wie-fabrikant-
dresden-zur-schokoladenhauptstadt-machte-1130063

https:// smb.museum-digital.de

Nachlass

—»–»«–«——»–»«–«——»–»«–«—

In diesem Buch wurde auf zwei umfangreiche Quellen zurück gegriffen:
Es gibt einen Nachlass Claire von Glümers im Niedersächsischen Staats-
archiv Wolfenbüttel (NiedersächsStA Wolfenbüttel), (Mikrofilm): Sammelband VI Hs 11 Nr. 101, 298 N (darunter Gedrucktes, Briefe, Zei-
tungsausschnitte); außerdem das Stammbuch VI Hs 13 Nr. 188 aus der
Zeit, als Claire von Glümer als Parlamentsberichterstatterin in Frank-
furt/M. tätig war.

Eine weitere ergiebige Quelle stellt der Nachlass Julian Schmidts dar,
welcher mehr als 100 Briefe Claire von Glümers enthält: Nachlass 215
(Julian Schmidt), Kasten I, Mappe 88, Staatsbibliothek zu Berlin – Preußischer Kulturbesitz, Handschriftenabteilung.

Abbildungsnachweis

—»– »«– «——»– »«– «——»– »«– «—

Der Großteil der Abbildungen in diesem Buch stammt aus dem privaten Archiv des Autors. Die Ausnahmen sind im Folgenden chronologisch nach Kapiteln gelistet:

Cover / Kap. VI. 1 > Claire von Glümer (ca. 1848, Fotografie von Constantin Schwedler, Dresden)
> KHM-Museumsverband, Theatermuseum Wien

Kap. VIII. 1 > Auguste Herz
> https://wiki.frauenstadtarchiv.de

Kap. VIII. 1 > Rosalie Spohr
> www.sophie-drinker-institut.de

Kap. VIII. 1 > Gottfried Jordan
> www.tag24.de/nachrichten/dresden-strassennamen-serie-wie-fabrikant-dresden-zur-schokoladenhauptstadt-machte-1130063
> https://de.wikipedia.org/wiki/Max_Jordan

Kap. XI > Karolina Pawlowa
> https://de.wikipedia.org/wiki/Karolina_Karlowna_Pawlowa

Kap. XI. 1 > Carl Gustav Carus
> https://de.wikipedia.org/wiki/Carl_Gustav_Carus

Kap. XI. 2 > Gustav Scheve
> https://skd-online-collection.skd.museum/Details/Index/911571

Kap. XII > Marie Amalie von Sachsen
> https://de.wikipedia.org/wiki/Amalie_von_Sachsen (1794-1870)

Kap. XV > Claire von Glümer (Altersporträt) aus: Die Welt der Frau 1906, Nr. 29, S. 449
> Archiv der deutschen Frauenbewegung (AddF), Kassel, A-D1-00135

Kap. XV > Ernst Mahner > https://de.wikipedia.org./wiki/Ernst_Mahner

Kap. XVI > Martin Blumner
> https://de.wikipedia.org/wiki/Martin_Blumner
> https://smb.museum-digital.de/object/144244

Kap. XVI > Handschriftenproben aus zwei Briefen Claire von Glümers
> Niedersächsisches Landesarchiv / Abteilung Wolfenbüttel (wo_vi_hs_11_nr._101)

Kap. XVI > Postkarte Claire von Glümers an Max Jordan (Sept. 1895)
> Niedersächsisches Landesarchiv / Abteilung Wolfenbüttel (wo_vi_hs_11_nr._101)

Anmerkungen

1 Freund, Marion: Claire von Glümer, in: Akteure eines Umbruchs. Männer und Frauen der Revolution von 1848/49, Berlin 2016, S. 95f.

2 Otto, Norbert: Julian Schmidt – Eine Spurensuche, Hildesheim 2018

3 Glümer, Claire von: Aus einem Flüchtlingsleben (1833-1839) – Die Geschichte meiner Kindheit, Dresden/Leipzig 1904, S. 4f. – Claire von Glümers Kindheitserinnerungen werden im weiteren Verlauf dieser Abhandlung ohne den Zusatz »Die Geschichte meiner Kindheit« zitiert (vgl. die folgende Anmerkung).

4 Glümer, Claire von: Aus einem Flüchtlingsleben (1833-1839), Dresden/Leipzig 1904, S.5

5 Glümer, Hans von: Claire von Glümer, in: Braunschweigisches Magazin 9, September 1913, S. 97f.

6 Zedlitz-Neukirch, L. von (Bearb.): Neues preußisches Adelslexikon, Leipzig 1839, S. 183

7 Glümer, Claire von: Aus einem Flüchtlingsleben (1833-1839), Dresden/Leipzig 1904, S. 5. Claire von Glümer spricht zu Beginn ihrer Kindheitsaufzeichnungen immer von »den Glümers«; das »von« lässt sie weg. Erstmals versieht sie den Namen Glümer mit einem »von« im Zusammenhang mit der vollen Namensnennung ihrer Mutter Charlotte als Schriftstellerin (ebda., S. 28).

8 Glümer, Claire von: Aus einem Flüchtlingsleben (1833-1839), Dresden/Leipzig 1904, S. 5ff.

9 Glümer, Claire von: Aus einem Flüchtlingsleben (1833-1839), Dresden/Leipzig 1904, S. 9f.

10 Glümer, Claire von: Aus einem Flüchtlingsleben (1833-1839), Dresden/Leipzig 1904, S. 14ff.

11 Glümer, Claire von: Aus einem Flüchtlingsleben (1833-1839), Dresden/Leipzig 1904, S. 20f.

12 Glümer, Claire von: Aus einem Flüchtlingsleben (1833-1839), Dresden/Leipzig 1904, S. 21ff.

13 Claire von Glümer an Julian Schmidt, Dresden, 9. November 1852 in: Nachlass 215 (Julian Schmidt), Kasten I, Mappe 88, Staatsbibliothek zu Berlin – Preußischer Kulturbesitz, Handschriftenabteilung

14 Glümer, Claire von: Aus einem Flüchtlingsleben (1833-1839), Dresden/Leipzig 1904, S. 24f.

15 Glümer, Claire von: Aus einem Flüchtlingsleben (1833-1839), Dresden/Leipzig 1904, S. 45

16 Glümer, Claire von: Aus einem Flüchtlingsleben (1833-1839), Dresden/Leipzig 1904, S. 26f.

17 Glümer, Claire von: Aus einem Flüchtlingsleben (1833-1839), Dresden/Leipzig 1904, S. 28

18 Glümer, Claire von: Aus einem Flüchtlingsleben (1833-1839), Dresden/Leipzig 1904, S. 29

19 Mommsen, Wolfgang J.: 1848 – Die ungewollte Revolution, Frankfurt/M. 1998, S. 18ff. – Die Besetzung der »Parlamente« erfolgte in der Regel durch ein Zensuswahlrecht und war somit den vermögenden Bevölkerungsschichten vorbehalten.

20 Glümer, Claire von: Aus einem Flüchtlingsleben (1833-1839), Dresden/Leipzig 1904, S. 29

21 Glümer, Claire von: Aus einem Flüchtlingsleben (1833-1839), Dresden/Leipzig 1904, S. 29f.

22 Schulz, Hans Adolf: Burgen und Schlösser des Braunschweiger Landes, Braunschweig 1980, S. 66f.

23 Glümer, Claire von: Aus einem Flüchtlingsleben (1833-1839), Dresden/Leipzig 1904, S. 32

24 Zedlitz-Neukirch, L. von (Bearb.): Neues preußisches Adelslexikon, Leipzig 1839, S. 182f. Als Geburtsdatum Adolphines wird dort der 8. August 1812 angegeben, Agnes wurde am 19.2.1804 geboren.

25 Glümer, Claire von: Aus einem Flüchtlingsleben (1833-1839), Dresden/Leipzig 1904, S. 31, 33

26 Glümer, Claire von: Aus einem Flüchtlingsleben (1833-1839), Dresden/Leipzig 1904, S. 34ff.

27 Glümer, Claire von: Aus einem Flüchtlingsleben (1833-1839), Dresden/Leipzig 1904, S. 39

28 Glümer, Claire von: Aus einem Flüchtlingsleben (1833-1839), Dresden/Leipzig 1904, S. 37, 40f.

29 Glümer, Claire von: Aus einem Flüchtlingsleben (1833-1839), Dresden/Leipzig 1904, S. 42ff.

30   Bei »Liebenstein« handelt es sich um das heutige Bad Liebenstein, welches sich seit 1907 »Bad« nennt.Während eines achttägigen Besuchs der Familie in Liebenstein kam es noch einmal zu einem Wiedersehen mit Mally. (Glümer, Claire von: Aus einem Flüchtlingsleben (1833-1839), Dresden/Leipzig 1904, S. 48f.)

31   Glümer, Claire von: Aus einem Flüchtlingsleben (1833-1839), Dresden/Leipzig 1904, S. 49ff.

32   Mommsen, Wolfgang J., 1848 – die ungewollte Revolution, Frankfurt/M. 1998, S. 42ff.

33   Glümer, Claire von: Aus einem Flüchtlingsleben (1833-1839), Dresden/Leipzig 1904, S. 53f.

34   Glümer, Claire von: Aus einem Flüchtlingsleben (1833-1839), Dresden/Leipzig 1904, S. 56ff.

35   Glümer, Claire von: Aus einem Flüchtlingsleben (1833-1839), Dresden/Leipzig 1904, S. 58ff.

36   Glümer, Claire von: Aus einem Flüchtlingsleben (1833-1839), Dresden/Leipzig 1904, S. 62ff. Der Bräutigam Adolfines war ihr Vetter, der in einer Garnison am Rhein stationierte Leutnant Weddo von Glümer, der sich bereits mit 12 Jahren in seine drei Jahre ältere Cousine verliebt und beschlossen hatte, sie später zu heiraten (ebda., S. 65f.)

37   Glümer, Claire von: Aus einem Flüchtlingsleben (1833-1839), Dresden/Leipzig 1904, S. 67f.

38   Der Herzog Bernhard Erich Freund galt allgemein als pflichtbewusster und gerechter Herrscher, der auch die Kunst und Literatur nach Kräften förderte. Doch war er bei seinen Entscheidungen auch stark von seinen Beratern abhängig. Dies mag ein Grund für die zögerliche Haltung des Herzogs gewesen sein. (vgl. Stern, Adolf: Otto Ludwig – Ein Dichterleben, Leipzig 1906/2. Auflage, S. 87f.).

39   Glümer, Claire von: Aus einem Flüchtlingsleben (1833-1839), Dresden/Leipzig 1904, S. 69ff. Auf Georg Fein wird später noch ausführlich eingegangen (vgl. Kap.V.1).

40   Glümer, Claire von: Aus einem Flüchtlingsleben (1833-1839), Dresden/Leipzig 1904, S. 90

41   Glümer, Claire von: Aus einem Flüchtlingsleben (1833-1839), Dresden/Leipzig 1904, S. 71f.

42   Glümer, Claire von: Aus einem Flüchtlingsleben (1833-1839), Dresden/Leipzig 1904, S. 80, 90f.

43   Glümer, Claire von: Aus einem Flüchtlingsleben (1833-1839), Dresden/Leipzig 1904, S. 238

44   Glümer, Claire von: Aus einem Flüchtlingsleben (1833-1839), Dresden/Leipzig 1904, S. 247

45   Koopmann, Helmut: Das Junge Deutschland, Darmstadt 1993, S. 3ff., 124ff. Im Jahr 1835 wurden die Schriften der »Jungdeutschen« auf Beschluss des damaligen Deutschen Bundestages der Fürsten verboten.

46   Beutin, Wolfgang / Ehlert, Klaus, u.a.: Deutsche Literaturgeschichte, Stuttgart 1979, S. 179

47   Glümer, Claire von: Aus einem Flüchtlingsleben (1833-1839), Dresden/Leipzig 1904, S. 159, 162, 168

48   Als »Elend« bezeichneten die Vorfahren der Glümers jede Form von Verbannung (Glümer, Claire von: Aus einem Flüchtlingsleben (1833-1839), Dresden/Leipzig 1904, S. 105)

49   Glümer, Claire von: Aus einem Flüchtlingsleben (1833-1839), Dresden/Leipzig 1904, S. 105f.

50   Glümer, Claire von: Aus einem Flüchtlingsleben (1833-1839), Dresden/Leipzig 1904, S. 107ff.

51   Glümer, Claire von: Aus einem Flüchtlingsleben (1833-1839), Dresden/Leipzig 1904, S. 110f.

52   Glümer, Claire von: Aus einem Flüchtlingsleben (1833-1839), Dresden/Leipzig 1904, S. 112ff. Claire von Glümer gibt den Titel der 1834 erschienen Gedichte ungenau mit »Polnische Seufzer« an. Vgl. auch J. Venedey (Hrg.), Geächtete, Paris 1834. Über J.C. Blumenfeld ist nicht viel bekannt: geb. 1810, ist er wahrscheinlich vor 1840 verstorben.

53   Glümer, Claire von: Aus einem Flüchtlingsleben (1833-1839), Dresden/Leipzig 1904, S. 117. Der hier erwähnte Johannes Müller konnte nich näher verifiziert werden.Ein Hinweis findet sich bei Schulze-Wülwer, Ulrich: Harro Harring als Freund und Mitstreiter Mazzinis in den Jahren 1834-1836, in: Mitteilungen der Harro-Harring-Gesellschaft 11/12, 1992/93, S. 23, wonach Müller die theosophische Zeitschrift PALLAS herausgegeben hatte. Diese Zeitschrift konnte nicht verifiziert werden.

54   Glümer, Claire von: Aus einem Flüchtlingsleben (1833-1839), Dresden/Leipzig 1904, S. 120ff.

55   Glümer, Claire von: Aus einem Flüchtlingsleben (1833-1839), Dresden/Leipzig 1904, S. 125f. Die erwähnten Umstände, die der Rückreise ins Elsass voran gingen, finden sich ebda., S. 122ff.

56   Glümer, Claire von: Aus einem Flüchtlingsleben (1833-1839), Dresden/Leipzig 1904, S. 127ff., 132f.

57 Glümer, Claire von: Aus einem Flüchtlingsleben (1833-1839), Dresden/Leipzig 1904, S. 134

58 Glümer, Claire von: Aus einem Flüchtlingsleben (1833-1839), Dresden/Leipzig 1904, S. 137ff.

59 Glümer, Claire von: Aus einem Flüchtlingsleben (1833-1839), Dresden/Leipzig 1904, S. 144ff.

60 Die Ehe der Bentzel-Sternaus wurde 1805 geschlossen. Marie Anne, geborene Freiin von Seckendorff, starb im Jahr 1838 im Alter von 51 Jahren. Graf Ernst Christian lebte von 1767-1849.

61 Glümer, Claire von: Aus einem Flüchtlingsleben (1833-1839), Dresden/Leipzig 1904, S. 130ff., 136f.

62 Scheve, Gustav: Phrenologische Frauenbilder. Dresdens Schriftstellerinnen der Gegenwart, Dresden 1865, S. 106. Scheve zitiert diese Aussage Claire von Glümers, als er sie in ihrem Haus besuchte.

63 Glümer, Claire von: Aus einem Flüchtlingsleben (1833-1839), Dresden/Leipzig 1904, S. 141ff.

64 Glümer, Claire von: Aus einem Flüchtlingsleben (1833-1839), Dresden/Leipzig 1904, S. 133f.

65 Joseph Conrad Giesker (1808-1858), Gustav Kombst (1806-1846), Harro Harring (1798-1870)

66 Glümer, Claire von: Aus einem Flüchtlingsleben (1833-1839), Dresden/Leipzig 1904, S. 140f.

67 Glümer, Claire von: Aus einem Flüchtlingsleben (1833-1839), Dresden/Leipzig 1904, S. 150ff.

68 Mathews, Peter: Harro Harring – Rebell der Freiheit, Berlin/München/Zürich/Wien 2017, S. 295. Harro Harrings Pass lautete auf den Namen »Heinrich Hopfer« (ebda.).

69 Glümer, Claire von: Aus einem Flüchtlingsleben (1833-1839), Dresden/Leipzig 1904, S. 146

70 Mathews, Peter: Harro Harring – Rebell der Freiheit, Berlin/München/Zürich/Wien 2017, S. 415ff.; Glümer, Claire von: Aus einem Flüchtlingsleben (1833-1839), Dresden/Leipzig 1904, S. 168f.

71 Mathews, Peter: Harro Harring – Rebell der Freiheit, Berlin/München/Zürich/Wien 2017, S. 302f.; Glümer, Claire von: Aus einem Flüchtlingsleben (1833-1839), Dresden/Leipzig 1904, S. 146ff.

72 Lent, Dieter: Findbuch zum Bestand Nachlass des Demokraten Georg Fein (1803-1869). Niedersächsische Archivverwaltung, Wolfenbüttel 1991, S. 54ff., 93ff.

73   Glümer, Claire von: Aus einem Flüchtlingsleben (1833-1839), Dresden/Leipzig 1904, S. 149f.

74   Glümer, Claire von: Aus einem Flüchtlingsleben (1833-1839), Dresden/Leipzig 1904, S. 156, 164f.

75   Mathews, Peter: Harro Harring, Rebell der Freiheit, Berlin/München/Zürich/Wien 2017, S. 297

76   Glümer, Claire von: Aus einem Flüchtlingsleben (1833-1839), Dresden/Leipzig 1904, S. 159f., 164; siehe auch: Mathews, Peter: Harro Harring, Rebell der Freiheit, Berlin/München/Zürich/Wien 2017, S. 297f.

77   Glümer, Claire von: Aus einem Flüchtlingsleben (1833-1839), Dresden/Leipzig 1904, S. 164

78   Glümer, Claire von: Aus einem Flüchtlingsleben (1833-1839), Dresden/Leipzig 1904, S. 162ff.

79   Glümer, Claire von: Aus einem Flüchtlingsleben (1833-1839), Dresden/Leipzig 1904, S. 168f. Allein Dr. Giesker blieb unbehelligt. Er hatte das Schweizer Bürgerrecht erworben und führte in Zürich eine angesehene Arztpraxis. Bis zu seinem Lebensende 1858 lebte Giesker in der Schweiz.

80   Glümer, Claire von: Aus einem Flüchtlingsleben (1833-1839) Dresden/Leipzig 1904, S. 170ff.

81   Glümer, Claire von: Aus einem Flüchtlingsleben (1833-1839), Dresden/Leipzig 1904, S. 177ff.

82   Glümer, Claire von: Aus einem Flüchtlingsleben (1833-1839), Dresden/Leipzig 1904, S. 183ff.

83   Glümer, Claire von: Aus einem Flüchtlingsleben (1833-1839), Dresden/Leipzig 1904, S. 190f., 193. Über Amalie vgl. hier u.a. das Kapitel I.1 (»Die Eltern«).

84   Glümer, Claire von: Aus einem Flüchtlingsleben (1833-1839), Dresden/Leipzig 1904, S. 229

85   Glümer, Claire von: Aus einem Flüchtlingsleben (1833-1839), Dresden/Leipzig 1904, S. 194ff.

86   Glümer, Claire von: Aus einem Flüchtlingsleben (1833-1839), Dresden/Leipzig 1904, S. 208ff.

87   Glümer, Claire von: Aus einem Flüchtlingsleben (1833-1839), Dresden/Leipzig 1904, S. 214f.

88   Glümer, Claire von: Aus einem Flüchtlingsleben (1833-1839), Dresden/Leipzig 1904, S. 218ff.

89 Glümer, Claire von: Aus einem Flüchtlingsleben (1833-1839), Dresden/Leipzig 1904, S. 220f. – Die weibliche Dichterinnengruppe konnte nicht verifiziert werden. Hinweise auf eine »Plejaden« genannte Dichtergruppe (männlich und weiblich) gibt es für das Jahr 1323 (vgl. https://en.wikipedia.org/wiki/La_Pléiade#Minor_figures)

90 Gemeint sind die Berichte über die Plejaden und Troubadoure.

91 Glümer, Claire von: Aus einem Flüchtlingsleben (1833-1839), Dresden/Leipzig 1904, S. 222. In Claire von Glümers Kindheitsgeschichte (S. 222-224) finden sich noch detailliertere Ausführungen über die Langue Moundine und ihre Dichter, wie z.B. Pierre Goudouli.

92 Glümer, Claire von: Aus einem Flüchtlingsleben (1833-1839), Dresden/Leipzig 1904, S. 229

93 Glümer, Claire von: Aus einem Flüchtlingsleben (1833-1839), Dresden/Leipzig 1904, S. 227ff.

94 Glümer, Claire von: Aus einem Flüchtlingsleben (1833-1839), Dresden/Leipzig 1904, S. 237ff.

95 Zum romantischen Naturverständnis vgl. Otto, Norbert: Die romantische Natur-auffassung des Novalis im Roman *Heinrich von Ofterdingen*, Bochum 1980 (Manu-skriptdruck)

96 Glümer, Claire von: Aus einem Flüchtlingsleben (1833-1839), Dresden/Leipzig 1904, S. 240ff.

97 Glümer, Claire von: Aus einem Flüchtlingsleben (1833-1839), Dresden/Leipzig 1904, S. 243ff.

98 Glümer, Claire von: Aus dem Béarn, Berlin o.J., S. 3, 10f.

99 Glümer, Claire von: Aus dem Béarn, Berlin o.J., S. 11f.

100 Glümer, Claire von: Aus einem Flüchtlingsleben (1833-1839), Dresden/Leipzig 1904, S. 248f.

101 Glümer, Claire von: Aus dem Béarn, Berlin o.J., S. 63f.

102 Glümer, Claire von: Aus einem Flüchtlingsleben (1833-1839), Dresden/Leipzig 1904, S. 249

103 Glümer, Claire von: Aus einem Flüchtlingsleben (1833-1839), Dresden/Leipzig 1904, S. 266ff.

104 Glümer, Claire von: Aus einem Flüchtlingsleben (1833-1839), Dresden/Leipzig 1904, S. 274f.

105 Glümer, Claire von: Aus einem Flüchtlingsleben (1833-1839), Dresden/Leipzig 1904, S. 276

106 Glümer, Claire von: Aus einem Flüchtlingsleben (1833-1839), Dresden/Leipzig 1904, S. 279ff.

107 Glümer, Claire von: Aus einem Flüchtlingsleben (1833-1839), Dresden/Leipzig 1904, S. 287ff.

108 Glümer, Claire von: Aus einem Flüchtlingsleben (1833-1839), Dresden/Leipzig 1904, S. 294

109 Glümer, Claire von: Aus einem Flüchtlingsleben (1833-1839), Dresden/Leipzig 1904, S. 296f.

110 Dieses Zitat stammt aus einem Brief der Mutter vom 29.3.1839 an eine Freundin. Glümer, Claire von: Aus einem Flüchtlingsleben (1833-1839), Dresden/Leipzig 1904, S. 298

111 Glümer, Claire von: Aus einem Flüchtlingsleben (1833-1839), Dresden/Leipzig 1904, S. 301ff.

112 Claire von Glümer an Julian Schmidt (Dresden, 7.12.1852); in: Nachlass 215 (Julian Schmidt), Kasten I, Mappe 88, Staatsbibliothek zu Berlin – Preußischer Kulturbesitz, Handschriftenabteilung

113 Glümer, Claire von: Aus einem Flüchtlingsleben (1833-1839), Dresden/Leipzig 1904, S. 305f.

114 Glümer, Claire von: Aus einem Flüchtlingsleben (1833-1839), Dresden/Leipzig 1904, S. 309f. – Im Mittelalter gehörte das Dorf Schweigen zum Kloster Weißenburg, nach den Napoleonischen Kriegen lag es im Herrschaftsbereich des Königreichs Bayern.

115 Glümer, Claire von: Aus einem Flüchtlingsleben (1833-1839), Dresden/Leipzig 1904, S. 315

116 Glümer, Claire von: Aus einem Flüchtlingsleben (1833-1839), Dresden/Leipzig 1904, S. 318f.

117 Glümer, Claire von: Aus einem Flüchtlingsleben (1833-1839), Dresden/Leipzig 1904, S. 320f.; Hervorhebungen im Text von Norbert Otto.

118 Glümer, Claire von: Vor sechzig Jahren. Erinnerungsbilder von Caire von Glümer, in: Illustrierte Frauen-Zeitung, 29. Jahrgang, Heft 17 (1.9.1902, S. 135f.); vgl. auch Glümer, Hans von: Claire von Glümer, in: Braunschweigisches Magazin 9, September 1913, S. 99

119 Glümer, Claire von: Vor sechzig Jahren. Erinnerungsbilder von Caire von Glümer, in: Illustrierte Frauen-Zeitung, 29. Jahrgang, Heft 18 (15.9.1902, S. 139, 142)

120 Freund, Marion: Claire von Glümer, in: Akteure eines Umbruchs. Männer und Frauen der Revolution von 1848/49, Berlin 2016, S. 97

121 Glümer, Hans von: Claire von Glümer, in: Braunschweigisches Magazin 9, September 1913, S. 99. Die Darstellung bei H. von Glümer legt nahe, dass die Übernahme der Stelle in Hameln zeitnah nach der Ankunft von Marie in Wolfenbüttel erfolgte (1842/43), doch hat Claire von Glümer ihre Tätigkeit beim Drosten erst 1846 aufgenommen (vgl. Labourie, Eva: Frauen in Sachsen-Anhalt, Bd. 2, Wien/Köln/ Weimar 2019, S. 173; Freund, Marion: Mag der Thron in Flammen glühn, Königstein 2004, S. 508f.)

122 Glümer, Hans von: Claire von Glümer, in: Braunschweigisches Magazin 9, September 1913, S. 100

123 Labourie, Eva (Hrg.): Frauen in Sachsen-Anhalt, Bd. 2, Wien/Köln/ Weimar 2019, S. 173

124 Vgl. Hartmann, Klaus: Albert Steffen – Die jungen Jahre des Dichters, Dornach 2019, S. 122

125 Nipperdey, Thomas: Deutsche Geschichte 1800-1866, Darmstadt 1993, S. 595f.

126 Nipperdey, Thomas: Deutsche Geschichte 1800-1866, Darmstadt 1993, S. 600

127 Hamerling, Robert: Stationen meiner Lebenspilgerschaft, Hamburg 1889, S. 148ff.

128 Nipperdey, Thomas: Deutsche Geschichte 1800-1866, Darmstadt 1993, S. 599

129 Nipperdey, Thomas: Deutsche Geschichte 1800-1866, Darmstadt 1993, S. 604ff.

130 Freund, Marion: Mag der Thron in Flammen glühn – Schriftstellerinnen und die Revolution von 1848/49, Königstein 2004, S. 509, 110 (Anm. 143); Labourie, Eva (Hrg.): Frauen in Sachsen-Anhalt, Bd. 2, Wien/Köln/ Weimar 2019, S. 173

131 Brief an eine Jugendfreundin, zitiert nach: Glümer, H. von: Claire von Glümer, in: Braunschweigisches Magazin, 9, September 1913, S. 100

132 Freund, Marion: Claire von Glümer, in: Akteure eines Umbruchs. Männer und Frauen der Revolution von 1848/49, Berlin 2016, S. 510

133 Freund, Marion: Claire von Glümer, in: Akteure eines Umbruchs. Männer und Frauen der Revolution von 1848/49, Berlin 2016, S. 99. – Das »Stammbuch aus der Paulskirchenzeit« findet sich im Niedersächsischen Landesarchiv/Abteilung Wolfenbüttel (wo_vi_hs_13_ nr._188)

134 Freund, Marion: Mag der Thron in Flammen glühn – Schriftstellerinnen und die Revolution von 1848/49, Königstein 2004, S. 510, 213

135 Wilhelm Jordan (1819-1904), liberaler Schriftsteller. Jordan wurde besonders bekannt durch seine Übertragung des Nibelungen-Liedes aus dem Mittelhochdeutschen.

136 Karl Mayer, 28. März 1849. Für eine stärkere Rolle der Frauen in der Gesellschaft sprach sich auch der später als »Turnvater Jahn« bekannte Friedrich Ludwig Jahn (geb. 1778) in dem Stammbuch aus (Niedersächsisches Landesarchiv/Abteilung Wolfenbüttel (wo_vi_hs_13_ nr._188)

137 Niedersächsisches Landesarchiv/Abteilung Wolfenbüttel (wo_vi_hs_13_ nr._188). Um wen es sich bei W. Auerbach handelt, konnte nicht ermittelt werden. Eine Beziehung zur Familie des Schriftstellers Berthold von Auerbach besteht aber nicht. – Hans von Glümer verweist darauf, dass die Stammbucheintragungen nicht von *historischem* Wert seien, doch die *biographische* Bedeutung für Claire von Glümer sei nicht von der Hand zu weisen (Glümer, Hans von: Ein Stammbuch aus der Paulskirche, in: Vossische Zeitung Nr. 575, vom 8.12.1907).

138 Glümer, Hans von: Claire von Glümer, in: Braunschweigisches Magazin 9, September 1913, S. 100

139 Glümer, Claire von: Erinnerungen an Wilhelmine Schröder-Devrient, Leipzig 1862, S. 196f.

140 Brief von Anna Gravenhorst vom 3.7.1913, in: Niedersächsisches Landesarchiv/ Abteilung Wolfenbüttel (wo_vi_hs_11_ nr._101)

141 Freund, Marion: Claire von Glümer, in: Akteure eines Umbruchs. Männer und Frauen der Revolution von 1848/49, Berlin 2016, S. 100.

142 Freund, Marion: Claire von Glümer, in: Akteure eines Umbruchs. Männer und Frauen der Revolution von 1848/49, Berlin 2016, Anm. 51/S. 118

143 Glümer, Claire von: Erinnerungen an Wilhelmine Schröder-Devrient, Leipzig 1862, S. 8ff.

144 Schletterer, Hans-Michael, Schröder-Devrient, Wilhelmine, in: Allgemeine Deutsche Biographie 32 (1891), S. 541f., 538; vgl. hier Kapitel IX »Der Fall« Schröder-Devrient

145 Glümer, Claire von: Erinnerungen an Wilhelmine Schröder-Devrient, Leipzig 1862, S. 197ff.

146 Freund, Marion: Mag der Thron in Flammen glühn – Schriftstellerinnen und die Revolution von 1848/49, Königstein 2004, S. 93ff., 118ff.

147 Niedersächsisches Landesarchiv/Abteilung Wolfenbüttel (wo_vi_hs_13_ nr._188)

148 Die Zeitschrift *Die sociale Reform* erschien im Umfang von vier Heften monatlich vom Januar 1849 bis April 1849 (Freund, Marion: Mag der Thron in Flammen glühn – Schriftstellerinnen und die Revolution von 1848/49, Königstein 2004, S. 104f.).

149 Freund, Marion: Mag der Thron in Flammen glühn – Schriftstellerinnen und die Revolution von 1848/49, Königstein 2004, S. 110f., 124ff.

150 Julius Fröbel war der Neffe des bekannten Pädagogen und Begründers der »Kindergartenbewegung« Friedrich Fröbel (1782-1852).

151 Grünewald, Wilhard (Bearb.): Julius Fröbel – Lebensschicksale eines Achtundvierzigers in der Alten und Neuen Welt, Heidenheim 1971, S. 60ff.

152 Niedersächsisches Landesarchiv/Abteilung Wolfenbüttel (wo_vi_hs_13_ nr._188)

153 Dies schreibt Anna Gravenhorst in einem Brief vom 3.7.1913 (Niedersächsisches Landesarchiv/Abteilung Wolfenbüttel, wo_vi_hs_11_ nr._101)

154 Zitiert nach: Freund, Marion, Claire von Glümer, in: Akteure eines Umbruchs. Männer und Frauen der Revolution von 1848/49, Berlin 2016, S. 99

155 Zitiert nach: Glümer, Hans von: Claire von Glümer, in: Braunschweigisches Magazin 9, Sept. 1913, S. 100

156 Die Freundin war eine Verwandte des Paulskirchenabgeordneten Carl Theodor Gravenhorst (1810-1886), der ebenfalls eine Widmung in Claires Stammbuch geschrieben hatte. Gravenhorst gehörte vom September 1848 bis Mai 1849 der linksliberalen Fraktion »Westendhall« an, gemeinsam u.a. mit Heinrich Simon und Friedrich Theodor Vischer (Zimmermann, Paul: Carl Theodor Gravenhorst in: Allgemeine Deutsche Biographie 49, Leipzig 1904, S. 516ff.)

157 Glümer, H. von: Claire von Glümer, in: Braunschweigisches Magazin 9, September 1913, S. 100; vgl. auch: Labourie, Eva (Hrg.): Frauen in Sachsen-Anhalt, Bd. 2, Wien/Köln/ Weimar 2019, S. 173 und Freund, Marion: Claire von Glümer, in: Akteure eines Umbruchs. Männer und Frauen der Revolution von 1848/49, Berlin 2016, S. 100. Von Starklofs Erscheinen berichtet die Tochter Anna Gravenhorsts in einem Brief vom 3.7.1913 (Niedersächsisches Landesarchiv/Abteilung Wolfenbüttel, wo_vi_hs_11_ nr._101).

158 Anna Gravenhorst (Brief vom 3.7.1913), in: Niedersächsisches Landesarchiv/ Abteilung Wolfenbüttel (wo_vi_hs_11_ nr._101)

159 Waldersee, Friedrich von: Der Kampf um Dresden im Mai 1849, Berlin 1849, S. 70ff.

160 Glümer, H. von: Claire von Glümer, in: Braunschweigisches Magazin 9, September 1913, S. 101

161 Scheve, G.: Phrenologische Frauenbilder. Dresdens Schriftstellerinnen der Gegenwart, Dresden 1865, S. 110

162 Freund, Marion: Mag der Thron in Flammen glühn – Schriftstellerinnen und die Revolution von 1848/49, Königstein 2004, S. 518

163 Freund, Marion: Mag der Thron in Flammen glühn – Schriftstellerinnen und die Revolution von 1848/49, Königstein 2004, S. 522. Differenzierte Ausführungen zur Figur Gertrud von Ringens und der ihres Vaters Werner von Ringen finden sich ebda., S. 532ff.

164 Claire von Glümer, Gesühnt, Dresden/Leipzig 1882, S. 54-56

165 Claire von Glümer, Alteneichen, Berlin o.J., S. 71

166 Claire von Glümer, Dönninghausen, Bd. I, Dresden/Leipzig 1881, S. 95f., 197

167 Der Name »Lichtfreunde« entstand aufgrund einer spöttischen Bezeichnung, welche die Gegner der Bewegung ihr gaben. Bald jedoch übernahm die Gruppierung selbst diese Bezeichnung. Zu Leberecht Uhlich (1799-1872) vgl. Pröhle, Heinrich, in: Allgemeine Deutsche Biographie 39, Leipzig 1895, S. 171ff.

168 Uhlich, Leberecht: Sein Leben, von ihm selbst beschrieben, Gera 1872, S. 65

169 Uhlich, Leberecht: Sein Leben, von ihm selbst beschrieben, Gera 1872, S. 28ff., 37. Köthen wurde deshalb als Versammlungsort gewählt, weil es, im Herzogtum Anhalt-Köthen gelegen, vor preußischen Behördenzugriffen geschützt war.

170 Uhlich, Leberecht: Sein Leben, von ihm selbst beschrieben, Gera 1872, S. 36

171 Uhlich, Leberecht: 10 Jahre in Magdeburg 1845-1855, o.O. 1855, S. 32ff.

172 Freund, Marion: Claire von Glümer, in: Akteure eines Umbruchs. Männer und Frauen der Revolution von 1848/49, Berlin 2016, S. 99

173 Labourie, Eva (Hrg.): Frauen in Sachsen-Anhalt, Bd. 2, Wien/Köln/ Weimar 2019, S. 173

174 Fanny Lewald, Gefühltes und Gedachtes, hrsg. von Ludwig Geiger, Dresden/ Leipzig 1900, S. 24f.

175 Glümer, H. von: Claire von Glümer, in: Braunschweigisches Magazin 9, September 1913, S. 101

176 http://www.stadtwikidd.de/wiki/Auguste_Scheibe

177 Freund, Marion: Claire von Glümer, in: Akteure eines Umbruchs. Männer und Frauen der Revolution von 1848/49, Berlin 2016, S. 101f.

178 Anna Gravenhorst, Brief vom 3.7.1913, in: Niedersächsischen Landesarchiv/Abteilung Wolfenbüttel (wo_vi_hs_11_ nr._101); vgl. auch Glümer, H. von: Claire von Glümer, in: Braunschweigisches Magazin 9, September 1913, S. 101

179 Labourie, Eva (Hrg.): Frauen in Sachsen-Anhalt, Bd. 2, Wien/Köln/ Weimar 2019, S. 174; Anna Gravenhorst, Brief vom 3.7.1913, in: Niedersächsischen Landesarchiv/Abteilung Wolfenbüttel (wo_vi_hs_11_ nr._101)

180 Labourie, Eva (Hrg.): Frauen in Sachsen-Anhalt, Bd. 2, Wien/Köln/ Weimar 2019, S. 173; vgl. dazu auch Akten des Sächsischen HSt AD (Freund, S. 102)

181 Freund, Marion: Claire von Glümer, in: Akteure eines Umbruchs. Männer und Frauen der Revolution von 1848/49, Berlin 2016, S. 101; S. 119, Anm. 63

182 Zudem war Auguste Scheibe seit 1853 als (politisch allerdings unbedenkliche) Übersetzerin tätig und publizierte unter dem Pseudonym S. *Augustin* (Freund, Marion: Claire von Glümer, in: Akteure eines Umbruchs, Männer und Frauen der Revolution von 1848/49, Berlin 2016, S. 102). Die bekanntesten Übersetzungen Auguste Scheibes sind: Charles Dickens *Bleak House*, Leipzig 1853; *Mary Anne*

Broome, Ein Jahr aus dem Leben einer Hausfrau in Süd-Afrika, Wien 1878; Charles Dickens, *Die Pickwickier* und *David Copperfield,* beide 1879. Jeanne Mairet, *Der Affenmaler,* Stuttgart 1888.

183 Louise Otto trat nicht zum Deutschkatholizismus über, engagierte sich aber für die Ziele dieser religiösen Dissidentenbewegung, indem sie ihr in ihrer *Frauen-Zeitung* ein Forum bot und ihren 1847 erschienenen Roman *Römisch und Deutsch* der Deutschkatholischen Bewegung widmete (Freund, Marion: Mag der Thron in Flammen glühn – Schriftstellerinnen und die Revolution von 1848/49, Königstein 2004, S. 136).

184 Ernst Keil (1816-1878), Buchhändler und Verleger sowie Herausgeber mehrerer Zeitschriften, z.B. ab 1853 der renommierten *Gartenlaube.* – Franz Brendel (1811-1868) war Redakteur der *Neuen Zeitschrift für Musik,* welche er als Nachfolger Robert Schumanns übernommen hatte. – Robert Blum (1807-1848), Schriftsteller und Publizist, Mitglied der Frankfurter Nationalversammlung als Vertreter der demokratischen Linken, wurde in Wien widerrechtlich zum Tode verurteilt und standrechtlich erschossen. Louise Otto stand seit 1846 in brieflichem Kontakt mit Blum.

185 Freund, Marion: Mag der Thron in Flammen glühn – Schriftstellerinnen und die Revolution von 1848/49, Königstein 2004, S. 146ff.

186 Freund, Marion: Claire von Glümer, in: Akteure eines Umbruchs. Männer und Frauen der Revolution von 1848/49, Berlin 2016, S. 122, Anm. 90

187 Freund, Marion: Claire von Glümer, in: Akteure eines Umbruchs. Männer und Frauen der Revolution von 1848/49, Berlin 2016, S. 122, Anm. 90. Louise Otto war später weiterhin bekannt, und zwar unter dem Namen *Louise Otto-Peters,* nachdem sie im Jahr 1858 August Peters geheiratet hatte. Bereits 1851 hatte die Verlobung stattgefunden. Der Schriftsteller August Peters (1817-1864) war unter ärmlichen Verhältnissen im Erzgebirge aufgewachsen. 1847 übernahm er in Berlin die Redaktion der Zeitschrift »Der Volksvertreter«, ein Jahr später gründete er in Dresden das Wochenblatt »Die Barrikade«, an dem auch Louise Otto mitarbeitete. An den revolutionären Ereignissen in Deutschland (in Sachsen, der Pfalz und in Baden) war August Peters aktiv beteiligt. Er wurde 1850 zu einer achtjährigen Haftstrafe verurteilt. Die Verlobung mit Louise Otto erfolgte während Peters' Haftzeit in Bruchsal. Die Heirat fand im Dom zu Meißen statt (vgl. Brümmer, Franz: August Peters, in: Allgemeine Deutsche Biographie 25, Leipzig 1887, S. 483ff.; Freund, Marion: Mag der Thron in Flammen glühn – Schriftstellerinnen und die Revolution von 1848/49, Königstein 2004, S. 143, Anm. 109).

188 Boldt, Rosemarie / Eichler, Wolfgang: Friedrich Wilhelm August Fröbel, Leipzig 1982, S. 68ff.

189 Boldt, Rosemarie / Eichler, Wolfgang: Friedrich Wilhelm August Fröbel, Leipzig 1982, S. 94ff.

190 Otto, Norbert: Julian Schmidt -Eine Spurensuche, Hildesheim 2018, S. 98ff.

191 Claire von Glümers Adresse in Dresden lautete im September »Struvestraße I Parterre«, später wohnte sie bei einer »Geheimrätin« in der »Lütticherstraße 20 parterre«. Diese Wohnung gab sie aber Ende Oktober 1852 wieder auf: »Von der Geheim-Rätin bin ich weggezogen, weil sie eigentlich ein geheimer Drache war.« (Brief an Julian Schmidt, 4.9.1852, in:Nachlass 215 (Julian Schmidt), Kasten I, Mappe 88, Staatsbibliothek zu Berlin – Preußischer Kulturbesitz, Handschriftenabteilung).

192 Claire von Glümer an Julian Schmidt (4.9.1852, 24.10.1852), in: Nachlass 215 (Julian Schmidt), Kasten I, Mappe 88, Staatsbibliothek zu Berlin – Preußischer Kulturbesitz, Handschriftenabteilung

193 Claire von Glümer an Julian Schmidt (9.11.1852), in: Nachlass 215 (Julian Schmidt), Kasten I, Mappe 88, Staatsbibliothek zu Berlin – Preußischer Kulturbesitz, Handschriftenabteilung. / »Kyff« = Krieg, Streit

194 Claire von Glümer an Julian Schmidt (24.10.1852, 9.11.1852 und 7.12.1852), in: Nachlass 215 (Julian Schmidt), Kasten I, Mappe 88, Staatsbibliothek zu Berlin – Preußischer Kulturbesitz, Handschriftenabteilung. Über Breusing äußerte sich Claire von Glümer indirekt, indem sie Julian Schmidt auf eine Romanfigur aus Breusings Roman *Aus Westfalen* verwies und sagte, dass Breusing sie nie »freigeben« wolle. Breusings dreibändiger Roman erschien 1852 in Braunschweig.

195 Claire von Glümer an Julian Schmidt (7.12.1852 und 28.12.1852), in: Nachlass 215 (Julian Schmidt), Kasten I, Mappe 88, Staatsbibliothek zu Berlin – Preußischer Kulturbesitz, Handschriftenabteilung.

196 Glümer, H. von: Claire von Glümer, in: Braunschweigisches Magazin 9, September 1913, S. 101; Freund, Marion: Claire von Glümer, in: Akteure eines Umbruchs. Männer und Frauen der Revolution von 1848/49, Berlin 2016, S. 103f.

197 Gumnior, Klaus: Schloss Hubertusburg. Werte einer sächsischen Residenz, Dresden 1997

198 Glümer, H. von: Claire von Glümer, in: Braunschweigisches Magazin 9, September 1913, S. 101

199 Claire von Glümer an Julian Schmidt (11.2.1853), in: Nachlass 215 (Julian Schmidt), Kasten I, Mappe 88, Staatsbibliothek zu Berlin – Preußischer Kulturbesitz, Handschriftenabteilung.

200 Claire von Glümer an Julian Schmidt (22.3.1853), in: Nachlass 215 (Julian Schmidt), Kasten I, Mappe 88, Staatsbibliothek zu Berlin – Preußischer Kulturbesitz, Handschriftenabteilung. In der *Thüringer Allgemeine* vom 12.3.2015 erschien ein Artikel über das ehemalige, Anfang des 18. Jahrhunderts erbaute Rittergut im Eichsfeld. Fünf Gebäude, ein Teich und ein parkähnliches Grundstück gehören

demnach zum Gut. Alle Gebäude sind stark verfallen und werden nun von einem Investor umgebaut und modernisiert. 1900 qm Wohnfläche stehen zur Verfügung.

201 Porträts beider Frauen veröffentlichte Claire von Glümer 1856 als Band 6 in der Reihe *Bibliothek für die deutsche Frauenwelt*. Mehr dazu hier in Kap. VIII.

202 Claire von Glümer an Julian Schmidt (24.1.1853), in: Nachlass 215 (Julian Schmidt), Kasten I, Mappe 88, Staatsbibliothek zu Berlin – Preußischer Kulturbesitz, Handschriftenabteilung.

203 www.tag24.de/nachrichten/dresden -strassennamen-serie-wie-fabrikant-dresden-zur-schokoladenhauptstadt-machte-1130063

204 Claire von Glümer an Julian Schmidt (22.3.1853), in: Nachlass 215 (Julian Schmidt), Kasten I, Mappe 88, Staatsbibliothek zu Berlin – Preußischer Kulturbesitz, Handschriftenabteilung.

205 Bautz, Friedrich Wilhelm: Fry, Elizabeth, in: Biographisch-Bibliographisches Kirchenlexikon, Bd. 2, Hamm 1990, S. 148f.

206 Claire von Glümer an Julian Schmidt (13.9.1853), in: Nachlass 215 (Julian Schmidt), Kasten I, Mappe 88, Staatsbibliothek zu Berlin – Preußischer Kulturbesitz, Handschriftenabteilung. Vgl. auch: Glümer, H. von: Claire von Glümer, in: Braunschweigisches Magazin 9, September 1913, S. 101f.; Drewes, Gabriele u.a.: Adlige und bürgerliche Frauen in Wolfenbüttel, Braunschweig 2009, S. 214

207 Anna Gravenhorst, .Brief vom 3.7.1913, in: Niedersächsischen Landesarchiv/Abteilung Wolfenbüttel (wo_vi_hs_11_ nr._101)

208 Claire von Glümer an Julian Schmidt (22.11.1853), in: Nachlass 215 (Julian Schmidt), Kasten I, Mappe 88, Staatsbibliothek zu Berlin – Preußischer Kulturbesitz, Handschriftenabteilung.

209 Claire von Glümer an Julian Schmidt (30.8.1853),), in: Nachlass 215 (Julian Schmidt), Kasten I, Mappe 88, Staatsbibliothek zu Berlin – Preußischer Kulturbesitz, Handschriftenabteilung

210 Claire von Glümer an Julian Schmidt (22.7.1853, 30.8.1853 und 15.10.1853), in: Nachlass 215 (Julian Schmidt), Kasten I, Mappe 88, Staatsbibliothek zu Berlin – Preußischer Kulturbesitz, Handschriftenabteilung.

211 Während der Harzreise sollte Julian Schmidt seinen Brief an »Frl. Agnes v. Glümer, Wolfenbüttel, Kloster zur Ehre Gottes« senden. Offenbar war Claires Tante dort während Claires Abwesenheit untergebracht (Claire von Glümer an Julian Schmidt (18.9.1853, 15.10.1853), in: Nachlass 215 (Julian Schmidt), Kasten I, Mappe 88, Staatsbibliothek zu Berlin – Preußischer Kulturbesitz, Handschriftenabteilung.

212 Claire von Glümer an Julian Schmidt (22.11.1853), in: Nachlass 215 (Julian Schmidt), Kasten I, Mappe 88, Staatsbibliothek zu Berlin – Preußischer Kulturbesitz, Handschriftenabteilung

213 Claire von Glümer an Julian Schmidt (Dezember1853), in: Nachlass 215 (Julian Schmidt), Kasten I, Mappe 88, Staatsbibliothek zu Berlin – Preußischer Kulturbesitz, Handschriftenabteilung.

214 Briefe an Julian Schmidt (11.2.1853, 15.10.1853, 1.1.1854), in: Nachlass 215 (Julian Schmidt), Kasten I, Mappe 20,1; Staatsbibliothek zu Berlin – Preußischer Kulturbesitz, Handschriftenabteilung

215 Claire von Glümer, Aus den Pyrenäen (1854), Berühmte Frauen (1856)

216 Über Elise Fehsenfeld und die Beziehung Claire von Glümers zu Julian Schmidt vgl. Otto, Norbert: Julian Schmidt – Eine Spurensuche, Hildesheim 2018, S. 85ff.

217 Nachlass 215 (Julian Schmidt), Kasten I, Mappe 88, Staatsbibliothek zu Berlin – Preußischer Kulturbesitz, Handschriftenabteilung

218 Otto, Norbert: Julian Schmidt – Eine Spurensuche, Hildesheim 2018, Kap. I. und II.

219 (Nachlass 215 (Julian Schmidt), Kasten I, Mappe 88, Staatsbibliothek zu Berlin – Preußischer Kulturbesitz, Handschriftenabteilung).

220 Claire von Glümer an Julian Schmidt (4.11.1855), in: Nachlass 215 (Julian Schmidt), Kasten I, Mappe 20,1; Staatsbibliothek zu Berlin – Preußischer Kulturbesitz, Handschriftenabteilung

221 Nachlass 215 (Julian Schmidt), Kasten I, Mappe 88, Staatsbibliothek zu Berlin – Preußischer Kulturbesitz, Handschriftenabteilung

222 Nachlass 215 (Julian Schmidt), Kasten I, Mappe 88, Staatsbibliothek zu Berlin – Preußischer Kulturbesitz, Handschriftenabteilung. – *Kursive Hervorhebung* durch Norbert Otto. Über die Formulierung *Wahl*-Mama und *Tochter* möge der Leser eigene Gedanken entwickeln.

223 Claire von Glümer an Julian Schmidt, undatiert (Jahresbeginn 1854), in: Nachlass 215 (Julian Schmidt), Kasten I, Mappe 20,1; Staatsbibliothek zu Berlin – Preußischer Kulturbesitz, Handschriftenabteilung

224 Claire von Glümer an Julian Schmidt (1.1.1854; undatiert/Jahresbeginn 1854; 11.1.1854, 31.1.1854), in: Nachlass 215 (Julian Schmidt), Kasten I, Mappe 20,1; Staatsbibliothek zu Berlin – Preußischer Kulturbesitz, Handschriftenabteilung

225 Claire von Glümer an Julian Schmidt (29.9.1854), in: Nachlass 215 (Julian Schmidt), Kasten I, Mappe 20,1; Staatsbibliothek zu Berlin – Preußischer Kulturbesitz, Handschriftenabteilung

226 Glümer, Claire von, Aus den Pyrenäen, Dessau 1854, S. 296f.

227 Scheve, Gustav.: Phrenologische Frauenbilder. Dresdens Schriftstellerinnen der Gegenwart, Dresden 1865, S. 106f.

228 Glümer, Claire von, Aus den Pyrenäen, Dessau 1854, S. 171f.

229 N.N., Reisebilder – »Aus den Pyrenäen« von Claire von Glümer, in: *Die Grenzboten* 13 (1854), S. 93

230 C.v. Glümer an J. Schmidt, 18.9.1853; Dezember 1853, in: Nachlass 215 (Julian Schmidt), Kasten I, Mappe 20,1; Staatsbibliothek zu Berlin – Preußischer Kulturbesitz, Handschriftenabteilung

231 Dort lebte er die nächste Zeit, auf jeden Fall noch im Jahr 1864 (vgl. Scheve, Gustav: Phrenologische Frauenbilder. Dresdens Schriftstellerinnen der Gegenwart, Dresden 1865, S. 111)

232 C.v. Glümer an J. Schmidt (15.1.1855), Nachlass 215 (Julian Schmidt), Kasten I, Mappe 20,1; Staatsbibliothek zu Berlin – Preußischer Kulturbesitz, Handschriftenabteilung

233 C. v. Glümer an J. Schmidt (9.6.1855; 20.6.1855), in: : Nachlass 215 (Julian Schmidt), Kasten I, Mappe 20,1; Staatsbibliothek zu Berlin – Preußischer Kulturbesitz, Handschriftenabteilung; Otto, Norbert: Julian Schmidt – Eine Spurensuche, Hildesheim 2018, S. 85ff.

234 C.v. Glümer an Julian Schmidt (21.3.1855, 22.4.1855, 4.6.1855), in: Nachlass 215 (Julian Schmidt), Kasten I, Mappe 20,1; Staatsbibliothek zu Berlin – Preußischer Kulturbesitz, Handschriftenabteilung

235 Im Jahr 1855 war Louise Otto noch nicht mit dem Schriftsteller August Peters verheiratet; dies geschah erst 1856. Das spricht für die Auflösung der Initialen »L.O.«

236 C.v.Glümer an Julian Schmidt (9.6.1855), Nachlass 215 (Julian Schmidt), Kasten I, Mappe 20,1; Staatsbibliothek zu Berlin – Preußischer Kulturbesitz, Handschriftenabteilung

237 C. v. Glümer an J. Schmidt (18.9.1855), Nachlass 215 (Julian Schmidt), Kasten I, Mappe 20,1; Staatsbibliothek zu Berlin – Preußischer Kulturbesitz, Handschriftenabteilung

238 Claire von Glümer an Julian Schmidt (29.7.1855), Nachlass 215 (Julian Schmidt), Kasten I, Mappe 20,1; Staatsbibliothek zu Berlin – Preußischer Kulturbesitz, Handschriftenabteilung. – *Der Mutige Ritter* ist ein historisches Gasthaus in Bad Kösen, das heute noch existiert.

239 Claire von Glümer an Julian Schmidt (22.6.1855), Nachlass 215 (Julian Schmidt), Kasten I, Mappe 20,1; Staatsbibliothek zu Berlin – Preußischer Kulturbesitz, Handschriftenabteilung.

240 Claire von Glümer an Julian Schmidt (7.7.1855), Nachlass 215 (Julian Schmidt), Kasten I, Mappe 20,1; Staatsbibliothek zu Berlin – Preußischer Kulturbesitz, Handschriftenabteilung

241 Claire von Glümer an Julian Schmidt (23.9.1855). In ihren Briefen berichtete sie
J. Schmidt darüber (vgl. Nachlass 215 (Julian Schmidt), Kasten I, Mappe 20,1;
Staatsbibliothek zu Berlin – Preußischer Kulturbesitz, Handschriftenabteilung). –
August Koberstein (1797-1870) war ein bedeutender Germanist. Seine letzten
Lebensjahre verbrachte er mit seiner zweiten Ehefrau in Berlin; er starb in Wil-
mersdorf (vgl. www.familienverband-groddeck.homepage.t-online.de).

242 Claire von Glümer an Julian Schmidt (23.9.1855; 2.10.1855; 9.10.1855), in:
Nachlass 215 (Julian Schmidt), Kasten I, Mappe 20,1; Staatsbibliothek zu Berlin – Preußischer Kulturbesitz, Handschriftenabteilung). *Rosalie Spohr* (1829-
1918) wurde durch zahlreiche Harfenkonzerte berühmt. Nach dem Tod ihres
Gatten (1880) siedelte sie nach Berlin über und gab in den Wintermonaten Kon-
zerte in ihrem dortigen Salon (vgl. www.sophie-drinker-institut.de).

243 Claire von Glümer an Max Jordan (12.9.1855 und 1.11.1855), in: Niedersächsisches Landesarchiv/ Abteilung Wolfenbüttel (wo_vi_hs_11_nr._101)

244 Claire von Glümer an Max Jordan (22.12.1866 und 4.1.1856), in: Niedersächsisches Landesarchiv/ Abteilung Wolfenbüttel (wo_vi_hs_11_nr._101). Wahrscheinlich handelte es sich bei der Verstorbenen um die Schwester der Mutter
Max Jordans, eine gewisse Emilie.

245 Brief vom 27.4.1856, in: Nachlass 215 (Julian Schmidt), in: : Nachlass 215 (Julian
Schmidt), Kasten I, Mappe 20,1; Staatsbibliothek zu Berlin – Preußischer Kulturbesitz, Handschriftenabteilung.

246 Brief vom 8.5.1856, in: Nachlass 215 (Julian Schmidt), Kasten I, Mappe 20,1;
Staatsbibliothek zu Berlin – Preußischer Kulturbesitz, Handschriftenabteilung

247 Glümer, Claire von: Berühmte Frauen, Leipzig 1856, S. 8

248 Glümer, Claire von: Berühmte Frauen, Leipzig 1856, S. 13

249 Glümer, Claire von: Berühmte Frauen, Leipzig 1856, S. 107ff.

250 Claire von Glümers Buch erschien als Band 6 in der Reihe *Bibliothek für die deutsche
Frauenwelt.*

251 Glümer, Claire von: Berühmte Frauen, Leipzig 1856, S. 105

252 Glümer, Claire von: Berühmte Frauen, Leipzig 1856, S. 115ff., 143ff., 156ff.

253 Glümer, Claire von: Briefe über weibliche Erziehung und Bildung, Leipzig 1856,
S. 5ff.

254 Glümer, Claire von: Briefe über weibliche Erziehung und Bildung, Leipzig 1856,
S. 36f. *(kursive Hervorhebung von N. Otto)*

255 Glümer, Claire von: Briefe über weibliche Erziehung und Bildung, Leipzig 1856,
S. 39ff.

256 Glümer, Claire von: Briefe über weibliche Erziehung und Bildung, Leipzig 1856, S. 78ff. Bis zur Einschulung zwischen dem 8. Und 10. Lebensjahr sollte das Kind zuhause unterrichtet werden. Claire von Glümers Vorstellungen stimmen hier mit ihrer positiven Lebenserfahrung überein, die sie selbst durch den Unterricht bei ihrer Mutter im französischen Exil erfahren hatte.

257 Glümer, Claire von: Briefe über weibliche Erziehung und Bildung, Leipzig 1856, S. 161f.

258 Zu diesen und weiteren Informationen zu Louise Otto-Peters´ Wirken für die Frauenbewegung vgl. www.de.wikipedia.org/wiki/Louise_Otto_Peters

259 Bär, Johann Karl: Mitteilungen aus dem magnetischen Schlafleben der Somnambüle Auguste K. in Dresden, Dresden 1843, S. 30f.

260 Weitere Informationen zur Auguste Herz unter www.de.wikipedia.org/wiki/Auguste_Herz

261 Brummer, Franz: Elise Polko, in: Allgemeine Deutsche Biographie 53, Leipzig 1907, S. 95ff.

262 Claire von Glümer an Max Jordan (7.12.1856), Niedersächsisches Landesarchiv/Abteilung Wolfenbüttel (wo_vi_hs_11_nr._101)

263 Donop, Lionel von: Max Jordan. Ein Lebensbild, Berlin 1907

264 Glümer, Claire von: Mythologie der Deutschen, Leipzig 1856, S. 19; Zu ihrer Bearbeitung des Grimmschen Werks äußerte sich Claire von Glümer brieflich gegenüber Max Jordan (4.1.1856), in: Niedersächsisches Landesarchiv/Abteilung Wolfenbüttel (wo_vi_hs_11_nr._101)

265 Glümer, Claire von: Mythologie der Deutschen, Leipzig 1856, S. 5ff.

266 Die Grenzboten 15 (1856), S. 513ff.

267 Glümer, H. von: Claire von Glümer, in: Braunschweigisches Magazin 9, September 1913, S. 101f.

268 Zitiert nach: Glümer, H. von: Claire von Glümer, in: Braunschweigisches Magazin 9, September 1913, S. 103; Niedersächsisches Landesarchiv/Abteilung Wolfenbüttel (wo_vi_hs_11_nr._101).

269 »…ich schüttle Ihnen die Hand, liebster, alter Freund, umarme Ihre drei Weiber und bleibe immer Ihre Cläre.« Alwine hatte sich offenbar scheiden lassen. C. v. Glümer erwartete ihren Besuch in Wolfenbüttel. (C. v. Glümer an J. Schmidt, Wolfenbüttel, 17.3.1859, in: Nachlass 215 (Julian Schmidt), Kasten I, Mappe 20,1; Staatsbibliothek zu Berlin – Preußischer Kulturbesitz, Handschriftenabteilung). Vgl. auch Otto, Norbert: Julian Schmidt – Eine Spurensuche, Dortmund 2016 (ausführlicher Privatdruck, mit zahlreichen Abbildungen), S. 146ff.

270 C. v. Glümer an J. Schmidt, 11.12.1857, in: Nachlass 215 (Julian Schmidt), Kasten I, Mappe 20,1; Staatsbibliothek zu Berlin – Preußischer Kulturbesitz, Handschriftenabteilung)

271 C.v. Glümer an J. Schmidt, 6.9.1858, in: Nachlass 215 (Julian Schmidt), Kasten I, Mappe 20,1; Staatsbibliothek zu Berlin – Preußischer Kulturbesitz, Handschriftenabteilung)

272 C. v. Glümer an J. Schmidt, Wolfenbüttel, 17.12.1858, in: Nachlass 215 (Julian Schmidt), Kasten I, Mappe 20,1; Staatsbibliothek zu Berlin – Preußischer Kulturbesitz, Handschriftenabteilung). »Troll« war der Name von Claire von Glümers Hauskatze. Auguste Scheibe wurde von C. v. Glümer oft »die Katze« genannt.

273 C. v. Glümer an J. Schmidt, 11.12.1857, in: Nachlass 215 (Julian Schmidt), a.a.O.

274 C. v. Glümer an J. Schmidt; Wolfenbüttel, 17.3.1859, in: Nachlass 215 (Julian Schmidt), a.a.O.

275 C.v. Glümer an J. Schmidt; Wolfenbüttel, 6.9. 1858, in: Nachlass 215 (Julian Schmidt, a.a.O.

276 C.v.Glümer an Julian Schmidt (11.9.1858, 22.9.1858, 29.11.1858), in: Nachlass 215 (Julian Schmidt), Kasten I, Mappe 20,1; Staatsbibliothek zu Berlin – Preußischer Kulturbesitz, Handschriftenabteilung. Gottfried Jordan starb im Oktober 1860 in Dresden.

277 C.v.Glümer an Julian Schmidt (17.12.1858), in: Nachlass 215 (Julian Schmidt), Kasten I, Mappe 20,1; Staatsbibliothek zu Berlin – Preußischer Kulturbesitz, Handschriftenabteilung. Vgl. auch Otto, Norbert: Julian Schmidt – Eine Spurensuche (Manuskriptdruck), Dortmund 2016, S. 112, 150ff.

278 Claire von Glümer an Max Jordan (14.2.1859), in: Niedersächsisches Landesarchiv/Abteilung Wolfenbüttel (wo_vi_hs_11_nr._101); Glümer, H. von: Claire von Glümer, in: Braunschweigisches Magazin 9, September 1913, S. 103

279 Jeep, Friedrich: Nachruf auf Claire von Glümer, in: Wolfenbütteler Kreisblatt 122/ 26.5.1906

280 C.v.Glümer an Julian Schmidt (2.4.1859), in: Nachlass 215 (Julian Schmidt), Kasten I, Mappe 20,1; Staatsbibliothek zu Berlin – Preußischer Kulturbesitz, Handschriftenabteilung.

281 Glümer, Claire von: Erinnerungen an Wilhelmine Schröder-Devrient, Leipzig 1862, S. 1ff.

282 Glümer, Claire von: Erinnerungen an Wilhelmine Schröder-Devrient, Leipzig 1862, S. 13ff.

283 In der Folge wird die Künstlerin als »Wilhelmine Schröder-Devrient« bezeichnet, mit dem Namen, unter dem sie mit ihrer Gesangskunst europaweit bekannt

wurde. Sie selbst unterschrieb Briefe u.a. mit »Wilhelmine von Bock / Schröder-Devrient« (Januar 1859). Vgl. Glümer, Claire von: Erinnerungen an Wilhelmine Schröder-Devrient, Leipzig 1862, S. 262

284 Brief Wilhelmine Schröder-Devrients, zitiert in: Glümer, Claire von: Erinnerungen an Wilhelmine Schröder-Devrient, Leipzig 1862, S. 207

285 Wilhelmine von Schröder-Devrient hatte während der zahlreichen persönlichen Begegnungen mit Claire von Glümer nie detailliert über ihre Beziehung zu von Döring gesprochen. Wurde sein Name erwähnt, wurde er stets als »Der Teufel« bezeichnet: Glümer, Claire von: Erinnerungen an Wilhelmine Schröder-Devrient, Leipzig 1862, S. 179, 189. Vgl. hierzu auch das Kapitel VII.1 (»Zwischen Schein und Sein«)

286 Glümer, Claire von: Erinnerungen an Wilhelmine Schröder-Devrient, Leipzig 1862, S. 165, 172, 175

287 Glümer, Claire von: Erinnerungen an Wilhelmine Schröder-Devrient, Leipzig 1862, S. 207ff., 239f.

288 Glümer, Claire von: Erinnerungen an Wilhelmine Schröder-Devrient, Leipzig 1862, S. 240f., 244

289 Glümer, Claire von: Erinnerungen an Wilhelmine Schröder-Devrient, Leipzig 1862, S. 248ff.

290 C.v.Glümer an Julian Schmidt (5.4.1859), in: Nachlass 215 (Julian Schmidt), Kasten I, Mappe 20,1; Staatsbibliothek zu Berlin – Preußischer Kulturbesitz, Handschriftenabteilung.

291 Glümer, Claire von: Erinnerungen an Wilhelmine Schröder-Devrient, Leipzig 1862, S. 160ff. Zum Aufenthaltsdatum Claire von Glümers und Auguste Scheibes vgl. C.v.Glümer an Julian Schmidt (22.5.1859), in: Nachlass 215 (Julian Schmidt), Kasten I, Mappe 20,1; Staatsbibliothek zu Berlin – Preußischer Kulturbesitz, Handschriftenabteilung.

292 Glümer, Claire von: Erinnerungen an Wilhelmine Schröder-Devrient, Leipzig 1862, S. 255ff.

293 C.v. Glümer an J. Schmidt, Wolfenbüttel, 22. Mai 1859, in: Nachlass 215 (Julian Schmidt), Kasten I, Mappe 20,1; Staatsbibliothek zu Berlin – Preußischer Kulturbesitz, Handschriftenabteilung

294 C.v.Glümer an J. Schmidt, 22. Mai 1859, in: Nachlass 215 (Julian Schmidt), Kasten I, Mappe 20,1; Staatsbibliothek zu Berlin – Preußischer Kulturbesitz, Handschriftenabteilung

295 C.v. Glümer an J. Schmidt, Wolfenbüttel, 10. April 1859 und 10. Juli 1859, in: Nachlass 215 (Julian Schmidt), Kasten I, Mappe 20,1; Staatsbibliothek zu Ber-

lin – Preußischer Kulturbesitz, Handschriftenabteilung. Claire von Glümers Dresdener Adresse ab 11. Juli 1859 lautete *Vor dem Löbtauer Schlag 8*, später gibt Claire von Glümer als Hausnummer *7 B* an (C.v. Glümer an J. Schmidt, Wolfenbüttel, 10. Dezember 1861, in: Nachlass 215 (Julian Schmidt), Kasten I, Mappe 20,1; Staatsbibliothek zu Berlin – Preußischer Kulturbesitz, Handschriftenabteilung

296 Die Gartenlaube (1860), Heft 6 (S. 81-84; Heft 7 (S. 97-100; Heft 8, S. 113-116; Heft 9, S. 129-136)

297 Zum Ende der »klassischen« Jahre bei den *Grenzboten* vgl. Otto, Norbert, Julian Schmidt – Eine Spurensuche, Hildesheim 2018, S. 168ff.

298 von zur Mühlen, Bernt Ture.: Gustav Freytag, Göttingen 2016, S. S. 152ff. Später kam es zu Verstimmungen zwischen Busch und Freytag.

299 Julius von Eckardt, Lebenserinnerungen, Leipzig 1910, Bd. I, S. 46

300 C. v. Glümer an J. Schmidt (undatiert, wahrscheinlich Anfang 1859), in: Nachlass 215 (Julian Schmidt), Kasten I, Mappe 20,1; Staatsbibliothek zu Berlin – Preußischer Kulturbesitz, Handschriftenabteilung

301 Meisner, Otto: Julius Hermann Moritz Busch, in: Neue Deutsche Biographie, Bd. 3, Berlin 1957; Eckardt, Julius von: Lebenserinnerungen, Bd. I, Leipzig 1910, S. 48. Dort findet sich auch Näheres über die politischen Meinungsverschiedenheiten zwischen Busch und Freytag .

302 http://www.stadtwikidd.de/wiki/Auguste_Scheibe

303 Glümer, H. von: Claire von Glümer, in: Braunschweigisches Magazin 9, September 1913, S. 103

304 Scheve, Gustav: Phrenologische Frauenbilder. Dresdens Schriftstellerinnen der Gegenwart, Dresden 1865, S. 111

305 Glümer, Claire von: Jugendgeschichte meines alten Freundes, in: *Hausblätter*, Stuttgart 1859, S. 241ff.; Da die »Hausblätter« nicht zu erhalten waren, zitiere ich in der Folge aus der Buchausgabe (Glümer, Claire von: Aus der Brétagne, Wien 1867).

306 Glümer, Claire von: Aus der Bretagne, Wien 1867, S. 3ff.

307 Glümer, Claire von: Aus der Bretagne, Wien 1867, S. 23f.

308 Glümer, Claire von: Aus der Bretagne, Wien 1867, S. 27

309 Glümer, Claire von: Aus der Bretagne, Wien 1867, S. 28f.

310 Glümer, Claire von: Aus der Bretagne, Wien 1867, S. 29 (*Hervorhebung* durch N. Otto). Auch die sich bewegende Spinne und der wandernde Sonnenstrahl sind, ebenso wie die den Raum erfüllenden Liedtöne, Attribute der *Bewegung* und insofern Ausdruck für Paskous Sehnsucht nach *eigener* Bewegung.

311 Glümer, Claire von: Aus der Bretagne, Wien 1867, S 81f.

312 Glümer, H. von: Claire von Glümer, in: Braunschweigisches Magazin 9, September 1913, S. 104

313 https://de.wikipedia.org Stichwort *Karolina Karlowna Pawlowa*

314 http://www.isgv.de/saebi/Zugriff 28.5.2020

315 *Über Land und Meer*, 18/1876, Nr. 50, S. 994f.

316 Stern, Adolf: Otto Ludwig – Ein Dichterleben, Leipzig 1906 (2. Auflage), S. 334f.

317 Glümer, Claire von: Erinnerungen an Wilhelmine Schröder-Devrient, Leipzig 1862, 142ff., 210ff.

318 Knauß, Bernhard: Carl Carus, in: Neue Deutsche Biographie 3 (1857), S. 161ff.

319 Claire von Glümer an Carl Gustav Carus (29.2.1864, 6.3.1864), in: Niedersächsisches Landesarchiv/Abteilung Wolfenbüttel (wo_vi_hs_11_nr._101)

320 Hans Weddo von Glümer erwähnt nicht, ab wann Claire von Glümer diese Rente gewährt wurde (Glümer, H. von: Claire von Glümer, in: Braunschweigisches Magazin 9, September 1913, S. 105)

321 C.v.Glümer an Julian Schmidt (21.10.1865), in: Nachlass 215 (Julian Schmidt), Kasten I, Mappe 20,1; Staatsbibliothek zu Berlin – Preußischer Kulturbesitz, Handschriftenabteilung

322 Grimm, F.A. von: Ein Besuch bei Elise Polko, in: Über Land und Meer 28 (1870), S. 2

323 Otto, Norbert: Julian Schmidt – Eine Spurensuche, Hildesheim 2018, S. 145ff.

324 Wilhelmy-Dollinger, Petra: Die Berliner Salons, Berlin/New York 2000, S. 298ff.

325 Wilhelmy-Dollinger, Petra: Die Berliner Salons, Berlin/New York 2000, S. 233ff., 300; Pietsch, Ludwig: Wie ich ein Schriftsteller geworden bin – Der wunderliche Roman meines Lebens, Berlin 2000, S. 406

326 Lewald, Fanny: Gefühltes und Gedachtes (1838-1888), Dresden/Leipzig 1900, S. 24f.; auf die Freundschaft zwischen Claire von Glümer und Fanny Lewald verweist auch Labourie, Eva (Hrg.): Frauen in Sachsen-Anhalt, Bd. 2, Wien/Köln/Weimar 2019, S. 175

327 Scheve, Gustav: Zur Lehre der Offenbarung Gottes im Menschengeist. Ein Beitrag zur Lösung der religiösen Wirren, München 1860, S. IIIff. Ob Scheves Systematisierung zur Klarheit im Bereich der Sinneslehre beigetragen hat, mag angesichts der Vielzahl der von ihm konstatierten Sinne dahin gestellt sein, doch führten seine phrenologischen Untersuchungen damals zu einer bewussteren und differenzierteren Auseinandersetzung mit psychologischen Phänomenen.

328 Scheve, Gustav: Phrenologische Frauenbilder. Dresdens Schriftstellerinnen der Gegenwart, Dresden 1865. Das Kapitel über Claire von Glümer findet sich auf den Seiten S. 91-112.

329 Scheve, Gustav: Phrenologische Frauenbilder. Dresdens Schriftstellerinnen der Gegenwart, Dresden 1865, S. 91ff., 97ff. Matthias Jacob Schleiden (1804-1881) war Botaniker und Begründer der Zelltheorie. Seit 1864 war er als Privatgelehrter in Dresden tätig.

330 Glümer, Claire von: Aus der Bretagne, Wien 1867, S. 4, 86

331 Glümer, Claire von: Aus der Bretagne, Wien 1867, S. 11ff., 55

332 Glümer, Claire von: Aus der Bretagne, Wien 1867, S. 128, 143

333 Fanny Lewald, Gefühltes und Gedachtes, hrsg. Von Ludwig Geiger, Dresden/ Leipzig 1900, S. 25f.

334 Mollenhauer, Karl: Literaturgeschichtliche Würdigung Claire von Glümers, in: Braunschweigisches Magazin 10, Oktober 1913, S. 110

335 Der Erzählband erschien im Jahr 1867; in der Geschichte über »Das Fräulein von Roc-estroit« wird eine Bibelausgabe des Jahres 1829 erwähnt (Glümer, Claire von: Aus der Bretagne, Wien 1867, S. 93). Somit waren die geschilderten Ereignisse damals recht aktuell.

336 Glümer, Claire von: Aus der Bretagne, Wien 1867, S. 85

337 Glümer, Claire von: Aus der Bretagne, Wien 1867, S. 86ff.

338 Glümer, Claire von: Aus der Bretagne, Wien 1867, S. 93f.

339 Glümer, Claire von: Aus der Bretagne, Wien 1867, S. 97ff. Die Übersiedlung der Cathon fand im Jahr 1811 statt. Dies ergibt sich aus dem Sterbedatum ihrer Kinder, welches später angegeben wird: 22. Juni 1811 (Glümer, Claire von: Aus der Bretagne, Wien 1867, S. 129)

340 Glümer, Claire von: Aus der Bretagne, Wien 1867, S. 102ff.

341 Glümer, Claire von: Aus der Bretagne, Wien 1867, S. 110f.

342 Glümer, Claire von: Aus der Bretagne, Wien 1867, S. 114ff.

343 Glümer, Claire von: Aus der Bretagne, Wien 1867, S. 118f.

344 Glümer, Claire von: Aus der Bretagne, Wien 1867, S. 122f.

345 Glümer, Claire von: Aus der Bretagne, Wien 1867, S. 126

346 Glümer, Claire von: Aus der Bretagne, Wien 1867, S. 129ff., 135, 137

347 Glümer, Claire von: Aus der Bretagne, Wien 1867, S. 144f.

348 Glümer, Claire von: Aus der Bretagne, Wien 1867, S. 147

349 Glümer, Claire von: Aus der Bretagne, Wien 1867, S. 149ff.

350 Glümer, Claire von: Aus der Bretagne, Wien 1867, S. 157ff.

351 Glümer, Claire von: Aus der Bretagne, Wien 1867, S. 161ff.

352 Glümer, Claire von: Aus der Bretagne, Wien 1867, S. 168ff.

353 Glümer, Claire von: Aus der Bretagne, Wien 1867, S. 175ff.

354 Glümer, Claire von: Aus der Bretagne, Wien 1867, S. 181ff.

355 Glümer, Claire von: Aus der Bretagne, Wien 1867, S. 187ff.

356 Glümer, Claire von: Aus der Bretagne, Wien 1867, S. 203ff.

357 Glümer, Claire von: Aus der Bretagne, Wien 1867, S. 209f.

358 Glümer, Claire von: Aus der Bretagne, Wien 1867, S. 213f.

359 Glümer, Claire von: Aus der Bretagne, Wien 1867, S. 217ff.

360 Glümer, Claire von: Aus der Bretagne, Wien 1867, S. 222ff.

361 Glümer, Claire von: Aus der Bretagne, Wien 1867, S. 226ff.

362 Glümer, H. von: Claire von Glümer, in: Braunschweigisches Magazin 9, September 1913, S. 104

363 C. v. Glümer an J. Schmidt, Dresden, 11.7.1870; in: Nachlass 215 (Julian Schmidt), Kasten I, Mappe 20,1; Staatsbibliothek zu Berlin – Preußischer Kulturbesitz, Handschriftenabteilung)

364 Claire von Glümer an Julian Schmidt, 19.4.1871,, in: Nachlass 215 (Julian Schmidt), Kasten I, Mappe 20,1; Staatsbibliothek zu Berlin – Preußischer Kulturbesitz, Handschriftenabteilung)

365 C. v. Glümer an J. Schmidt; Berlin, 5.5.1871, in: Nachlass 215 (Julian Schmidt), Kasten I, Mappe 20,1; Staatsbibliothek zu Berlin – Preußischer Kulturbesitz, Handschriftenabteilung)

366 Glümer, C.v.: Eine fürstliche Dichterin, in: Der Salon für Literatur, Kunst und Gesellschaft« (1871), S. 497

367 C. v. Glümer an J. Schmidt, Berlin 7.3.1873, in: Nachlass 215 (Julian Schmidt), Kasten I, Mappe 20,1; Staatsbibliothek zu Berlin – Preußischer Kulturbesitz, Handschriftenabteilung)

368 Postkarte des Bildhauers Hans Weddo von Glümer an Unbekannt (Essen-Bredeney 18.9.1919) in: Niedersächsisches Landesarchiv/Abteilung Wolfenbüttel (wo_vi_hs_11_nr._101)

369 C.v. Glümer an J. Schmidt (15.3.1878) in: Nachlass 215 (Julian Schmidt), Kasten I, Mappe 20,1; Staatsbibliothek zu Berlin – Preußischer Kulturbesitz, Handschriftenabteilung

370 Glümer, Claire von: Aus dem Béarn, Berlin o.J., S. 3

371 Glümer, Claire von: Aus dem Béarn, Berlin o.J., S. 10ff. Ihre Kindheitserlebnisse im Béarn schildert Claire von Glümer in ihrem »Flüchtlingsleben« (Glümer, Claire von: Aus einem Flüchtlingsleben (1833-1839), Dresden/Leipzig 1904, S. 244ff.

372 Glümer, Claire von: Aus einem Flüchtlingsleben (1833-1839), Dresden/Leipzig 1904, S. 247f.

373 Glümer, Claire von: Aus einem Flüchtlingsleben (1833-1839), Dresden/Leipzig 1904, S. 254ff.

374 Glümer, Claire von: Aus dem Béarn, Berlin o.J., S. 24

375 Glümer, Claire von: Aus dem Béarn, Berlin o.J., S. 20

376 Glümer, Claire von: Aus dem Béarn, Berlin o.J., S. 49

377 Claire von Glümer, Alteneichen, Berlin o.J., S. 50f.

378 Claire von Glümer, Alteneichen, Berlin o.J., S. 69ff.

379 Claire von Glümer, Alteneichen, Berlin o.J., S.105 (Hervorhebungen von N. Otto)

380 Claire von Glümer, Alteneichen, Berlin o.J., S.113 (Hervorhebungen von N. Otto)

381 Claire von Glümer, Alteneichen, Berlin o.J., S. 206ff.; vgl. auch S. 115ff.

382 Claire von Glümer, Alteneichen, Berlin o.J., S. 305

383 Claire von Glümer, Georgine Schubert, Dresden 1880, S. 28

384 Claire von Glümer, Georgine Schubert, Dresden 1880, S. 3ff.

385 Claire von Glümer, Georgine Schubert, Dresden 1880, S. 7

386 Claire von Glümer, Georgine Schubert, Dresden 1880, S. 10f., 13

387 Claire von Glümer, Georgine Schubert, Dresden 1880, S. 20f.

388 Claire von Glümer, Georgine Schubert, Dresden 1880, S. 23ff.

389 Claire von Glümer, Georgine Schubert, Dresden 1880, S. 18

390 Claire von Glümer, Georgine Schubert, Dresden 1880, S. 28ff.

391 Claire von Glümer, Dönninghausen, Bd. I, Dresden/Leipzig 1881, S. 3ff.

392 Claire von Glümer, Dönninghausen, Bd. I, Dresden/Leipzig 1881, S. 14f.

393 Claire von Glümer, Dönninghausen, Bd. I, Dresden/Leipzig 1881, S. 8

394 Claire von Glümer, Dönninghausen, Bd. I, Dresden/Leipzig 1881, S. 10ff., S. 156f.

395 Claire von Glümer, Dönninghausen, Bd. I, Dresden/Leipzig 1881, S. 20, 22

396 Claire von Glümer, Dönninghausen, Bd. I, Dresden/Leipzig 1881, S. 23f., 27

397 Claire von Glümer, Dönninghausen, Bd. I, Dresden/Leipzig 1881, S. 39ff.

398 Claire von Glümer, Dönninghausen, Bd. I, Dresden/Leipzig 1881, S. 47ff. Im Folgenden entfaltet Otto vor Johanna die Verwandtschaftsbeziehungen des Hauses Dönninghausen. Johannas Mutter Agnes war Ottos Tante, Otto selbst der der älteste Sohn von Agnes' zweitem Bruder. Otto ist 29 Jahre alt (ebda., S. 50f., 247)

399 Claire von Glümer, Dönninghausen, Bd. I, Dresden/Leipzig 1881, S. 51ff.

400 Gegenüber Ludwig erklärt Johanna ihren Verzicht nach Lindenbad zu kommen damit, dass sie der Familie Werner nicht ihre Unterhaltskosten aufbürden wolle; gleichzeitig beabsichtige der Großvater sie aufzunehmen (Claire von Glümer, Dönninghausen, Bd. I, Dresden/Leipzig 1881, S. 60ff.).

401 Claire von Glümer, Dönninghausen, Bd. I, Dresden/Leipzig 1881, S. 66ff.

402 Claire von Glümer, Dönninghausen, Bd. I, Dresden/Leipzig 1881, S. 70ff.

403 Claire von Glümer, Dönninghausen, Bd. I, Dresden/Leipzig 1881, S. 81

404 Claire von Glümer, Dönninghausen, Bd. I, Dresden/Leipzig 1881, S. 134f.

405 Claire von Glümer, Dönninghausen, Bd. I, Dresden/Leipzig 1881, S. 108f.

406 Claire von Glümer, Dönninghausen, Bd. I, Dresden/Leipzig 1881, S. 112f.

407 Claire von Glümer, Dönninghausen, Bd. I, Dresden/Leipzig 1881, S. 118ff., 115.

408 Claire von Glümer, Dönninghausen, Bd. I, Dresden/Leipzig 1881, S. 132

409 Claire von Glümer, Dönninghausen, Bd. I, Dresden/Leipzig 1881, S. 134f.

410 Claire von Glümer, Dönninghausen, Bd. I, Dresden/Leipzig 1881, S. 160ff.

411 Claire von Glümer, Dönninghausen, Bd. I, Dresden/Leipzig 1881, S. 175ff.

412 Claire von Glümer, Dönninghausen, Bd. I, Dresden/Leipzig 1881, S. 187ff.

413 Claire von Glümer, Dönninghausen, Bd. I, Dresden/Leipzig 1881, S. 198ff.

414 Claire von Glümer, Dönninghausen, Bd. I, Dresden/Leipzig 1881, S. 205

415 Claire von Glümer, Dönninghausen, Bd. I, Dresden/Leipzig 1881, S. 214ff.

416 Claire von Glümer, Dönninghausen, Bd. I, Dresden/Leipzig 1881, S. 218ff.

417 Claire von Glümer, Dönninghausen, Bd. I, Dresden/Leipzig 1881, S. 225ff.

418 Claire von Glümer, Dönninghausen, Bd. I, Dresden/Leipzig 1881, S. 239ff.

419 Claire von Glümer, Dönninghausen, Bd. I, Dresden/Leipzig 1881, S. 249, 251

420 Claire von Glümer, Dönninghausen, Bd. I, Dresden/Leipzig 1881, S. 261f.

421 Claire von Glümer, Dönninghausen, Bd. I, Dresden/Leipzig 1881, S. 266ff., 269f.

422 Claire von Glümer, Dönninghausen, Bd. I, Dresden/Leipzig 1881, S. 274ff.

423 Claire von Glümer, Dönninghausen, Bd. II, Dresden/Leipzig 1881, S. 5ff, 77

424 Claire von Glümer, Dönninghausen, Bd. II, Dresden/Leipzig 1881, S. 11ff.

425 Claire von Glümer, Dönninghausen, Bd. II, Dresden/Leipzig 1881, S. 83ff.

426 Claire von Glümer, Dönninghausen, Bd. II, Dresden/Leipzig 1881, S. 87ff.

427 Claire von Glümer, Dönninghausen, Bd. II, Dresden/Leipzig 1881, S. 100

428 Claire von Glümer, Dönninghausen, Bd. II, Dresden/Leipzig 1881, S. 102ff.

429 Claire von Glümer, Dönninghausen, Bd. II, Dresden/Leipzig 1881, S. 109ff.

430 Claire von Glümer, Dönninghausen, Bd. II, Dresden/Leipzig 1881, S. 115ff.

431 Claire von Glümer, Dönninghausen, Bd. II, Dresden/Leipzig 1881, S. 120f.

432 Claire von Glümer, Dönninghausen, Bd. II, Dresden/Leipzig 1881, S. 132f.

433 Claire von Glümer, Dönninghausen, Bd. II, Dresden/Leipzig 1881, S. 133ff.

434 Claire von Glümer, Dönninghausen, Bd. II, Dresden/Leipzig 1881, S. 138, 141

435 Claire von Glümer, Dönninghausen, Bd. II, Dresden/Leipzig 1881, S. 169ff., 178

436 Claire von Glümer, Dönninghausen, Bd. II, Dresden/Leipzig 1881, S. 183ff.

437 Claire von Glümer, Dönninghausen, Bd. II, Dresden/Leipzig 1881, S. 190ff.

438 Claire von Glümer, Dönninghausen, Bd. II, Dresden/Leipzig 1881, S. 198ff.

439 Claire von Glümer, Dönninghausen, Bd. II, Dresden/Leipzig 1881, S. 221

440 Claire von Glümer, Dönninghausen, Bd. II, Dresden/Leipzig 1881, S. 222f.

441 Claire von Glümer, Dönninghausen, Bd. II, Dresden/Leipzig 1881, S. 224ff.

442 Claire von Glümer, Dönninghausen, Bd. II, Dresden/Leipzig 1881, S. 233ff.

443 Claire von Glümer, Dönninghausen, Bd. II, Dresden/Leipzig 1881, S. 239ff.

444 Claire von Glümer, Dönninghausen, Bd. II, Dresden/Leipzig 1881, S. 248ff.

445 Claire von Glümer, Dönninghausen, Bd. II, Dresden/Leipzig 1881, S. 256f., 259

446 Claire von Glümer, Dönninghausen, Bd. II, Dresden/Leipzig 1881, S. 260ff.

447 Magelone galt beim Freiherrn als geächtet; ihr Name soll im Haus nicht genannt werden. (Claire von Glümer, Dönninghausen, Bd. II, Dresden/Leipzig 1881, S. 264)

448 Claire von Glümer, Dönninghausen, Bd. II, Dresden/Leipzig 1881, S. 267ff.

449 Claire von Glümer, Dönninghausen, Bd. II, Dresden/Leipzig 1881, S. 173

450 Claire von Glümer, Dönninghausen, Bd. II, Dresden/Leipzig 1881, S. 133f.

451 Claire von Glümer, Dönninghausen, Bd. II, Dresden/Leipzig 1881, S. 221

452 Vgl. hier das Ende des Kapitels IV

453 Glümer, Claire von: Aus einem Flüchtlingsleben (1833-1839), Dresden/Leipzig 1904, S. 67f.

454 Glümer, Claire von, Nach 20 Jahren, Dresden/Leipzig 1882, S. 144f.

455 Claire von Glümer, Georgine Schubert, Dresden 1880, S. 18

456 Claire von Glümer, Georgine Schubert, Dresden 1880, S. 28

457 Glümer, Claire von: Aus dem Béarn, Berlin o.J., S. 63f.

458 Glümer, Claire von: Aus dem Béarn, Berlin o.J., S. 64

459 Glümer, Claire von: Aus dem Béarn, Berlin o.J., S. 68f.

460 Marguerite von Valois lebte von 1553-1615; Garrisson, Janine: Königin Margot – Das bewegte Leben der Marguerite de Valois, Solothurn/Düsseldorf 1995

461 Fanny Lewald, Gefühltes und Gedachtes, hrsg. von Ludwig Geiger, Dresden/ Leipzig 1900, S. 43

462 Claire von Glümer, Dönninghausen, Bd. II, Dresden/Leipzig 1881, S. 268f.

463 Vgl. hier Kap. VII.4: Julian Schmidt – »Der älteste und drolligste meiner Freunde«

464 Claire von Glümer deutet mit der Sonnenuntergangs-Metapher auf ihr hohes Alter.

465 Claire von Glümer an Frau Friedmann, Dresden (28.10.1900), in: Archiv der deutschen Frauenbewegung/Kassel (AddF), SP-18;2

466 Claire von Glümer an Julian Schmidt (undatiert, Ende 1882), in: Nachlass 215 (Julian Schmidt), Kasten I, Mappe 88, Staatsbibliothek zu Berlin – Preußischer Kulturbesitz, Handschriftenabteilung

467 Claire von Glümer an Julian Schmidt (15.3.1878), in: Nachlass 215 (Julian Schmidt), Kasten I, Mappe 88, Staatsbibliothek zu Berlin – Preußischer Kulturbesitz, Handschriftenabteilung

468 Claire von Glümer an Julian Schmidt (25.5.1882), in: Nachlass 215 (Julian Schmidt), Kasten I, Mappe 88, Staatsbibliothek zu Berlin – Preußischer Kulturbesitz, Handschriftenabteilung

469 Claire von Glümer an Julian Schmidt (undatiert, Ende 1882), in: Nachlass 215 (Julian Schmidt), Kasten I, Mappe 88, Staatsbibliothek zu Berlin – Preußischer Kulturbesitz, Handschriftenabteilung

470 Claire von Glümer an Unbekannt (22.5.1882); in: Niedersächsisches Landesarchiv / Abteilung Wolfenbüttel (wo_vi_hs_11_nr._101)

471 Claire von Glümer an Julian Schmidt (undatiert, Ende 1882), in: Nachlass 215 (Julian Schmidt), Kasten I, Mappe 88, Staatsbibliothek zu Berlin – Preußischer Kulturbesitz, Handschriftenabteilung

472 Claire von Glümer an Julian Schmidt (undatiert, Ende 1882), in: Nachlass 215 (Julian Schmidt), Kasten I, Mappe 88, Staatsbibliothek zu Berlin – Preußischer Kulturbesitz, Handschriftenabteilung

473 Claire von Glümer, Gesühnt, Dresden/Leipzig 1882, S. 10

474 Claire von Glümer, Gesühnt, Dresden/Leipzig 1882, S. 3, 5

475 Claire von Glümer, Gesühnt, Dresden/Leipzig 1882, S. 4ff.

476 Claire von Glümer, Gesühnt, Dresden/Leipzig 1882, S. 10ff.

477 Claire von Glümer, Gesühnt, Dresden/Leipzig 1882, S. 14ff.

478 Claire von Glümer, Gesühnt, Dresden/Leipzig 1882, S. 19f.

479 Claire von Glümer, Gesühnt, Dresden/Leipzig 1882, S. 27

480 Claire von Glümer, Gesühnt, Dresden/Leipzig 1882, S.30ff.

481 Claire von Glümer, Gesühnt, Dresden/Leipzig 1882, S. 36f.

482 Claire von Glümer, Gesühnt, Dresden/Leipzig 1882, S.40f.

483 Claire von Glümer, Gesühnt, Dresden/Leipzig 1882, S. 44f. Georg wurde 1824 geboren, Christine 1829

484 Claire von Glümer, Gesühnt, Dresden/Leipzig 1882, S. 45ff.

485 Claire von Glümer, Gesühnt, Dresden/Leipzig 1882, S. 49f.

486 Claire von Glümer, Gesühnt, Dresden/Leipzig 1882, S. 51ff. Die Kontakte zwischen Georg und Christine vermittelte der Fischer Hans Hinrichs, der mit Georg den Militärdienst abgeleistet hatte.

487 Claire von Glümer, Gesühnt, Dresden/Leipzig 1882, S. 55f.

488 Claire von Glümer, Gesühnt, Dresden/Leipzig 1882, S. 58

489 Claire von Glümer, Gesühnt, Dresden/Leipzig 1882, S. 59-61

490 Claire von Glümer, Gesühnt, Dresden/Leipzig 1882, S. 62

491 Claire von Glümer, Nach 20 Jahren, Dresden/Leipzig 1882, S. 144f.

492 Claire von Glümer, Ein Fürstensohn. Zerline., Stuttgart 1886, S. 155

493 Claire von Glümer, Ein Fürstensohn. Zerline., Stuttgart 1886, S. 158f.

494 Claire von Glümer, Ein Fürstensohn. Zerline., Stuttgart 1886, S. 175

495 Claire von Glümer, Alessa, Stuttgart 1888, S. 28f.

496 Vgl. hier das Kapitel IX.

497 Claire von Glümer, Alessa, Stuttgart 1888, S. 99f.

498 Claire von Glümer, Alessa, Stuttgart 1888, S. 121f.

499 Claire von Glümer, Alessa, Stuttgart 1888, S. 123f.

500 Die 1772 gegründete Einrichtung war eine Schule für bedürftige und in Not ge-
     ratene Kinder, das anfänglich 20 Mädchen und 20 Jungen Unterkunft und Unter-
     richt anbot (vgl. > www.stadtwikidd.de/wiki/Freimaurer-Institut. Dort finden
     sich nähere Angaben zur Geschichte dieser Einrichtung).

501 Claire von Glümer, Keine Illusionen, Stuttgart 1888, S. 129

502 Claire von Glümer, Keine Illusionen, Stuttgart 1888, S. 127f.

503 Claire von Glümer, Keine Illusionen, Stuttgart 1888, S. 130

504 Claire von Glümer, Keine Illusionen, Stuttgart 1888, S. 137

505 Claire von Glümer, Keine Illusionen, Stuttgart 1888, S. 131

506 Claire von Glümer, Keine Illusionen, Stuttgart 1888, S. 138.

507 Vgl. hier Kap. XIV

508 Claire von Glümer, Keine Illusionen, Stuttgart 1888, S. 145ff.

509 Claire von Glümer, Keine Illusionen, Stuttgart 1888, S. 148

510 Glümer, H. von: Claire von Glümer, in: Braunschweigisches Magazin 9, Septem-
     ber 1913, S. 104

511 Claire von Glümer an die Gräfin Görtz-Wrisberg, 24.6.1888, in: Niedersächsi-
     sches Landesarchiv / Abteilung Wolfenbüttel (wo_vi_hs_11_nr._101). Über
     den Grafen Hermann Görtz-Wrisberg vgl. Zimmermann, Paul: Hermann Graf
     von Görtz-Wrisberg, in: Allgemeine Deutsche Biographie 49, Leipzig 1904, S.
     463ff. Das Herzogtum Braunschweig hatte Bestand bis 1947, es wurde dann dem
     Bundesland Niedersachsen eingegliedert.

512 Glümer, H. von: Claire von Glümer, in: Braunschweigisches Magazin 9, Septem-
     ber 1913, S. 105

513 Vgl. hier das Kapitel VIII

514 Claire von Glümer an Max Jordan (18.9.1892), in: Niedersächsisches Landes-
     archiv / Abteilung Wolfenbüttel (wo_vi_hs_11_nr._101)

515 Claire von Glümer an Martin Blumner (2.6.1892 und 11.2.1893), in: Niedersäch-
     sisches Landesarchiv / Abteilung Wolfenbüttel (wo_vi_hs_11_nr._101)

516 Claire von Glümer an Max Jordan, 14.2.1894, in: Niedersächsisches Landesarchiv
     / Abteilung Wolfenbüttel (wo_vi_hs_11_nr._101)

517 Claire von Glümer an Max Jordan (13.8.1894, 29.9.1894), in: Niedersächsisches
     Landesarchiv / Abteilung Wolfenbüttel (wo_vi_hs_11_nr._101)

518 Claire von Glümer an Max Jordan, 29.12.1894, in: Niedersächsisches Landes-archiv / Abteilung Wolfenbüttel (wo_vi_hs_11_nr._101)

519 Glümer, Claire von: Karl Theodor, Herzog in Bayern. Eine biographische Skizze, in: *Die Grenzboten*, 58/1899, Heft 4, S. 99

520 Claire von Glümer an Max Jordan, Blasewitz (12.4.1895), in: Niedersächsisches Landesarchiv / Abteilung Wolfenbüttel (wo_vi_hs_11_nr._101)

521 Claire von Glümer an Max Jordan, Bad Kreuth (15.8.1895), in: Niedersächsisches Landesarchiv / Abteilung Wolfenbüttel (wo_vi_hs_11_nr._101)

522 https://de.wikipedia.org./wiki/Hans_Weddo_von_Glümer. Offenbar starb Hans Weddo von Glümer bereits im Jahr 1915 im Alter von 48 Jahren, denn nach 1915 ist er im Berliner Adressbuch nicht mehr nachgewiesen.

523 Claire von Glümer an Max Jordan (31.12.1896), in: Niedersächsisches Landes-archiv / Abteilung Wolfenbüttel (wo_vi_hs_11_nr._101)

524 Claire von Glümer an Max Jordan (16.12.1897), in: Niedersächsisches Landes-archiv / Abteilung Wolfenbüttel (wo_vi_hs_11_nr._101). Friedrich Hermann Lücke verbrachte seine gesamte Lebenszeit in Dresden (1837-1907). Die Familie Torges scheint in Dresden nicht unbedeutend gewesen zu sein. Es gibt eine reprä-sentative Grabstätte auf dem Johannis-Friedhof in Dresden-Tolkewitz.

525 Claire von Glümer an Max Jordan (3.12.1898), in: Niedersächsisches Landes-archiv / Abteilung Wolfenbüttel (wo_vi_hs_11_nr._101)

526 Glümer, Claire von: Karl Theodor, Herzog in Bayern. Eine biographische Skizze, in: Die Grenzboten 58/1899, H. 4, S. 88ff.

527 Glümer, Claire von: Karl Theodor, Herzog in Bayern. Eine biographische Skizze, in: *Die Grenzboten* 58/1899, Heft 4, S. 93f.

528 Glümer, H. von: Claire von Glümer, in: Braunschweigisches Magazin 9, Septem-ber 1913, S. 105

529 Vgl. hier Kap. VIII.1

530 Glümer, Claire von: Es gibt ein Glück, Berlin 1900, S. 14f., 97

531 Glümer, Claire von: Es gibt ein Glück, Berlin 1900, S. 20ff., 39f., 42f.

532 Glümer, Claire von: Es gibt ein Glück, Berlin 1900, S. 25ff., 53

533 Glümer, Claire von: Es gibt ein Glück, Berlin 1900, S. 54ff., 62ff., 67

534 Glümer, Claire von: Es gibt ein Glück, Berlin 1900, S. 68ff., 74f.

535 Glümer, Claire von: Es gibt ein Glück, Berlin 1900, S. 79f.

536 Glümer, Claire von: Es gibt ein Glück, Berlin 1900, S. 87, 134

537 Glümer, Claire von: Es gibt ein Glück, Berlin 1900, S. 92ff.

538 Glümer, Claire von: Es gibt ein Glück, Berlin 1900, S. 88ff., 99f.

539 Glümer, Claire von: Es gibt ein Glück, Berlin 1900, S. 94f.

540 Glümer, Claire von: Es gibt ein Glück, Berlin 1900, S. 96

541 Glümer, Claire von: Es gibt ein Glück, Berlin 1900, S. 109ff., 113ff.

542 Glümer, Claire von: Es gibt ein Glück, Berlin 1900, S. 128f.

543 Glümer, Claire von: Es gibt ein Glück, Berlin 1900, S. 132ff.

544 Glümer, Claire von: Es gibt ein Glück, Berlin 1900, S. 140f.

545 Adolf Stern, Nachruf auf Claire von Glümer, zitiert nach: Glümer, H. von: Claire von Glümer, in: Braunschweigisches Magazin 9, September 1913, S. 104f.

546 Glümer, Claire von: Es gibt ein Glück, Berlin 1900, S. 146, vgl. auch ebda., S. 148

547 Glümer, Claire von: Es gibt ein Glück, Berlin 1900, S. 152, 155

548 Glümer, Claire von: Es gibt ein Glück, Berlin 1900, S. 164, 166

549 Glümer, Claire von: Aus einem Flüchtlingsleben (1833-1839), Dresden/Leipzig 1904, S. 202f.

550 https://de.wikipedia.org/wiki/Ernst_Mahner

551 Glümer, Claire von: Aus einem Flüchtlingsleben (1833-1839), Dresden/Leipzig 1904, S. 262ff.

552 Claire von Glümer an Hans Weddo von Glümer (25.1.1905), in: Niedersächsisches Landesarchiv/Abteilung Wolfenbüttel (wo_vi_hs_11_nr._101)

553 Claire von Glümer an Hans Weddo von Glümer (undatiert, Frühjahr 1905), in: Niedersächsisches Landesarchiv/Abteilung Wolfenbüttel (wo_vi_hs_11_nr._101)

554 Babette Gräfin von Kalckreuth, geb. Meyer (1835-1916), war die Tochter eines wohlhabenden jüdischen Bankiers (https://berlingeschichte.de/personen/m/meyer_babette.htm).

555 Claire von Glümer an Hans Weddo von Glümer (31.5.1905;4.6.1905), in: Niedersächsisches Landesarchiv/Abteilung Wolfenbüttel (wo_vi_hs_11_nr._101)

556 Claire von Glümer an Hans Weddo von Glümer (10.7.1905), in: Niedersächsisches Landesarchiv/Abteilung Wolfenbüttel (wo_vi_hs_11_nr._101)

557 Claire von Glümer an Generalleutnant von Otto (20.4.1905), in: Niedersächsisches Landesarchiv/Abteilung Wolfenbüttel (wo_vi_hs_11_nr._101)

558 Claire von Glümer an Hans Weddo von Glümer (10.7.1905), in: Niedersächsisches Landesarchiv/Abteilung Wolfenbüttel (wo_vi_hs_11_nr._101)

559 Claire von Glümer an Hans Weddo von Glümer (15.8..1905), in: Niedersächsisches Landesarchiv/Abteilung Wolfenbüttel (wo_vi_hs_11_nr._101)

560 Claire von Glümer an Generalleutnant von Otto (20.4.1905), in: Niedersächsisches Landesarchiv/Abteilung Wolfenbüttel (wo_vi_hs_11_nr._101)

561 Claire von Glümer an Max Jordan (7.11.1905), in: Niedersächsisches Landesarchiv/Abteilung Wolfenbüttel (wo_vi_hs_11_nr._101)

562 Claire von Glümer an Hans Weddo von Glümer (20.11.1905), in: Niedersächsisches Landesarchiv/Abteilung Wolfenbüttel (wo_vi_hs_11_nr._101)

563 Adolf Stern, Nachruf auf Claire von Glümer, zitiert nach: Glümer, H. von: Claire von Glümer, in: Braunschweigisches Magazin 9, September 1913, S. 104f.

Personenregister

Verzeichnis der wichtigsten Personen